浙江省习近平新时代中国特色社会主义思想研究中心课题成果

"八八战略"
二十周年研究丛书

杭　州

勇立钱江潮
建设新天堂

陈礼珍　等　著

ZHEJIANG UNIVERSITY PRESS
浙江大学出版社
·杭州·

图书在版编目(CIP)数据

杭州:勇立钱江潮 建设新天堂 / 陈礼珍等著. —
杭州:浙江大学出版社,2023.9
("八八战略"二十周年研究丛书)
ISBN 978-7-308-24102-1

Ⅰ.①杭… Ⅱ.①陈… Ⅲ.①社会主义建设-研究-
杭州 Ⅳ.①D619.551

中国国家版本馆 CIP 数据核字(2023)第 151987 号

杭　州:勇立钱江潮　建设新天堂

HANGZHOU:YONG LI QIANJIANGCHAO　JIANSHE XIN TIANTANG

陈礼珍　等　著

出 品 人	褚超孚
策划编辑	张 琛 吴伟伟 陈佩钰
责任编辑	马一萍
责任校对	黄梦瑶
责任印制	范洪法
封面设计	周 灵
出版发行	浙江大学出版社
	(杭州天目山路 148 号 邮政编码 310007)
	(网址:http://www.zjupress.com)
排 版	浙江大千时代文化传媒有限公司
印 刷	杭州钱江彩色印务有限公司
开 本	710mm×1000mm 1/16
印 张	22.5
字 数	303 千
版 印 次	2023 年 9 月第 1 版 2023 年 9 月第 1 次印刷
书 号	ISBN 978-7-308-24102-1
定 价	88.00 元

编写说明

20年前,习近平同志担任浙江省委书记期间,经过深入调查研究和系统谋划,为浙江量身打造了"八八战略"这一总纲领总方略,并为浙江发展倾注了大量心血、汗水和智慧,在之江大地书写了波澜壮阔的奋斗篇章,给浙江留下了宝贵的思想财富、精神财富和实践成果。20年来,"八八战略"引领浙江在省域层面率先开启了中国式现代化先行实践之路,推动浙江大地发生了全方位、系统性、深层次的精彩蝶变,实现了从资源小省向经济大省、外贸大省向开放大省、环境整治向美丽浙江、总体小康到高水平全面小康的历史性跃迁。

在"八八战略"实施20周年的重要时间节点,浙江省习近平新时代中国特色社会主义思想研究中心和浙江省社会科学界联合会共同组织力量编写"'八八战略'二十周年研究丛书",并将之纳入"浙江文化研究工程"。丛书重点论述了"八八战略"在浙江省11个地市(杭州、宁波、温州、湖州、嘉兴、绍兴、金华、衢州、舟山、台州、丽水)深入落实的全过程,以及所带来的深刻影响。我们希望,通过这套丛书,能让读者用心感悟习近平总书记的关心关怀和殷殷重托,学深悟透、感恩奋进、实干争先,持续推动"八八战略"走深走实,坚定不移沿着习近平总书记指引的道路奋勇前进;推动浙江在新时代新征程上奋力谱写共同富裕和中国式现代化先行的靓丽篇章。

目　录

导　论

　　杭州是浙江的省会城市，也是中国著名古都，地处长江三角洲南翼、杭州湾西端，自古就有"人间天堂"的美誉。诞生于 5000 多年前的良渚文化被称为"中华文明的曙光"，西湖、钱塘江、京杭大运河等风景名胜蜚声海内外。

　　习近平同志在浙江工作期间，跟杭州这片土地结下了深厚的感情。习近平同志始终关心杭州的发展，刚刚到任一周，即参加了 2002 年西湖博览会开幕式并致辞。他指出："'东南形胜，三吴都会，钱塘自古繁华'。经过改革开放 20 多年的洗礼，杭州这颗璀璨的明珠愈加放射出夺目的光彩。"①习近平同志在此次致辞中鲜明地指出："杭州是浙江的缩影，透过西湖博览会，各位来宾和朋友们将会看到一个充满活力和创造精神的浙江，将会发现在杭州、在浙江充满着诱人的发展机遇。"②习近平同志所做的关于杭州的重要讲话和指示批示内容涉及经济建设、政治建设、文化建设、社会建设、生态文明建设和党的建设。习近平同志融会贯通和创造性地运用战略思维、历史思维、辩证思维、系统思维、创新思维、法治思维、底线思维，将浙江和杭州的社会主义现代化建设事业推向新高度，对杭州的经济社会发展起了重要的引领作用。他经过大量调研和思考，制定了"八八战略"，为浙江和杭州擘

---

　　①　《在 2002 西湖博览会开幕式上的致辞》，《浙江日报》2002 年 10 月 20 日。

　　②　《在 2002 西湖博览会开幕式上的致辞》，《浙江日报》2002 年 10 月 20 日。

画了宏伟的历史蓝图。

2003 年 7 月，习近平同志在杭州举行的浙江省委十一届四次全会上提出浙江要进一步发挥八个方面的优势、推进八个方面的举措，这一系列论述后来被简称为"八八战略"。它既是引领浙江坚持和发展中国特色社会主义的"指南针"，又是引领浙江科学发展的"宣言书"，同时也是引领浙江实践马克思主义立场、观点、方法的"金钥匙"，因而成为引领浙江党员干部干在实处、走在前列、勇立潮头的精神"动力源"。

面对复杂多变的国际环境和国内经济社会发展的新常态、新特点、新要求，杭州以科学发展为主题，以加快转变经济发展方式为主线，以富民强市、社会和谐为主旨，着力稳增长、调结构、强统筹、治环境、惠民生、促和谐，经济持续健康发展，社会持续和谐稳定，经济实力、科技竞争力、社会凝聚力、文化软实力、城市影响力又上了一个新台阶，成功迈入"万亿 GDP"城市行列，第三产业增加值占比达到 68.2%，服务业成为经济发展的主动力。研究和试验发展经费支出占生产总值的比重达到 3.75%，发明专利授权量和国家级孵化器总量居全国省会城市第一。萧山、余杭、富阳加快与主城区融合，城乡区域统筹发展成效明显，杭州都市经济圈建设持续推进。城乡居民收入不断增加，基本公共服务体系进一步完善，就业形势良好。"美丽杭州"建设步伐加快，文化名城建设稳中有进，法治杭州、平安杭州建设取得新进展。G20 杭州峰会成功举办，良渚古城遗址成功申遗，杭州市连续 16 年被评为"中国最具幸福感城市"，在浙江省的龙头地位不断巩固，在全国的战略地位日益提高，在国际上的知名度和影响力持续提升，这些成绩为开启高水平现代化新征程奠定了坚实基础。

党的十八大以来，在以习近平同志为核心的党中央的坚强领导下，中国取得了社会主义现代化建设的辉煌历史成就，开创了中国特色社会主义新时代。"八八战略"实施以来，浙江经济发展有活力，人民生活水平有提高，社会和谐稳定有发展，生态环境有改善，人民群众获得感有提升。浙江是习近平新时代中国特色社会主义思想的重要萌发地,也是习近平新时代中国特色社会主义思想的丰富实践地。2022 年 6 月举行的中国共产党浙江省第十五次代表大会指出:我们之所以能取得这些历史性成就,根本在于习近平总书记、党中央坚强领导,根本在于习近平新时代中国特色社会主义思想科学指引;是历届省委沿着习近平总书记指引的道路开拓创新、接续奋斗的结果,是各级党组织和广大党员干部群众在党的旗帜下唯实惟先、埋头苦干的结果。习近平同志在浙江工作期间,明确提出"四个杭州"的定位和"四个一流"的要求。"四个杭州"即"杭州不应当仅仅是浙江的杭州、中国的杭州,也应当是亚洲的杭州、世界的杭州";"四个一流"即"杭州要有世界一流的标准、世界一流的业绩、世界一流的胸襟和气魄,努力成为世界一流的现代化国际大都市"。习近平同志高瞻远瞩地为杭州发展谋划了大方略,为杭州建设锚定了大方向。

　　"八八战略"是杭州发展的总纲领和总方略,"四个一流"是习近平同志为杭州擘画的美好蓝图。"八八战略"既指引了杭州奋斗的总体方向,又从不同维度提出具体实践要求,将杭州与全国、全世界紧密联系起来,全面展示杭州经济社会发展的突出成效,全面提升杭州工作的整体水平。杭州精准识别市域治理现代化过程中的突出要素,显著提高各类、各层级治理主体的治理能力,着力实现高水平治理体系与高水平治理能力的融合创新,高水平制度体系与先进数字智慧技术的融通共进。杭州坚持系统治理、依法治理、综合治理、源头治理,以高度的政治觉悟和踏实的工作态度努力向世界一流的现代化国际大都市迈进。习近平同志对杭州所做的"四个一流"重要指示为杭州的高质量发展做出战略规划,指导杭州在中华民族伟大复兴的历史进程中做出更大贡献。杭州对标"四个一流"的要求,忠实践行"八八战略",在争创社会主义现代化先行省和高质量发展建设共同富裕示范区的征程中做好排头兵。

　　杭州历届市委、市政府均围绕"八八战略"和习近平总书记对杭州的定位、要求,真抓实干,奋力拼搏,取得了举世瞩目的成就。

1. 国有经济、民营经济比翼双飞，经济主体竞争力强劲，充分彰显了中国特色社会主义制度优越性

浙江和杭州都非常注重多种所有制经济在市场竞争中相互促进、共同发展。在"八八战略"的指引下，杭州民营经济获得蓬勃发展，营商环境得到积极优化，企业家合法权益得到保护。杭州大力弘扬新浙商精神，推动绿色经济、循环经济发展，推动"一县一业、一乡一品"的块状经济模式，促进民营经济高质量发展。杭州重视科技要素、创新资源和人才支撑，规划了城西科创大走廊建设，推进特色小镇建设、钱塘新区和自贸区建设，建立符合市场经济和科技发展规律的创新体制和机制，形成以政府为导向、企业为主体、高校和科研院所为依托、科技与经济紧密结合的新型创新体系，加速科技成果转化，以创新驱动高质量发展，力争成为民营企业和国有企业融合发展的时代典范。

2. 积极把握数字经济转型的历史大潮，在新动能培育、旧动能改造的双轮驱动下跑出了高质量发展的"加速度"

杭州市委、市政府用数字经济统领全局，牢牢把握数字经济发展的时代潮流，打造全国数字经济第一城，为中国的数字经济创新发展提供了优秀范例。杭州立志于推动数字经济发展，打造"天堂硅谷"。围绕经济结构调整和增长方式转变、创新增长方式、发展数字经济和信息产业、数字经济和制造业高质量发展"双引擎"，深入推进新制造业和先进制造业基地建设，推动实体经济和数字经济融合发展，推动互联网、大数据、人工智能同实体经济深度融合，努力创造良好的市场环境。通过实施科技、投资、人才三大新政，狠抓数字经济的推进，全面推进小微企业园和创新服务综合体建设，新旧动能转换呈现"数字经济春满园""传统产业发新枝""科技创新活水来"的良好态势，特别是在补齐科技创新这块短板方面，杭州步伐飞快、成就显著、影响巨大。

3. 经济发展与社会稳定同步推进,全面小康社会实现程度位居全国前列

杭州在"八八战略"指引下,成为全面建成小康社会伟大历史进程中的排头兵和突击队。杭州"不忘初心、牢记使命",全面小康社会实现程度位居全国前列,为国家决胜高水平全面小康提供强劲动力。在实现民富之后,杭州还十分关注民安、民乐,在共建基础上实现共治、共享,在利益协调中守住公平正义底线,推进平安杭州、法治杭州建设,实现了经济发展与社会稳定同步,社会治理与平安法治建设同步,人民群众获得感、幸福感与安全感同步增长。

4. 以"最多跑一次"和"最多跑一地"改革为代表的治理创新,集中展示了中国特色社会主义制度以人民为中心的根本理念

从"最多跑一次"的政府治理创新到"最多跑一地"的社会治理创新,其本质是以人民为中心的改革创新逻辑。以"最多跑一次"和"最多跑一地"改革为代表的浙江和杭州的治理创新范式,其最终目标是通过创新与重塑政府治理模式,构建以人民为中心的服务型政府和回应型政府。杭州以"亲清在线"数字平台、信访超市、民主协商、村民议事会等模式,推进政府的社会治理创新,强调社会治理的多元参与,突出共建、共治、共享。杭州还从推动高质量发展和创造高品质生活的愿景出发,围绕未来邻里、未来教育、未来健康、未来创业、未来建筑、未来低碳、未来交通、未来服务和未来治理等九大场景,设计出未来社区的杭州理念、体系架构和探索路径。

5. 坚持"走出去""引进来"两条腿走路,构建开放共赢的大格局

杭州坚持以习近平新时代中国特色社会主义思想为指导,以"一带一路"建设和长三角一体化发展建设为统领,扎实推进中国(浙江)自由贸易试验区建设,加快构建全方位对外开放新格局。杭州支持鼓励杭州的企业、浙商群体走到省外、闯出国门,发展壮大自己。杭州进行的全市域、全方位的开放,是互联互通、互利互补的全面开放。同时在可持续发展、"一带一路"建设、长三角区域一体化协调发展、城乡协调发展、区域统筹发展、主动接轨上海、积极参与长江三角洲地区合作与交流方面，取得了重要进展。

6. 赓续历史文脉，打造世界历史文化名城

杭州把"八八战略"作为根本方略，对标"四个一流"的要求，规划了"一核九星、双网融合、三江绿楔"的新型特大城市空间布局，同时积极谋划城市国际化和文化改革发展，坚定文化自信自觉，加强历史文化传承和现代文化发展，更好发挥文化在引领风尚、教育人民、服务社会、推动发展等方面的作用，进一步彰显杭州作为"人文浙江"窗口中的窗口，同时加快建设具有全球影响力的世界名城，推动率先建成高水平全面小康社会。

7. 推进生态文明建设与精神文明建设，打造美丽杭州

杭州不但全力推进经济发展，同样也重视生态保护和文化建设。杭州坚定不移地执行生态文明建设的战略部署，坚持"绿水青山就是金山银山"理念，制定推进绿色发展的具体举措，发挥生态文明建设方面的示范引领作用，高水平打造"湿地水城"，努力成为宜居城市建设实践范例，不断提升人民群众的生态获得感。杭州注重提升自然生态品质，加强对西湖、钱塘江、大运河、西溪湿地的生态保护，推动城乡一体化，推进大花园建设，践行绿色生活方式，推动低碳城市、资源节约型社会建设，倡导绿色出行，加强垃圾处理与垃圾分类、环保教育，精准治理突出环境问题，进行"五水共治""五气共治""五废共治""三江两岸"综合整治，打响"蓝天、碧水、净土、生态屏障"四大保卫战。杭州积极推动城乡环境改造与美化，进行城中村改造、"无废城市"建设、小城镇环境综合整治。杭州重视环保体系建设，制定了生态环境损害责任终身追究制、生态政绩考核、生态资源台账与地区间补偿体系。杭州坚定地沿着绿色发展的道路走下去，完善环境基础设施建设，逐步凝练生态城市品牌，打造"湿地水城"，持续打造美丽中国样本。

8. 打造作风过硬、"勇立潮头"的党员干部队伍，全面提升社会治理中的决策力、领导力和执行力

杭州努力践行习近平党建思想，高度重视党组织的建设和干部队伍建设，不断增强"四个意识"、坚定"四个自信"、做到"两个维护"，狠抓党员干部思想观念、工作作风同步转变，推出各种举措，营造敢于担当作为的好氛围。杭州在政治、思想、组织、作风、制度和纪律建设方面均以高标准和严要求成为浙江和全国的标杆。

党的二十大是在全党全国各族人民迈上全面建设社会主义现代化国家新征程、向第二个百年奋斗目标进军的关键时刻召开的一次十分重要的会议。2022年12月26日，杭州市委十三届三次全体（扩大）会议暨市委经济工作会议审议通过《中共杭州市委关于全面学习把握落实党的二十大精神，加快打造世界一流的社会主义现代化国际大都市，努力成为中国式现代化城市范例的决定》。会议研究部署了各项工作，推动全市上下更加深刻领悟"两个确立"的决定性意义，坚定不移沿着"八八战略"指引的路子前进，全面深化"奋进新时代、建设新天堂"系列变革性实践，在以"两个先行"打造"重要窗口"中展现头雁风采，努力为全面建设社会主义现代化国家、全面推进中华民族伟大复兴贡献杭州力量。会议指出，我们必须始终把学懂弄通做实习近平新时代中国特色社会主义思想与一以贯之忠实践行"八八战略"和贯彻落实习近平总书记对杭州工作系列重要指示批示精神贯通融合起来，坚持好、运用好"八八战略"蕴含的立场观点方法，与时俱进创新"八八战略"的实践载体，构建市域层面推进中国式现代化实践的目标体系、工作体系、政策体系、评价体系，全面推动习近平新时代中国特色社会主义思想在杭州落地生根、开花结果，以杭州的先行探索为浙江省乃至全国提供实践范例。杭州始终坚定坚决地忠实践行"八八战略"，奋力打造"重要窗口"。这一伟大的社会历史实践让西湖更秀美，让钱塘江更壮观，让城市更现代，让人民更富裕，让千年宋韵焕发出新的光彩。随着 G20 杭州峰会和第 19 届亚运会相继举办,杭州如今正在加速发展,朝着创新创业、产业兴盛、活力迸发、别样精彩、共享幸福、独特韵味和良法善治的"新天堂"阔步前进。

全书从经济建设、政治建设、文化建设、社会建设、生态文明建设和党的建设这六大维度展开论述,全面把握"八八战略"对杭州产生的深远影响。本书的导论概述了习近平同志在浙江工作期间对杭州的指示和指导,从总体上概括在他的指导下杭州这些年高水平全面建成小康社会的突出成就。第一章围绕"坚持新发展理念,引领杭州经济高质量发展"展开研究,从数字要素经济潜能与传统产业全面升级、民营经济发展要素与杭州发展新型格局、科技创新要素与激发经济自主发展活力、主动接轨上海战略与长三角区域一体化战略等方面进行论述。第二章围绕"加强法治与民主政治建设,推进市域治理现代化"展开研究,从推进"法治杭州"建设、探索民主政治建设新模式、深化行政体制改革、推进治理体系和治理能力现代化等方面进行论述。第三章围绕"打造历史文化名城,推动文化大发展大繁荣"展开研究,从保护文化遗存以延续城市文脉,磅礴精神力量构筑"最美之城",发展现代文化事业产业与提高社会公共服务能力,加强文化资源整合等方面进行论述。第四章围绕"加强社会治理和建设,展现民生福祉新水平"展开研究,从坚持完善"最多跑一地"改革和打造共建共治共享社会治理格局、加强数智化治理以构建城市大脑整体智治型社会、制度创新与推进大健康治理能力现代化、构建未来社区以打造高品质生活格局等方面进行论述。第五章围绕"推进美丽杭州建设,打造生态文明之都"展开研究,从奋力书写美丽中国的杭州样本、治理环境污染与筑基生态文明、坚定不移走生态优先的绿色发展之路等方面进行论述。第六章围绕"全面加强党的建设,铸就坚强领导核心"展开研究,从铸造伟大事业坚强领导核心、巩固思想基础、推进基层党建全面进步、积极发展党内民主、建设清廉杭州等方面展开论述。最后对杭州在高质量发展建设共同富裕示范区中更好发挥头雁作用做出展望。

　　"八八战略"将杭州的过去、现在和未来紧密联系在一起,铸造了杭州的辉煌。杭州率先以数字变革推进创新驱动发展,探索形成有利于促进构建新发展格局的有效路径,使城市创新能力和综合实力迈上新台阶,人均生产总值达到发达经济体水平。杭州率先以城市大脑推进新型智慧城市建设,全面构建整体智治体系,使法治杭州、平安杭州建设达到更高水平,共建共治共享的社会治理格局更加完善。杭州率先以独特文化魅力彰显文化自信,显著增强城市文化软实力和影响力,明显提高人的现代化和社会文明程度。杭州率先以城乡区域大统筹推进共同富裕,有效解决发展不平衡不充分问题,使教育、卫生、体育等公共服务更加优质均等,人民生活品质持续提升。杭州率先以全域大花园建设拓宽"绿水青山就是金山银山"转化通道,使城乡人居环境质量更加优化,绿色发展、生态富民成效更加显著,高水平打造现代版"富春山居图"。

　　在"八八战略"的指引下,杭州取得了巨大的历史成就,成为"重要窗口",站在了崭新的历史起点。浙江正全力争创社会主义现代化先行省,扎实推进高质量发展建设共同富裕示范区。中国共产党杭州市第十三次代表大会报告指出,杭州坚持稳中求进的工作总基调,立足新发展阶段,贯彻新发展理念,服务新发展格局,始终坚持以高质量发展统揽全局,推动建设世界一流的社会主义现代化国际大都市,争当浙江高质量发展建设共同富裕示范区城市范例,为2035年基本实现高水平现代化、到本世纪中叶建成具有全球影响力的独特韵味别样精彩世界名城打下坚实基础,以"城市之窗"展现"中国之治"。杭州高举习近平新时代中国特色社会主义思想伟大旗帜,全面贯彻落实党的二十大精神,深入学习贯彻习近平总书记对杭州工作的重要指示批示精神,围绕忠实践行"八八战略"、奋力打造"重要窗口",奋进新时代、建设"新天堂",向着世界一流的社会主义现代化国际大都市阔步前进。

第一章 坚持新发展理念，
引领杭州经济高质量发展

　　2004 年 9 月 28 日，习近平同志在听取杭州市工作情况汇报时指出：努力建设"经济强市"，始终坚持以人为本、全面协调可持续的科学发展观，努力按照"五个统筹"要求，加快推进经济结构调整和经济增长方式的转变。① 2015 年 10 月 29 日，习近平总书记在党的十八届五中全会第二次全体会议上的讲话中鲜明提出了创新、协调、绿色、开放、共享的新发展理念。② 依据习近平总书记关于经济结构调整与增长方式转变的重要论述，杭州市以创业创新为动力，以科技进步为支撑，以转变发展方式为主线，以大平台大产业大项目大企业为抓手，培育壮大新兴产业，改造提升优势传统产业，限制淘汰落后产能，加快产业结构调整，促进发展方式转变，把杭州建设成为长三角地区重要的先进制造业基地，在浙江省转变经济发展方式、推进经济转型升级中发挥龙头、示范、领跑、带头作用。

---

① 《全面推进杭州经济社会新发展》，《杭州日报》2004 年 9 月 29 日。
② 习近平：《在党的十八届五中全会第二次全体会议上的讲话（节选）》，《求是》2016 年第 1 期。

第一节　挖掘数字要素经济潜能,
推动产业格局全面升级

党的二十大报告指出,建立现代化产业体系需要加快发展数字经济,促进数字经济和实体经济深度融合,打造具有国际竞争力的数字产业集群。作为引领未来的新经济形态,数字经济既是经济提质增效的新变量,也是经济转型增长的新蓝海,前所未有地重构着经济发展新图景。杭州的数字经济发展可以分为三个阶段:第一阶段是1990年至2002年。国务院批准建立杭州高新区,杭州国家高新区的牌子在杭州老城的文教区正式竖起。自此,杭州高新区积极开拓中国通信设备制造和信息软件产业。第二阶段是2003年至2017年7月。习近平同志在2003年考察了杭州高新区,他指出高新区要发展功能明显、特色突出的高新技术产业,不断发挥领跑作用,打造硅谷天堂。[①]第三阶段是2017年8月至今。从杭州市人民政府办公厅印发"数字杭州"发展规划,到深入实施数字经济"一号工程",打造"全国数字经济第一城",数字经济正式成为杭州经济发展的重心,杭州从"电商之都"不断创新升级,一步一步迈向"移动支付之城"、"移动办事之城"、杭州城市大脑、数字经济第一城。

习近平主席在2021年10月出席二十国集团领导人第十六次峰会第一阶段会议时发表讲话:"二十国集团要共担数字时代责任,加快新型数字基础设施建设,促进数字技术同实体经济深度融合,帮助发展中国家消除'数字鸿沟'。"[②]作为数字经济发展大省的省会城市,杭州市以切实行动展现中国发展意志。2020年,杭州数字经济核心产

---

① 《三十而立　数字经济好风正劲》,《科技日报》2020年10月14日。
② 《团结行动 共创未来——在二十国集团领导人第十六次峰会第一阶段会议上的讲话》,《人民日报》2021年10月31日。

业实现增加值 4290 亿元、增长 13.3%。人工智能产业营收达 1557.6 亿元,数字经济增长成为杭州经济发展的重要增长点。"十三五"时期,杭州数字经济核心产业增加值年均增长 14.5%,杭州经济总量从 1.05 万亿元增加到 1.61 万亿元。杭州数字产业快速发展。2020 年,杭州人工智能产业营收超 1500 亿元;出台直播电商扶持政策,新培育头部直播电商平台 20 家,头部多频道网络服务(MCN)机构 40 家;加快数字"新基建"建设,首个国家(杭州)新型互联网交换中心启用;联合国大数据全球平台中国区域中心正式落户。[①] 杭州着力打造"数字经济第一城",不断提升在国内乃至国际产业供应链中的战略地位,以数字经济打造杭州城市新名片,努力成为新时代全面展示中国特色社会主义制度优越性的"重要窗口"。

一、释放数字要素红利,数字产业化二次攀升

2018 年 7 月 24 日,时任浙江省省长在浙江省数字经济发展大会上指出要充分发挥浙江数字经济先发优势,加快实施数字经济"一号工程"[②],积极争创国家数字经济示范省。[③]

(一)发挥龙头企业带头作用,构建国际级数字产业集群

数字经济龙头企业开拓创新,带动杭州市成为数字经济先行市。杭州数字经济取得优异成绩,阿里巴巴、网易、海康威视等超大型企业功不可没。在做好传统业务的同时,这些龙头企业凭借积累的资金、

[①] 《2020 年杭州 GDP 增速 3.9%　数字经济"含金量"不减》,中新网,2021 年 2 月 3 日, http://www.chinanews.com/cj/2021/02-03/9403406.shtml.

[②] 数字经济"一号工程"主张实施数字新政,提出"三区三中心"(打造全国数字产业化发展引领区、产业数字化转型示范区、数字经济体制机制创新先导区和具有全球影响力的数字科技创新中心、新型贸易中心、新兴金融中心)的总体定位。聚焦"数字产业化"和"产业数字化",突破人工智能、物联网、云计算、大数据、网络安全、集成电路等领域的关键核心技术,打造面向未来的数字化治理体系。

[③] 《省政府专题研究实施数字经济"一号工程"和高质量发展指标体系》,《浙江日报》2018 年 7 月 6 日。

技术以及创新的基因，实现多头并进、跨行革新，积极布局人工智能、芯片、机器人、智能汽车等新领域。如阿里云凭借强大的运算能力为传统制造业转型升级赋能——ET 工业大脑已经在中策橡胶、恒逸石化等传统企业中应用，并取得不错的成效。又如大华股份凭借在数字安防领域的多年投入，着眼人工智能发展前景，转而投资成立智能汽车企业零跑汽车。多元化的产业延伸使杭州数字经济发展逐渐枝繁叶茂，数字经济成为囊括物联网、信息安全、电子商务等传统行业以及人工智能、机器人技术、智能汽车等新兴行业的先进综合领域，为杭州的数字经济发展打开了一片新蓝海。

现阶段，杭州正推动形成以龙头企业为引领、骨干企业为中坚、"双创"企业为支撑的雁阵型企业集群。[①] 杭州秉持地方数字产业优势、人才优势、文化优势，坚持"八八战略"，努力打造全球视觉 AI 产业中心、全国云计算之城和中国区块链之都。一是发挥核心技术优势，提升信息软件、云计算与大数据、人工智能、物联网等信息技术水平，扩展产业范围。二是紧盯短板项目，在集成电路等弱势产业领域加速赶超，推进中欣晶圆、中电海康、紫光恒越等一批"芯"项目落地；同时全力支持数字安防、通信网络等领域的企业进行更深层次的技术升级，掌握核心技术优势。三是杭州市政府与阿里巴巴、中电海康等领军企业建立长期的战略合作关系，通过政企合作的方式鼓励数字经济发展。

（二）完善金融科技创新体系，打造国际级金融科技中心

夯实杭州金融基础，推动杭州金融科技快速发展。杭州是中国金融科技的发源地，支付宝、余额宝、蚂蚁金服、恒生电子等金融产品及其衍生品成为杭州金融产业的支柱。推动杭州金融科技快速发展，一是推动先进技术在金融领域的创新应用，加快大数据、人工智能、分布

① 《长风破浪会有时"杭州制造"打造转型升级新样本》，《杭州日报》2020 年 11 月 6 日。

式技术等在金融领域的融合创新，推动智能移动支付、数字普惠金融、分布式金融服务等相关领域的产业创新。二是引进大型数字贸易平台企业总部、结算中心，搭建完备的数字金融产业体系。现阶段，杭州已经形成了"一超多强＋小微企业群"的金融科技生态体系。[①] 三是推动传统金融机构数字化发展，大力支持其运用科技手段提升企业创新能力和产业能级。此外，杭州还筹建了国内首家中外合资银行卡清算机构——连通（杭州）技术服务有限公司。全球金融科技创新实验室等项目顺利落地杭州，助力杭州金融科技中心指数稳居全球第一方阵。

完善金融科技发展体系，打造全球金融科技应用与创新中心。2019年，杭州提出了打造国际金融科技中心的目标，并发布了《杭州国际金融科技中心建设专项规划》[②]。在此规划指导下，杭州致力于建设国际化的金融科技研发与创新策源地、金融科技基础设施先行区。不断深化大数据技术、人工智能技术、分布式技术等研发工作，努力把杭州打造成"中国金融科技引领城市"、全球金融科技应用与创新中心。技术赋能金融、科技创新应用，杭州将多样的数字技术与城市金融发展的不同场景、不同用途、不同安全要求相结合，将金融服务的触角延伸至更广的范围、更细的角落，触达更为广泛的市场主体。杭州开始在全球金融科技中心第一梯队崭露头角。

---

① "一超"指以蚂蚁金服为代表的全球一流的金融科技企业，"多强"包括大量高估值甚至上市公司群体，第三梯队则由众多小微创新型企业组成。它们彼此渊源深厚，项目、资金、人才等资源在这个城市融汇，相应地进行一些业务创新，比如支付、信贷、理财、征信、风控等，形成了一批能够和传统金融PK的新金融市场主体，最终形成了一个新的业态——"平台金融科技"。

② 《杭州国际金融科技中心建设专项规划》明确了杭州打造国际金融科技中心的目标定位、主要任务、空间布局及政策支持……争取到2030年前，把杭州建设成为全球领先的综合性国际金融科技中心。要打造形成"一核、两轴、四路、多点"的杭州金融科技产业空间格局："一核"是指钱塘江金融港湾规划的"钱江财富管理核心区"，包括钱江新城和钱江世纪城的金融核心区域；"两轴"是指杭州城区范围内的钱塘江金融港湾和城西科创大走廊的规划空间；"四路"是对两轴空间的细化，具体指城西科创大走廊区域范围的文一西路、西溪路沿线，钱塘江金融港湾规划范围的钱江路（之江路）和江南大道（奔竞大道）沿线；"多点"指集聚于"两轴""四路"及散布于各区域的重点金融科技集聚园区、众创空间。

（三）深化数据资源开放共享，建设"全国数字经济第一城"

深化数据资源开放共享，促进平台经济、共享经济健康发展。推动共享经济、开放经济健康发展，要求积极发展数字新技术、新产业、新业态、新模式。一是建立好线上交易与线下产品的双向流通渠道，为人们在网络平台上选择教育、文化、卫生、体育、交通等各项产品提供技术和市场；二是面对共享经济等存在信用缺失、信息失真的问题，积极引入区块链技术、网络监管技术，从而解决平台共享经济在管理、版权、安全等方面的问题，进一步以算法保持互联网的"共享美德"。共享型消费新业态、新模式将在保持市场创新活力、构建新发展格局中发挥重要作用。

国家发展改革委指出要支持具有产业链带动能力的核心企业搭建网络化协同平台，带动上下游企业加快数字化转型，促进产业链向更高层级跃升。[①] 杭州建设联通世界、链接全球的"上云用数赋智"服务中心，奋力打造"全国数字经济第一城"。"上云用数赋智"行动中的"上云"是指探索推行普惠型的云服务支持政策；"用数"是在更深层次推进大数据的融合运用；"赋智"是要加大对企业智能化改造的支持力度，特别是要推进人工智能和实体经济的深度融合。因此，要最终实现企业的数字化转型，实现"数智未来"，最重要的是搭建能联通世界、链接全球的互联网络。在此基础上，开展数字化转型伙伴行动，借助数据智能技术，赋能企业的智能化变革，提升经济"在线"水平。杭州在互联网上建立虚拟园区，打造跨越物理边界的"虚拟产业园"和"虚拟产业集群"，充分发掘企业可协同放大效应，数字经济新业态沟通了大小企业，使得供应链、价值链的搭建与延续均在虚拟的经济环境中完成，对企业间订单、产能的协同具有显著推动作用。

---

① 《国家发展改革委："上云用数赋智"行动助中小微企业转型》，央视网，2020 年 4 月 10 日，http://news.cctv.com/2020/04/10/ARTISFcSQjUBAW8tbo6qsrh C200410.shtml? spm＝C94212。

二、加快传统制造业升级，打造新兴产业生态圈

工业化是城市化的加速器，对城市化具有巨大的推动和支撑作用。制造业是实体经济的主体，是立国之本、兴国之器、强国之基，是杭州经济社会持续健康发展的"压舱石"。杭州按照"八八战略"的精神和要求，"进一步发挥浙江的块状特色产业优势，加快先进制造业基地建设，走新型工业化道路"①，在彰显特色、发挥优势、形成支柱产业上狠下功夫，切实抓好先进制造业基地建设，大力发展有杭州特色、杭州优势的产业，努力在环杭州湾产业带的建设中发挥排头兵作用。深入实施"新制造业计划"，加快工业互联网平台推广，持续推进传统制造业改造提升，加快下一代信息技术、生物医药、高端装备、新能源、新材料等战略性新兴产业生态圈集聚，打造制造业标志性产业链。牢牢把握"先进"两个字，坚持以信息化带动工业化，以工业化促进信息化，坚持依靠科技进步和创新，大力推进新型工业化发展，走循环经济道路，走清洁生产道路，减少污染。

（一）推广"互联网＋"新模式，实现制造业转型升级

数字技术推动传统制造业转型升级，一方面使得传统制造技术更为精细化、标准化、数字化，另一方面也延伸了传统制造业的产业链，促进传统粗放制造产业向集约化、精细化、网络化和智能化转型升级。近年来，杭州市认真贯彻落实"八八战略"和习近平总书记重要指示，制定出台加快发展数字经济的实施意见和战略性新兴产业发展三年行动计划，推动战略性新兴产业快速发展，生物医药、集成电路、新能源、智能网联汽车等产业蓬勃兴起。同时推动传统制造业改造升级，重点对机械、化纤、化工、橡胶、纺织、服装等传统制造业进行改造提升。例如，娃哈哈集团新组建成立娃哈哈智能机器人有限公司，其自

---

① 中央党校采访实录编辑室：《习近平在浙江》（上），中共中央党校出版社 2021 年版，第 3 页。

行研发的工业机器人在娃哈哈饮料生产线上率先应用,提高了生产效率。再如,杭汽轮主动拥抱 5G 时代的前沿技术装备制造业,5G 三维扫描建模检测系统的应用使原来关键的零部件检测得到革命性升级。

探索推进"新工厂计划",加快构建工业互联网平台体系。推广"互联网＋制造"新模式,实现机器换人、工业物联网等应用,实现制造业高端化、智能化、绿色化、服务化发展。2018 年,《浙江省人民政府关于加快发展工业互联网促进制造业高质量发展的实施意见》出台,提出建立"1＋N"工业互联网平台体系。基于此,杭州加快工业互联网发展,推动 supET 工业互联网平台建设,同时联合区域内不同量级工业建设主体,打造 N 个行业级、区域级和企业级的工业互联网平台。例如,中国(杭州)工业互联网小镇集聚 5G 技术、工业 APP、人工智能、云计算、大数据、物联网等领域的服务商,致力于打造在长三角乃至全国都处于领先地位的工业互联网集聚区,赋能制造业转型升级。

(二)促进战略性新兴产业升级,布局"数智"未来产业

推进战略性新兴产业升级,构建高能级产业集群。对未来产业领域的布局已成为衡量一个国家、一个地区、一个城市科技创新和综合实力的重要标志,人工智能、量子技术、虚拟现实、区块链、商用航空航天等前沿领域成为"兵家必争之地"。为加快推进经济转型升级,杭州加快培育人工智能、虚拟现实、区块链、量子技术、生命科学等具有重大引领带动作用的未来产业,努力培育竞争新优势,在集成电路、航天航空、光电芯片等战略性新兴领域不断提升核心基础材料、关键技术装备、核心支撑软件和系统集成水平,积极培育未来产业新业态;加快建设"国家新一代人工智能创新发展试验区"等未来城市产业高地,高质量构建科创生态圈,打造"数智产业体系",实施"聚能工厂""链主工厂"和"智能工厂"等"新工厂计划",建设钱塘新区钱塘芯谷①新产业平

---

①　钱塘芯谷规划总面积 138 平方公里,着力打造杭州半导体产业新的增长极,争创芯智造万亩千亿新产业平台。中欣晶圆、士兰全佳等一批"大好高"项目均已落户。

台，发挥高能级产业的集聚效应。

加快未来产业布局，打造良性互动的产业发展平台。杭州充分发挥自主创新示范区和跨境电商综试区两大国家级示范区的制度创新优势，加快推动未来产业领域科技、人才、金融、政策等要素集聚和优化配置组合。打造"一区两廊两带两港"①，以杭州高新开发区、杭州经济开发区、杭州大江东产业集聚区等产业发展主平台为支撑，以云栖小镇、梦想小镇、玉皇山南基金小镇等特色小镇建设为突破口，着力打造一批国家级和省级未来产业发展平台。支持和鼓励各区（县、市）立足自身基础和优势，有针对性地进行未来产业发展布局，推动产业特色集聚发展。全力推动与国内外未来产业领域龙头企业的全面战略合作，充分发挥大企业的引领带动作用，鼓励各类优势资源的开放共享，为中小企业创业创新赋能，加快构建产业链整合延伸、分工协作的产业集群。

（三）推动先进制造业集群发展，提升实体经济发展水平

促进制造业优化升级，培育高效、绿色、智能的先进产业。浙江省坚持以习近平新时代中国特色社会主义思想为指导，推进"八八战略"再深化、改革开放再出发，突出"四个强省"②工作导向，推动制造业全方位变革，全力建设全球先进制造基地。杭州对标国际先进水平，重点培育数字安防、汽车及零部件、绿色化工等万亿级先进制造业集群和数字产业，高端装备、生物医药、新材料等战略性新兴产业集群，打造若干世界级先进制造业集群和标志性产业链，力争形成一批世界一流企业、单项冠军企业和行业标准、国际品牌，形成国际一流的制造

---

① "一区两廊两带两港"是"十三五"期间重点项目，规划投资约5184亿元，实施280个项目，引导带动产业集群、人口集聚和要素集约高效配置的作用更加突出。"一区"指国家自主创新示范区，"两廊"指城西科创大走廊、城东智造大走廊，"两带"指运河湖滨高端商务带、钱塘江生态经济带，"两港"指钱塘金融港湾、杭州空港经济区。

② "改革强省、创新强省、开放强省和人才强省"，强调深入领会和把握"八八战略"的优势，增创体制机制新优势、国际竞争新优势、战略资源新优势。

业生态,建成国内领先、有国际影响力的制造强省。

发挥区域产业优势,打造先进制造业产业集群。2003 年 4 月 10 日,习近平同志在桐庐县考察时讲话指出:"一县一业、一乡一品"的块状经济模式,是浙江经济的一大特色和优势,是发展县域经济、增强县域整体实力和竞争力的重要抓手。我们要坚持从浙江实际出发,着眼于打造先进制造业基地这个目标,大力发展块状经济。① 在此指导下,中共杭州市委、杭州市人民政府于 2007 年发布了《关于加快发展新型块状经济的若干意见》,并于 2010 年进一步出台了《杭州市特色块状经济质量提升三年行动计划(2010—2012 年)》,诸如萧山的化纤纺织和汽配、余杭的家纺、富阳的造纸、建德的精细化工等特色块状经济获得高质量发展。近年来,杭州积极打造标志性产业链,培育先进制造业集群。以航空航天产业为例,杭州通过整合各区(县、市)的资源优势,分别推进钱塘新区航空航天产业园的部件制造、建德市航空小镇的通航产业、萧山区临空经济示范区的航空服务业、余杭区航空航天科技小镇的航空研发,以高质量块状经济带动周边产业的繁荣发展。

三、高质量发展现代服务业,建设国际服务业示范区

服务业是影响产业结构、产业质量的关键因素。2004 年 12 月 28 日,习近平同志在浙江省政协九届九次常委会会议上指出,浙江"要遵循规律,抓住机遇,将服务业逐步培育壮大成为推动经济发展的'主动力产业',以服务业发展水平的提高来促进工业化水平的加快提升,同时藉以解决要素制约、就业压力等问题"②。伴随着信息技术和知识经济的发展,推动服务业发展,关键是要"用现代信息技术和现代流通经

---

① 《习近平强调发展块状经济提升整体实力》,《浙江日报》2003 年 4 月 11 日。
② 习近平:《干在实处 走在前列——推进浙江新发展的思考与实践》,中共中央党校出版社 2006 年版,第 141 页。

营方式改造服务业",创造需求,引导消费,推动服务业现代化。

《杭州市"十二五"现代服务业发展规划》指出,要把推动服务业大发展作为产业结构优化升级的战略重点,推动特大城市形成以服务经济为主的产业结构。围绕"一基地四中心"①建设,以"大平台、大产业、大项目、大企业"为抓手,杭州的服务业发展迅速,较好地完成了"十二五"规划确定的各项目标任务,有效促进了全市经济社会持续快速发展。"十三五"时期,杭州瞄准全球科技革命与产业变革协同创新带来的发展机遇,推动现代服务业与先进制造业相融合,打造以信息服务、电子商务、休闲旅游、金融服务、文化创意为特色的服务业体系。这一发展决定与杭州市居民对现代服务业需求市场的扩大密切相关,包括对改善生活条件的生活性服务消费需求和对制造业转型升级的生产性服务业需求。

（一）优化生产性服务业体系,提高服务业国际化水平

推进服务业数字化,推动生产性服务业向专业化和价值链高端延伸。生产性服务业是指面向生产的服务,属于专业度较高、知识密集型的服务,包括交通运输业、现代物流业等。2019 年,浙江省发展改革委印发《浙江省生产性服务业高质量发展行动计划（2019—2022年）》,指出以高质量发展为主线,坚持"创新引领、突出重点、融合协同、集聚发展"的原则,着力做大生产性服务业规模、优化结构,提升专业化服务水平……构建产业竞争新优势,为高质量经济发展提供支撑。余杭区服务型制造研究院位于余杭经济技术开发区,围绕"9＋X"模式建设产品服务系统、绿色制造、医工交叉等行业急需的模式应用验证或技术创新实验室。同时积极争取国家级平台资源,创建智能工业机器人中心、高端机电系统及工业软件中心、

---

① "一基地四中心"指加速发展信息软件、文化创意、电子商务、旅游休闲、金融服务等产业,使杭州成为高技术产业基地、国际重要的旅游休闲中心、全国文化创意中心、电子商务中心、区域性金融服务中心。

航空发动机与燃气轮机中心、半导体装备中心、高端医疗装备中心等五大中心,提升服务制造业的创新能力。

加快现代服务业与先进制造业深度融合,推动生产性服务业集成化、平台化、国际化发展。杭州高新区制定《杭州高新技术产业开发区先进制造业和现代服务业融合发展试点方案》,发挥数字经济领军优势,推动制造业和服务业双向融合,创新发展。如杭州湾新区作为省市战略大平台,坚持产业立区,在"十四五"规划中,聚焦八大主导产业,全力构建"1＋3＋4"主导产业集群①,促进数字经济与实体经济深度融合,构建以战略性新兴产业为引领、先进制造业为支撑、服务业与制造业融合发展的现代产业体系,形成互促共进、多元共兴的产业发展新格局。例如,西奥电梯与阿里巴巴合作,在业内率先实现电梯设备预测性维护、设备全生命周期管理,以及提供可信的透明监管和全链路的安全保障;春风动力融合制造业和服务业,全面开展车联网平台、消费者终端定制系统开发,方便快捷地实现产品批量定制。

(二)加快发展金融性服务业,推进科创金融试点改革

加快发展金融性服务业,大力发展直接融资,做优做强地方法人金融机构。2019 年,习近平总书记在中共中央政治局就完善金融服务、防范金融风险举行第十三次集体学习时强调,要深化对国际国内金融形势的认识,正确把握金融本质。金融是现代经济的核心产业。新时代杭州发展金融业重点就是着眼三个领域,即金融科技、财富管理、跨境金融。首先,创新发展金融业云计算平台、数据驱动性金融、互联网金融交易平台、区块链技术公司等新兴业态,探索金融与互联网、移动通信、数据科技、人工智能等融合发展的"金融＋"创新模式。其次,推动私募基金、资产管理等新兴财富管理方式创新发展,形成较

---

①　以两千亿级汽车产业为龙头,以新材料、高端装备、智能家电三大 300 亿～500 亿级产业为支柱,以电子信息、生物医药、通用航空、节能环保四个百亿级新兴产业为补充的"1＋3＋4"主导产业集群。

为完善的财富管理机构体系、产业体系和生态体系。再次，推动金融机构进一步发展跨境贸易，努力建设"一带一路"国际新金融服务枢纽。在金融开发的过程中打造杭州"重要窗口"。最后，以移动互联、大数据、云计算为基础，为小微企业和个人消费者提供普惠金融服务。

推进长三角区域科创金融改革试验区杭州片区建设，实施资本市场多层次创新试点，高水平建设钱塘江金融港湾，"全力打造金融创新发展的'杭州窗口'"。一方面，鼓励传统金融机构总部、大型财富管理机构总部、上市公司及其投融资总部等各种金融产业发展，支持原生态的金融科技企业在各细分领域加强竞争力与影响力，打造传统与新兴齐头并进的金融发展力量；另一方面，打造杭州湘湖金融小镇，构建高层次金融发展平台，吸引"一带一路"沿线国家和地区民间资本、上市公司及大型企业投融资总部、私募基金、新金融企业等主体，聚集财富管理、信息服务等配套服务，打造科创金融改革高地。

（三）助推生活性服务业升级，建设高端服务业示范区

推动生活性服务业向高品质和多样化升级，加强公益性、基础性服务业供给。生活性服务业是以满足消费者最终消费需求为目的的服务业体系，包括健康、养老、育幼、文化、旅游、体育、家政等各个领域。杭州打造"城市大脑"，关注数字技术在不同生活场景中的有效运用，重塑了交通、医疗、教育等各方面的程序与方式，提供生活性服务业的新样态。例如，在医疗领域，"城市大脑·卫健系统"舒心就医建设持续稳步推进，居民可以通过自助机或"健康杭州"微信、"杭州健康通"APP等渠道开通舒心就医服务，不需要多次付费。

推进服务业标准化、品牌化建设，加快建设杭港高端服务业示范区。2020年浙江省政府工作报告提出："着力扩大消费需求。制定实施数字生活新服务行动，推进生活性服务业数字化、传统零售企业数字化、夜间经济数字化……深入实施放心消费行动。"2020年1月9日，杭州萧山区和阿里巴巴本地生活服务公司签署全面深化合作协

议，用"新服务"拉动"新消费"、促进"新就业"，将萧山区打造成浙江省首个"数字生活新服务"示范区。由此，阿里巴巴生态资源和云计算、大数据、移动支付、智慧商家大脑等数字化基础设施全面进入当地生活服务产业，以智慧商圈、智慧门店、智慧社区为场景，对与当地群众生活密切相关的"吃、喝、玩、乐、游、娱、购"不同业态进行数字化升级改造。这一生活性服务业的数字化为拉动杭州经济、提高杭州生活品质提供了重要支撑，同时也成为杭州向世界展示中国数字经济、数字生活的重要窗口。

四、实施新消费发展战略，构建经济发展新格局

"消费规模决定投资规模，居民最终消费是投资和经济增长的原动力。"习近平同志 2005 年 12 月 19 日在浙江省经济工作会议上强调消费的重要地位，指出"扩大消费要多管齐下，努力提高消费能力，拓宽消费领域，培育消费热点，改善消费环境"，"要把扩大消费重点放在拓展农村市场和发展服务业上"，"积极培育住房、交通、教育、信息服务等新的消费热点，倡导健康积极的消费文化"。[①] 在此指导下，杭州市政府积极把握"假日"经济，挖掘住宿餐饮业、农村市场等消费增长点，不断营造和谐消费环境，推动消费不断升级。在构建以国内大循环为主体、国内国际双循环相互促进新发展格局的大背景下，杭州高水平建设国际消费中心城市。推动消费升级，即进一步增强消费对经济发展的基础性作用，把在疫情防控中催生的新消费壮大起来，确保经济良性循环、稳中有进。同时，发挥消费在集聚城市人气、打造城市品牌上的"杠杆作用"，提升供给体系对消费需求的适配性，形成需求牵引供给、供给创造需求的更高水平动态平衡，不断增强群众获得感、幸福感。实施新消费发展战略，是将经济高质量发展与人民日益发展

---

① 习近平：《干在实处　走在前列——推进浙江新发展的思考与实践》，中共中央党校出版社 2006 年版，第 138 页。

的消费理念和需求层次相结合,深度挖掘独特的、隐藏的需求,跨界融合、提质供给;准确辨识消费群体特征,针对细分群体的消费需求和消费习惯,下沉市场、不断创新,实现杭州经济高质量发展。例如,2020年9月18日,推进新消费会议指出,实施杭州消费"五大工程",发挥杭州头雁效应,通过促进消费拉动杭州经济增长,辐射带动产业结构的优化调整。

(一)实施消费"五大工程",打造国际数字消费之都

强化消费对经济发展的基础性作用,持续实施欢乐购物在杭州、畅快旅游在杭州、舒心服务在杭州、夜间消费在杭州、放心消费在杭州"五大工程"。"五大工程"从购物消费、文旅消费、休闲消费、夜间消费、安全消费等不同角度展开对杭州消费的总体规划,不仅强调挖掘当地人在当地的消费潜力,还通过挖掘特色、打造品牌、优化服务来吸引外地游客积极消费。不仅持续打造精品旅游产品、建设繁荣购物商圈、推广"互联网+休闲服务"、规划白天和夜晚不间断的城市美景,更重要的是提供与繁荣程度相匹配的安全环境。

精心打造"数字消费之都"和新零售标杆城市,用更大的数字红利展现杭城魅力。2020年,杭州正式发布《杭州市建设国际消费中心城市三年行动计划(2021—2023年)》。首先,依托本地高新技术企业、科研院所集聚的优势特点,发挥数字技术聚合效应。其次,坚持技术驱动、数字孪生,重构"人、货、场"关系,推动商业模式创新,实现消费者和生产者无缝对接,解决供需结构性矛盾。加快建设一批智慧商圈、智慧街区、智慧门店,全景展示数字生活新业态。最后,全力打造联通世界、链接全球的"上云用数赋智"服务中心,依托国内、面向世界,发挥新消费的活力,打造国际消费中心城市。

(二)推进线上线下消费融合,构建新型现代消费模式

新技术赋能经济发展,催生出与传统相区别的产业模式、经济业态和消费理念。"新消费"基于"互联网+"的消费新模式和新业态,其最为突出的特点是网络化、数字化和智能化,能给消费者带来前所未有的新体验。消费者的用户体验成为影响新消费的关键因素。与此相适应的个性化消费、便利化消费成为数字技术进一步升级的新方向。2023年1—4月,浙江省实现网络零售7272.5亿元,同比增长15.7%,网络消费成为释放消费潜力的重要渠道。传统消费提质升级,新兴消费苗壮成长,消费力量持续向下沉市场扩容,更庞大的消费潜力正在被激发出来。

与新消费时代相适应,杭州积极引导消费场景重塑。首先,杭州凭借移动支付、智慧物流、人工智能的发展,打造无人超市、网上购物、个性化定制等数字化消费新形式。其次,在数字技术的支持下,重新定义消费新时尚。例如,通过中华老字号百年品牌高峰论坛、老字号精品展示互动活动,重塑老字号品牌文化,使其与杭州独特的历史文化旅游商业资源相适应,促进线上线下消费融合发展,培育"老、少、康、美"等服务消费业态,培育在线教育、在线办公、在线娱乐等"宅经济"和直播电商、首店、国潮等新型消费模式。新消费时代,杭州消费市场正在不断释放新体验,消费态势呈现更多新变化。

（三）打造杭州现代消费地标,创设杭州消费文化品牌

杭州推进特色街区改造升级,以"三圈三街三站"[①]为重点打造消费地标。加快建设全球智慧消费体验中心、时尚消费资源集聚地、知名休闲目的地,建设立足国内、面向亚洲、辐射全球的国际消费中心城市。杭州提升"三圈三街三站"国际能级,加快建设武林恒隆广场、钱江新城江河汇等十大杭城新商业中心;推进清河坊、丝绸城、湘湖慢生活街等高品质步行街建设,打造面向全球新品首发、引领潮流的消费者乐园。现阶段,杭州在产业转型、消费场景及消费群体等方面,已经具备了国际消费中心城市的基础,其中关键在于打造地标性的消费

---

① 三圈:吴山商圈、湖滨商圈、武林商圈;三街:延安路、南山路、东坡—武林路;三站:火车站、机场、地铁站。

场景。

积极发展商圈经济，激发乡村消费潜力，持续改善消费环境，全面打响"新消费·醉杭州"品牌。杭州积极培育更多的消费地标，全面优化消费环境，以打造社区15分钟生活圈为目标，推动商业网点规划，完善基础设施，营造一流消费环境；为此要健全消费要素保障，进一步完善统计监测、增强消费预期、破除供给障碍。

第二节　统筹民营经济发展要素，
构建杭州发展新型格局

2004年2月3日，习近平同志在浙江省民营经济工作会议上指出："我们要充分发挥'八个优势'，深入实施'八项举措'，扎实推进我省全面、协调、可持续发展。在这整个进程中，民营经济大有作为，也应当有更大的作为……我们必须从现代化建设全局的高度，充分认识民营经济新飞跃的重大意义，把民营经济的优势挖掘好、发挥好，推动经济社会更快更好地发展。"[①]杭州围绕坚持"两个毫不动摇"，推动国有经济再上台阶，非公经济再创新辉煌。一方面，继续深化国有企业改革；另一方面，毫不动摇地推动民营经济发展。

一、营造民营经济优质环境，培育世界一流民营企业

打造一流民营企业，意味着在杭州市的经济社会各个层级打开局面。杭州市积极营造优质的民营企业营商环境，培育一流企业，主要通过聚焦领军企业、着眼未来，培育一批又一批的优质种子；通过发挥市场、制度的作用，为杭州民营企业走向世界、开拓未来提供有利条件。

---

① 习近平：《干在实处　走在前列——推进浙江新发展的思考与实践》，中共中央党校出版社2006年版，第90—91页。

（一）聚焦企业人才引育工作，构建民营企业发展体系

分类引育民营企业，实现民营经济多样发展。2006 年，习近平同志对浙江省转变经济发展方式作出指示：必须从科学发展观的要求出发，推进经济结构的战略性调整和增长方式的根本性转变，实现"凤凰涅槃"和"腾笼换鸟"。① 杭州市积极领会，2008 年 11 月，时任杭州市市长在全市民营经济大会上强调，要全面实施民营经济强市三年行动计划，打造民营经济强市，同时要健全机制，不断提高为民营经济发展服务的水平。之后，杭州市委办公厅、市政府办公厅印发《杭州打造民营经济强市三年行动计划（2011—2013 年）》，推进民营经济大市向强市迈进。《杭州市全面推进"三化融合"　打造全国数字经济第一城行动计划（2018—2022 年）》提出，要精准施策、分类指导，推动大中小微企业协同融合发展。具体包括实施领军企业"鲲鹏计划"、"凤凰行动"计划、浙商回归"大雁计划"、高成长性企业"瞪羚计划"、科技型初创企业"雏鹰计划"，积极培育先进民营经济。2020 年，杭州市新增国家高新技术企业 2440 家，规模以上高新技术产业实现增加值 2448 亿元、增长 8.6%。大力推进数字化改造"百千万"工程，规模以上工业企业数字化改造覆盖率达 97.4%。

培育支持高精尖紧缺人才，构建多层次经济发展体系。实现地方经济发展结构与发展水平的升级，其核心在于对人才体系结构与质量方面的优化。因此，杭州人才引入突出"高精尖缺"导向，将人才引入与经济发展相适配。深入实施各类引才引智计划，充分发挥院士创新基地等高层次人才创新平台作用，全力引进数字经济领域科技领军人才。同时，杭州还深入实施"三名"工程，引进或建设世界一流的科研院所，打造一流人才的培养皿。此外，通过建设创新创业园区、举办各类高层次人才创新创业大赛等方式，加快培养一批复合型、实操型人

---

① 习近平：《干在实处　走在前列——推进浙江新发展的思考与实践》，中共中央党校出版社 2006 年版，第 128 页。

才。全力服务"互联网＋"、生命健康、新材料三大科创高地建设。2020年，全市有效发明专利拥有量7.3万件，增长25.2％，位居省会城市第一。新引进35岁以下大学生43.6万人，人才净流入率继续保持全国第一。

（二）整合企业创新政策要素，创造法治化开放新环境

政策资源的有效供给可以为企业创新提供制度化、法治化的环境，构建公正、透明的政商关系，拒绝建立在非正式的、人际关系基础上的，尤其是建立在官商个人利益基础上的政商关系。例如，杭州市"亲清在线"以制度化的方式直接公布惠企政策、行政许可，快速接纳处理企业诉求，并以实时透明的方式进行政企间互动交流。随着商事制度改革的深化，杭州民营经济市场主体活力显著增强，企业新增速度进一步加快。2018年6月底，杭州共有市场主体121.4万户，比2017年底增长14％。同时，杭州民营经济结构也在不断优化。杭州民营经济已由工业为主、工业和服务业双轮驱动逐步向数字经济、文创经济、高新产业等现代产业结构转型。2019年上半年，数字经济增加值达到1756亿元，增速达到11.5％；文化创意产业增加值达到1756亿元，增速达到15.5％；高新技术产业增加值达到941.6亿元，增速达到6.5％。

坚持对外开放，为民营企业发展提供开放的国际环境。抓住杭州城市国际化的重要节点，着力大湾区、网上丝绸之路、跨境电商综试区与电子世界贸易平台（eWTP）杭州实验区建设，打造特色化国际枢纽型网络城市，为企业进军世界市场提供基础环境。例如，吉利跟随国家高质量发展的大战略、产品转型升级的大方向，构建全球五大工程研发中心和五大造型设计中心体系，打造具有全球竞争力的供应链体系，产品向高端化、智能化和电气化发展。传化集团面对严峻的外部环境，持续推进集团转型升级和高质量发展，业绩持续向好。

(三)解决企业发展融资难题,激发民营企业发展活力

杭州多渠道提升企业金融服务,为企业拓宽融资渠道。融资是企业顺利发展的关键。杭州不断推进金融供给侧结构性改革,推进"凤凰行动"计划、小微企业"增氧"计划和"滴管"工程等,打通企业融资渠道,筹建金融综合服务平台,完善企业金融服务。同时关注民企发债需求,持续优化发债模式。此外,杭州市着力拓宽民企融资渠道,为中小微企业提供更全的融资信息、更快的融资速度、更低的融资费率,面向全国深耕小微企业和普惠金融,创新移动金融服务平台和"网店"等服务方式,推动小微金融服务"最多跑一次"。此外,杭州金融综合服务平台致力于为中小企业提供融资需求发布、金融产品匹配等一站式服务,为企业拓宽了融资渠道,降低了融资成本。

杭州大力为民营企业降本减负。2018年11月,杭州出台关于深化"最多跑一次"改革,建设国际一流营商环境的实施意见,在税费负担、运营融资等重点领域,杭州率先将各项减负惠企政策落到实处。与此同时,各区(县、市)还提出一系列极具特色的配套政策,积极帮助企业解决实际存在的困难。例如,拱墅区陆续出台了"民营经济20条""大树计划""小巨人计划""旭日计划2.0"等企业扶持政策,还在全市首推科技助贷金政策,首期助贷规模达到2亿元;上城区推出了优化营商环境的"十条新政",包括推动企业技术改造、缓解融资难融资贵、强化人才引育留用等内容,全方位帮助企业破解发展难题。数据显示,2019年上半年,杭州市累计新增减税降费311.94亿元,占浙江省的32.2%。小微企业普惠性减税明显,新增减税25.24亿元。随着降本减负活动的深入推进,民营企业的活力被更好地激发,发展质量也显著提升。

二、完善企业创新支持举措,构建经济发展长效机制

2003年3月3日,习近平同志在接受中央人民广播电台采访时指

出："在发展个体私营经济方面，我们坚持四个创新。一是坚持观念创新，尊重和发挥群众的首创精神……二是坚持体制和机制的创新……形成浙江个私经济、专业市场和区域块状经济三位一体的鲜明特色和明显优势。三是坚持技术创新，把技术改造，产品开发，结构优化，规模扩张有机结合。四是坚持服务创新。切实加强引导扶持、教育和管理。"[①]以往依赖技术引进、低劳动力成本的发展模式已经无法继续推动企业的高质量发展，民营企业要立足已有基础和比较优势，从破解制约自身发展的突出问题着手，有效推动以质量和效益为核心的科技创新，不断推进产品、业态、商业模式创新，稳步增强企业自身的科技创新实力，实现适应经济发展新常态的战略性调整。杭州市政府从资源供给、政策扶持、平台建设等多方面予以支持，构建经济创新发展长效机制。

（一）完善企业科技创新制度，提高企业自主创新能力

建设创新型企业，激发企业员工的创新活力，必然要求引导和推进科技创新制度。科技创新制度的升级是一项复杂的系统工程，需要发挥中国特色社会主义制度优势，协调不同创新主体、凝聚多元创新优势，形成企业创新发展合力。《杭州市科技创新"十三五"规划》对增强企业创新能力构建有较为全面的论述。实施高新技术企业和科技型小微企业"双倍增"计划，加大政府对企业自主创新的引导和支持力度，同时发挥市场对配置科技资源、激发企业创新的决定性作用。

支持杭州企业与研究机构深度合作，鼓励企业通过委托研发、联合研究等方式提高自主创新能力。科研主体的创新能力是提升科技创新水平的重中之重，完善鼓励产学研合作创新的政策措施，不断发展和优化以企业为主体的产学研协同创新、科技成果转化机制，完善相应的组织方式和服务流程，推进在杭高校和科研机构科技成果产业

---

① 习近平：《干在实处 走在前列——推进浙江新发展的思考与实践》，中共中央党校出版社2006年版，第92页。

化，引导产学研各方联合推进人才培养、项目研发和标准制定工作。增强创业投资引导基金作用。充分利用杭州举办 G20 杭州峰会和第 19 届亚运会的契机，广泛开展国际国内科技合作，大力建设境外、区外研发机构，集聚国际国内创新资源，培育一批从事国际技术转移业务的中介服务机构，提高杭州创新国际化水平。

（二）推进核心领域技术研发，促进地方企业创新实践

重点推进前沿领域研究工作，完善企业技术创新体系。加快发展信息产业，是浙江省推动经济结构调整和增长方式转变的一项长期的战略性任务。杭州重点围绕新一代信息技术、先进装备制造、新能源汽车及汽车智能技术、新材料、节能环保、生物医药和医疗器械等七大领域，对人工智能、量子通信、增材制造、新型显示、虚拟现实等前沿领域予以重点支持。一方面，鼓励企业建设拥有自主研发、成果转化和高新技术产业化活动的高新技术研究开发中心，完善企业技术创新体系。如以阿里云、海康威视、网易为代表的龙头企业，全面布局人工智能产业生态链，引导全市人工智能创新链、产业链、价值链深度融合，同时，精准引进海内外人工智能高端顶尖人才，建设全球人才蓄水池。另一方面，支持在杭高校、科研机构和企业研究院承担国家科技重大专项的研究任务。支持浙江大学等在杭高校、科研院所在原创知识和基础研究领域发挥核心带头作用，打造世界一流大学，建设一流学科，提高原创性和源头性知识生产能力。完善知识产权制度，深入实施国家知识产权战略。

推动杭州创新实践，提升杭州核心技术竞争力。在航空航天领域，杭州市钱塘新区规划建设航空航天产业平台，现阶段已入驻 47 家知名规模以上企业，15 家世界 500 强企业，基本集聚航空航天、汽车及零部件、智能装备制造三大主导产业。在人工智能领域，杭州陆续出台相关政策文件，形成了从研发创新、融合发展、企业培育、平台建设、人才引育、空间载体到示范应用全方位的人工智能产业发展政策体系。现阶段，杭州人工智能规模以上制造业企业和典型企业达 523 家，初步形成以龙头企业为引领、大中小企业协同发展的企业梯队及"双核多点"的人工智能产业格局。根据 2020 年德勤发布的《中国人工智能产业白皮书》，杭州人工智能算力和专利数分别居全国第一、第二，智能生活和智能城市管理分别居全国第一、第三。在全国人工智能城市产业发展指数中，杭州的产业竞争力跻身全国第一梯队。

（三）建设企业科技创新平台，强化信息经济支撑产业发展

杭州不断推进各行各业运用云计算、大数据、集成电路、软件信息等技术实现传统产业的升级换代，打造符合数字时代居民生产生活需要的现代物流、数字安防、无人超市等。

以打造国家东部重要的科技服务中心和提升浙江省科技服务能力水平为目标，加快云计算平台、科技文献共享平台、产业科技创新服务平台等科技创新公共平台建设。科技创新公共平台以"平台"为基本形态，以"服务科技创新"为功能导向，成为支持众多科技创新龙头企业、小微企业的服务体系，可以较大限度地实现科技创新资源的集聚共享。杭州市正加快把国家自主创新示范区、城西科创大走廊等建成国际一流的创新创业平台。阿里巴巴是全球最大的电子商务交易平台，主攻未来网络、大数据、云计算、电子商务、物联网、集成电路、数字安防、软件信息等未来产业，以此为电子商务经济支柱，结合中国化工网、中国化纤信息等优势网站，形成国际性的电子商务中心和产业信息平台，可进一步增强电子商务专业技术研发和产品研制能力，提高现代物流的基础设施与装备的应用能力，加快形成完整的电子商务产业链，发挥其对全市创新创业平台"整体协同、联动发展"的引领作用。建设诸如杭州电子商务产业园、杭州华业高科技产业园等孵化器，培育小微企业创新实践。在国家自主创新示范区、城西科创大走廊等市域创新空间合理布局转型升级、基础设施、生态环保、公共服务、公共事业和社会服务类的重大项目，整体推进基础设施建设，推进

城区优质资源向园区延伸覆盖,增强园区国际化服务功能,为各类人才安居创业提供高品质高效率的服务。

三、弘扬杭商创新开拓精神,打造与时俱进国际商帮

2022年,中国民营企业500强榜单中,浙江占107席,连续24年居全国各省份之首。习近平同志指出:"浙商的新飞跃,需要'浙商文化'的支撑。随着我省民营经济的不断发展壮大,'浙商文化'在企业和社会发展中的作用更加突出。在新的发展阶段,要认真总结、提炼、培育'浙商文化',大力弘扬'求真务实、诚信和谐、开放图强'的价值取向。通过理念的确立、行为的规范,通过浙商争做'科学发展的实践者、和谐社会的建设者、改革创新的先行者'这样的具体行动,努力打造出体现社会主义和谐社会和社会主义先进文化要求、体现社会主义荣辱观要求、体现与时俱进浙江精神的'浙商文化',使'浙商文化'成为发展先进生产力的重要力量,成为民营经济实现新飞跃的重要支撑。"[1]习近平同志在浙商论坛2005年峰会上对浙商提出希望,希望广大浙商一要有科学发展观,二要有不断创业的进取心,三要有诚信的价值观,四要有造福社会的责任感,成为具有现代化、市场化、国际化素质的企业家群体。[2]

(一)扎根浙江深厚历史底蕴,发扬杭商独特精神气质

在"四千"精神、"出海精神"等传统浙江精神的指导下,杭商群体展示了新时代浙商面貌。杭商群体坚持并发扬浙商精神,秉持温文尔雅、低调务实、团结诚信、包容创新的杭商精神,在长久的创业奋斗中形成了符合自身发展历程、历史文化的气质。例如,浙江华立国际发展有限公司增加大宗商品石化原料板块业务,并一举成为下游石油化

---

① 习近平:《之江新语》,浙江人民出版社2007年版,第209页。
② 习近平:《干在实处　走在前列——推进浙江新发展的思考与实践》,中共中央党校出版社2006年版,第98—99页。

工塑料加工企业的优秀供应商。浙江建工房地产开发集团有限公司开拓房地产转型升级新道路，创新布局迎来阿里巴巴集团阿里云的整楼入驻。浙江奥斯伟尔电动科技有限公司专注于动力系统，在驱动控制等领域拥有完全自主核心知识产权，是一家覆盖了研发、生产、销售和服务全产业链的国家级高新技术企业。广大杭商扎根浙商文化，用实际行动展现其"干在实处，走在前列，勇立潮头"的风貌，展现勇毅开拓、低调沉稳、团结奋进、包容创新的杭商精神。

（二）勇立先进智能领域潮头，富而思进承担社会责任

杭商积极投身数据智能、网红电商、全球区块链等产业，在先进智能领域勇立潮头。一方面，杭州的小微企业勇于投身科技前沿，成为创新事业的生力军；另一方面，诸如阿里巴巴、网易、腾讯等龙头企业则担起技术攻关、场景创设的重任，统一构建先进智能领域的产业体系。例如，在全球区块链领域，杭州秘猿科技、算力宝、云象区块链等企业依托计算机技术，以企业用户的部署需要和应用场景为设计前提，在区块链领域展现诸多成果。阿里巴巴基于区块链技术落地了公益、正品追溯、租赁房源溯源、互助保险等多个应用场景。

杭商群体积极承担社会责任。新冠疫情防控期间，吉利控股集团、阿里巴巴、复兴集团、正泰集团、奥普家居等知名企业紧急采购防疫物资，捐款捐物。在脱贫攻坚事业中，吉利控股集团于2016年启动"吉时雨"精准扶贫项目，共投入帮扶资金6.8亿元，帮扶建档立卡户超过3万人，在全国20县43村开展农业扶贫项目31个，消费扶贫总额超1亿元，并构建"资金＋管理＋技术＋品牌＋销售"的全产业链助农扶农新格局。杭州民营企业家怀揣兼济天下的情怀，在获取经济利益的同时更是将社会责任担在肩头。

（三）提升全球创新集聚能力，锻造开拓创新的国际商帮

杭商在全球主要创新集聚区域多点布局，既瞄准创新超级大国美国，又重视英日意法德等科技大国，同时加快开拓以色列、芬兰、瑞典、

韩国等关键国家,建立全球合作"朋友圈",形成全球化科技项目服务网络,提高杭州在全球的创新集聚能力。如美国硅谷的杭州硅谷创新中心、泰国的"工业唐人街"和澳大利亚的 G5 创新创投中心……杭州商会的足迹遍布世界,在亚洲的日本、越南、柬埔寨、阿拉伯联合酋长国,美洲的美国、加拿大、巴西、巴拉圭,欧洲的法国、意大利、西班牙、俄罗斯、英国、塞尔维亚,非洲的南非,大洋洲的澳大利亚,杭商继承了浙商放眼世界、勇闯天涯的气概,为杭州走向世界、打造国际之窗奠定坚实基础。

四、创设经济发展优质环境,激发各类市场主体活力

市场是发展经济的力量载体,保市场主体就是保社会生产力。激发各类市场主体活力,要求政府完善各类关联产权保护的体制机制,理顺市场与政府的关系,完善基础设施和教育医疗等公共服务供给体系,创设优质的经济发展环境。

(一)建立产权保护优惠制度,保证市场主体稳定发展

建立统一开放、竞争有序的市场体系,充分发挥市场在资源配置中的决定性作用;解决市场主体普遍遇到的深层次体制机制矛盾,按照《中共中央　国务院关于新时代加快完善社会主义市场经济体制的意见》要求,以完善产权制度和要素市场化配置为重点,全面深化经济体制改革,加快完善社会主义市场经济体制。依法平等保护国有、民营、外资等各种所有制企业产权和自主经营权,完善各类市场主体公平竞争的法治环境。第一,通过依法保护各类市场主体的产权,有效规范各类关联产权的经济行为和行政管理行为,保证市场主体稳定发展。积极发展劳动、资金、技术、土地等各类要素市场,加快打造市场化、法治化、国际化营商环境,注重从体制机制和制度环境完善方面保护和激发市场主体活力。第二,发布企业发展优惠政策。杭州通过"三加两减一提速"的惠企政策,为企业减负加速。"三加"即加大力度

支持民营企业壮大规模、加大力度支持企业技术创新、加大力度支持企业开展技术改造；"两减"即减少企业成本、减少企业办事审批程序；"一提速"即解决企业实际问题要全面提速。

(二)构建"亲清"政商关系，有效满足企业发展需求

构建"亲清"政商关系，消除政企交流障碍。杭州市聚焦营商环境中的形式主义、官僚主义问题，严肃执纪问责，以专项监督推动各项改革、政策落地生根，全面构建起"亲不逾矩、清不疏远"的"亲清"新型政商关系，使政企交流更为透明便捷。杭州推出新型政商关系数字平台——"亲清在线"系统，在杭州城市大脑的全面支撑下，对政府部门进行"轻量级"资源整合、数据协同，以更精准、更直达、更主动的服务方式，实现政府与企业在线互动、平等互信。这一平台不仅具备线上审批、便捷兑付惠企政策等"跑零次"服务功能，还通过区块链技术实现政企在线活动全留痕、可追溯。杭州各区(县、市)也结合地方发展实际，纷纷推出了个性化的"清单套餐"。这种"以企业为中心、以数据为依据"的政策设计理念，实现了从企业诉求出发的政策制定、兑付、评价、交流的服务闭环，对政企服务流程进行了重塑，对政府服务的理念、行为、制度、方法进行全方位改革，推动了杭州营商环境实现跨越式升级。

举办政企恳谈会，有效满足企业发展需求。提升自主创新能力要"突出企业创新主体地位，围绕市场需求和重点领域、关键技术，开展创新活动"[①]。杭州市举办"亲清直通车"活动，政府部门、高校院所、企业齐聚一堂，来自新能源、数字安防、生物医药等行业的民营企业家与专业智库、政府机关直接沟通在科技创新发展、税务、融资等方面遇到的问题并提出意见建议。此类政企恳谈会较为直接有效地关切企业发展需求，帮助政府更为直观地了解各大企业在发展过程中存在的难

---

① 习近平：《干在实处　走在前列——推进浙江新发展的思考与实践》，中共中央党校出版社2006年版，第132页。

题与需求，从而通过政策制定、优惠措施予以适当倾斜等方式，为在杭州的企业营造和谐包容的营商环境。

（三）做好基础设施保障工作，优化经济发展硬件环境

推动政府数字化转型，实现"最多跑一次"。自 2003 年习近平同志提出"八八战略"以来，杭州市就以建设服务政府、法治政府、有限政府为目标，积极推动行政审批制度改革。2014 年，浙江省推动电子政务"一朵云"建设，公布政府权力清单、企业投资负面清单、政府部门专项资金管理清单、政府责任清单，构建"四张清单一张网"的政务服务体系。杭州市不断推进"政府服务＋互联网"实践，不断整合政务资源、重组部门架构，为"最多跑一次"改革打下基础。2020 年，杭州市制定实施优化营商环境 101 项改革举措。一是围绕个人和企业两个全生命周期，将 282 项单独事项合并为 75 项，做到"一件事"全流程"一次办结"。二是聚焦破解"咨询难"问题，杭州市市场监管局大胆借鉴阿里旺旺的客服经验，研发"网上咨询智能应答系统"，提供可视化、即时性的"店小二"式服务，极大地提升了企业申报端与政府审批端的沟通效率，为企业提供方便快捷的注册、税务、融资服务，有效激发各类市场主体活力。

首先，政府、企业相互支持、协同合作，共同推动资源的优化配置。经济发展离不开企业创新，同时也离不开政府在基础设施和公共服务领域的建设。只有政府承担公共职能，为市民提供优质公共服务，解决民众住房、医疗、教育等问题，才能让市民安心生活、舒心消费。其次，优质基础设施能为企业提供高质量生存环境，提升市场主体生存状态，激发活力。再次，只有履行好政府在基础设施、公共服务、生态环保等领域补短板、强基础的职能，才能大力提振基础设施、公共服务、生态环保方面的投资，这样既能带动投资需求以扩大内需，也能为新型城镇化和长远发展目标奠定坚实基础，更能加快完善市场主体发展的硬件环境。

第三节　科技与创新要素双驱动，
激发经济自主发展活力

　　加强科技进步和自主创新，是顺应经济全球化趋势，加快提高国际竞争力的关键所在。只有坚定创新自信紧抓创新机遇，才能加快实现高水平科技自立自强。这正是浙江省长期以来驱动经济发展的努力方向。习近平同志 2006 年 3 月 20 日在浙江省自主创新大会上指出："改革开放以来，我省通过大量引进国外先进技术，不断提升产业技术水平和产品生产能力，促进了特色优势产业和块状经济的快速发展。但是，对外技术依存度偏高，技术引进明显存在重硬件、轻软件，重引进、轻消化，重模仿、轻创新的问题。这使我省许多企业的科技创新陷入了'引进—落后—再引进—再落后'的不良循环，缺乏自主知识产权和核心技术，始终处于国际产业分工和产品价值链的低端。"[①]因此，加强自主创新和自主品牌建设刻不容缓，只有加快产业和产品升级，强化自身创新能力，提升科技水平，形成自身核心竞争力，才能在激烈的国际竞争中占据主动。"十三五"期间，我国全社会研发经费支出从 1.42 万亿元增长到 2.21 万亿元，研发投入强度从 2.06％增长到 2.23％。基础研究经费增长近一倍，2019 年达到 1336 亿元。技术市场合同成交额翻了一番，2019 年超过 2.2 万亿元。世界知识产权组织发布的全球创新指数显示，我国的排名从 2015 年的第 29 位跃升至 2020 年的第 14 位。要在新时期实现科技与创新双驱动，推动杭州经济迈向国际水平，发挥头雁作用，需要进一步深化科技体制改革，完善以企业为主体的创新体系，推进人才建设，打造高能级科创平台，激发

---

　　①　习近平：《干在实处　走在前列——推进浙江新发展的思考与实践》，中共中央党校出版社 2006 年版，第 132 页。

经济发展活力。杭州肩负新时代全面展示中国特色社会主义制度优越性重要窗口的重任，应不断推进创新型城市建设的实践。

一、深化科技治理体系改革，营造积极创新创业环境

2003年4月28日，习近平同志在浙江省科技厅座谈会上强调指出："科学与技术趋向一体化，科学转化为技术、技术转化为现实生产力的周期越来越短，速度越来越快。知识经济迅猛发展，科技越来越成为经济社会发展的决定性力量，人类社会开始走向知识经济时代。"[①]2003年3月2日，浙江省在北京举行经济社会发展恳谈会，习近平同志出席会议并发表讲话。他指出："当今世界，科技革命方兴未艾，高新技术突飞猛进，创新浪潮如火如荼，各种思想文化相互激荡，以科技和经济实力为核心，包括文化力在内的综合国力竞争日趋激烈。谁拥有先进科技，谁就能占据国际竞争的制高点；谁在经济活动和物质生产中注入的文化内涵越多，谁的竞争力就越强；谁能集聚大批高层次人才，谁就能获得竞争的主动权。"[②]浙江省在经济发展工作中始终将科技创新置于关键地位，全面实施科教兴省战略，加快建立科技创新体系，逐步确立科技强省地位。

（一）完善杭州科技治理体系，优化区域科技创新生态

完善科技治理体系，为科技创新、产权保护、科技成果转换等提供研发动力与制度保障。《中共中央关于坚持和完善中国特色社会主义制度　推进国家治理体系和治理能力现代化若干重大问题的决定》指出，要"健全科技伦理治理体制"，克服科技领域存在的伦理困境。一些新兴科技带来的涉及人类生命健康安全、隐私保护、家庭和社会关系、生态安全、资源分配等的科技伦理问题，使既有科技管理体制面临

---

① 中央党校采访实录编辑室：《习近平在浙江》（上），中共中央党校出版社2021年版，第322—323页。

② 中央党校采访实录编辑室：《习近平在浙江》（上），中共中央党校出版社2021年版，第323页。

巨大挑战，引发了一系列社会问题甚至社会风险，影响科技本身的持续健康发展。健全科技伦理治理体制，推动治理方式从传统的"做了再说"向现代的"适应性治理"转型；改进科技伦理监管制度，实现对新技术从基础研发到产业应用的全过程监管，实现对科研工作者伦理问题的终身追责，有效防范违反科技伦理的事件发生；建立完善的科技伦理自律机制，包括大型科技企业内部伦理审查机制、行业规范、科研人员科技伦理规范培训等内容。杭州"十四五"规划指出要完善科技治理体系，成立创新委员会，加强创新统筹，全面构建"产学研用金、才政介美云"十联动的区域创新生态，即实现产业、学术界、科研、成果转化、金融、人才、政策、中介、环境、服务等十方面因素融合提升，打造一个创新创业生态系统。2020 年 11 月 30 日，杭州市科技局起草《关于完善科技体制机制　健全科技服务体系的若干意见（征求意见稿）》，其中指出应完善包括资金绩效管理机制、科研管理体制、科技型企业和创新创业人才团队的竞争性评价机制、"城市大脑"科技治理功能、科技治理企业常态化参与机制、绩效评价与监管机制、科技进步创新发展考评体系、创新尽职免责机制等在内的科技治理体系。

（二）改进科研项目管理方式，有效整合科技政策资源

改进科研项目组织管理方式，实行"揭榜挂帅"制度，赋予创新领军人才更大技术路线决定权和经费使用权。2016 年 4 月，习近平总书记强调："可以探索搞揭榜挂帅，把需要的关键核心技术项目张出榜来，英雄不论出处，谁有本事谁就揭榜。"[①]"揭榜挂帅"制度主要是针对关键核心技术等重点攻关项目，积极建立选贤任能、让能者脱颖而出的制度。这一择优而任的制度打破了科研界资历为重的条条框框，给青年人才提供了破格出头的机会，"真正做到珍惜爱护人才、充分信任人才和放手使用人才，努力形成'江山代有才人出'，'不拘一格降人

---

① 习近平：《在网络安全和信息化工作座谈会上的讲话》，人民出版社 2016 年版，第 15 页。

才'的良好氛围"①。同时,也应配备结果导向的评判机制、灵活机动的管理方式,以及权责统一、目标为重的考核机制。这是新时代对科技管理改革提出的新要求,其目的就是建立既符合科技发展规律又体现国家战略需求的科技项目组织管理新制度。

有效整合科技政策资金,完善科研投入机制。2016 年,杭州市出台《关于深化改革　加强科技创新　加快创新活力之城建设的若干意见》,强调完善支持企业科技创新的"三券"服务制度。健全高校、科研院所的科研设施、科技文献、仪器设备和省、市公共技术创新服务平台向企业开放共享的服务机制。杭州市高科技投资有限公司(简称"杭高投")是杭州市科技局管理的综合性国有投融资公司,主要负责杭州市创业投资引导基金、天使投资引导基金、跨境引导基金、政策性担保、投融资服务等工作。多年来,在有关部门的大力支持下,杭高投探索出一条"无偿资助＋政策担保＋科技贷款＋引导基金＋周转资金＋上市培育"的独特路径,并形成了科技金融的"杭州样本",持续为杭州市实体经济保驾护航。

(三)健全科技人才评级体系,保障科研人员创新权益

健全以创新能力、质量、效益、贡献为导向的科技人才评价体系。习近平同志 2006 年 3 月 20 日在浙江省自主创新大会上强调,要"认真贯彻尊重劳动、尊重知识、尊重人才、尊重创造的方针,全面实施人才强省战略,加快推进'百千万科技创新人才工程'和'创新领军人才计划',努力建设一支规模宏大、结构合理、素质优良的创新型人才队伍",同时也要"敞开大门,开辟'绿色通道',积极吸引各类创新人才特别是海外留学人员来浙江工作、为浙江服务"②。2010 年 10 月,杭州市委常委召开专题会学习中组部苏浙沪部分城市人才工作座谈会精

---

① 习近平:《干在实处　走在前列——推进浙江新发展的思考与实践》,中共中央党校出版社 2006 年版,第 425 页。

② 习近平:《干在实处　走在前列——推进浙江新发展的思考与实践》,中共中央党校出版社 2006 年版,第 137 页。

神，其中提到："把人才作为转型发展、率先发展、科学发展的第一资源、第一要素、第一推动力……加快培养和引进产业发展急需的人才。"2019 年杭州发布新版《杭州市高层次人才分类目录》，将杭州市高层次人才分为 ABCDE 五类①，经认定的人才可根据类别享受居留落户、住房补贴、子女入学、医疗保障、车辆上牌补贴等方面的相应待遇。

完善科研人员职务发展成果权益分享机制，充分激发人才创新创业的活力。职务发明是指科研人员于在岗状态下，或执行单位指派任务，或利用单位物质技术条件开展创造性活动所形成的发明创造。这一职务发展成果权益分享机制试图解决我国高等院校和科研院所等机构聚集大量职务发明和专利，却存在发明技术质量不高、科技成果转化率较低、转化周期长等问题。职务发展成果权益分享机制遵循产权激励原则，在"权属"分享上取得突破，可以加快科技成果转化，促进技术、市场与资本的紧密结合，进一步解决好科技与经济"两张皮"的问题。这对于激发科研人员创新创业积极性，促进科技与经济深度融合具有重要的牵引作用。

二、完善企业主体创新体系，形成强劲科技创新实力

2006 年 3 月 20 日，习近平同志在浙江省自主创新大会上指出："我们建设创新型省份，关键是要让企业成为技术创新的决策主体、投入主体、利益主体和风险承担主体，建立以企业为主体、市场为导向、产学研相结合的开放型区域创新体系。要着力破除体制性、机制性障碍，研究制定鼓励企业自主创新的政策，降低企业创新成本，增强企业创新动力，鼓励引导企业成为研发投入、创新活动和技术集成应用的

---

① A 类人才指国内外顶尖人才；B 类人才指国家级领军人才；C 类人才指省级领军人才；D 类人才指市级领军人才；E 类人才指高级人才。

主体。"①2011 年 12 月,杭州市召开自主创新领导小组会议,时任市委副书记指出,要把科技创新作为加快转变经济发展方式的重要驱动力,提高自主创新能力。

建设创新型省份,杭州市继续抓好体制机制创新,建立健全技术创新机制和现代知识产权制度,降低企业技术创新成本,增强企业技术创新动力。深化科研体制改革,鼓励发展民营科研机构,做强做大一批重点科研院所。加快高校重点学科建设,支持浙江大学和中国美术学院向世界一流大学发展,支持有条件的省属高校建设成为研究型大学或教学研究型大学,支持杭州师范大学建设全国一流大学,大力发展职业技术教育。深化科技管理体制改革,优化科技经费使用结构,提高科技经费的使用绩效。充分发挥市场在配置科技资源中的决定性作用,优化科技资源配置。

(一)发挥龙头企业领先作用,打造创新服务综合体

发挥大企业和企业家在创新中的引领支撑作用,支持龙头企业牵头组建创新联合体和共性技术平台。着力推进数字科技自立自强,加快推进国家新一代人工智能创新发展试验区建设,全面提升城西科创大走廊建设发展水平,支持浙江省四大实验室和阿里巴巴达摩院、浙大国际科创中心等创新平台全力攻坚,争创综合性国家科学中心。依托龙头企业,按照理事会或董事会的模式,提供全产业链公共创新服务。如萧山新能源汽车及零部件产业创新服务综合体依托龙头企业万向集团,整合利用全球创新资源,推动智能制造、工业互联网、区块链等数字技术推广应用。截至 2019 年,已共建名院名所 12 家,开展产学研的企业 335 家,搭建 4 个产业创新公共服务平台,服务企业 4687 家次,解决技术难题 750 个。

建设世界级数字产业集群,推动数字产业化与产业数字化高质量

---

①　习近平:《干在实处　走在前列——推进浙江新发展的思考与实践》,中共中央党校出版社 2006 年版,第 135 页。

融合发展。杭州推进建设全国云计算之城、中国区块链之都和全球数字安防产业中心、国际金融科技中心，全力打造具有国际影响力的"上云用数赋智"服务中心，加快构建工业互联网平台体系，实施数字化改造"百千万"工程①。打造更多国家（省）级技术创新中心、制造业创新中心和产业技术创新服务综合体②，加快形成创新链、产业链协同融合的产业技术创新体系，集中突破"卡脖子"关键技术。杭州市依据浙江省"立足产业、政府引导、补链强链、协同创新、打造生态、服务企业"的思路，在浙江省范围内打造产业创新服务综合体，为块状经济和现代产业集群发展提供全链条服务的新型载体，致力于服务中小微企业，促进产业链升级，加快创新生态圈营造。

（二）完善企业梯次培育机制，强化企业创新驱动能力

完善企业梯次培育机制，培育发展科技型中小企业。健全"微成长、小升高、高壮大"梯次培育机制，提升企业自主创新能力，量质并举，加快科技型中小企业和高新技术企业培育发展。鼓励科技人员自主创办、大中型企业孵化派生、海外高层次人才领办创办一批科技型中小企业。鼓励金融机构创新优化服务，加大对科技企业的金融支持，积极探索投贷联动业务，支持政府性融资担保机构为科技企业提供融资担保服务，完善科技企业贷款利率定价机制。滚动实施小微企业三年成长计划，加快培育一批科技型小微企业上轨升级。

深入实施高新技术企业和科技型中小企业"双倍增"计划，扶持初创型成长型科创企业发展。首先，选择一批具有高成长性的科技型中小企业进入高新技术企业培育后备库，通过高新技术产业地方税收增

---

　　①　"百千万"工程是指杭州市2019年计划组织实施100个以智能制造为方向的制造业数字化攻关项目、1000个以工厂物联网为方向的制造业数字化推广项目、10000个基于"云端服务"的制造业数字化普及项目。

　　②　产业技术创新服务综合体是"产业＋创新＋服务"的一种系统集群模式，是指在某些特定的经济地理区位上，以产业链条为核心、以创新驱动为引领、以生产性服务为支撑、以生活性服务为保障的公共服务平台。

量返还奖励政策,优化中小企业发展专项资金科技奖补绩效挂钩分配因素,推动其加速发展为高新技术企业。其次,遴选高新技术骨干企业,对其进行重点扶持,发挥国有企业的创新引领作用,推动其成为具有全球竞争力和知名度的创新型领军企业。最后,深入实施科创企业上市行动,推动优质高新技术企业上市融资。实施"雄鹰行动",通过"一企一策"方式给予重点支持,培育数字经济千亿级企业和一批生命健康、新材料领军企业。

(三)聚焦人工智能重点领域,实现核心技术自主发展

聚焦人工智能、集成电路、生物医药等重点领域,集合科研院所、高校、企业等科研力量,着力提升关键核心技术进口替代能力。2006年3月20日,习近平同志在浙江省自主创新大会上发表讲话,指出要"加快电子信息、生物医药、新材料、先进装备制造等高技术产业发展,把获取核心技术的自主知识产权,作为提高我省产业竞争力的突破口"[①]。为掌握核心技术,杭州市加快信息技术、生物医药、新材料技术等在传统工业中的应用,在未来产业领域中抢占先机。例如,在人工智能领域,中国(杭州)人工智能小镇之江实验室依托浙江大学和阿里巴巴集团,对人工智能、网络安全、量子传感装置、神经科学等领域的核心技术高峰发起冲击。此外,杭州还不断做好大数据、人工智能与生物医药的产业融合,依托浙江大学、阿里巴巴等优秀高校、企业的研发能力,形成杭州生物医药产业发展优势。

深化军民融合发展,实施一批具有前瞻性、战略性的重大科技项目。坚持"需求牵引、政府主导、项目推动、领域拓展、军地双赢"的基本原则,充分利用杭州军工和地方科技资源优势,改革创新体制机制,着力推进"军转民"、"民参军"、军民资源共享及技术和标准双向转移,推进军工经济与地方经济有机融合、优势互补。发挥杭州在智能安

---

① 习近平:《干在实处 走在前列——推进浙江新发展的思考与实践》,中共中央党校出版社2006年版,第135页。

防、电子信息、网络通信、高端装备制造等方面的产业优势，积极承接国防高新工程、重大专项，争取国防科技工业固定资产投资项目，提高企业研发能力、技术装备和大项目管理水平。支持在杭军工单位、高新技术企业、科研院所、高等学校等开展产学研合作，建立军民两用工程技术研究中心、国防科技重点实验室和国防重点学科实验室、院士工作站。

三、重视人才培育体系建设，优化多元人才培养环境

2006 年，习近平同志在浙江省自主创新大会上提出："人才是最宝贵、最重要的战略资源。从一定意义上说，自然资源是有限的，而人类的智力资源是无限的，谁拥有一流的创新人才，谁就拥有一流的发展优势。因此，建设创新型省份，关键是要培养造就大批高素质的具有蓬勃创新精神的科技人才，努力形成人才辈出的局面，让自主创新的源泉充分涌流。"①杭州市全面落实人才强省战略，加快推进"百千万科技创新人才工程"和"创新领军人才计划"，努力建设一支规模宏大、结构合理、素质优良的创新型人才队伍。完善人才激励机制，更好地落实和完善技术要素参与分配的政策，加大科技奖励力度，充分调动创新人才和科技人员的积极性、创造性。

（一）实施系列人才组织政策，引进全球领军人才资源

政策决定着人才的集聚和成长。杭州积极健全以人才培养、引进、评价、使用、流动、激励、保障为主要内容的政策法规体系，完善户籍、住房、教育、医疗和社会保障等方面的相关政策，切实维护各类人才的合法权益，填平政策"洼地"。自 2004 年以来，杭州先后制定了实施人才强市的战略决定，实行人才居住证制度，出台紧缺人才培训意见、高层次人才引进意见、人才专项资金管理办法等一系列文件。针

---

① 习近平：《干在实处　走在前列——推进浙江新发展的思考与实践》，中共中央党校出版社 2006 年版，第 137 页。

对人才培养、选拔、使用、引进、监督、服务、创业平台的搭建以及人才普遍关心的住房、子女入学、柔性流动、享受杭州市民待遇等问题,明确了一系列具体的政策和解决办法。

实施更加积极开放有效的人才政策,大力引进国际一流的科技领军人才和高水平创新团队,努力成为全球高端人才"蓄水池"。大力实施全球英才杭聚工程,集中力量招引诺贝尔奖获得者、图灵奖获得者等全球顶尖人才,在薪酬待遇、科研支持、生活保障等方面倾斜相应政策。2014 年,杭州出台了《关于全面提升杭州市领军型创新创业团队引进培育计划的实施意见》(以下简称《意见》),2019 年又对《意见》进行了政策优化,意在遴选扶持一批符合杭州产业导向的项目和团队,激发人才创新活力,推动创新驱动发展。至 2020 年,杭州累计培育和引进领军型创新创业团队共计 59 个,每一个领军型创新创业团队逐渐成为该细分领域的经济增长点。比如,生命健康领域的归创医疗,由美国约翰斯·霍普金斯大学生物医学工程博士、美国强生公司原首席科学家回国创办,主打的两款产品具有自主知识产权,填补了国内空白。

(二)瞄准人才分类培养方向,多头壮大优质人才队伍

坚持"高精尖缺"并重,加强基础研究和应用基础研究人才培养,加强创新型、应用型、技能型人才培养,壮大高水平工程师和高技能人才队伍。在"引才"方面,杭州实施全球英才杭聚工程、专项人才引育工程、青年人才弄潮工程,加强国际人才创业创新园、国际人力资源产业园等建设,力争引进一批全球顶尖人才和高水平创新创业团队。2019 年,杭州出台"人才生态 37 条",就高峰人才引育、体制机制改革、全球人才招引、人才西进等方面,提出专项人才引育工程等四大工程,全面实施市领军型创新创业团队计划、全面提升市全球引才"521"计划等七大计划。打造服务浙江省的人才高地、辐射全国的人才生态最优城市,最大限度激发人才活力,共建杭州,明确相关领域领军人才培

养数量。到 2022 年底,培育数字经济领军人才 100 名以上、创新创业人才团队 50 个以上、"数字工匠"1 万名以上。

(三)实施青年人才弄潮工程,吸引全球青年人才入杭

实施青年人才弄潮工程,支持更多青年人才成为领军人才,办好大学生"双创日",吸引更多海内外高校毕业生来杭创新创业。2003年 7 月 10 日,习近平同志在浙江省委十一届四次全会上发表讲话,强调要"进一步完善人才培养、引进、使用、评价、激励等配套措施,积极培育人才中介组织和人才市场,广泛开展区域人才合作,充分发挥市场在人才资源配置中的重要作用,千方百计引进高层次人才和经济社会发展急需的紧缺人才"[①]。杭州市全方面推进人才引入、培养政策,实施科技人才培养工程,培育一批具有竞争力、具备入选国家和省重大人才工程潜力的科技型企业高级管理人才和年轻科技人才。2014年,杭州市委组织部正式发布《杭州市高层次人才、创新创业人才及团队引进培养工作的若干意见》,对人才的引进培养、创业扶持、生活保障等方面进行系统性的改革升级,凸显政策对人才培养的保障。例如,杭州在市级各类人才计划中增设青年人才专项,对新引育的国家级青年人才给予安家补助。针对来杭实习的海内外大学生和在校高技能人才、来杭工作的全球本科及以上学历应届毕业生以及向西部流动的青年人才均予以一定补助。

实施博士后倍增计划。杭州大力支持博士后工作站建设,给予新设立的国家级博士后流动站、工作站和省级博士后工作站最高 100 万元资助。对获得中国博士后科学基金资助和省级博士后科研项目资助的,加大扶持力度。对出站留杭(来杭)工作的博士后,给予每人 40万元补助。实施大学生创业培育计划。每年开展大学生创业培训,对培训数量、质量达到相应标准的创业培训机构以及考核优秀的大创

---

① 习近平:《干在实处　走在前列——推进浙江新发展的思考与实践》,中共中央党校出版社 2006 年版,第 425 页。

园、留创园给予扶持。海内外青年人才携项目来杭创办企业,经评审可以给予创业资助。

(四)优化人才综合服务体系,支持国际创新平台建设

优化人才创新创业公共服务,做实做好"杭州人才码"。建设服务优质、生活便利的工作与生活环境是吸引人才留驻的重要条件。杭州市注重为高层次人才提供全科服务、专享服务、双创服务、生活服务、区县服务等 5 大类 27 小类百余项人才专属服务。其开发的"杭州人才码",一码统筹整合了医疗健康、子女教育、购房落户、双创支持等集成式、智慧化、全流程的优质服务,被标记的杭州人才通过扫码或亮码,可实现人才政策"一键兑现"、人才办事"一站入口"、人才双创"一帮到底"、人才服务"一码供给"。人才码以大数据手段打通了人才服务的各项关节,一键就能实现工商注册、双创空间入驻、法律和知识产权服务、融资贷款等支持,进行双创服务全链办。

充分发挥杭州国际人才大会、海外人才创新创业大赛、云栖大会、2050 大会、梦溪论坛、侨界精英峰会等平台作用,支持杭州国际人才创业创新园建设。习近平同志 2003 年 4 月 28 日考察科技工作时强调,要"进一步加大从国内外引进高层次、高素质人才的力度,注重改善发展环境和人居环境,吸引更多的人才到我省安家落户。把引进大院大所、大企业研发机构和引进人才团队有机结合起来,形成集聚高层次人才的高地"[①]。近年来,杭州市支持城西科创大走廊、国家高新区等开展国际人才港试点建设,打造国际人才"泛生态圈"。实施更为便捷的外国人永久居留管理制度、外国人才签证制度和外国人来华工作许可制度等,鼓励海外专业人才按规定在杭提供专业服务。2017 年 7 月,下城区打造了杭州首个来华留学生"创业园"和"创业馆",不仅为来华留学生搭建了贸易实操的平台,也是培养未来国际贸易伙伴

---

① 习近平:《干在实处　走在前列——推进浙江新发展的思考与实践》,中共中央党校出版社 2006 年版,第 426 页。

的孵化平台。

四、建设高能级科创平台，支撑高水平创新队伍

2006 年，习近平同志在浙江省自主创新大会上提出："加快区域科技创新服务中心等创新平台建设，使之成为服务中小企业、提升块状经济和特色产业的重要支撑。"①杭州市不断深化区域创新平台建设工作，并持续提升核心技术创新研发能力，逐步打造具有国际水平的高能级科创平台。现阶段，浙江正加快打造"互联网＋"、生命健康、新材料三大科创高地，全力建设全球创新策源地。从浙江省第一个国家重大科技基础设施项目超重力离心模拟与实验装置到之江、西湖、良渚和湖畔首批四个省实验室布局，再到设立西湖大学、中法航空大学等高水平研究型大学，已初步形成杭州城西科创大走廊高能级科创平台集群，为浙江提升重大科技攻关能力、产出更多原创性科技成果提供了重要保障。

（一）建国家自主创新示范区，创综合性区域创新高地

高水平建设国家自主创新示范区，以城西科创大走廊为主平台争创综合性国家科学中心和区域性创新高地，优化高新区体制机制。科创大走廊是杭州城西东西向联结主要科创节点的科技创新带、快速交通带、科创产业带、品质生活带和绿色生态带。城西科创大走廊拥有良渚实验室、之江实验室、西湖实验室、湖畔实验室等科研重器，涵盖诸多国家重点实验室，背靠西湖大学、浙江大学、杭州师范大学、浙江工业大学等高校院所，以及梦想小镇、中国人工智能小镇、青山湖微纳智造小镇、互联网金融小镇等特色小镇，成为聚集并服务 vivo 全球 AI 研发中心、阿里巴巴集团、中电海康总部项目、浙江省能源集团有限公司、浙江核新同花顺网络信息股份有限公司等知名企业研发创新的综

---

① 习近平：《干在实处　走在前列——推进浙江新发展的思考与实践》，中共中央党校出版社 2006 年版，第 135 页。

合性服务平台。

建立健全国家自主创新示范区带动全域创新机制,高起点谋划建设杭州高新区。以杭州高新区(滨江)、临江高新区(钱塘新区)、城西科创大走廊等重点核心区域为中心,做强核心产业,获批建设国家新一代人工智能创新发展试验区,实施"新制造业计划",构建 1 个万亿级、9 个千亿级、10 个以上百亿级新兴产业为支撑的"1910"产业体系。出台有关众创空间、科技企业孵化器、特色小镇、留学人员创业园的各类创新创业扶持政策;建设多元化、多层次、多渠道的科技投融资体系,设立创业投资引导基金等,发挥政策性融资担保作用,化解科技型中小企业融资担保难题,推出支持企业复工复产专项科技金融计划。

(二)做强做优一批特色小镇,打造高能级创新策源地

做强做优国家和省级经济技术开发区、特色小镇,积极培育一批差异化发展的高能级科创平台。杭州市具有杭州经济技术开发区、萧山经济技术开发区、余杭经济技术开发区和富阳经济技术开发区等四个国家级经济技术开发区。建设有梦想小镇、丁兰智慧小镇、硅谷小镇、玉皇山南基金小镇、艺尚小镇、云栖小镇等高质量特色小镇。在此平台基础上,杭州市着重完善包括创新链、人才链、资金链、产业链、政策链在内的产业生态,举办有影响力的大赛论坛,增强产业黏性。杭州市打造开放式、低成本、高便利、全要素的创新创业平台,同时还推动"数字＋制造""孵化＋转化""金融＋实体""创意＋传统"的联动式发展模式,实现跨区域协同。

规划建设杭州科学城,推动重要科研机构、重大科技平台、科研基础设施集群发展,努力打造面向世界、引领未来、服务全国、带动浙江省的创新策源地。例如,云栖小镇建设"城市大脑",积极推动"1＋N"工业互联网平台、5G×AI、共享实验室等应用场景和示范应用,促进数字技术、时尚设计与制造业融合,着力延伸上下游产业链条,催生一批新技术、新模式、新业态。艺尚、艺创小镇集聚知名设计师,物联网、

互联网小镇集聚物联网、互联网龙头企业,大力建设一批重大科技基础设施,以及省级以上产业(制造业)创新中心等创新平台,做强产业内核,推动内生发展。

(三)深化名校名院名所工程,保障优质创新人才队伍

为进一步引进优质高等教育和科研资源,杭州自 2017 年开始实施"名校名院名所"建设工程。实施"名校名院名所"建设工程,是杭州市委、市政府为贯彻落实高等教育强省战略和人才强省工作导向、全面提升全市高等教育发展水平和科技创新能力做出的一项重大举措。首先,推进"名校名院名所"工程,以补齐杭州高等教育短板为目标,培养多类别的高层次人才。其次,引入高等院校、科研院所,集聚优质的教育资源,还要进一步创新土地、人才、住房等要素保障,打破创新成果转化等政策障碍,为"名校名院名所"建设工程营造一流发展环境。

全力支持浙江大学"双一流"建设、西湖大学高水平研究型大学建设,加快建设中法航空大学、国科大杭州高等研究院。杭州从 2008 年开始投资逾百亿元,全力支持杭州师范大学建设一流大学。2022 年11 月,杭州市委、市政府出台《关于进一步支持杭州师范大学争创国家"双一流"建设高校的若干意见》,对学校加快争创"双一流"作出全面部署,提出明确要求。2019 年 6 月 24 日,杭州市与浙江大学签订新时代进一步深化全面战略合作协议。杭州市与浙江大学共同加快推进浙江大学杭州国际科创中心实施方案、浙江大学(余杭)基础医学创新研究院项目、市校战略发展研究平台项目等五个项目。其中,落户萧山的浙江大学杭州国际科创中心聚焦物质科学、信息科学和生命科学三大板块的交叉汇聚和跨界融合。中国科学院与浙江省举行医学战略合作框架协议签约仪式,浙江省政府与中国科学院以浙江省肿瘤医院为依托,共建中国科学院肿瘤与基础医学研究所、中国科学院大学附属肿瘤医院和中国科学院大学杭州临床医学院,共同开展生命科学前沿研究和重大科技创新项目。通过与高等院校深入合作,杭州市

不断聚集科研要素，提升科创实力。

（四）构建新型实验室体系，建设世界级创新高地

杭州市围绕浙江省三大科创高地，加快建设重大科技基础设施，加强基础研究和关键核心技术攻坚，发挥企业创新主体作用，构建新型实验室体系。支持之江实验室、西湖实验室打造国家实验室，加快建设湖畔、良渚等实验室。其中，之江实验室围绕智能感知、智能网络、智能计算等五大方向开展研究，形成智能科学基础前沿研究的核心高地。良渚实验室以系统与多组学研究和疾病精准诊治研发为主线，建设国际一流的生命健康重大科创平台。湖畔实验室面向世界数据科学与应用领域最前沿方向，推动浙江省成为世界数字经济创新策源地。西湖实验室突出代谢与衰老疾病、肿瘤机制研究两大领域，打造生命健康领域引领性基础应用研究平台。关键技术的推动离不开高效能实验设施，因而要支持在杭国家重点实验室发展，加快建设超重力离心模拟与实验装置、新一代工业互联网系统信息安全大型实验装置等设施。

支持浙江大学国际科创中心、中国科学院肿瘤与基础研究所、北航杭州创新研究院等建设，基本建成国际一流的"互联网＋"、生命健康和新材料科创高地。在科创发展的实践中，杭州不断完善技术、制度、主体相融合的科创发展体系。浙江大学国际科创中心构建政府、学校、市场多方参与的新体制新机制，进一步发挥三者优势，聚焦物质科学、信息科学和生命科学板块三大板块的交叉汇聚和跨界融合，构建面向国家区域重大战略和国际科技前沿的创新生态圈。中国科学院肿瘤与基础医学研究所瞄准肿瘤防治和药物研发、转化等关键领域的全球布局，切实提升关键核心技术和自主创新能力。北航杭州创新研究院围绕信息技术、生命健康、认知科学和新材料的汇聚技术，致力于取得一批重大原始创新和关键核心技术的突破与应用，努力建设成为扎根浙江大地、放眼世界一流的人才高地与创新高地。

第四节　实施主动接轨上海战略，
实现长三角区域一体化

2003 年 1 月 16 日，习近平同志参加浙江省第十届人民代表大会第一次会议杭州代表团会议，审议政府工作报告时提出，浙江地处中国最具发展活力的长江三角洲南翼，我们要以杭州湾为先导，主动接轨上海，从基础设施和信息化建设、产业分工、能源开发利用、环境保护等多方面加强合作，积极推进长三角地区经济一体化发展。2004 年 2 月 24 日，习近平同志在省委常委会听取杭州市推进城市化工作汇报时的讲话中指出，要进一步扩大对内对外开放。在推进城市化过程中，继续重视做好主动接轨上海、积极参与长三角地区合作与交流工作，既要启动民资，又要注重引进外资，力争在发展开放型经济上取得新的突破。① 2006 年 12 月 10 日，习近平同志在长三角地区妇联主席联席会议暨长三角、港澳台妇女创业论坛上的致辞中提出，近年来，浙江省委提出了"跳出浙江发展浙江"的总体思路，主动参与长三角地区的交流与合作，有力促进区域内各种要素的整合发展，推动长三角区域经济一体化的进程。②

在习近平同志关于长三角经济一体化重要论述指引下，杭州市发布《关于杭州市 2010 年接轨上海　参与长三角合作与交流工作的意见》，指出要重点实施国家长三角发展战略，全面参与世博经济，加快推进沪杭"一体化"，同时谋划举办好上海系列活动，深入实施"城市国际化"战略，推动共建共享"生活品质之城"。2019 年 7 月，杭州市公布《杭州市落实长三角区域一体化发展国家战略行动计划》，提出到 2025

---

① 《积极推进城市化　努力建设新天堂》，《浙江日报》2004 年 2 月 25 日。
② 《长三角地区妇联主席联席会在杭举行　习近平致辞》，《浙江日报》2006 年 12 月 10 日。

年,全市域全方位融入长三角更高质量一体化发展格局基本形成,城市综合实力、创新能力和国际影响力迈上新台阶,城市集聚辐射效应日益凸显,城乡区域一体化发展水平进一步提升,常住人口城镇化率达到80%,人均GDP达到20万元,城乡居民收入差距缩小到1.8：1。贯彻落实长三角一体化发展,杭州的行动路径是着力构建"服务借力上海、平台引领示范、大都市圈融合、关键廊带联动"的一体化发展路径,增强战略节点功能,强化与重点节点城市协同联动、错位发展,合力促进长三角区域一体化发展,将杭州市打造为对外开放的重要窗口,提高对外开放水平、共享世界发展机遇,推动全球经济朝着更加开放、包容、普惠、平衡、共赢方向发展。

一、全面统筹城乡互动机制,深化杭州市域协调发展

2005年1月7日,在浙江省农村工作会议上,习近平同志指出："正确处理城乡关系、工农关系,实现一二三产业协调发展和城乡共同进步,是构建现代和谐社会的重要基础……要把农村和城市作为一个有机统一的整体统筹协调,充分发挥城市对农村的带动作用和农村对城市的促进作用,形成以城带乡、以工促农、城乡互动、协调发展的体制和机制。"[①]杭州市扎实推进实施"千村示范、万村整治"工程,把乡村整治工作同乡村经营工作结合起来,把改变村容村貌同发展乡村生产、提升农民生活水平结合起来,挖掘村庄特色资源,发展新兴乡村产业,打造美丽乡村。

（一）整合资源打造美丽乡镇,持续构建新型城乡关系

整合人才、资金、政策资源,促进农村一、二、三产业融合发展。首先,通过政策支持、金融支持鼓励青年返乡创新创业。重视返乡青年在乡村现代化建设中的主体地位,了解返乡青年的发展需求;采取财

---

① 习近平:《干在实处　走在前列——推进浙江新发展的思考与实践》,中共中央党校出版社2006年版,第150页。

政贴息、融资担保等综合措施，努力解决返乡下乡人员创业创新融资难问题……构建"以乡村事业感召人、以新型职业培育人、以乡情乡愁留住人、以优越待遇激励人、以无上荣誉满足人"的乡村人才吸纳与发展机制。其次，将新技术、新理念、新渠道引入农业生产活动中，创新农业发展形式，重塑农业生产价值链，提升农业生产效率。大力实施青年人才返乡创业工程，在各地乡村开展创新创业活动。如杭州桐庐县通过招引乡贤成立公司，将当地的馒头、荷花等特色产品打造成地方品牌，发展经济、滋养文化。

建设美丽乡村，打造美丽城镇，加快形成新型城乡关系。"将来实现城乡一体化，也不是说所有人都要生活在城里，关键是农村的生活质量不差于城市，所有人都能共享现代文明。"①通过培育小城镇、建设新农村，促进城乡协调发展。首先，完善基础设施，提升公共服务水平。"十三五"期间，杭州市农村污水处理设施提升改造三年行动圆满收官，并高质量完成了农村困难家庭危房改造攻坚任务。其次，推进以县城为重要载体的城镇化建设，统筹推进中心镇发展改革、小城市培育试点，促进农业转移人口就地市民化，加快县域经济向城市经济升级。杭州市选择梅城等十个小城镇，率先开展美丽城镇建设试点工作。建德市梅城镇的美丽城镇示范区建设，注重保护历史文化、集聚特色产业和可持续发展，再现"千年古府"新貌，打造新时代美丽城镇的典范。

（二）促进区县基础设施共建，统筹优化市域发展规划

我国幅员辽阔、人口众多，各地区自然资源禀赋差别之大在世界上是少有的，统筹区域发展从来都是一个重大问题。这深刻阐明了我国推动区域协调发展的基本依据和艰难程度。首先，依据地区资源组合状况和空间匹配条件，立足全市一体化的发展基点，实现基础设施、

---

① 习近平：《干在实处 走在前列——推进浙江新发展的思考与实践》，中共中央党校出版社2006年版，第159—160页。

政策制度等资源统一供给。2019 年,杭州市委十二届六次全会提出,统筹财政体制机制、规划管理、土地空间配置、招商引资机制以及基础设施建设和公共服务供给,解决市域范围内发展碎片化、工作碎片化、政策碎片化问题。在"十三五"期间,围绕"5433"现代综合交通大会战总体部署,统筹推进轨道交通、快速路、主次干路和支小路建设,打造立体交通网络。2018 年底前开通的杭黄高铁,还孕育出了千岛湖、建德等数个高铁经济带,推动了建德、淳安等地的经济发展。其次,立足时代发展定位,谋划区域统筹发展新方案。2016 年,杭州市以新型城镇化为主导,建立区(县、市)协作机制,进一步加强城乡统筹机制。在协作机制中,杭州市依据产业发展和地域联结,将八城区和杭州经济开发区、西湖风景名胜区、市钱江新城管委会与周边五县(市)建立五个对口联结的区(县、市)协作组,推进产业共兴、资源共享、乡镇结对、干部挂职、环境共保的一体化发展机制。2018 年,杭州市启动了《湘湖与三江汇流地区(三江口)总体发展战略规划》编制工作,从生态保护、空间形态、景观风貌、交通系统等方面提出对策。2019 年初,《杭州市拥江发展行动规划》获市政府批复,这是杭州优化空间格局、强化市域统筹的重要依据。

(三)高水平打造杭州都市圈,建设跨市域合作先行区

以大通道和大都市区建设为主线,带动杭州都市圈建设。大通道是浙江的大动脉,必须以大通道促进大开放,对内要对标省域、市域、城区"三个 1 小时"交通圈目标,推进基础设施补短板项目建设,全面实现陆域"县县通高速";对外要以高铁建设、省际断头路畅通、共建港口群机场群等为重点,推动长三角区域交通高质量互联互通,打造"一带一路"枢纽。大都市区是浙江的新高地,必须以大都市区带动城乡区域协调发展,以唱好杭州、宁波"双城记"为核心,做优做强中心城市,扎实推进美丽县城、美丽城镇建设,启动实施"千年古城"复兴计划。把"城市大脑"作为建设智慧城市的刚性要求,推动城市治理现代

化。着力构建现代产业体系,全面落实人才新政,推动人才向大都市区集聚,打造长三角世界级城市群一体化发展金南翼。

完善"城市大脑"顶层设计,建设跨市域合作先行区。开发实施更多有利于城市治理和惠民的应用场景,探索建立市场化投入、可持续发展的运营模式,推动多部门、多区域之间协作开发。"城市大脑"依据城市生活的不同场景进行应用开发与功能设计,在推进跨市域合作的过程中,从技术、场景、制度三个层面进行合作。在技术层面,推动5G 和新型城域物联专网在长三角率先商用,以人工智能、分布式技术、大数据等数字化重大项目建设为载体,探索建立长三角区域智慧城市协同服务体系。在场景层面,通过经济、金融、科技、消费等各项服务的交流,理顺既具有可借鉴的共通经验,又专注地方治理特色与发展重点的"城市大脑"逻辑。在制度层面,以市域合作内容为依据,打造覆盖经济、政治、社会等不同领域的主体统筹制度、组织动员制度、安全保障制度等。

二、深化长三角一体化合作,提高杭州对外开放水平

2003 年 3 月 21 日,在沪浙两省市经济社会发展情况交流会上,习近平同志发表讲话指出:"主动接轨上海,参与长江三角洲地区经济合作与发展,是一个庞大的社会系统工程。我们浙江要着眼于'虚心学习、主动接轨、真诚合作、互利共赢',以提高区域经济综合实力和国际竞争力为着力点,以市场机制为主导,注重发挥比较优势,以更加积极的姿态,加强与沪苏的经济合作与交流,进一步提高我省的对外开放水平,充分发挥我省在长江三角洲地区的应有作用,共同推进长江三角洲地区经济一体化,努力在互动共进中实现沪苏浙三省市发展的共赢。"①

---

① 习近平:《干在实处 走在前列——推进浙江新发展的思考与实践》,中共中央党校出版社2006 年版,第 108 页。

（一）实施长三角一体化发展战略,促进长三角产业化融合

杭州主动服务、借力上海,全面深化各领域合作,实现长三角政务服务一网通办。首先,在长三角一体化发展战略中,规划先于实践。杭州应与长三角其他城市加强在资源跨区域协调、公共服务平台互联、人才考评互认等方面的合作与联系。其次,以杭州市"最多跑一次"为服务标准,致力于长三角区域服务一体化,强调不同市场主体在办理跨区域事项时能达到"全网办""一窗办""限时办"的效果。最后,助推长三角区域基础设施互联互通,协同推进跨区域廊带建设。以此作为区域人才流动、资源统筹的纽带,推动"人才特区"建设,让各类人才到杭州进得来、留得下、干得好。

深度参与 G60 科创大走廊建设,加快建设梦想小镇沪杭创新中心、余杭梦想小镇和钱塘新区长三角小镇。首先,发挥"名校名院名所"的创新引擎作用,扎实推进 G60 科创走廊平台建设。其次,推进互联网、大数据、人工智能同实体经济深度融合,与兄弟城市协同完善创新链产业链价值链,携手打造世界级产业集群。最后,围绕贯彻新发展理念、制度创新、协同创新、改革集成等,探索形成一整套推动区域一体化发展的体制机制,着力推动产业技术创新、科技成果转化应用、产业创新集群发展和产学研用跨区域协同创新。

（二）建设中国自贸试验片区,升级跨境电商核心节点

积极推进电子世界贸易平台全球布局,做大做强临空经济示范区。建成杭州大会展中心,探索建设数字自由贸易试验区,争取举办全球数字贸易博览会,打造全球数字贸易中心。中国（浙江）自由贸易试验区杭州片区建设围绕"三区一中心"[①]的功能定位,聚焦数字贸易、数字产业、数字金融、数字物流、数字治理五大重点领域,努力建成高质量数字自由贸易试验区。首先,立足高新区（滨江）"数字"特色优

---

① "三区一中心",即全国领先的新一代人工智能创新发展试验区、国家金融科技创新发展试验区、数字经济高质量发展示范区和全球一流的跨境电商示范中心。

势，以数字要素推动数字新技术新产业新模式发展。其次，推进数字智能口岸监管建设，创新监管手段，拓展监管范围，提升监管效能。最后，以数字化改革推动营商环境便利化，努力让企业和人才感受到最优质的服务。

进一步提升杭州跨境电商综试区建设，打造与全球市场相联系的"重要窗口"。首先，充分发挥政府有为和市场有效的合力，持续推进贸易平台创新试点、全球布局，推进世界电子贸易平台（eWTP）全球布局，完善国际贸易数字化生态。其次，对标国际高水平贸易投资规则，探索建立数字贸易的新规则新模式，进一步强化制度保障，强化理念变革，强化政企协同。最后，充分发挥自贸试验区与自主创新示范区"联动效应"，充分利用全球数字金融中心落户杭州的优势，加快推进国家数字服务出口基地——物联网产业园升级，在产业数字化和数字产业化过程中推动"数字＋制造""数字＋服务"。深化跨境电子商务综合试验区建设，使高新区成为杭州打造跨境电商"全国第一城、全球第一流"的核心节点。

（三）参与建设"一带一路"，打造数字丝路战略枢纽

全面深化国家服务贸易创新发展试点，提高利用外资的效率和水平，实现高质量"引进来"和高水平"走出去"。为实践国家"一带一路"倡议，杭州市人民政府与杭州市商务委员会、米奥兰特国际会展等单位承办了 2017 年中国（土耳其、波兰）贸易博览会，借力两大展会打造海外杭州平台、深耕欧亚新兴市场。杭州不仅走在了开拓"一带一路"市场的前列，更有效推动了全市外贸出口继续领跑全国、浙江省。2020 年，全年货物进出口总额 5934 亿元，增长 5.9％。其中出口 3693亿元，增长 2.1％；进口 2241 亿元，增长 12.9％。

杭州发挥跨境电子商务的连接效应，推动形成以杭州为关键连接点，联动全国乃至全球跨境电子商务资源要素，形成国际网络贸易新枢纽，共建"数字丝绸之路"。2016 年底，杭州综合试验区（简称杭州

综试区)推出了全球首个全球电子贸易平台(eWTP)"实验区",为全球中小企业提供便捷的一站式服务。杭州综试区以"一带一路"建设为机遇,在与沿线国家和地区深入交流的基础上,推动数字技术、在线贸易等方面的合作,逐渐打造数字丝绸之路战略枢纽。杭州跨境电商有力推动了对外开放局面,截至 2019 年 6 月,杭州已集聚跨境电商平台类企业 810 家,通过总部位于杭州的跨境电商进出口平台,全球 100多个国家的优质商品进入中国,也推动了"中国制造"覆盖全球 200 多个国家和地区。

三、专注"一带一路"枢纽建设,发挥数字窗口服务优势

要以"一带一路"建设为重点,坚持引进来和走出去并重,遵循共商共建共享原则,加强创新开放合作,形成陆海内外联动、东西双向互济的开放格局。作为"一带一路"和"网上丝绸之路"重要枢纽城市,杭州进一步贯彻落实党的二十大精神,积极推进与"一带一路"沿线国家的合作交流,积极"打造海外杭州平台","开拓国际市场、稳定外贸增长",推动更多杭州企业"走出去"。

（一）建设数字丝路枢纽窗口,奠定跨境贸易中枢地位

政府推动"单一窗口"综合服务平台建设,实现跨境电商"通关一体化"。2015 年,杭州综试区"单一窗口"平台上线,实现了不同监管部门数据的互联互通互享,为企业提供"一站式"报关、报检、收汇、退税等政务服务。通过"单一窗口"平台,跨境电商企业出口申报时间缩短到平均 1 分钟。此外,"通关一体化"服务以实现企业与银行在线签约和收汇为主要内容,努力实现"杭州报关、全国通关"。杭州综试区打造更为自由、创新、普惠的国际贸易环境。eWTP 为中小企业更好地参与和分享全球化提供一站式解决方案,包括支付、物流、仓储、换汇、通关、保险等,通过输出技术和人才帮助企业"走出去"。

通过 eWTP 数字丝绸之路,参与国实现了自由贸易、快速通关,奠

定了杭州跨境贸易中枢地位。eWTP 推动"一带一路"倡议的商业实践,可以有效打破各国贸易间的壁垒,把传统的分销模式转化为直销模式,这也是发展中国家或者中国弯道超车的机会所在。2017 年 3 月 22 日,海外首个 eWTP "数字中枢"落户马来西亚。杭州综试区拓展与马来西亚数字自贸区的连接,利用互联网和大数据的力量,帮助马来西亚乃至整个东南亚地区的中小企业参与全球贸易,逐步推动基于双边贸易的 eWTP"实验区"建设向"一带一路"沿线重点国家和地区延伸。

(二)完善跨境贸易服务体系,构建最优区域电商生态

2015 年 3 月,国务院批复同意设立杭州综试区,为中国跨境电子商务发展探索可复制、可推广经验。作为中国首个跨境电商综试区,杭州综试区创新建立了"六体系两平台"①的顶层设计框架,成为全国各地综试区的学习模板。随后四年间,通过完善"六体系",搭建大数据实验室和创新项目展示平台(eBOX),杭州 1.6 万多家外贸企业完成信用评分评级,不断完善跨境电子商务的系统创新链等一系列举措,杭州综试区着力打造跨境电子商务的最优生态圈。数据最能体现跨境电商在杭发展的轨迹。2018 年,杭州综试区培育年销售超千万美元的大卖家 100 家、跨境电商新品牌 52 个,杭州实现跨境电商交易额 113.7 亿美元,其中,出口 80.2 亿美元,进口 33.5 亿美元,同比分别增长 14.2% 和 14.9%,跨境电商占杭州外贸出口的比重达 16.8%。

构建最优电商跨境生态,推动"一带一路"沿线国家和地区贸易便利化。2019 年,杭州综试区制定出台《打造数字丝绸之路战略枢纽实施方案》配套政策和实施细则,组织开展"新外贸新服务新制造"2.0 计划。配套政策从主体培育、品牌、人才、产业园区、仓储物流等方面部署,着力促进杭州跨境电商企业做强做优做大。加快打造数字丝绸

---

① "六体系"包括信息共享服务体系、金融服务体系、智能物流体系、电商信用体系、风险防控体系和统计检测体系,"两平台"则是指线上"单一窗口"平台和线下"综合园区"平台。

之路战略枢纽，就是要充分发挥杭州作为全国首个跨境电商综试区的引领带动作用，依托数字贸易线上线下平台，加快实现信息流、人才流、资金流、货物流、服务流等经济要素的集聚，扩大对"一带一路"沿线国家和地区的辐射效应，进而促进城市经济能级和发展地位的跃升。

（三）积极拓展国际电商市场，完善跨境服务网络体系

通过积极参与"一带一路"建设，越来越多的杭州企业加快了"走出去"的步伐，积极拓展国际电商领域，利用丰富的产品开发经验及技术优势，打造融合中国文化、中国元素的产品，布局"海外杭州"。在杭州，阿里巴巴旗下的出口电商平台全球速卖通已成为俄罗斯第一电商平台，并向欧洲、南美市场快速发展。同时，天猫国际、网易考拉成为国内优势进口平台，在"一带一路"沿线国家和地区的在线贸易往来中发挥重要作用。数字技术成为国家之间资本、技术、商品交易的新兴媒介，其在线和便捷的特质成为国际电商市场扩大的鲜明优势。

杭州不断完善支付设施、全球物流网络布局，完善跨境服务网络体系。跨境服务网络体系是杭州成为数字丝绸之路枢纽的关键特征，只有完善包括支付设置、物流网络在内的服务网络体系，杭州才能更顺畅地连接起各国之间的贸易往来。在支付设施方面，支付宝、连连支付、网易支付等一批跨境支付收款领域的领军企业集聚杭州，为杭州跨境贸易提供便利化跨境支付服务。在全球物流网络布局方面，杭州已开辟较为完善的货机国际航线网络，覆盖至比利时、美国等国家；菜鸟网络在全球布局物流枢纽，并配套建设境外合作园区和海外服务站点，"数字丝绸之路"跨境电商全球服务网络初步形成。

四、接轨上海推动深度合作，区域杭州走向世界杭州

习近平同志曾说："接轨上海就是接轨发展，就是接轨国际化和现

代化。我们要乘上海之船发展，然后跳出浙江、发展浙江。"①其基本意图是跳出浙江寻求外部资源和发展机遇，弥补浙江在要素供给和环境承载力上的"短板"，为浙江调整经济结构、转变增长方式、提升产业层次创造更多的机会和空间。上海是长三角"一核六带"总体布局框架的核心，杭州是三条发展带的重要节点。这充分说明杭州在以上海为核心的世界第六大城市群中占有十分重要的地位。2007年，沪杭两市签署了《进一步深化沪杭合作交流备忘录》，杭州提出要以"规划共绘、交通共联、市场共构、产业共兴、品牌共推、环境共建、社会共享"为重点，以"融合"促"提升"、以"带动"促"率先"，推动区域合作与发展得到新突破，推动杭州自身发展得到新提升，推动杭州辐射带动作用得到新发挥。

简单来说，一是开展服务借力上海十大行动，包括科创、产业、文旅、金融、人才、开放、营商环境、民生共享、交通网络、城市治理等。二是聚力建设四大高质量发展平台。聚焦开放，高标准建设钱塘新区；聚力创新，高水平打造城西科创大走廊；面向未来，高品质推进湘湖和三江汇流区域未来城市试验区建设；厚植文化，高起点建设世界文化遗产群落。三是协同打造高水平一体化融合的杭州都市圈。深化"六大西进"、区（县、市）协作、联乡结村等工作，推动新四区和三县（市）进一步融入主城区，打造杭嘉一体化、杭湖一体化、杭绍一体化三个发展先行区和千黄省际旅游合作示范区。四是联动发展六条跨区域关键廊带。深入参与G60科创走廊建设；共同推进杭合创新带建设；合力建设杭绍甬城市连绵带；深入推进宁杭生态经济带建设；共保共建大运河文化带；深入推进"名城名湖名江名山名村"风景廊道建设。

杭州把服务和支持上海，打造全球卓越城市摆在突出位置，强化创新产业、对外开放、金融科技等方面的服务对接，精准对接上海的发展需求，主动承接上海的辐射效应，使杭州更好利用上海这个平台壮

---

① 中央党校采访实录编辑室：《习近平在浙江》（上），中共中央党校出版社2021年版，第15页。

大自己、链接全球，以更优服务实现更好接轨。

（一）推动沪杭全面有效接轨，实现沪杭深度合作架构

推动沪杭在金融业务、人才共享、旅游发展、交通一体化等方面实现全面接轨，着眼打造"强劲活跃增长极"，更好参与全球合作与竞争，谋划和推进各项工作。首先，推动沪杭金融业务连接，不仅从上海引入外资银行机构设点，还积极推动杭州业务"走出去"。其次，促进沪杭人才共享，充分利用上海高等教育资源和科研院所高层次人才优势，吸引一大批上海专家、学者到杭州发展，改变杭州人才队伍不足的现状。最后，建沪杭旅游共享圈，制定跨地区发展旅游业合作规划，借助两地市场、资源和区位交通优势，协调开拓旅游市场，联手开发旅游产品，共同发展旅游会展业。

加快沪杭基础设施、金融机构、人才科教等方面的连接，实现沪杭深度合作。第一，加快沪杭基础设施链接。推进机场群、港口群、高速铁路网、高速公路网的统筹与衔接，加快轨道交通的城际衔接；共同推动沪杭甬高速公路、杭浦高速公路的智慧化改造，完善沪杭甬交通网的能级。第二，加强与上海金融机构的合作，推进钱塘江金融湾建设。联合建设长三角产业基金和创投基金，推进钱塘江金融湾建设。发挥移动支付、蚂蚁金服等金融科技的创新力，赋能上海传统金融，力争形成"上海国际金融中心＋杭州金融科技中心"错位互动的发展新格局。第三，全面推动人才、科教、文卫体的合作与交流，统筹经济社会协调发展。认真落实沪杭《共同推进人才开发一体化合作协议》和苏浙沪三省市《长江三角洲人才开发一体化宣言》。鼓励用人单位在两地招聘人才，共享人才资源，在两地人才交流的过程中，提高人才质量。

（二）立足当地禀赋发展杭州，强化杭州独特发展优势

把握机遇，立足自身发展特色，在更高层次上全方位、宽领域、大范围地接轨上海，形成优势互补，错位发展，发挥杭州数字经济等发展优势。变"一个轮子快速转"为"两个引擎一起转"，既发挥数字经济新

动能的优势，又打好制造业的根基，形成数字经济与制造业高质量协同发展的强大动能。持续推动阿里巴巴、海康威视、网易等互联网龙头企业创新升级，并着力开发沪杭合作项目，以经济交流带动上海和杭州两地的交融。

在沪杭构建上海和杭州深度合作的天然纽带。2019 年，余杭区全力打造杭州接轨大上海融入长三角桥头堡，专门制定出台了《余杭区接轨大上海融入长三角一体化发展行动计划》。余杭区人民政府与上海市杭州商会签订合作协议，成立上海市杭州商会余杭办事处，重点加强余杭区与商会资源的沟通联系，着重开展数字经济（人工智能）、生物经济、高端装备制造、时尚、文创等五大产业链招商引资活动。一方面，积极建设支撑性平台。以"3＋5＋N"平台①为引领，探索科学高效的区域合作规则、行政管理制度和公共财政体制，着力构建由点带面、有序融入的全区域全方位融入格局。另一方面，着力打造十大标志性工程，为接轨大上海融入长三角助力。其中，和上海直接相关的有五项，即梦想小镇联盟工程、高端制造产业化承载工程、跨境电商全国第一城先行区建设工程、营商环境对标提升工程和优质公共服务资源共享工程。

（三）推进都市圈同城化发展，打造全方位国际级窗口

加快推进杭州都市圈同城化发展，在抱团发展、共同成长中形成更大的发展容量，扩展更广阔的发展空间。区域经济一体化是建立在区域分工协作基础上的，生产要素的区域流动本质就是一种"互补"现象。杭州在加快与上海接轨的同时，加大对所属县（市）的辐射带动力

---

① "3"是指三大一体化发展先行区，即杭嘉一体化发展先行区、杭湖一体化示范区和杭州大城西一体化示范区。"5"是指五大高能级产业合作平台，即以杭经济技术开发区、未来科技城、临平新城、良渚新城、钱江经济开发区等五大平台为重点，全面承接长三角高端要素流入，全面承接上海"五个中心"功能溢出效应，建立上海高新产业拓展区，吸引上海高新产业入驻。"N"是指若干双向"创新飞地""创业飞地"，即建立完善跨区域产业合作利益共享机制，到上海、合肥等地建设异地孵化器，推动上海高校来杭联合建设众创空间，支持长三角城市到未来科技城建设"飞地"孵化平台，探索推动未来科技城到其他区域建立产业化分园，引导企业开展异地产业化，实现区域协同发展。

度,带动周边城市加快形成"杭州湾经济圈",突显"杭州湾"在长江三角洲区域发展中的地位。第一,促进智慧应用体系并重发展,推进智慧交通、智慧健康、智慧就业等智慧民生应用体系建设,实现圈内交通互通互联。第二,建立开放的大数据平台,加快部门数据共享和业务协同;统一圈内技术标准,减少部门平台的重复建设,推动产业良性发展。第三,优化都市圈空间布局,推动地方信息产业优势互补、错位发展、联动共兴,抢抓电子信息、人工智能、生命健康等领域的优质资源,打造有国际影响力的"互联网＋"创新创业中心。

以区域经济一体化为基点,以上海为合作伙伴,通过东洲内河国际港等国际"港口",推动杭州走向世界。自 G20 杭州峰会以来,杭州市致力于提升产业发展、城市建设、行政管理、文化交流等各方面的国际化程度。长三角城市群建设进一步发挥浙江的区位优势,主动接轨上海、积极参与长三角地区交流与合作,不断提高对内对外开放水平。按照《沪嘉杭 G60 科创走廊建设战略合作协议》规划,沪嘉杭三地建立区域间部门不定期会晤机制、牵头部门工作机制和信息共享机制,共同促进 G60 沪嘉杭产业发展保持中高速、产业结构迈向中高端。

第二章　加强法治与民主政治建设，推进市域治理现代化

　　大道之行，天下为公；良法善治，民之所向。法治是安邦固本的基石，是国家治理体系和治理能力的重要依托和保障。党的十八大以来，以习近平同志为核心的党中央在坚持和发展中国特色社会主义的探索中开启了党领导人民建设法治中国的新征程。2020 年 11 月 16 日至 17 日，中央全面依法治国工作会议在北京召开，明确习近平法治思想在全面依法治国工作中的指导地位。习近平法治思想是习近平新时代中国特色社会主义思想的重要组成部分，是全面依法治国的根本遵循和行动纲领。

　　法治杭州乘风破浪，离不开思想灯塔的定向领航。在浙江工作期间，习近平同志高度重视法治建设。建设"法治浙江"，是习近平同志在浙江工作期间作出的一项重大决策部署，是在省域层面推进社会主义法治建设的积极探索和具体实践。回顾"法治浙江"战略的决策和实施，我们更加深刻地感受到习近平同志依法治省、依法治国与习近平法治思想一脉相承，并且在杭州依法治市的实践中取得了显著成绩，更加深切地感受到中国特色社会主义制度优越性，更加深切地感受到"八八战略"历久弥新的真理光芒和实践伟力。

　　杭州市根据习近平同志 2006 年初在杭州调研时的重要讲话精神，明晰建设"法治杭州"的思路。2006 年 5 月，杭州市委发布《中共杭州市委关于建设"法治杭州"的决定》，明确建设"法治杭州"与实施"五大战略"、打造"平安杭州"、建设"文化名城"、加强党的执政能力和先

进性建设,有机构成杭州经济、政治、文化和社会建设"四位一体"的总体布局,民主与法治建设迈入新的阶段。2014年12月,杭州市委十一届八次全会审议通过了《中共杭州市委关于全面深化法治杭州建设的若干意见》("杭法十条"),为重点领域关键环节的改革保驾护航,囊括执政、行政、立法与司法的城市治理全链条和全内容,清晰勾勒了杭州民主法治建设的发展道路。杭州一直将法治建设作为城市发展的重要战略来谋篇布局,加强全面依法治市,发展社会主义民主政治,打造高质量服务型政府,推进市域治理体系和治理能力现代化,沿着习近平新时代中国特色社会主义道路砥砺前行,开启了杭州法治与民主政治建设的生动实践。

思想迸发真理伟力,实践探索样本素材。杭州切实扛起"重要窗口"头雁的使命担当,多视角总结习近平法治思想与民主政治建设杭州的实践,回顾杭州法治与民主政治建设的成就和经验,解答全面依法治市、探索民主政治建设新模式、深化行政体制改革的时代答卷,紧紧围绕"治理体系和治理能力要补齐短板",聚焦数字治理,推动法治和民主政治建设重要领域体制机制、组织架构、业务流程的系统性重塑,为深化法治杭州、法治浙江,打造法治中国示范区发挥重要的引领、撬动和支撑作用,笃定决战决胜之志,铆足敢闯敢拼之劲,狠下苦干实干之功,努力打造市域治理的杭州样本,成为"窗口中的窗口""标杆中的标杆",展现"中国之治"的杭州风景。杭州忠实以习近平法治思想为指导,全面推进市域治理体系和治理能力现代化,让杭州风景更加动人,为杭州在建设"重要窗口"典范征程中贡献新的更大力量。

第一节 践行习近平法治思想,推进"法治杭州"建设

"天下之势不盛则衰,天下之治不进则退。"为子孙后代计、为长远发展谋,必须全面推进依法治国,推进国家治理体系和治理能力现代

化。在浙江工作期间，习近平同志曾专门撰写《法治：新形势的新要求》一文，强调新形势、新要求下，"必须按照建设社会主义法治国家的要求，积极建设'法治浙江'，逐步把经济、政治、文化和社会生活纳入法治轨道"①。

建设"法治浙江"是对生产关系和上层建筑的自我完善和发展，覆盖了经济、政治、文化、社会的各个方面、各个层次、各个环节。建设"法治浙江"的方向和原则是，要作为制度建设贯穿于全社会，真正做到事事有法可依、人人知法守法、各方依法办事，实现社会生活的法治化。其中最根本的，就是坚持把党的领导、人民当家作主与依法治国有机统一起来。这既是不可偏离的方向，又是不可动摇的原则。党的领导、人民当家作主和依法治国三者有机地构成了建设"法治浙江"的基本框架。

建设"法治浙江"绝不是要削弱党的领导，而是要更好地、更有效地坚持党的领导。必须强化党的执政意识、政权意识，贯彻党总揽全局、协调各方的原则，坚持党领导立法、带头守法、保证执法。必须适应新形势新任务的要求，不断调整和改进党的领导方式和执政方式，坚持科学执政、民主执政、依法执政。习近平同志引用法国思想家卢梭的名言，概括建设"法治浙江"所要追求的社会风尚是"这种法律既不是铭刻在大理石上，也不是铭刻在铜表上，而是铭刻在公民们的内心里"②。2006年4月25日，浙江省委十一届十次全体会议作出建设"法治浙江"的决定，率先启动"法治中国"建设在省域层面的实践探索。

高扬思想旗帜，凝聚共建"法治杭州"的力量。法治城市是法治国家的缩影和先行工程，是法治在市域范围内的具体体现。杭州作为"法治中国"的先行地，自2006年部署"法治杭州"建设，尤其是党的十

---

① 习近平：《之江新语》，浙江人民出版社2007年版，第202页。
② ［法］卢梭：《社会契约论》，何兆武译，商务印书馆2003年版，第70页。

八大以来，强化头雁意识，决胜"法治杭州"之战，努力交出全面依法治市高分报表，"法治杭州"取得了丰硕的理论成果、制度成果和实践成果，为法治中国建设提供了鲜明有力的杭州素材。根据习近平同志在浙江工作期间作出的建设"法治浙江"的重大决策部署，杭州市委积极响应，认真贯彻，将法治理念、目标、手段与实践结合起来，多维度搭建法治框架，回应现实社会需求，依法执政、依法行政，开启了"法治杭州"建设的新征程。随着杭州进入新的发展区间，经济活跃、利益多元、充满活力的社会风貌已经形成，改革的深化需要法治的强力保障。2013年12月，杭州市委十一届六次全会审议通过深化改革的《中共杭州市委关于学习贯彻党的十八届三中全会精神　全面深化重点领域关键环节改革的决定》（"杭改十条"）；2014年12月，杭州市委十一届八次全会审议通过的"杭法十条"（《中共杭州市委关于全面深化法治杭州建设的若干意见》），成为"杭改十条"的姊妹篇，"两轮驱动"，为杭州的改革深化保驾护航。"杭法十条"主体部分可以概括为"5＋5"体系，也就是"五个走在前列、五个实现新突破"。"五个走在前列"分别是在依法执政、科学立法、依法行政、公正司法、全民守法上走在前列，"五个实现新突破"就是在依法保障改革发展、依法保障美丽建设、依法保障平安创建、加强依法监督、提高法治能力水平上实现新突破。"5＋5"体系从城市治理链条与治理内容两个目标维度出发，有机结合深化法治的基本精神与杭州发展中的关键议题，重点指向杭州经济、社会发展的实际情况与关键问题。在"杭法十条"框架下，杭州相继出台关于重大决策与建设法治政府的具体意见。2015年10月，《杭州市人民政府重大行政决策程序规则》（以下简称《规则》）提出，今后杭州市重大决策的做出、执行与监督，应当遵循公众参与、专家论证、风险评估、合法性审查和集体讨论决定等决策程序。《规则》还就决策过程中每个环节的依法依规方式做出明确表述，从法律层面加固了公众参与和专家评估的开放式决策的功能与作用。随着一系列法规的完善，法治政府建设的目标正进入更加明晰的议程。

　　饱含人民情怀,铺洒"法治杭州"始终如一的底色。多年来,杭州始终坚持"以人民为中心"的发展理念,以人民满意为目标追求,做实做好每一项工作,加大宣传力度,突出共建共治共享,依法行政与法治创新协同推进"法治杭州"建设,制定权责清单,重点围绕"法无授权不可为""法定责任必须为"的要求,大刀阔斧进行行政体制改革:公开晒出"政府权力清单""企业投资负面清单""财政专项清单"和"政府责任清单",着力构建与国际通行规则相衔接的法治环境,给市场留下更多的机会和空间。例如,2016 年 10 月《杭州市网络预约出租汽车和私人小客车合乘管理实施细则(试行)》发布,杭州的政策一直被誉为"温情方案",因为在对网约车管理、从业人员的要求方面,杭州较其他城市有诸多宽容之处。又如,杭州紧紧抓住创建跨境电子商务综合试验区和国家自主创新示范区"两区建设"重大契机,制定出台《杭州市智慧经济促进条例》《杭州市跨境电子商务促进条例》等条例,为杭州信息经济发展保驾护航,为全国信息经济、跨境电商发展提供了可借鉴可复制的杭州经验,发挥了立法对改革发展的引领推动作用。

　　科学谋划,率先打造"法治浙江"的杭州样本。习近平同志在浙江工作期间推进"法治浙江"建设始终注重权力规范、公平正义、德法兼备。习近平同志亲自部署,把"坚持法治与德治相结合"设定为基本原则,明确要"充分发挥以德治国的重要作用,在加强社会主义法治建设的同时,进一步加强社会主义道德建设"①。近些年来,"法治杭州"建设成效较为明显,立法工作稳步推进,执法标准更加规范,司法工作尝试创新,全方位、高起点构筑起牢固的法治大厦。杭州多次获得"中国大陆最佳商业城市""中国城市总体投资环境最佳城市"等称号,荣耀背后正是杭州依法治市、不断深化行政体制机制改革、推进审批制度改革的结果。杭州从依法执政、科学立法、依法行政、公正司法等重点领域出发,注重法治文化与普法宣传,推动法治成为杭州最强治理手

---

　　① 《省委关于建设"法治浙江"的决定》,《浙江日报》2014 年 10 月 16 日。

段,使杭州形成最优营商环境.为城市发展提供坚实有力的法治保障。推进数字法治综合应用,在法治化营商环境建设、市域社会治理法治化、法治建设智慧化等方面,努力打造一批有辨识度有影响力的标志性成果,为中国特色社会主义法治建设提供了很多杭州素材。

遵循总书记当时"干在实处永无止境,走在前列要谋新篇"的嘱托,"法治杭州"取得了一个又一个令人瞩目的成就,在依法执政、科学立法、依法行政、公正司法、全民守法上走在前列,提供了标准的杭州范例,展示着强劲的头雁风采。杭州市委、市政府和相关部门以及法院、检察院等司法机关面对困难和挑战时展现出百折不挠、迎难而上、敢为人先的勇气、智慧和作为,努力在"法治杭州"建设中交出一份满意的答卷。

一、加强党对依法治市的领导,依法执政能力持续提高

理论和现实都表明,没有脱离政治的法治,法治与政治是辩证统一的。2002 年 12 月 3 日,习近平同志在浙江省暨杭州市纪念现行宪法颁布实施 20 周年大会上讲话指出:"社会主义民主政治,是党的领导、人民当家作主和依法治国的有机统一。"①2006 年 4 月,习近平同志在浙江省委十一届十次全会上强调,"要旗帜鲜明地反对那种假借民主、假借法治来否定党的领导的错误倾向"②,"民主必须在法治的轨道上运行。没有法治的民主,是无政府的民主"③。坚持和改善党的领导对推进法治建设具有全局性的作用。杭州市委认真遵照习近平同志当时在会上提出"各级党组织要切实增强依宪执政、依法执政的观

---

① 习近平:《干在实处 走在前列——推进浙江新发展的思考与实践》,中共中央党校出版社 2006 年版,第 359 页。

② 习近平:《干在实处 走在前列——推进浙江新发展的思考与实践》,中共中央党校出版社 2006 年版,第 360 页。

③ 习近平:《干在实处 走在前列——推进浙江新发展的思考与实践》,中共中央党校出版社 2006 年版,第 361 页。

念，提高依宪办事、依法办事的自觉性"①的要求，坚决做到了党要领导立法、保证执法、支持司法、带头守法。

（一）健全党委统领法治建设的体制机制，健全现代法治体系

完善党的领导方式和执政方式。一是加强党对政法工作的领导。切实发挥党委总揽全局、协调各方的领导核心作用。领导和支持人大、政府、政协、审判机关、检察机关、群团组织依法依章程履行职能。健全党委领导，人大、政府、政协分别负责，各部门分工实施的法治建设工作机制。二是加强党对深化法治杭州建设的组织领导。2006年，市委作出建设法治杭州的决定后，立即成立建设法治杭州工作领导小组及其办公室，落实市委建设法治杭州工作领导小组定期研究解决重大问题的机制。2019年，组建市委全面依法治市委员会，设立立法、执法、司法、守法普法四个协调小组，并成立市委全面依法治市委员会办公室。制定《中共杭州市委全面依法治市委员会工作规则》等基本工作制度作为制度保障。2021年3月，召开杭州市委全面依法治市委员会第三次会议，研究部署2021年及"十四五"时期法治杭州建设主要任务，会议审议并原则通过了《2021年法治杭州建设重点工作清单》《法治杭州建设六大专项工作方案》《深化法治化改革工作专班方案》《法治杭州建设规划（2021—2025年）》。

完善党政主要负责人落实法治建设第一责任人职责制度，压实法治建设第一责任人职责。2019年，出台《杭州市党政主要负责人履行推进法治建设第一责任人职责实施细则》，细化第一责任人的职责和具体要求。督促党政主要负责人履行推进法治建设职责，签订法治政府建设目标管理责任书，确定各项工作任务。

（二）以完善依法决策机制为重点，在依法执政上走在前列

健全依法决策工作机制。完善酝酿、提议、论证、研究、审议的党

---

① 习近平：《干在实处 走在前列——推进浙江新发展的思考与实践》，中共中央党校出版社2006年版，第359页。

内依法民主决策机制,落实杭州市委关于加强人大工作的意见。总结"开放式决策"经验,制定《杭州市人民政府重大行政决策程序规则》,把公众参与、专家论证、风险评估、合法性审查、集体讨论决定确定为重大行政决策法定程序。全面推行政府法律顾问制度。探索推进公众意见征询委员会建设,健全涉及群众利益的重大事项决策公示、社会稳定风险评估和听证制度。落实杭州市委关于加强和改进政治协商、民主监督的意见,发挥人民政协作为社会主义协商民主的重要渠道作用。完善民主党派直接向党委提出建议制度。

落实决策问责追究制度。认真执行党政领导干部问责规定,全面推行工作责任制和责任追究制。实施重大决策过程留痕、决策后评估和纠错制度。严格执行重大行政决策终身责任追究和责任倒查机制。严格落实党政主要负责人述职述法制度。

(三)树立法治理念,运用法治方式处理各种事务

党保证执法。天下之事,不难于立法,而难于法之必行。在浙江工作期间,习近平同志多次强调要把各项工作纳入法治化轨道,在法治化轨道上开展各项工作。《中华人民共和国行政许可法》2004年7月1日正式实施,7月9日在浙江省直机关效能建设工作现场会上的讲话中,习近平同志强调:"我们在具体工作中,一定要按照《行政许可法》、国务院《全面推进依法行政实施纲要》以及浙江省人民政府《关于加强依法行政工作　促进省政府机关效能建设的意见》的要求,切实把追求效率与坚持依法行政、依法办事结合起来,全面提高依法行政水平。"①

党带头守法。习近平同志多次强调,党员和干部特别是领导干部要成为遵守宪法和法律的模范:"各级党委特别是领导干部都要适应新形势,从根本上转变不适应依法治国、依法治省要求的思维方式、领

---

① 习近平:《干在实处　走在前列——推进浙江新发展的思考与实践》,中共中央党校出版社2006年版,第367页。

导方法和工作习惯，自觉遵守宪法和法律，严格按照宪法和法律办事。"①

二、科学立法，地方立法工作不断完善

"立善法于天下，则天下治；立善法于一国，则一国治。"杭州发展建设的理念是以一流的法治建设一流的城市。良法，而后能善治。良法是善治的前提与基础。"工欲善其事，必先利其器。"法律是治国之重器。国家治理必须重视立法，必须坚持立法先行。

（一）坚持科学立法，为世界一流的社会主义现代化国际大都市建设巩固根基

杭州科学立法蹄疾步稳。一是在立法项目选择上，特别注重保障杭州市委重大决策和改革举措落实，促进城市建设管理法治化，保障民生立法。二是在立法方法上，注重开门立法、民主立法，每年都向社会公开征求立法建议项目，把民主立法扩展到立法的源头；在法规的具体制定过程中，注重听取社会各界的意见和建议，比如在制定《杭州市物业管理条例》的过程中，座谈会就开了20多场。立法听证这种形式在杭州得到了充分利用，生活垃圾管理条例立法听证会吸引了广大群众积极参加。杭州在全国率先建立立法咨询委员会，在每一部法规审议表决前都由该委员会提出相应的论证报告，作出专业评估。三是在立法领域上，杭州还特别注重立法的针对性，确保"真管用"。每一部法规都能提出操作性很强且能切实解决问题的法律规范。国家取消住宅小区竣工验收之后，业主和建设单位之间因居住区配套设施建设问题产生纠纷的数量骤升，杭州制定了《杭州市居住区配套设施建设管理条例》，在全国首次通过配套设施建设合同履行确认证明的形式，解决了综合验收取消后给房屋建设和管理带来的难题。四是在立

---

① 习近平：《干在实处　走在前列——推进浙江新发展的思考与实践》，中共中央党校出版社2006年版，第360页。

法目标上,紧跟杭州加快城市国际化步伐。建设社会主义现代化国际大都市,离不开一流的法治环境。为了更好提升国际都市功能,深化美丽中国样本建设,展示最美风景,市人大常委会先后制定了《杭州市会展业促进条例》《杭州市萧山湘湖旅游度假区条例》等地方性法规,为持续打造会展之都、赛事之城提供了有力的法治保障。为了推动湘湖旅游度假区高质量发展,《杭州市萧山湘湖旅游度假区条例》于 2019 年 1 月 1 日正式施行,这是杭州市取得立法权以来,第一部由区(县、市)组织起草的地方性法规。2017 年,杭州市人大常委会将城市国际化促进条例列为正式立法项目,通过立法形式推动城市国际化建设和发展,这在全国地方立法中还是首例。

"一脑治全城"的数智治理体系初步成型。2021 年 3 月 1 日,《杭州城市大脑赋能城市治理促进条例》(以下简称《条例》)正式实施,这是我国第一部数智城市的地方立法。《条例》的出台意味着"一脑治全城"的数智治理体系初步成型,城市大脑赋能城市治理、提升幸福感,自此有了坚实的法治保障。为解决"数字难民""数字鸿沟"等数字时代的新问题,《条例》规定,要确保决策和公共服务资源配置透明可释、公平合理,并完善线下服务和救济渠道,保障公民选择服务方式包括传统服务方式的权利。这为保护城市中的各类数字弱势群体、数字弱能群体的权益提供了法律保障。这也有助于城市大脑树牢服务人民的初心,遵循"善治"的面向,牢牢把住方向,避免偏离幸福的航道。

(二)以健全立法体制机制为重点,在科学立法上走在前列

完善地方立法统筹协调机制。一是推进党领导立法制度化。2018 年,杭州市将推进党领导立法工作制度化规范化列入年度省市共建示范项目,受到省委法治办高度肯定,并向中办推荐相关做法,严格落实重大立法事项向市委请示报告制度。2017 年,出台《关于加强党领导立法工作的实施意见》,在全国副省级城市中率先制定《关于重大立法事项向市委报告的实施办法》,把党领导立法的新要求落实到

立法全过程。2019 年以来，进一步创新机制，建立"二审三表决"制度和重点立法项目"双组长"制。二是健全市委对立法工作中重大问题决策的程序。凡立法涉及重大体制和重大政策调整的，必须报市委讨论决定。地方性法规制定和修改的重大问题，由市人大常委会党组向市委报告。三是加快制定立法工作规范和立法工作指引。修改完善《杭州市制定地方性法规的规定》，科学编制五年立法规划和年度立法计划。

推进科学民主立法。建立健全立法招标、立法听证、立法咨询、审议解读和重要法规草案三审、隔次审议制度。完善立法项目征集和论证制度。健全法规规章起草征求人大代表意见制度。开展立法协商，充分发挥政协委员、民主党派、工商联、无党派人士、人民团体和社会组织在立法协商中的重要作用。健全法规规章草案向社会公开征求意见及反馈机制。完善重要法规立法前和立法后评估制度。2004 年，杭州在全国率先建立了立法咨询委员会。2016 年，通过《杭州市立法条例》，探索确立了公民旁听、代表列席、网络直播等公众参与立法的新方式。

加强重点领域立法。为依法推动"最多跑一次"改革，消除阻碍改革的法律障碍。围绕重点领域工作，坚持市委对立法工作的领导，紧紧抓住事关改革发展的重大问题，加快立法步伐，重要改革于法有据，充分发挥立法的引领和推动作用。制定《杭州市智慧经济促进条例》《杭州市钱塘江综合保护与发展条例》等，为建设数字经济第一城和实施"拥江发展"提供立法支持。注重"以改善民生为重点"立法工作。最近几年，杭州重点围绕"治污、治水、治气、治堵、垃圾处置"等制定法规规章：《杭州市生态文明建设促进条例》为建设生态文明之都提供法律依据；《杭州市大气污染防治规定》将保障公众健康写进了法律；《杭州市生活垃圾管理条例》提升了城市管理水平。一部部法规规章的制定和完善，紧跟时代发展，回应民生关切，无不体现以人为本、立法为民的理念。

　　（三）坚持从权利本位出发，彰显公平正义的社会主义法治价值追求

　　把实现、维护和发展广大人民群众最根本的利益作为地方立法的出发点和落脚点。在浙江工作期间，习近平同志始终站在人民立场上谋划法治建设，牢牢把握人民是依法治国的主体和力量源泉，坚持"人民主体""人民中心""人民至上"，注重发挥法治公平正义的基本价值，保障群众合法权益，彰显出高度的为民情怀。他反复强调："执法为民是社会主义法治的本质要求。这是我们党全心全意为人民服务的根本宗旨和立党为公、执政为民的本质要求在法治上的体现。在推进'法治浙江'建设中，我们要确立一切权力属于人民、来自于人民的理念，把人民当作国家的主人，把实现、维护和发展最广大人民群众最根本的利益作为出发点和落脚点。"①

　　坚持以人民为中心，重在构筑回应需求的立法模式。用法治保障人民权利、增进民生福祉，是贯彻以人民为中心的发展思想的必然要求。中国特色社会主义法治体系要不断回应和满足人民的新期望、新需求。习近平同志在浙江工作期间，始终坚持把解决人民群众最关心的问题作为推进"法治浙江"建设的切入点，使"法治浙江"建设一开始就惠及群众，让群众感受到实际效果。在中央全面依法治国工作会议上，习近平总书记指出，全面依法治国最广泛、最深厚的基础是人民，必须坚持为了人民、依靠人民。② 无论是"法治浙江"建设还是"法治中国"建设，都把最广大人民的根本利益作为出发点和落脚点，把人民群众的获得感和满意度作为衡量成效的标准，体现了习近平法治思想的价值旨归。

---

　　①　习近平：《干在实处　走在前列——推进浙江新发展的思考与实践》，中共中央党校出版社2006年版，第357页。
　　②　《习近平谈治国理政》（第四卷），外文出版社2022年版，第288页。

三、依法行政，法治政府建设卓有成效

依法行政，严格执法，才能真正实现经济发展、政治清明、文化昌盛、社会公正、生态良好。以法治思维方法推进权力规范，全面谋划和推进法治政府建设。执政之要在于为民，行政之要在于依法。习近平同志高度重视依法行政工作，2004 年 7 月，他在浙江省直机关效能建设工作现场会上指出，要"切实把追求效率与坚持依法行政、依法办事结合起来，全面提高依法行政水平"①。在高度重视依法行政的基础上，习近平同志统筹谋划加快法治政府建设，不但把加强法治政府建设作为"法治浙江"建设的八大任务之一，而且还明确提出省政府要制定出台加快政府职能转变、推进法治政府建设的意见。2006 年 6 月，浙江省政府下发了《浙江省人民政府关于推进法治政府建设的意见》，擘画了"十一五"时期浙江法治政府建设的宏伟蓝图。

依法规范行政权力、全面建设法治政府，是法治杭州建设向纵深推进的关键所在。党的十八大以来，杭州坚持法定职责必须为、法无授权不可为，严格规范公正文明执法，让权力不再"任性"，杭州法治政府骨架更加稳固，气质更加从容。

约束权力更提升行政效率，法治政府建设持续深入。在建设法治政府方面，随着"四张清单一张网""最多跑一次"的积极推进，杭州出台了不少行政规章，滥用权力、违法执法等现象越来越少，法治政府建设在各个方面都当之无愧地走在全国前列。最直接的感观是，政府的行政人员精神面貌大为改善、为民服务意识大为改观，特别是窗口人员让人感到他们在以极其负责的态度去践行以人民为中心的理念。近些年来，杭州市政府坚持把法治政府建设作为贯穿政府工作的主线，狠抓改革创新和任务落实，不断完善工作机制，为杭州市加快建设

①　习近平：《干在实处　走在前列——推进浙江新发展的思考与实践》，中共中央党校出版社 2006 年版，第 367 页。

"一城一窗"提供了坚实的法治保障。

（一）转变政府职能，推进政府绩效管理法治化

推进政府职能转变。法治政府建设的关键方面在于用法治给行政权力定规矩、划界限，规范行政决策机制，加快转变政府职能。一是围绕率先建成法治政府目标，推进机构、职能、权限、程序、责任法定化。二是深化行政审批制度改革。坚持清理审批前置环节与取消非行政许可审批事项并举、权力下放与指导监管并重，确保市级行政审批管理权限下放到位。三是转变政府治理模式。杭州率先在浙江省首推"多证合一、证照联办"网上办事系统，在家敲敲鼠标即可"一键办理"近九成商事登记事项。

创新政府管理服务方式。一是加快完善电子政务系统。出台政务数据共享开放、规范使用规则，推进政府服务信息化、精细化，提高政府管理科学化、绩效化水平。二是健全公共资源市场化配置机制。制定出台政府购买公共服务的标准和规范。三是建立公平有序的市场秩序，健全信用监管机制。建立涉企执法监管"正面清单"，对市场主体做到"无事不扰"。落实公平竞争审查制度。强化民营企业产权司法保护，出台关于依法稳妥开展财产保全的制度。四是优化法治化营商环境。认真贯彻《优化营商环境条例》《浙江省民营企业发展促进条例》。深入实施优化营商环境"10＋N"行动，开展法治化营商环境优化专项行动，推进一般企业投资项目全过程审批"最多80天"。例如，杭州临安推出85项公安政务服务"一窗通办"，群众办事更便捷。杭州拱墅专设商事登记导办室及行政许可审批导办室，实行商事登记审批"去窗口"，服务便民"零距离"。

健全优化科学民主依法决策机制。出台并落实《杭州市人民政府重大决策出台前向市人大报告的工作制度》《杭州市人民政府重大行政决策程序规则》等，全面开展重大行政决策目录化管理，实现重大行政决策合法性审核100％覆盖。制定杭州市重大行政决策能力提升专

项行动实施方案。杭州通过立法，不断健全决策机制和程序，确保重大决策的科学化、民主化、法治化。《中共杭州市委关于建立健全科学民主依法决策机制的实施意见》出台，明确对涉及群众切身利益的重大事项，做到三个"不决策"，即没有深入调查研究的不决策，没有广泛征求群众意见的不决策，没有提出比选方案的不决策。

（二）以严格执法为重点，在依法行政上走在前列

深化行政执法体制改革。落实监管事项、处罚事项、职责边界"三张清单"，健全执法联动、执法配合、执法争议协调机制，推进"部门专业执法＋综合行政执法＋联合执法"执法体系建设，统筹配置行政处罚职能和执法资源。积极开展市场监管、生态环保、文化市场、交通运输、农业农村等五大领域综合执法体制改革，完成市县两级综合执法队挂牌。推进基层综合行政执法改革，在上城区南星街道、下城区长庆街道、桐庐县分水镇三个乡镇（街道）开展基层综合执法改革试点工作。例如，综合执法服务中心推出智慧城市管理平台，创新"智慧城管＋温馨劝导"模式，用"智慧"打下"温柔牌"，探索运用"说服教育、劝导示范、指导奖励"等非强制执法手段，用"智慧"让"柔性执法"有力度有温度。杭州桐庐成立县政府行政执法指挥中心，围绕"大综合一体化"的执法体系建设，积极探索综合行政执法改革。

扎实推进严格规范公正文明执法。法虽无情，人却有情。杭州市政府及所属部门严格规范公正文明执法，让权力不再"任性"。在行政执法工作中，一是推进行政执法规范化建设。健全完善行政裁量基准动态调整制度。优化执法方式，实现"浙政钉·掌上执法"系统市县两级全贯通，部门应用全覆盖（垂直系统除外）。发布《杭州市行政执法公示办法》《杭州市行政执法全过程记录办法》《杭州市重大执法决定法制审核办法》等，推动行政执法"三项制度"实现全覆盖。二是规范行政执法行为。细化完善行政执法裁量权基准制度。完善执法全过程记录制度，严格执行行政执法案件主办人制度以及案件审核、质量

跟踪评判制度。推行阳光裁量,实行行政处罚裁量权动态调整管理。2011 年,制定出台《杭州市行政机关行使行政许可裁量权指导规则》,开创了行政许可裁量权行使规范规定的全国先例。三是加强行政执法监督。制定《杭州市绩效管理条例》,整治庸官懒政,防止干部不作为。

加强重点领域综合执法。健全公安、环保、市场监管联合执法机制,加大环境保护和食品药品领域违法犯罪打击力度。探索建立旅游、公安、质监、文广新闻出版、市场监管等部门的联合执法机制,提升杭州旅游环境品质。积极推进智慧城管、智慧公安综合管理体制创新。在杭州经济开发区开展智慧城市综合管理平台试点,在钱江新城、城东新城开展城市综合管理体制试点。严格食品药品安全、环境保护、道路交通安全执法,切切实实依法维护人民群众切身利益,让人们日益感受到天更蓝、水更清、空气更清新、食品更安全。斑马线前礼让行人,已然成为杭州的金名片。

(三)构建"法治指数",探索基层法治新形式

率先开展法治量化评估。历时十余年的杭州余杭区"法治指数"探索为法治建设提供了具有现实价值的基层经验。自 2006 年开展"法治余杭"建设以来,余杭区通过运用《"法治余杭"量化考核评估体系》,对区内法治建设情况进行量化评估,在全国率先开展法治量化评估实践。"法治指数"评估对象为余杭区本级、区级机关各部门、各镇(街道)和村(社区),通过法治指数梳理存在的突出问题,反馈到各有关职能部门限期整改。实行法治年度考核,直接与干部奖惩挂钩,让量化评估成为干部的"紧箍咒"。"法治指数"成为撬动基层政府依法行政自觉性与主动性的杠杆。法治指数的测评不是纯粹为了最后得出一个数字,而是为了从测评中发现问题,找出问题症结,提出法治建设对策。

"法治指数"催生惠民措施。"法治指数"的量化评估与区域治理

的重点相互配合，达到相互增强的效果。余杭区政府在做出重大行政决策前，先经法制办进行法律审查，确保项目合法性。"法治指数"在具体工作中促成了一系列惠民举措，形成了"1＋X"立体化人民调解工作，群众遇事找法、维权靠法的观念进一步树立。量化评估已成为余杭推进区域法治建设的一项长效机制，为杭州的法治建设积累了经验。杭州制定了"法治指数"，以形成一个覆盖各区（县、市）和市直各单位的法治建设的绩效考评指标体系。

四、公正司法，全面提升司法公信力

在浙江工作期间，习近平同志指出："司法工作是保障社会公平正义最后一道防线。要以保证司法公正为目标，树立公平正义和保护人权的司法理念。"[①]2006 年 4 月，习近平同志在浙江省委十一届十次全会上明确指出，要进一步加强司法体制和工作机制建设，认真落实中央推进司法体制改革的各项举措，健全权责明确、相互配合、相互制约、高效运转的司法体制，从制度上保证审判机关和检察机关依法独立公正地行使审判权和检察权，规范审判行为和检察执法行为，增强司法的权威性和社会公信力。他还对司法机关如何保障社会公平正义作出了许多具体的指示，强调要坚持法律面前人人平等，确立依法办案、无罪推定的司法原则，做到实体公正与程序公正并重。对于刑事案件，他强调，"违法犯罪必须查处，坚持在法律面前人人平等，绝不姑息迁就任何人、任何事"，案件审理时则务必慎之又慎，"惴惴小心，如临于谷"，要坚持罪刑法定和罪责刑相适应原则，严格执行刑事法律和刑事政策。对于民商事案件，他指出，要强化用法律手段调节经济社会关系的职能，依法保护合法权益，审慎处理各类纠纷，确保司法公正，无愧于头顶上的"天平"。对于行政案件，他要求通过行政审判，有

---

① 习近平：《干在实处　走在前列——推进浙江新发展的思考与实践》，中共中央党校出版社 2006 年版，第 367 页。

效化解行政纠纷,推进依法行政,促进政府经济调节、市场监管、社会管理、公共服务职能的不断完善,维护和实现公民的合法权益。① "加强司法体制和工作机制建设"被列为"法治浙江"建设的八大任务之一,构筑起了维护社会公平正义的制度屏障。浙江省高级人民法院和浙江省人民检察院先后制定出台了贯彻落实省委"法治浙江"建设的实施意见,分别围绕规范司法审判(执行)行为和检察执法行为推进司法改革制定了行动方案,开展了一系列在全国范围内具有示范意义的创新性实践。

2020 年 3 月 29 日至 4 月 1 日,在统筹推进疫情防控和经济社会发展的特殊时期,习近平总书记到浙江考察调研并发表重要讲话,赋予浙江"努力成为新时代全面展示中国特色社会主义制度优越性的重要窗口"的新目标新定位。中国特色社会主义司法制度是中国特色社会主义制度的重要组成部分,审判机关、检察机关等司法机关作为践行中国特色社会主义司法制度的重要主体,应当主动担当建设中国特色社会主义司法制度大厦"浙江窗口"的历史使命,充分展示中国特色社会主义司法制度的优越性。一直以来,杭州作为窗口中的窗口,法院、检察院等司法系统在司法实践中始终奋力展示着头雁风采,极大地增强了司法权威性和社会公信力,大大提升了全市公平正义的"司法环境指数"。

(一)提高司法透明度,加速司法体制改革

健全社会公平正义法治保障制度。杭州持续推进公正司法,全面深化司法体制改革,公正司法成效逐步显现,司法公信力不断提升。"中国最具安全感城市"是杭州为全国熟知的标签之一。人民群众对杭州的"安全感"一直褒扬有加,对司法公正的认可度则有了明显提高。

---

① 习近平:《干在实处　走在前列——推进浙江新发展的思考与实践》,中共中央党校出版社 2006 年版,第 368—369 页。

深化司法责任制综合配套改革。杭州在全国率先筹办刑事速裁法庭。杭州全市司法机关推动了完善司法责任制、推动司法人员分类管理改革等数十项司法体制改革。2017 年 8 月 18 日,全球首个互联网法院——杭州互联网法院挂牌成立,推进"互联网＋公证",现有网络办证系统已实现全流程网络化。打造"互联网＋仲裁"新型审理方式,杭州仲裁委员会以电子书面审理为突破口启动互联网仲裁工作。2019 年,杭州被司法部列为法律援助大数据应用试点城市。杭州以法治思维创新方式,实现了互联网审判、公证、仲裁等领域规则体系从基本空白到逐步建立的突破,浓墨重彩地书写了独具特色的市域社会治理现代化"杭州篇章"。近年来,杭州稳步推进法官、检察官员额制改革;落实以审判为中心的刑事诉讼制度改革;完成认罪认罚从宽制度试点工作,"三远一网"建设标准、认罪认罚案件文书模板得到最高人民检察院推广。

"数字法治、智慧司法"体系建设更加完善。积极探索互联网行政诉讼模式,审理涉"小猪佩奇"著作权跨国纠纷等案件被写入最高人民法院工作报告,率先在国际上探索互联网司法新模式。成立杭州互联网仲裁院,完成"智慧仲裁平台"建设,在全国率先推出《简易案件书面审理仲裁规则》。杭州市与华东政法大学合作共建互联网法治研究院(杭州),打造全国领先的互联网法治研究智库平台。推进知识产权案件审判工作。杭州知识产权法庭与市场监督管理局合作成立浙江(杭州)知识产权诉调中心。加强与中国互联网协会、阿里巴巴集团人民调解委员会、杭州市中小企业协会诉调对接合作。

(二)以提升司法公信力为重点,在公正司法上走在前列

推进阳光司法,加快建设政法系统信息化平台,推进审判、检务、警务、狱务公开,构建开放、动态、透明、便民的阳光司法机制,推动实现跨部门网上执法办案业务协同。落实巡回审判、预约办案、繁简分流和远程立案等便民利民举措。完善防错纠错"制度链",实行办案质

量终身负责制和错案责任倒查问责制。强化司法执法联动机制。健
全民生领域司法执法联席会议机制。探索建立知识产权专门法院,探
索建立电子商务、环境保护等巡回法庭。

互联网法院创新司法审判新形态。2017 年 6 月 26 日,中央全面
深化改革领导小组审议通过了《关于设立杭州互联网法院的方案》。
2017 年 8 月 18 日,杭州互联网法院正式揭牌,中国乃至世界首家互联
网法院落户杭州。设立杭州互联网法院是司法主动适应互联网发展
大趋势的一项重大制度创新,也是杭州提高司法审判质量与效率的大
胆尝试。互联网法院落户杭州得益于杭州在涉网案件审理中的前期
经验积累。从 2015 年 4 月开始,浙江省高级人民法院就确定了由杭州
西湖区、滨江区、余杭区三家基层法院和杭州市中级人民法院开展电
子商务网上法庭试点。设立互联网法院,能够集中力量组建专门审理
涉网案件的审判团队,破解常规审判当中专业性不足难题。杭州互联
网法院建立起一个融合当事人在线起诉、应诉、举证、质证、参加庭审
以及法官立案、分案、审理、评议、判决、执行等诉讼全流程功能模块的
网络平台,并通过互联网技术实现了大数据、人工智能等科技与审判、
执行全流程的融合。每个环节都"在线进行"。杭州互联网法院首创
"异步时空"审判方式,扩展在线审理的时空范围,让审判在"异步时
空"进行。2018 年 4 月 2 日上午,杭州互联网法院举行全球首个"异步
审理模式"上线启动暨《涉网案件异步审理规程(试行)》新闻发布会。
异步审理模式下,各审判环节均在网上诉讼平台非同步实施。不同
时、不同步、不同地的异步审理模式将涉网案件各审判环节分布在杭
州互联网法院网上诉讼平台上,法官与原告、被告等诉讼参与人在规
定期限内按照各自选择的时间登录平台,以非同步方式参加诉讼。交
互式审批带来了司法红利。

进一步加快推进智慧法院建设,深化互联网法治。2018 年 2 月 2
日,浙江省高级人民法院携手腾讯公司召开新闻发布会,宣布双方联
合打造的全国首个"微法院"集群平台上线运行,正式面向社会公众提

供全天候、零距离、无障碍的诉讼服务。杭州互联网法院成为杭州首批入驻"微法院"的法院。当事人可利用微信小程序，享受一站式、便捷化、智慧型的移动服务体系，让公平正义"触手可及"。2019 年 11 月，杭州创新探索的"微法庭"上线，依托在线矛盾纠纷多元化解平台、移动微法院等已有平台，在农村、社区原有场地集成功能搭建"微法庭"，让法官"下沉"到社区、乡村，为老百姓提供家门口的法律服务。2020 年 3 月，上城区法院在杭州市消费者保护委员会（以下简称消保委）授牌设立专业性"微法庭"。遇到消费纠纷，杭州市民不用消保委、法院两地跑，依托移动微法院等互联网手段，就能实现法律咨询、在线调解、司法确认、网上立案等全流程线上服务。在推动消费纠纷以非诉方式依法化解的同时，为消费者与经营者减少了"讼累"。杭州市消保委"微法庭"也被评为杭州首批示范"微法庭"。

（三）牢记司法为民初心，践行公平正义使命

充分发挥司法工作对社会公正的引领作用。公平正义是司法的生命线，司法不仅要公正，而且要让人民群众感同身受，让他们切实感受到司法的公正与温度。将"常情、常理、常识"贯穿于司法裁判之中。人民法院是国家审判机关，肩负着维护国家政治安全、确保社会大局稳定、促进社会公平正义、保障人民安居乐业的职责任务。"要努力让人民群众在每一个司法案件中都感受到公平正义，所有司法机关都要紧紧围绕这个目标来改进工作，重点解决影响司法公正和制约司法能力的深层次问题。"①这是习近平总书记在中共中央政治局就推进全面依法治国进行第四次集体学习时提出的明确要求。用每一个公平的司法案件为民族筑梦，用每一个正义的审判为人民谋福，是人民法官、人民法院的职责和使命。

紧扣高水平打造全面依法治国"重要窗口"一流示范样本的目标，

---

① 中共中央文献研究室编：《习近平关于全面依法治国论述摘编》，中央文献出版社 2015 年版，第 67—68 页。

拉高标杆。一是提高精度,在服务保障高质量发展上让人民更满意。找准司法服务保障高质量发展的着力点和结合点,以司法服务保障助力营造稳定、公平、透明、可预期的法治化营商环境。二是更有温度,在司法为民、服务民生上让人民更满意。深入完善司法便民利民惠民举措,更有力地推广网上立案、跨域立案,不断满足人民群众日益增长的多元司法需求。三是加快速度,在提高审判质效和司法创新上让人民更满意。大力推广小额诉讼、简易程序、普通程序独任审适用。深化智能平台应用。原江干区法院深耕"平台＋智能"建设,技术创新亮点频现。首创研发上线破产案件管理平台,规范监督破产进程,实现债权申报"一次不用跑"。全国首次运用区块链技术进行债权人投票,主动运用新技术,实现新探索。浙江省首创微信朋友圈定向悬赏,推动形成守信光荣、失信可耻的良好社会风气。

五、全民守法,推进法治社会建设

法治社会是构筑法治国家的基础,法治社会建设是实现国家治理体系和治理能力现代化的重要组成部分。习近平同志在《和谐社会本质上是法治社会》中写道:"法治通过调节社会各种利益关系来维护和实现公平正义,法治为人们之间的诚信友爱创造良好的社会环境,法治为激发社会活力创造条件,法治为维护社会安定有序提供保障,法治为人与自然的和谐提供制度支持。"[1]党的十九大把法治社会基本建成确立为到 2035 年基本实现社会主义现代化的重要目标之一。杭州率先开启建设法治社会的征程,全面提高市域治理法治化水平,积累了一些好的做法。

(一)压紧压实安全责任,勠力共建平安杭州

2005 年 3 月,习近平同志视察杭州淳安县公安局,向该局干警提

---

① 习近平:《之江新语》,浙江人民出版社 2007 年版,第 204 页。

出要求。在结束调研一个月之后,习近平同志在《浙江日报》发表文章,提出:"做到平常时间能看得出来、关键时刻能冲得出来、危难时刻能豁得出来。"①

大力营造平安和谐的社会环境。平安是最好的营商环境。平安是人民幸福安康的基本要求,是改革发展的基本前提。杭州市是全国最早开展平安创建的城市之一。2002 年 9 月,杭州市委明确提出打造"平安杭州"的战略决策,"我们不仅要打造治安好、犯罪少的'小平安',更要打造涵盖政治、经济、文化、社会各方面的'大平安',真正使'平安杭州'成为促进社会和谐、维护群众利益的民心工程"。市委、市政府始终把稳定作为第一责任,认真贯彻落实习近平同志作出的建设"平安浙江"各项决策部署,大力推进以"六安工程"为重点的平安建设,取得了明显成效。2013 年,全国纪念"毛主席批示'枫桥经验'五十周年"现场会在杭州成功举办。2016 年,杭州市坚决打赢了 G20 杭州峰会社会治安防控战、安全生产阵地战、城市安全保卫战、群防群治整体战,基层治理实现网格化。重点行业实名管理,全社会动员,不断推进立体化、信息化社会治安防控体系。2016 年,杭州有 79 万名"红袖章"平安志愿者活跃在守卫杭城、护航 G20 的平安巡防志愿服务的大街小巷,全天候参与治安巡防,参与社会治理,营造出共建共享良好氛围。杭州多年被新浪网和《小康》杂志社评为"全国治安最好的城市"。杭州综治工作得到了上级部门充分肯定,先后获得全国社会治安综合治理优秀市、全国和谐社区建设示范市、全国文明城市等国家级奖项。

推进社会治安综合治理规范化。铁拳出击扫黑除恶,维护净化社会风气。创新完善立体化社会治安防控体系,严密防范、依法严厉打击暴力恐怖、涉黑犯罪、邪教和黄赌毒等违法犯罪活动,保障公民生命财产安全,巩固和深化最具安全感城市建设成果。完善全市"一网三

---

①　习近平:《之江新语》,浙江人民出版社 2007 年版,第 136 页。

中心、三全十服务"社会治理模式，着力打造最具幸福感城市。健全社区矫正制度，深化"电子围墙"信息监管服务系统建设，推行社区矫正的执法标准化管理。加强网络安全和信息化建设，建立网上网下维稳联动机制。

（二）以构建信用杭州体系为重点，在全民守法上走在前列

维护宪法权威。宪法是国家的根本法，坚持依法治国首先要坚持依宪治国，坚持依法执政首先要坚持依宪执政。宪法的生命在于实施，宪法的权威也在于实施。杭州全面实施宪法进机关、学校、宾馆、宗教活动场所等"宪法十进"工程，做到每个区（县、市）建成一个宪法宣传阵地。开展"法治惠民服务月"活动。杭州市司法行政系统从2014年开始每年开展有关活动，除法治文艺演出外，进校园、工地、企业、医院、园区，针对不同群体普及不同法律知识、提供差异化法律服务。推进普法项目化建设。建成了"阿普说法"移动公交电视栏目、"乐活尚法"服务基金小镇、"法惠云栖"智慧普法示范点、"小桐普法"全媒体平台等一批普法精品项目。在西湖边北山路上，2016年12月4日"五四宪法"历史资料陈列馆建成开放，成为我国首家也是唯一一家宪法类纪念场馆。

推进全民增强法治观念。法治的权威源自人民的内心拥护和真诚信仰。培养市民法治思维，提高全民守法观念。习近平同志在浙江工作期间强调，"普及公民的法制教育，对建设'法治浙江'具有全局性、先导性、基础性的作用……要突出培养公民的法治精神，在全社会树立法治信仰、形成法治风尚，努力把法治精神、法治意识、法治观念熔铸到人们的头脑之中，体现于人们的日常行为之中"[①]。法治杭州，一定是1000多万杭州人民信仰法治、认同法治的杭州，这个杭州正在阔步前来。杭州把能不能遵守法律、依法办事作为考察干部的重要内

---

①　习近平：《干在实处　走在前列——推进浙江新发展的思考与实践》，中共中央党校出版社2006年版，第386页。

容。《杭州市新任市管领导干部法律知识考试办法（试行）》规定，全市新任局级干部都要参加考试，考试情况作为干部试用期转正和年度考核等次评定的重要依据。在抓"大多数人"方面，杭州率先提出并开展"法治文创产业""统筹城乡法律服务""律师进社区"等工作，打造了一批有全国影响力的普法"金字招牌"，建成了"城市居民10分钟、农村居民30分钟直达"的公共法律服务圈。通过微信、微博、抖音、普法手册等线上线下方式打造立体宣传矩阵，以贴近百姓的案例，深入浅出地说理宣传。加强民主法治村（社区）创建工作，培育一批"法治带头人"，命名一批"法律明白人"，全体公民守法用法意识明显提高。

建设"一平台四体系"诚信机制。加强市公共信用信息平台与阿里巴巴集团等第三方网络信用体系的对接共享，不断完善企业个人信用联合征信平台和政府信用、企业信用、个人信用、信用中介服务等四大体系。突破信用信息"孤岛"，率先在金融信贷、食品安全、生态环境、工程建设等重点领域建立信用联动机制。强化信用监管，健全公民和组织守法信用记录，率先形成守法诚信褒奖机制和违法失信行为惩戒机制。深化公共信用体系建设。杭州于2018年荣获全国首批社会信用体系建设示范城市，并以总评第一的成绩位居榜首。

培育特色法治文化。一是落实宪法宣誓制度，加强"国家宪法日"主题宣传。杭州多年来始终坚持开展这一活动，也是贯彻习近平同志在浙江工作期间提出的"依法治国、依法治省，首要的是依宪治国、依宪治省"理念。二是制定加强法治文化建设的实施意见。严格落实"谁执法、谁普法"责任制。强化各类媒体普法责任和功能。深化"我们的价值观"主题实践活动，健全弘扬"最美精神"长效机制，强化道德对法治文化的支撑作用。推进法治文化与文创产业融合发展，创作一批法治文化精品力作，打造一批法治文化建设示范点，培育一批法治文化品牌，着力建设集知识普及、观念引导、能力培养、产业支撑于一体的法治文化体系。

(三)推动社会矛盾化解法治化,汇聚社会平安和谐正能量

浙江既是"绿水青山就是金山银山"理念的诞生地,也是"枫桥经验"的发源地。2004 年 6 月 11 日,习近平同志在全国社会治安综合治理工作会议上的讲话中强调:"进一步总结推广和创新发展'枫桥经验',就要坚持强化基础,依靠群众。'枫桥经验'充分发挥党的政治优势,通过依靠和组织人民群众,化解消极因素解决社会矛盾,是党的优良传统和群众工作在新形势下的继承和发扬。"[①]2019 年 10 月,党的十九届四中全会通过的决定明确,要坚持和发展新时代"枫桥经验"。

思想的光芒,指引前行的方向。浙江省开展"最多跑一地"改革,坚持和发展新时代"枫桥经验",在浙江省范围内大力推进县级社会矛盾纠纷调处化解中心建设。浙江老百姓习惯叫它"信访超市",因为走进这扇门,能处理各类问题,就像超市一样"货品"齐全。这种联合接访,正是源自习近平总书记当年在浙江身体力行的领导下访。2003 年 12 月 23 日,习近平同志在浙江省信访工作会议上的讲话强调:"信访渠道也是民主渠道,人民群众的信访权利能否得到实现,在一定程度上反映了人民群众能否充分表达自己意愿,积极参政议政,进行民主监督,行使当家作主的权利。疏通信访渠道,就是尊重人民群众的民主权利。"[②]

完善社会矛盾纠纷多元预防调处化解综合机制。杭州市努力构建党政主导的维护群众权益体系,完善多元化纠纷解决机制,引导和支持人们理性表达诉求、依法维护权益。推进溯源治理工作,完善人民调解、行政调解、司法调解、仲裁调解联动工作体系和警调、诉调、检调衔接机制,强化调解与公证、仲裁、复议、诉讼、行政裁决的有效衔接。加快行业性、专业性人民调解组织建设。不断完善非诉讼纠纷解

---

① 习近平:《干在实处 走在前列——推进浙江新发展的思考与实践》,中共中央党校出版社 2006 年版,第 278 页。

② 习近平:《干在实处 走在前列——推进浙江新发展的思考与实践》,中共中央党校出版社 2006 年版,第 384 页。

决机制。规范县级社会矛盾纠纷调处化解中心建设，推进"枫桥式"司法所创建工作。溯源治理目的是将矛盾化解在基层，也避免出现审判过程中可能发生的"案结事不了"的现象。

改进行政复议和行政应诉工作。一是高标准抓好行政复议规范化建设。杭州市两级政府14家行政复议局全部正式运行，市本级37个市直部门的复议权集中到市行政复议局，并出台《杭州市行政复议规范化建设实施意见》，建立行政复议案件请示报告制、重大案件集体讨论制、责任追究制、通报排名制等工作机制，为改革落地见效提供保障。研发"智慧复议"平台，实现"移动式"复议申请和"一站式"复议办案。二是推动行政争议调解中心建设，健全联动衔接机制，制定《杭州市行政争议调解中心程序规定》。大力开展行政复议调解，出台《关于加强杭州市行政复议调解工作的若干意见》，确保行政复议定分止争主渠道作用充分发挥。三是提升行政应诉能力建设。推进负责人出庭应诉常态化和提质增效工作，出台《杭州市行政机关负责人出庭应诉工作指引》。杭州着力推动行政争议化解，行政机关负责人出庭应诉常态化，民告官不再"难见官"。进一步推进复议诉讼联席机制常态化建设，合力解决争议领域、依法行政领域中的突出问题。自觉接受司法监督，依法履行人民法院生效裁判。例如，桐庐县探索"预防发现、联合调处、依法化解、分析反馈"的矛盾纠纷预防化解新路子，为全市乃至浙江省法治政府建设提供了"最佳实践"经验。

第二节　建立以民主促民生工作机制，探索
民主政治建设新模式

民主和法治既是治理的目标，也是治理的手段。治理现代化的实质是制度的现代化，必须要有强有力的治理，才能真正做到依宪执政、依法执政、依法行政、依法治理社会，实现治理法治化。推进

治理现代化，必须把依法治国凸显到更加突出的位置。同时，坚持以人民为中心的正确方向，使各项制度更加适应人民群众的需要，从制度层面确保人民在管理国家和社会事务中的民主权利。习近平同志在浙江工作期间始终心系人民，"心里装着群众，凡事想着群众，工作依靠群众，一切为了群众"①。

以法治思维方法推进民主建设，突出坚持和完善人民代表大会制度。民主为法治奠定基础，法治为民主提供保障，这是现代民主法治所追求的目标。人民当家作主是社会主义民主政治的本质和核心。人民代表大会制度是人民当家作主的重要途径和最高实现形式。人民代表大会制度是我国的根本政治制度，是党领导、支持、保障人民当家作主，实现党对国家和社会事务领导的政权组织形式，必须坚持和完善人民代表大会制度。2004 年 2 月，习近平同志在浙江省人大常委会党组民主生活会上指出："人民代表大会制度是党领导人民当家作主的最好组织形式，体现了人民是国家的主人，享有行使管理国家事务的权利。"②

民主和法治为增强社会活力提供有力保障。全面深化改革的根本目标是进一步激活市场和社会活力，让一切创造社会财富的源泉充分涌流，让发展成果更多更公平地惠及全体人民，让民主更加广泛，让法治更加完善，保证政治生活既充满活力又安定有序，为协调推进"四个全面"战略布局，建设社会主义现代化国家夯实坚固根基，提供有力支撑。用法治保障人民权利、增进民生福祉，是贯彻以人民为中心的发展思想的必然要求。

---

① 习近平：《干在实处　走在前列——推进浙江新发展的思考与实践》，中共中央党校出版社 2006 年版，第 528 页。

② 习近平：《干在实处　走在前列——推进浙江新发展的思考与实践》，中共中央党校出版社 2006 年版，第 373 页。

一、创新以民主促民生工作机制，探索城市民主治理

以制度创新释放出实实在在的红利，保障人民群众的改革获得感。习近平同志在浙江工作期间，注重建立健全为民办实事长效机制，办好民生好事、难事和实事，努力把解决群众切身利益工作引上规范化、制度化、法治化轨道。2004年，在习近平同志倡议下，浙江在全国率先制定实施《关于建立健全为民办实事长效机制的若干意见》，确定了为民办实事十大重点工作领域，通过民情反映、民主决策、责任落实、投入保障、督查考评等一系列工作机制创新，找准了为民办实事长效机制建设的切入口。在民主决策机制方面，全面推广民生实事项目人大代表票决制，切实提升了重大公共决策的科学化、法治化水平，实施项目从为民作主变为由民作主。在督查考评机制方面，将考评权交给百姓，让群众当考官，真正做到"民生实事办得怎么样人民说了算"。

城市是民主制度的发源地和先行者，推进城市的民主管理对于加快推进我国民主政治建设具有重要意义。秉持以民为本的治理情怀与工作机制创新城市民主的理念，杭州开创了民主治理的城市治理模式。杭州市积极探索建立党政、市民、媒体"三位一体"的以民主促民生工作机制，为城市民主治理提供了宝贵的经验和有益的启示。

"民主民生"战略和以民主促民生工作机制就是以人民为中心的价值立场和以民为本治理情怀的具体落实，其宗旨是实现人民当家作主。以民主促民生的杭州模式是全国首创，核心理念就是在民生领域坚持问情于民、问需于民、问计于民、问绩于民，做到"大家的事大家来办、杭州的事杭州百姓来办"，"干不干"让百姓定，"干什么"让百姓选，"怎么干"让百姓提，"干得好与坏"让百姓评，切实落实人民群众的知情权、参与权、选择权、监督权。以民主促民生工作机制，真正做到发展为了人民、发展依靠人民、发展成果由人民共享、发展成效让人民检验，是一条探索城市民主参与方式的创新之路。

以民主促民生的工作方法和机制优化了民主环境,正确地处理政府、社会与市场的关系,使得民间活力迸发,极大促进了民生问题的解决,促进社会和谐稳定,由此,杭州市连续多年名列"中国最具幸福感城市"榜首。

2007 年,杭州市第十次党代会把"民主民生"作为新一届市委的工作重点之一。2008 年初,又进一步提出"民主促民生、民主保民生"新要求和建立党政、媒体、市民"三位一体"的以民主促民生工作机制的新课题。2008 年 7 月,杭州市委十届四次全会把"民主民生"纳入城市发展战略,提出只有发扬民主,才能改善民生;只有改善民生,才能体现民主;只有做好民主民生文章,社会才能和谐。实施"民主民生"战略,就是要发展民主,改善民生,并积极探索建立党政、市民、媒体"三位一体"的以民主促民生工作机制,真正做到发展为了人民,发展依靠人民,发展成果由人民共享,发展成效让人民检验。经过一年多的探索,2009 年 6 月,杭州市委、市政府颁布《关于建立以民主促民生工作机制的实施意见》,把"民主民生"战略作为城市发展战略之一,建立党政、市民、媒体"三位一体"的以民主促民生工作机制。这一城市发展战略延续至今,在社会建设和政治建设的良性互动中,成为杭州市加强社会主义民主政治建设的重要载体和举措。

(一)推行公共决策公开,创新开放式决策

民生决策问计于民。在决策形成过程中,听取和吸收各类利益群体的利益表达意见,是提高决策质量、保障政府决策合法性的重要途径,是推动社会主义民主政治的有益探索,杭州是这一探索的先行者之一。1999 年 6 月,杭州在全国率先开通 12345 市长公开电话,2002 年 3 月和 2004 年 2 月,又相继开通 12345 电子信箱和短信平台,基本形成电话、电子邮件、短信等多种方式同时受理群众需求的网络。如今,12345 市长公开电话已经成为一张展示服务型政府形象的金名片。2000 年 6 月,杭州市成立人民建议征集办,规定凡是涉及经济建

设和社会发展的重大决策、重大举措,都要坚持问情于民、问计于民、问需于民,落实人民群众的知情权、参与权、选择权和监督权,做到民主决策、科学决策。杭州市人民建议征集的方式有日常征集和专题征集两种,并建立了一套奖励优秀建议者的激励机制,由信访局组织实施。每年市政府通过报纸、网络、电视、新媒体等渠道,请市民提出最希望市政府办好的民生实事,然后市政府认真研究、统筹确定当年能够在市级层面解决、当年建设、当年竣工、当年办结的为人民群众兴办十件(项)实事项目工程,并将为民办实事项目列入综合考评。2021年2月,杭州西湖区的"民意小圆桌"开张,议题是"民生服务综合体"如何提高服务功能。参与者围绕着话题建言献策。"民意小圆桌"是西湖区听取民意、汇聚民智、打通基层治理"最后一公里"的重要抓手,由西湖区委、区政府主要负责人或分管负责人牵头,根据工作需要随时举办,参加人员包括热心市民、社区工作者、媒体记者、镇街负责人等。"民意小圆桌"的推出有效回应了基层关切,大大提升了民生工程的推进效率。

推进重大决策公开。2004年10月1日起施行《杭州市政府信息公开规定》,这是杭州市政府的一项重大举措,是继上海、广州、深圳之后全国第四个对政务公开立法的城市。在政务公开的基础上,2007年,为进一步推进行政决策科学化、民主化,提升决策透明度和公众参与度,杭州市人民政府又发布《关于对涉及群众切身利益的行政规章和公共政策实行事前公示的通知》。2015年10月13日,颁布《杭州市人民政府重大行政决策程序规则》,对全市经济和社会发展重大事项的行政决策规则和程序做出了更为明确、透明和公开的规定。

开放式决策彰显决策民主。杭州市政府创新开放式决策方式,广泛听取意见。政府对经济社会管理事项进行决策之前,通过网络公开决策讨论稿,向市民群众广泛征求意见;政府决策时,邀请人大代表、政协委员和市民代表列席市政府常务会议,并实行网络视频直播互动,列席人员与网民可以发言(发帖)表达意见,直接参与市政府的决策过程;会后,由有关部门对网民相关意见在网上给予答复,决策事项的公文在政府网站和《杭州政报》公布,会议视频载入市政府网站相关栏目予以公开。"开放式决策"是公共治理方式的创新,2010 年,杭州市人民政府"让民意领跑政府"的开放式决策荣获"第五届中国地方政府创新奖",成为获得该项殊荣的国内十个政府创新项目之一。"开放式决策"是杭州坚持以民主促民生,扩大公民有序政治参与,增强决策民主化、科学化的有益探索,是杭州实施"民主民生"战略的又一重要成果。

（二）重大工程民主参与,保障市民知情权和参与权

建立重大工程项目民主参与机制。杭州在城市重大工程项目实施中,从多个层面加大市民民主参与力度,落实人民群众的知情权、参与权、选择权、监督权。例如,市区河道综合整治和保护开发工程、"五纵六路"综合整治工程、运河综合保护工程等推行了以民主促民生工作机制,实现民主治理。又如,重视发挥专家学者的参谋咨询作用。杭州市以各种方式组织、聘请了一批不同领域的专家、学者作为政府决策咨询顾问,初步形成了一个专业化的决策咨询体系。再如,积极引入第三方力量。杭州重视发挥包括社会中介组织、民间团体、志愿者、义务顾问团、热心市民等第三方力量的独特作用。杭州市妇联、市文明办与市城管办联合倡导建立了一支城市管理义务监督员队伍,鼓励项目全过程民主参与。在"背街小巷"改善工程中,制定《关于市民全过程参与背街小巷改善工作的实施方案》,明确市民参与贯穿于改善工程各环节。在重大工程完工后,还邀请社会各界人士和市民代表对竣工工程进行评价和"挑刺",以充分发挥其民主监督的积极作用。

打造保障市民知情权和参与权的多层次公共信息平台。实施"阳光工程",坚持"红楼问计",在位于市中心的杭州市城市规划陈列馆展出杭州市城市建设重大项目规划;建立"杭州重大工程招投标网"和"杭州建设项目交易网",在杭州市政府网和相关部门网站上开辟重大

工程项目的专栏；联合杭报集团、杭广集团等多家媒体，就重大工程项目开设专栏，广泛吸收市民意见；充分利用 12345 市长公开电话、工程指挥部公开电话、各相关职能部门咨询电话、公开电子信箱、信函地址等民主参与方式，倾听群众呼声，及时回复反馈。

（三）现代传媒助推理性协商，参与基层协商民主建设

拓宽媒体的公共议事空间。现代传媒嵌入社会治理，充分优化新闻媒体在信息沟通和传播方面的优势，不断增强其吸纳多方主体参与公共事务的议事功能，构成了一个相对独立客观的民主协商的第三方平台，在发挥媒体监督作用的同时引导民众理性协商思考问题、解决问题。

"我们圆桌会"搭建公共论坛。"我们圆桌会"是杭州电视台一档交流谈话类节目，也是一个有杭州特色的民主民生互动传播平台。自 2010 年 12 月 20 日正式开播以来，受到了社会广泛关注。由杭州市委办公厅、市政府办公厅、市委宣传部等单位主办，杭州电视台综合频道创办，以汇聚智慧、服务民生为目标，以党政、市民、媒体"三位一体"和党政、院校、企业、媒体"四界联动"为平台，以展示交流评论为形式，基本形式是一个主持人加上四到五位嘉宾，嘉宾主要为党政部门人士、专家学者、行业企业代表、市民代表和社会评论员（媒体），大家围坐在圆桌前，以"提出问题—讨论问题—提出建议"为谈话线索，就社会关注的热点话题和焦点现场进行交流讨论。

"民情观察室"反映民间声音。2012 年，杭州电视台综合频道与杭州市纪委纠风办合作推出了一档以正面宣传报道和暗访曝光相结合的新闻类栏目——"民情观察室"。栏目的范畴不局限于对职能部门的监督，还包括对违法、违规以及市级中心工作进展情况的监督。"民情观察室"以深入调查以及暗访的形式挖掘事件真相，让老百姓能够近距离了解政府部门的工作程序，也让政务公开变得更透明。同时，通过媒体平台的发声，一些社会热点、民间声音和基层社会问题得以通过民主协商的方式得到切实解决。选题主要来自近百名"民情观察员"的近百双"新闻眼"，栏目组还与 12345 市长公开电话及社区开展合作，在部分社区内部设立社区工作室，开展民情民意反馈与栏目选题素材搜集。

"公述民评"拓宽面对面问政渠道。2013 年，杭州市纪委（市监察局）创新举办了"公述民评"面对面问政活动。围绕杭城老百姓热议的焦点，现场提问回答，现场投票亮分，并由杭州网进行全程图文直播，杭州电视台综合频道录制后在黄金时段播出。2016 年，为了扩大公众参与，推进深度问政，该项活动还通过杭州考评网、"中国杭州"政府门户网站、杭州网、"绩效杭州"微信公众号、"廉洁杭州"微信公众号等五大平台，向社会公开征集参加现场问政的民评代表及问政问题，进一步扩大广大市民的知情权、参与权、评价权、监督权。多年来，杭州市"公诉民评"问政活动紧扣市委、市政府年度重点工作任务，不仅问出了群众期待，问出了部门担当，更问出了实实在在的成效，擦亮了面对面问政活动品牌。

"杭网议事厅"创设网络议政平台。"杭网议事厅"于 2009 年 12 月 30 日开通，是杭州市委办公厅、市政府办公厅、市委宣传部主办的杭州市民主促民生权威网络互动平台。该平台是国内首个由党委、政府和媒体联办，兼顾民生项目的"办事"与"议事"的网络频道。"杭网议事厅"设置问计于民、热点热议、网上服务、民生恳谈、新闻发布、记者出击等十余个栏目。

（四）治理绩效民主评议，推动政府决策民主化

"破七难"和"惠民为民十大工程"强化社会评价。以民主促民生工作机制始于 2000 年杭州市在市直机关进行的满意单位不满意单位的评选。"破七难"成为杭州市关注解决民生问题的一个代名词和实施"民主民生"战略的重要抓手。近年来，市委、市政府又根据社会评价意见，提出了"惠民为民十大工程"建设。"破七难"工作机制的形成

和与时俱进的发展成为杭州综合考评推动政府决策民主化，实现民主促民生的一个实践样本。

公民参与政府绩效评估。自 2000 年全国首创开展满意度评价以来，杭州一直坚持"让人民评判、让人民满意"的核心价值观，积极推动绩效评估中的公民参与，凸显绩效评估的民意价值，社会评价的内容、方式、机制逐步完善。市民代表的覆盖面不断扩大，逐步吸收了外来务工人员、农村居民，而且增加社会组织代表。积极探索"知情人评知情事"的评价方法，提高评价内容的公众贴近性和可理解性。通过"评价—整改—反馈"机制，不断深化绩效评估中的民意表达。

新时代城市管理民主治理的典范——老小区加装电梯。2017 年 11 月 22 日，杭州首个加装电梯项目在清波街道竣工交付。"有事好商量，众人的事情由众人商量，找到全社会意愿和要求的最大公约数，是人民民主的真谛"，老楼加装电梯在杭州成功落地，就是对这一真谛生动的诠释。在这一过程中，楼道、社区、街道和职能部门等不同层面协商服务，形成了一套"业主主体、社区主导、政府引导、各方支持"的独有体系，是居民自治的缩影，也是新时代中国特色社会主义基层协商民主的典型。

二、以协商民主为改革方向，探索城乡社区协商共治体系

2004 年 3 月 30 日，习近平同志在浙江省建设"平安浙江"动员大会上强调："抓经济促发展是政绩，抓稳定保平安同样也是政绩。"[①]纵观二十年来杭州的社会治理，一个突出的特点就是注重创新体制机制，整合政府、媒体、社会组织及互联网信息技术等治理资源，加强多主体多方面多层次的联动合作，维护社会公平正义。杭州市以"协商

---

① 习近平：《干在实处　走在前列——推进浙江新发展的思考与实践》，中共中央党校出版社 2006 年版，第 274 页。

民主"为改革方向,构建多中心复合型城市基层治理格局,探索政府治理和社会调节、居民自治良性互动协商共治法治化体系的具体实践路径,激发了基层民众参与社会治理的热情,提升了杭州城乡基层社会治理的法治化水平。

（一）健全党建统领"四治"融合的城乡基层治理体系

法治和德治相结合。"徒法不足以自行,徒善不足以为政。"以法治思维方法推进社会治理,把法律制裁的强制力量和道德教育的感化力量结合起来。社会善治离不开法律与道德的同频共振。2006 年 4 月,习近平同志在浙江省委十一届十次全会上指出:"法律与道德,历来是建立公序良俗、和谐稳定社会的两个保障。法治和德治,如车之双轮、鸟之两翼,一个靠国家机器的强制和威严,一个靠人们的内心信念和社会舆论,各自起着不可替代而相辅相成、相得益彰的作用,其目的都是要达到调节社会关系、维护社会稳定的作用,保障社会的健康和正常运行。"[①]在法治建设的路径上,习近平同志倡导坚持法治与德治相结合。他强调:"建设'法治浙江',必须把握法治与德治的互补性、兼容性和一致性,坚持一手抓法治建设,一手抓道德建设,把法律制裁的强制力量和道德教育的感化力量紧密结合起来。"[②]

坚持"三治融合",全面激发基层社会治理内生活力。坚持自治为本,持续激发群众自我管理、自我服务、自我教育、自我监督的内生动力,强化主体意识、强化自治功能,完善基层民主协商制度。坚持法治为要,运用法治思维和法治方式引导基层群众依法表达诉求、解决纠纷、维护权益,形成办事依法、遇事找法、解决问题靠法的良好环境。坚持德治为基,通过文化礼堂、道德讲堂、文化活动中心等空间载体提升群众文明素养,通过社区公约、乡规民约和乡贤文化、最美文化引导

---

① 习近平:《干在实处　走在前列——推进浙江新发展的思考与实践》,中共中央党校出版社 2006 年版,第 389 页。

② 习近平:《干在实处　走在前列——推进浙江新发展的思考与实践》,中共中央党校出版社 2006 年版,第 389 页。

群众树立鲜明的道德导向,实现自我约束与公共担当。杭州市临安区岛石镇推行"全科网格＋邻里志愿"的联动协同治理模式,发动和鼓励基层组织通过各种形式搭建邻里志愿参与平台,提升群众民主"参与感",使协商民主治理的最小"细胞"迸发最大能量。

努力实现矛盾纠纷化解"只进一扇门""最多跑一地""小事不出村,大事不出镇",把矛盾化解在基层。矛盾处理是一个国家、社会长治久安的基础性工作之一。解决问题的宗旨,就是为人民服务。因此,要牢牢扭住基层社会矛盾纠纷调处化解中心这个"牛鼻子",推动领导干部下访接访常态化、制度化和政府决策科学化、社会治理精准化、公共服务高效化,变矛盾"中转站"为问题"终点站"、变群众"往上跑"为干部"往下跑"、变业务"数字化"为全程"智慧化",着力解决人民群众关心的民主参与、公平正义等问题。杭州拱墅区文晖街道将社区调解中心打造成了群众"会客厅",设有受理台、引导区、聊天区、调解室,功能齐全,群众有问题就跑社区矛盾调解中心,"有话慢慢说""有事好商量""有空来坐坐",让群众"矛盾纠纷最多跑一地"。杭州拱墅区创新引入"街区"概念,打造矛盾化解一条街,政府"搭台",专家团队入驻,巧用场景心理学、民心公园散步、心理疏导、设置普法标牌和法治长廊等手段,一条街让老百姓握手言和。

建立多元矛盾纠纷调解机制。法安天下,德润人心。综合运用法律规范、经济调解、道德约束、心理疏导、舆论引导等手段,杭州逐步建立起以合作共治为原则的多元合作矛盾调处机制。一是搭建社会矛盾纠纷大调解工作机制。杭州市建立了由党委政府统一领导,"综治办"牵头协调,有关职能部门共同参与的乡镇(街道)综治工作中心,有效地整合了基层工作资源和力量,形成了集民间调解、行政调解、司法调解于一体的大调解工作机制。二是推广联动研判调解工作机制。杭州市从解决人民群众生活中最关心、最直接、最现实的具体问题着手,引导群众、社会组织和各个层面互动参与。例如,围绕基层矛盾调解议题,充分发掘来自民间社会有经验、有威望的人员资源,建立了

"和事佬协会"。全市有近 2 万名和事佬日常就在群众间做细致的沟通、交流工作,力求把群众内部矛盾、居民生活诉求、社区住户反映的问题在第一时间收集、处理和解决。类似的平台还有"律师进社区""钱塘老娘舅""朱学军法官调解工作室"等,这些富有生活气息的调解平台缔造了"情理法结合"化解基层矛盾的杭州模式。三是发展社会矛盾调解的各类专业社会组织及民间团体。杭州市鼓励行业协会及其他社会组织设立调解委员会,调解协会成员之间以及协会成员与其他主体之间的民事纠纷,充分发挥社会组织参与调解的优势。

"律师进社区"以法治的力量将矛盾纠纷化解在最基层。2009 年 12 月 4 日,杭州率先在全国开展"律师进社区"工作。社区律师的主要工作任务是为社区组织和社区群众提供法律咨询和法律服务;帮助符合条件的困难群众依法获得法律援助;协助社区人民调解委员会和"和事佬"协会开展矛盾纠纷化解工作。之后,杭州又组建了"网络律师团",以提供法律咨询、帮助困难群众依法获得法律援助、加强法律风险防范为主要职责,将法律服务、法律宣传不断延伸到农村乡镇,从而实现了市、县、乡、村四级公共法律服务实体平台的全覆盖。

深化公共法律服务体系建设。杭州加快整合律师、公证、司法鉴定、仲裁、法律援助、司法所、人民调解等法律服务资源,正在逐步建成覆盖全业务、全时空的公共法律服务网络,推进市、县公共法律服务中心进驻社会治理综合服务中心(信访矛盾联合调处中心)工作,建设互联网公证处线上签约中心,推动公共法律服务向基层群众和弱势群体倾斜,推进"民主法治村(社区)"建设三年行动计划,调整充实司法所职能,解决基层依法治理"最后一公里"问题。

(二)推动基层协商民主建设长效化

"民主协商"是党的十九届四中全会关于社会治理体系建设的新要求,民主协商机制应当广泛应用于基层群众自治领域。通过制度化建设,着力解决协商议题的提出、协商主体的确定、协商机制的运行、协商结果的应用等关键问题。杭州余杭小古城村的"四步协商"由提出议题、讨论商议、民主表决、组织实施四个步骤组成,环环相扣地做到有事真商量。深化"街道民主协商议事会"等基层协商民主形式,巩固社区民情恳谈会、民主听证会、民情沟通日等有效机制,推动乡镇(街道)、村(社区)、企事业单位公共事务协商治理服务体系建设。

　　杭州萧山从圆桌会到"圆桌汇",基层治理"更轻松"。在杭州萧山北干街道博学路社区,百姓的问题可以在"博学圆桌汇"得到最优解决。"博学圆桌汇"的前身是北干街道在辖区内各社区推广的"360民情圆桌汇"机制,通过科技赋能实现基层治理智能化。作为"360民情圆桌汇"的2.0版本,"博学圆桌汇"让基层社会治理更轻松。2020年11月,"博学圆桌汇"正式上线。"博学圆桌汇"具备党建引领、物业信息公开、业委会信息公开、我要说事等多个板块。居民从博学路社区微信公众号点开"博学圆桌汇"小程序,就可以在我要说事板块畅所欲言。后台接收到的居民的建议,必须在3~5个工作日内予以回复。如果遇到无法及时回复的复杂问题或纠纷,社区还会召集各方举行线下圆桌会,多方联动解决问题。小程序撬动大治理,"博学圆桌汇"不仅为社区各方搭建更加顺畅便捷的沟通交流渠道,也成了社区基层治理的"触角"和"探头"。

　　杭州的中心城区上城区创设"邻里值班室",迈出了先行先试的一步。"统一战线推进基层协商民主"是近年来重点抓的一项工作,在基层协商民主中充分发挥统一战线成员和统一战线社团的作用,促进基层群众在社区治理和公共事务管理中依法自治。

　　以社会复合主体建设为基础打造多元复合型治理组织。在2008年12月举办的第三届生活品质全国论坛上,杭州市委、市政府正式提出了"社会复合主体"这一概念。在这种组织架构中,党政力量往往只是多元主体进行沟通、合作的平台搭建者,其他不同领域、行业的组织或个体都可以通过多种方式参与其中,按照一定的规则和程序投身于城市治理的重要议题之中。杭州打造复合型社会组织的步伐不断加快:建立智库型复合组织,使之成为政府决策咨询平台;建立专业型复合组织,使公众参与环境保护、交通拥堵、食品质量安全、医疗卫生、文化教育等不同领域的行业治理;建立社区型复合组织,使之成为城乡社区社会治理平台;建立媒体型复合组织,使之成为政社舆论沟通平台。通过这些平台吸纳社会力量参与,让社会公众从"被管理者"转化为"社会治理者",让更多社会组织、环保维权人士、新媒体意见领袖等从"旁观者"和"批评者"成为社会治理的"参与者"和"建设者"。

以促进公共参与为手段拓宽社会组织发挥作用的渠道。引导社会组织参与"市民之家"互动平台建设。杭州涌现了一批各具特色的品牌社区,为和谐社区建设提供不少典型经验。例如,以"情感沟通、心灵相映"为特征的邻里社区,采取政府补贴、企业承租的模式,为外来务工人员提供集低价的住宿、餐饮、娱乐、购物、休闲为一体的公寓式服务和社区化管理,开展了蓝领成才工程、邻居节、法制宣传教育等文化品牌活动,为"新杭州人"社区化管理提供了蓝本。涌现出"在水一方"互助会、"湖滨晴雨"工作室、"大爱无疆"服务中心等一批社会组织。

"湖滨晴雨"工作室是全国首个民主促民生互动平台。2009年12月底,杭州市上城区以湖滨街道为试点,在全国首创民主促民生互动平台——"湖滨晴雨"工作室。"1624工作法"是该工作室最具特色的创新做法——1室("湖滨晴雨"工作室)、6站(6个社区民情气象站)、2员(民情预报员和民情观察员)、4报("民情气象一天一报""民生焦点一周一报""民生时政一月一报""民生品质一年一报"),从而有效实现了民众的"意见表达"、政府的"信息收集"和"政策传递"的有效对接。如果遇到需要协调解决的公共难题,工作室将组织"民情沟通会""公共服务协调会"等活动,邀请多方主体开展民主协商,建立"民众参与、部门协同、媒体监督"的公共问题协商机制。作为一项创新性实践,"湖滨晴雨"工作室既提供了政府与社会复合治理新平台,又为解决城市难题、改善民生开辟了新路径。2011年8月,上城区委、区政府下发《关于建立健全"社情民意互联网"工作机制的实施意见》，在全区推广"湖滨晴雨"工作经验。2013年11月，上城区委、区政府下发《关于进一步推广"湖滨晴雨"工作经验　构建全区"17654"民主民生互动平台的实施意见》，建成"1中心、7平台、6室、54站"的"17654"社情民意收集处置和协商体系，在全区推广"湖滨晴雨"工作机制。

2011年成立的"凯益荟"是杭州市首家社会组织服务中心。它有500平方米服务场所，内设日常办公、展示交流、孵化培育三大功能区块。2013年，"凯益荟"党委成立，由街道民政负责人担任党委书记。"凯益荟"的核心理念是"党建引领、凝聚力量、服务需求、共筑和谐"，通过"党建引领、政府搭台、民间运作、公众参与、社会监督"，将政府和社会各主体间的角色分工明晰化。作为社会组织孵化器，"凯益荟"为社会组织提供机构孵化、能力培训、社区落地等系统性、综合性的服务。"凯益荟"党委还创造性地建立"1＋6＋X"的组织架构，即以六大领域分设党总支，并采取"成熟机构单点组建—行业条线联合组建—区域网格兜底组建"等方式，灵活设置党组织模式。

（三）构建以基层党组织为核心的协商型党群治理模式

形成党建引领社区共治的基层社会治理新格局。党建引领社区共治充分释放了制度优势与基层活力，创新推进社区党建的具体任务，总结推出了诸如在职党员"报到服务"机制、基层协商"百姓议事"机制、党建共建"红色纽带"机制、物业小区"三方协调"机制等创新举措。在构建党建引领社区共治新格局的实践中加大"三力"建设。一是化零为整、明确权责，强化引领合力。将党建嵌入社会多元共治，形成党建共商、服务共做、难题共解、文明共创的格局。二是功能导向、赋权增能，提升引领效力。瞄准共治善治的目标，牢牢遵循"老百姓关心什么、期盼什么，我们就引领什么、服务什么"的准则，围绕政府年度民生实事项目深度持续地嵌入社区治理。三是强化属地、双网融合，激发引领活力。社区党委通过建立党建理事会、居民议事会、商圈共治理事会等多元载体，引领各方主体共同商议社区重大活动和事项。

协商于民，协商为民。余杭区实现多层次、全域化、制度化的基层协商民主建设。余杭区良渚街道新港村对基层民主协商模式进行探索和创新，村民们自称为"草帽议事，田头协商"。"草帽议事"最初主要针对义务劳动中碰到一些困难问题，村班子当场召集党员、代表、村民共同商议，现场解决问题，后来演变成"党员走在前、有事大家议、有难大家帮"的民主协商平台。建立了村社民主协商议事会，成立了网格议事小组，余杭不断创新基层民主制度，走出了一条党建引领基层治理的新路子。从十多年来一直保持"众人的事情由众人商量"的"样板"径山镇小古城村，到眼前的"草帽议事"，党建引领基层民主协商在余杭有序推进，解决了一大批困扰发展的顽疾，成为余杭经济社会发展的"助推器"。如今，余杭构建全域治理大格局，基层民主协商机制已"遍地开花"，因地制宜，各有特色。

激活小区党建"神经末梢"，打通基层治理"最后一公里"。明宫社区成立于2001年，十年前，这里还是一个农居混合的小型社区，后来，社区积极探索构建在社区党委领导下的以小区为单位建党支部，以楼道为单位建党小组的基层党组织架构，突出组织政治功能，组织群防群治，共同参与小区微治理，发挥小区各类主体自治自管核心作用，把深化小区党建工作作为党组织领导"三方协同"小区微治理工作的重点，不断完善以"新三方"为主体，以"红茶议事会"为民主协商机制的党群议事方式。事实证明，基层党建与基层治理的深度融合，有助于组织、资源和服务的高效整合，增强群众协商民主参与的广度和深度。

三、倡导以民为本，为基层民主政治建设扬帆护航

法治安邦，人民方能安居乐业。[①] 在浙江工作期间，习近平同志鲜

---

① 《把人民满意代表满意作为衡量工作的重要标准》，《杭州日报》2003年4月24日。

明地提出了"一个核心、三个党组、几个口子"的领导体制和工作机制，并在全局工作中进一步规范了党委对人大、政府、政协的领导关系。习近平同志当时提出的人大工作要求和建设社会主义政治文明的思想，一直指引着杭州加强基层民主建设、发展社会主义民主政治的前进方向。

（一）改革试点街道人大工作，提升基层人大工作规范化科学化水平

把握基层民主法治治理新思想。建立健全"886"制度体系，打造基层人大工作范例。西湖区人大常委会高度重视，将街道人大试点工作作为深化全区民主法治改革的一大抓手、推进基层治理的一大机遇、补齐体制短板的一大举措，牢牢把握《地方各级人民代表大会和地方各级人民政府组织法》第五十三条的精神实质，建立健全制度体系，提升基层人大工作规范化科学化水平。在全面对照宪法法律、全面梳理现有制度、全面整合两级人大工作文件的基础上，形成了以人大街道工委工作规则为基础，包括重大事项决策、街道预算审查、国有资产管理及"代表活动周"活动等8项常委会制度，以区试点工作实施方案为依据，涵盖常委会领导联系镇街、街道居民议事制度、代表履职登记等共8项文件，建立了定期汇报、联系指导、委托交办、监督联动、考评激励及服务保障等6项街道人大工作长效机制，共同构成开展街道人大工作和建设试点工作的"886"制度体系。"886"制度体系为试点工作提供了有力的制度支持，全区街道人大组织建设进一步加强、工作制度进一步规范、履职体系进一步健全，也为浙江省街道人大工作条例的制定出台提供了基层的鲜活样本。

西溪、转塘街道先行先试，畅通基层人大民意通道。西湖区西溪街道莫干山路79号是杭州市首个连幢成片一次性加装6部电梯的老旧小区住宅楼，6部加装的电梯从设计、招标、安装到使用，全过程都有人大代表、居民议事会成员代表、专家代表和居民代表的共同参与，

是全市首个由居民自主起草标书、公开招标、全程参与建成的加装电梯的住宅楼。2019 年初,在街道第一届居民议事会第一次会议结束后,人大转塘街道工委牵头,启动了街道首次国有资产清理核查工作,厘清积压了十几年的国有资产底数,填补了街道国有资产监管的历史空白。这两件事都得益于街道人大工作和建设试点改革。2019 年上半年,在西湖区人大常委会的指导下,西溪、转塘街道先行先试,大胆探索,试点工作取得了可喜成效。北山街道代表"民生圆桌会"架起"百姓暖心桥",翠苑街道"一键呼一桌议"积极听取和回应群众呼声……特色工作多点开花,试点工作取得了初步的成效:职能权责更明确,人大街道工委履职基础更夯实;居民议事更畅通,街道人大工作民意基础更广泛;代表作用发挥更充分,基层人大特色亮点更彰显。随着试点工作深入实施,街道人大为辖区居民办成了一件又一件的民生实事,人大街道工委、居民议事会、代表联络站这些新词也逐渐被广大群众熟悉和认可。

打造基层民主法治治理新阵地。西湖区人大常委会以全面提升人大代表联络站、居民议事厅建设为做好试点工作的重要载体,坚持站点特色化、选址亲民化、配置标准化,坚持接地气,打造西湖特色"民意蓄水池"。翠苑一区人大代表联络站将"呼应为"要求与联络站工作紧密结合,成功打造具有翠苑特色的"党建＋"品牌联络站。西溪街道首创"智汇人大"信息系统,多层链接、实时点播,成功打造服务老城区"小场地"的"智能化"站点。转塘街道利用行政服务中心资源,打造人大代表、议事会成员、选民共商共享的"民意综合体",并结合区域实际,打造云栖小镇、龙坞茶镇、艺创小镇等特色联络站。与此同时,西湖区人大常委会还指导各镇街开展"一镇街一品牌"创建活动,成功打造北山街道"民生圆桌会"持续助力民生实事、灵隐街道成立"代表专家组"形成督办合力、古荡街道对接"四个平台"打造选民意见办理闭环系统等特色品牌,街道人大建设基础不断夯实、阵地不断扩展、地位不断提高。同时,将街道居民议事制度作为推动基层民主治理的创新平台和有效抓手，为深化基层民主决策提供了有效的途径和具体载体。

建好人大代表联络站，开好居民议事会，打通街道民主治理的"最后一公里"。2020年1月，西湖区十个街道的第三次居民议事会议同步召开。街道居民议事制度为居民参与辖区社会经济事务管理提供了平台，为融洽基层干群关系搭建了桥梁，为推进基层良治法治善治提供了思路。2020年2月，西湖区各街道人大充分发挥辖区代表、街道居民议事会议成员作用，全方位参与基层一线的新冠疫情防控工作。西溪街道人大发动议事会议成员广泛参与疫情防控，率先提出社区门岗检查五步法、社区管控四重点等金点子，为街道、社区更快达成居民共识、凝聚群众合力做出了积极贡献；转塘街道人大在全区首创开展代表联络站"云接待"活动，定向为云栖小镇企业提供复工复产政策咨询和破难服务。通过试点工作开展，基层人大民意渠道更加宽广、票选实事更得民心、财政监督更加透明，代表履职载体更加丰富、履职保障和监督实效不断加强，人大工作使命感、人大代表成就感、居民群众获得感不断提升。

（二）探索构建协商民主体系，搭建高质量的平台载体

群众期盼什么，政协就协商什么。近年来，杭州市（县、区）政协委员创新"请你来协商""政协委员会客厅""民生议事堂"等平台，聚焦群众期盼和社会发展痛难点，积极参政议政、凝聚共识、为民服务，正在谱写着中国式协商民主的杭州样本。组织"请你来协商"活动，推动政府部门解决问题。"请你来协商"选题全覆盖，群众盼什么、政协议什么，帮助群众解决了一大批痛难点问题。"一个委员"影响"一众人群"。2021年1月，一场联合活动在西湖大学"政协委员会客厅"举行，多位各级政协委员和近百名青年企业家参会聆听专题讲座，围绕"科学技术如何转化成生产力"开展交流研讨，更有3万多人线上"打卡"。每一个会客厅都架起一座联系特定人群的桥梁。截至目前，杭州已建成多家"政协委员会客厅"，团结联系对象涉及海归人才、新生代民营

企业家、网络作家、律师、侨商侨眷等人群，持续放大"一个委员"影响"一众人群"的乘数效应。从 2018 年创建以来，杭州未来科技城海创园"政协委员会客厅"围绕海归人才培养、初创企业成长、投融资、理论学习等方面开展了多场主题活动。形式多样的"政协委员会客厅"活动为科创项目落地和海归企业持续发展提供了一个很好的平台。

深入体察民情民意，履好职担好责。有体验有参与，才能高质量协商。2020 年 6 月，杭州市西湖区政协主席率领"我当半天残疾人"政协委员体验小组，来到属地一家医院，实地体验无障碍环境建设。半天的亲身体验，委员们很有感悟，当场提出了不少问题：门诊大厅坡道需要进一步人性化设置、无障碍卫生间不标准、电梯外缺少残疾人专用电梯标识……医院一一认账，这些问题迅速得到了整改落实。推动工作落地，需要凝聚广泛共识，在拓宽协商民主路径、创新委员尽责履职上，实践一直在路上。

（三）设立政协委员工作室，画出最大同心圆

政协委员工作室授牌成立。政协委员工作室是贯彻习近平总书记关于加强和改进人民政协工作重要思想的生动实践。设立政协委员工作室是人民政协创新履职载体、延伸履职触角、拓展履职渠道的重要举措，也是政协委员密切联系群众、倾听民声、反映民意的重要平台。充分发挥政协委员主体作用，使政协委员工作室成为"学习交流的新载体、联系群众的新纽带、协商民主的新路径、团结联谊的新平台、履职为民的新渠道"。让政协委员有"家"的存在感、归属感和责任感，让群众感受到"委员在身边、身边有委员"。建立健全工作机制，积极借鉴经验做法，打造各具特色的政协委员工作室，着眼"双向发力"，充分发挥桥梁纽带作用，为畅通社会各界诉求表达渠道、促进党委政府政策措施落到基层工作贡献了政协力量。大胆创新履职，积极探索政协协商与基层协商有机结合，紧扣政协履职提质增效的工作主线，紧扣群众普遍关心的热点难点问题，发挥政协委员专业特长和资源优

势，把政协委员工作室做出品牌、做出亮点，成为杭州市政协工作的一张金名片。

商以求同，协以成事。设立政协委员工作室是杭州市政协的一项创新工作。将政协委员工作室打造成建言资政的"发声器"、委员活动的"联络站"、凝聚共识的"连心桥"。市（县、区）政协相继设立政协委员工作室。例如，2017 年 6 月 29 日，市政协为四家政协委员工作站授牌；2019 年 4 月 12 日，萧山区政协举行无党派界别委员工作室揭牌仪式，萧山区首个政协委员工作室挂牌成立；2019 年 5 月 22 日，临安农林技术推广中心，政协委员工作室挂牌；2019 年 12 月 20 日，杭州市政协在杭锅集团为新建政协委员工作站揭牌。政协委员工作室进一步密切联系政协委员、联系群众，引导政协委员广泛参与基层治理，让群众感到政协离得很近、委员就在身边。

第三节　打造高质量服务型政府，深化行政体制改革

杭州是中国改革开放的先行地，更是推进全面深化改革的"弄潮儿"。杭州的活力在于不断地改革创新。在探索中国特色社会主义道路的进程中，杭州始终坚持以"八八战略"为统领，发挥优势、补齐短板，立足长远谋发展，坚持以人民为中心，不断转变政府职能，打造高质量服务型政府，深化行政体制改革，形成了市域层面践行习近平新时代中国特色社会主义思想的成功案例，为建设"重要窗口"奠定了坚实的政治基础。

2005 年 12 月 8 日，习近平同志在浙江省委常委务虚会上指出："就我省来说，以往改革先发的优势将逐步减弱，我们要在体制创新方面继续保持全国的领先地位，为经济发展增添更大的生机和活力，就必须抓住健全贯彻落实科学发展观的制度、体制和机制这个重点，大胆探索，勇于实践，在一些关键领域和重要环节上取得突破，努力营造

体制机制的新优势。"①

　　就行政体制改革而言,体制创新的核心在于转变政府职能,关键是处理好政府与市场及社会的关系,使市场在资源配置中起决定性作用。2006 年 3 月 17 日,习近平同志在《浙江日报》发表《从"两只手"看深化改革》。他指出:"改革开放以来,浙江率先初步建立并不断完善调动千百万人积极性的市场经济体制,在繁荣民营经济、壮大国有经济、促进社会结构转型方面都取得了很大成就。有人说,浙江经济就是老百姓经济,但是老百姓经济并不是说党委、政府是无所作为的,恰恰是党委、政府尊重群众的首创精神,稳步推进了市场取向的改革,使浙江的市场化程度走在了全国前列。深化市场取向的改革,关键是要处理好政府与市场的关系,即'看得见的手'与'看不见的手'这'两只手'之间的关系。在计划经济体制下起作用的只有政府这一只手,所以在改革初期重点是突出市场这只手,发挥市场配置资源的基础性作用。随着改革的不断深入,要切实转换政府这只手的职能,把政府职能切实转换到'经济调节、市场监管、社会管理、公共服务'上来,努力建设服务型政府、法治政府,发挥好、规范好、协调好这'两只手'的关系。改革逐步推进到一定的时候,'两只手'应该是这样的关系:比如,在经济社会协调上,市场这只手更多地调节经济,政府这只手则强化社会管理和公共服务的职能;在经济运行上,市场这只手调节微观领域的经济活动,政府这只手用来制定游戏规则、进行宏观调控;在公平与效率上,市场这只手激活效率,政府这只手则更多地关注公平;在城乡发展上,城市的发展更多地依靠市场这只手的作用,农村的发展则由政府这只手承担更多的职能。当然,这是需要一个过程的,但必须沿着这个方向,不断深化改革。"②

　　行政体制的改革对内要改革传统的行政管理体制,提升政府治理

---

　　①　习近平:《干在实处　走在前列——推进浙江发展的思考与实践》,中共中央党校出版社2006 年版,第 33 页。

　　②　习近平:《之江新语》,浙江人民出版社 2007 年版,第 182—183 页。

体系的现代化水平,对外要提升行政便利化水平,使之更加适应社会主义市场经济发展要求。杭州市全面深化行政体制改革,通过建立科学高效的政府管理体制、改善民生的社会管理体制、充满活力的创新创业体制等一系列综合配套,努力打造服务型政府,完善从宏观到具体的行政审批制度改革。为了让百姓获得感更高,杭州大力推进"最多跑一次"改革。为激发改革潜力,杭州积极推动基层创新实验,局部与基层创新不断涌现。当前,打造高质量服务行政,早已从政府共识扩大为社会共识,成为持续推动杭州行政体制改革的新能量。

一、建设服务型政府,让综合配套改革动起来

加强行政管理制度改革,切实转变政府职能,是建立社会主义市场经济体制的内在要求。伴随着社会主义市场经济体制下经济与社会的快速发展,尤其是 21 世纪以来发展方式的深刻调整,彻底告别长期以来的全能型、管理型政府模式,积极地向服务型政府转型,已经成为我国各级政府必须努力达成的目标和面临的一项艰巨的任务。杭州在推进市场经济发展过程中,按照政企分开、政事分开、政资分开的要求,不断推进行政管理体制改革,理顺政府、市场、企业之间的关系,解决行政管理中的越位、缺位和错位问题,调整经济工作的领导方式和工作方法。通过精简政府机构、强化服务功能、提高行政效率,为市场经济发展创造良好的外部环境。"八八战略"实施以来,杭州市政府根据构建服务型政府的目标,结合自身所处的经济与社会发展的总体条件,积极探索政府转型的方式方法,在不触动现有的行政管理体制基本架构的前提下,以连续不断的、数量众多的、规模适度的、行之有效的党政服务创新,来改造现有行政管理体制的外围地带、缝隙地带,通过增量创新来构建服务型政府,逐渐形成了服务型政府建设的杭州模式。

建设服务型政府,全面提高为人民服务的能力和水平,是杭州建

设"生活品质之城"的重要举措。多年来,杭州在服务型政府城市排名中一直位居前列,服务型政府建设的成绩得到了海内外的普遍认可与肯定。杭州建设的服务型政府的基本特征,可以概括为五个方面:一是"为民"。打造民本政府,政府的施政目标必须围绕改善民生,体现为人民服务的宗旨。二是"责任"。政府对人民负责,在履行社会管理职能的同时,建立健全政府责任体系。三是"透明"。服务型政府是"阳光"政府,实行政务公开,自觉接受监督。推行社会协商制度,扩大公民参与度,提高决策的科学性。四是"法治"。政府依法行政,保障法治统一、政令畅通,保障公民、法人和其他组织的合法权益。五是"绩效"。政府工作必须项目化,实行目标管理,既讲结果也讲过程,既讲投入也讲产出,努力降低运行成本,提高服务质量和效率。

服务型政府的服务对象,首先是人民群众。近年来,杭州从人民群众关注的热点难点问题入手,以推进基本公共服务均等化为目标,大力实施交通便民、百姓安居、就业促进、社保提升、教育强基、文化惠民、医卫利民、体育健身、食品放心、平安创建等"民生十项工程";积极推动各类社会保险扩面提质,不断完善"五位一体"的大社保体系;合理配置公共教育资源,缩小城乡区域教育差距;深化医疗卫生体制重点改革,确保新增医疗卫生资源重点向农村和城市社区倾斜,不断完善公共卫生服务体系;加大各类保障性住房特别是公共租赁房建设力度,增加普通商品房供给,坚决抑制房价过快上涨;等等。

企业是市场经济发展的主体,服务型政府不仅要服务好百姓,还要做好企业的服务工作,优化营商环境。2020 年 7 月 21 日,习近平总书记在企业家座谈会的重要讲话就保护和激发市场主体活力提了四点建议:第一,落实好纾困惠企政策。第二,打造市场化、法治化、国际化营商环境。第三,构建亲清政商关系。第四,高度重视支持个体工商户发展。①

---

① 《在企业家座谈会上的讲话》,《人民日报》2020 年 7 月 21 日。

营商环境建设直接关系城市整体综合竞争力。杭州历届市委、市政府一直高度重视营商环境建设，紧紧扭住改革和开放这两个"牛鼻子"，坚定不移深化改革、简政放权，一以贯之放宽政策、放开限制，持之以恒深挖潜力、减负降本，全面优化政务服务环境、投资贸易环境和产业发展环境，构建亲清新型政商关系，让广大民营企业和外资企业在杭州心无旁骛地谋发展。

近年来，杭州市出台了一系列帮扶企业政策。一是深入实施大企业大集团培育计划，培育发展一批创新能力强、主业突出、市场开拓能力强、经营管理水平高、规模经济效益好且具有可持续发展能力的大企业大集团。杭州入选中国企业500强和中国制造业企业500强数量连续多年排在全国各大城市前列，在中国民营企业500强名单中，杭州市连续10多次蝉联全国和浙江省城市首位。二是深入开展"瞪羚计划"和"雏鹰计划"，大力培育和扶持成长型中小工业企业和科技型初创企业。每年安排发展专项资金，对杭州重点培育的中小企业技术改造进行资助，对最具成长型中小工业企业进行奖励。三是深入开展服务企业活动，帮助企业解决发展问题。杭州市每年组织开展"服务企业、服务基层"活动。当前中小企业普遍存在着"融资难、融资贵"问题，杭州市通过引导各类金融机构为中小微企业提供融资服务。四是切实减轻企业负担。杭州市全面落实支持创业创新、支持中小企业的优惠政策。

建设服务型政府，必须认真学习借鉴其他地方成功的改革经验，积极推进综合配套改革，创新政府管理方式。为建设服务型政府，杭州市政府以自我革命的勇气持续推进行政体制改革，建立科学高效的政府管理体制、改善民生的社会管理体制、充满活力的创新创业体制，让综合配套改革整个动了起来。

（一）建立科学高效的政府管理体制

杭州市政府出台大量相关意见，遵循合法合理、提升效能、积极稳妥的基本原则努力推进行政管理体制改革。具体做法:一是推进政府职能转变,适应治理体系和治理能力现代化要求,围绕构建高效协同优化职能体系进一步调整履职方式和履职重心,扎实推动政府职能转变。二是进一步清理和规范行政审批事项,包括非行政许可事项、行政许可事项和行政事业性收费。把贴近群众的事项下放到基层审批,并规范收费行为,深化收支两条线管理。三是通过"内部整合、部门并联、网上审批、市区联网",进一步优化审批流程。特别是在内部整合方面,要再造审批流程,最大限度地缩短、合并审批程序。各有关部门要整合内设机构的审批职能,归并非法定审批环节,尽可能将本部门的审批职能向一个处室集中;一时难以集中的,简化内部审批流程,实行内部并联审批。四是进一步完善政府服务体系。对进驻"中心"的各项行政服务事项进行流程的重新优化整合和再造,重点压缩部门内部审批流转程序,切实解决审批事项环节过多、审批部门内循环复杂、要求提交证明、盖章繁多等问题。开展行政许可权相对集中试点。在区(县、市)先行试点,实现审管分离和"一站式"服务。五是完善市、区(县、市)、乡镇(街道)三级服务体系。六是将公共资源配置的管理与操作分开。

探索建立公开透明、程序规范的行政决策、执行和监督机制。积极推行政务公开,办好电子政务,推动跨部门办公和行政信息资源交互共享。涉及群众利益的决策事项,都应向社会公开,让群众有知情权,接受社会的监督;实施行政效能问责制、监察制。

(二)建立改善民生的社会管理体制

推进收入分配、就业和社会保障制度改革。按照公开、公平、公正的原则,由市场机制配置重要生产要素、重要公共资源和企业国有资产转让;建立对掌握资源配置权力部门的制度性制约和监督,特别是在市场准入、市场监管、国有资产转让领域,健全基本程序和信息披露制度;全面推进城乡统筹就业,建立健全城乡统一的就业服务、就业培训、劳动用工管理、社会保障、维权保障等工作机制，启动并逐步做实养老保险个人账户，探讨并逐步推进全民医保。

深化教育、卫生和文化体制改革。加快建立卫生、体育、教育系统资产运营机构，促进管办分离；探索创新药品流通体制改革的新思路，改进和规范药品集中采购，切实降低药品价格；改革社区卫生服务运转机制，推进社区卫生服务机构"收支两条线"、部分药品零差价及药房规范化综合改革试点；在市级医院开展收支两条线试点；基本完成市属重点文化事业单位改革。

健全公共财政体制和转移支付机制。加大政府对公共服务、社会管理、社会事业和改善民生问题的投入力度，加快实现基本公共服务均衡化，完善政府购买服务机制，创新公共服务职能的实现方式；对政府建设项目开展绩效审计试点，引入审计评估机制，进一步提高项目规划、建设的合理性和有效性；加强对政府投资项目的考核和监督，推进财政支出绩效评价试点，提高财政资金的使用效益。

完善基层社会管理。加快实施"中心镇培育工程"，制定出台有利于中心镇培育的政策措施，赋予其一定的综合管理职权，激发中心镇发展活力；完善城市社区居民自治，探索选举新制度，及时完成换届选举工作。

完善贸易便利措施和口岸管理体制。完善电子口岸功能，全面提高通关、通检、报税等服务效率，实行"区港联动"试点；完善功能区与行政区叠加体制，加快集聚跨国公司地区总部、研发机构和专业服务机构。

稳步推进市政公用行业改革和国企管理体制改革。推进公交、供水、供气等市政公用垄断行业改革，建立现代企业制度，提高运行效率；完善国有资产经营业绩考核体系，改善国有资本经营预算管理体制，在经营者年薪制考核的基础上探索对经营者的中长期激励模式。

创新统筹城乡发展的体制机制。推进征地制度改革，探索征地补偿安置争议的协调机制；继续推行农业经营方式改革，大力发展农民专业合作组织和农村综合性合作组织;推进政策性农民住房保险。

打造服务型政府,要求政府建立为企业和群众全程服务和长效服务的工作机制,特别要把资源投向改善人民群众生活质量,关乎千家万户的义务教育、公共医疗、社会福利和社会保障、劳动力就业和培训、环境保护、公共基础设施、社会安全等领域,全面提升人民群众的获得感和幸福感。

（三）建立充满活力的创新创业体制

完善资源要素市场化改革。制订居民生活用水阶梯式水价实施预案,建立企业超额用水计价制度。落实好民用电阶梯式计量收费和高能耗行业差别电价制度;完善开发区跨区域联建模式,建立税源共享机制;进一步做好二氧化硫排污权交易试点;进一步完善工业用地"招拍挂"机制和工业用地市场化配置平台;积极争取高新技术企业进入代办股权转让系统;以政府联合征信系统项目建设为抓手,以个人信用体系建设为突破口,建立政府联合征信平台,推进社会信用体系建设,开通个人信用报告查询;健全信用担保体系,发展壮大中小企业担保机构,探索建立再担保体系。

建设区域金融中心。积极争取国家和省政府的支持,提升证券、期货、产权等要素市场能级,促进基础金融产品与衍生金融产品、货币市场与资本市场、外汇产品与人民币产品、场内交易市场与场外交易市场协调发展。

建立创新风险投资体制,保护知识产权。杭州建立创业投资风险引导基金,培育风险投资企业,做好版权保护示范城市工作,开展区域信息化改革试点。

二、完善审批制度改革,让行政效率高起来

随着改革进入"深水区",行政审批制度改革不断触及深层次矛盾。以权力"减法"换取市场活力的"加法",提高行政效率,被杭州视

为经济与社会转型的关键。杭州行政审批制度改革主要围绕削减行政审批事项与优化审批流程两大方面不断深化进行，在审批内容与审批形式上不断找到新的抓手，在重点领域进行突破，鼓励不同区（县、市）按照实际情况进行差异化创新，同时注重审批与监管之间的有机平衡。

在审批事项与审批流程上，杭州贯彻国务院、浙江省政府关于进一步深化行政审批制度改革的精神，进一步加快政府职能转变，在审批制度上持续进行创新。通过精简、归并与整合，持续压缩审批事项，减少审批数量，落实和推进机关行政审批职能整合。通过构建行政审批、资源配置、公共服务、效能监察四位一体的综合性政府服务平台和统一、高效、便民的行政服务体系，探索形成完整的审批、监管与服务闭环。

（一）"四张清单一张网"

党的十八大以来，审批改革的步伐进一步加快。提到杭州行政审批制度改革，人们都对"四张清单一张网"不陌生。"四张清单"也就是政府权力清单、政府责任清单、企业投资负面清单、财政专项资金管理清单。"一张网"，即政务服务网。2014年以来，杭州重点推进"四张清单一张网"改革，在浙江省率先启动、率先公布了权力清单和责任清单，审批事项精简率为74.6%，发布了企业投资项目核准目录和财政专项资金管理清单，浙江政务服务网杭州平台建设取得明显成效。

建立"四张清单"，推进政府部门审批事项的清理工作。开展对"由中央设定省、市、县实施的审批清单"的梳理工作，对其中涉及市级层面的300余项审批事项进行了清理，完成了市、县两级共170项非行政许可审批事项的清理工作。

通过探索和优化审批机制，复制推广试点到面经验，审批制度改革从内容到深度不断拓展。以投资项目为例，杭州市政府于2016年发布《关于推进工业企业"零土地"技术改造项目审批方式改革的通知》,对工业企业"零土地"技术改造项目实行审批目录清单管理,清单以外项目实行承诺验收制度。制定《杭州市投资项目审批全流程再造工作方案》,将投资项目审批流程整合为立项、用地审批、工程规划许可、施工许可、验收办证等五个阶段,并对各阶段审批流程进行分类优化。实施流程再造后,以政府投资的房屋建筑类项目审批平均时间为基准,从项目立项到获得施工许可的平均周期从原来的 15 个月压缩到 9 个月以内,其中方案设计与初步设计"二合一"审查、施工图集中联合审查等流程优化后平均提速 2 个月。

依托浙江政务服务网杭州平台,原则上将市、区(县、市)两级行政审批事项全部纳入政务服务网运行管理,实现审批信息资源共享。逐步实现市与区之间、横向部门之间的信息共享、网上联审,进一步提升审批效能;全面实行并完善包括"一照一码"登记制度在内的商事制度改革;对部分技术改造类工业建设项目,实行审批目录清单管理,对未纳入审批目录清单的实行承诺验收制,不再进行审批;对纳入审批目录清单的,由相关行政主管部门分别审批,其他部门实行承诺验收制。推广产业园区投资项目前置审批"化零为整"改革试点经验,在前期试点基础上,在全市范围内推行产业园区部分项目的实现"统一编制报告、统一审批、统一委托园区管委会办理"的"三统一"。

(二)"大江东模式"

2016 年 4 月 12 日,杭州大江东产业集聚区行政审批局正式挂牌成立。效率是大江东行政审批变"局"后最直观的收益。与过去"以批代管"的行政审批模式不同,现在的大江东将原本由财政、发改、环保、建设、安监、质监、外经贸等近 40 个条线负责的 600 多个审批事项从各个职能部门剥离出来,以多步走的形式归入新成立的行政审批局,逐步完成审批事项、审批职能、审批人员向行政审批局"三集中",实现一个办事大厅、一支队伍服务、一个平台保障,直接实施审批事项,启用行政审批专用章,从而实现审批职能化零为整和"一枚印章管审批"。

以房屋所有权证、国有土地使用权证、契证三证联办为例，原来办事群众需要跑三个部门等待 5 个工作日，现在办事群众只要到一个窗口办理，1 个工作日即可完成；工业备案类项目全流程用时在周边地区最短用时 100 个工作日的基础上，压缩至 60 个工作日；政府投资房建项目在周边地区最短用时 200 个工作日的基础上，压缩至 92 个工作日……"大江东速度"正在不断被刷新。

三、推进"最多跑一次"改革，让百姓获得感高起来

在审批制度改革进一步提速的大背景下，浙江于 2016 年 12 月提出"最多跑一次"的理念和目标。"最多跑一次"改革是通过"一窗受理、集成服务、一次办结"的服务模式创新，让企业和群众到政府办事实现"最多跑一次"的行政目标。深入推行"互联网＋政务服务"，以"最多跑一次"倒逼简政放权、放管结合、优化服务，要按照"群众和企业到政府办事最多跑一次"的理念，逐步实现"最多跑一次"的全覆盖，以此倒逼政府部门减权、放权、治权。"最多跑一次"是浙江推进行政审批制度改革、"四张清单一张网"改革、"大江东速度"改革的再深化再推进，也是浙江继续创造和保持市场经济活力的重要举措。

杭州在"最多跑一次"改革中，通过构建"一体两翼"的改革框架，专设改革小组，以便民服务与营商环境改善为两大主题，对改革事项进行分解，制定方案，明确职责。按照"最多跑一次是原则、跑多次是例外"的要求，按步骤、分阶段逐步提高群众和企业"最多跑一次"的比例。推行"综合进件"，按照省政府关于推行"一窗受理、集成服务"改革的要求，积极推动投资项目审批、商事登记、不动产交易登记、社会事务等事项的"综合进件"，并对办事指南、审批流程和申报材料进行再梳理，取消无法律法规依据的"其他必要材料"等模糊性表述和兜底条款，及时调整更新审批依据、办理时限、收费标准等要素。

"最多跑一次"改革是深化行政改革和推进政府治理现代化的重

大创新，需要持续深化和不断完善。要不断增强改革的系统性、整体性、协同性，遵循现代治理的各项要求，实现服务供给与民众需求相匹配，通过"最多跑一次"改革倒逼政府"自我革命"，努力将"最多跑一次"改革进行到底。

第一，推进"最多跑一次"改革要解决若干深层次问题。深化"最多跑一次"改革，审批事项需要进一步规范，审批权的层级配置需要进一步合理化，审批过程的各种要素需要进一步精简，实质性审批需要进一步加强，改革的风险需要进一步规避。

第二，以"最多跑一次"改革撬动各方面各领域改革。用"最多跑一次"改革撬动经济体制、权力运行机制、司法、公共服务和社会治理等各方面各领域改革，推动政府效能革命，把能够纳入"最多跑一次"的事项全部纳入改革范围，同时将这项改革向乡镇、街道、农村社区等基层单位延伸，最大限度提升人民群众的获得感和满意度。

第三，全力打造"最多跑一次"改革的升级版。从"一窗受理、集成服务"试点起步，到"一站式服务""一证通办""一网通办"，杭州已形成"最多跑一次"的强劲热潮。大力提升"互联网＋政务服务"水平，深入推进政务服务全流程网上办理，率先在杭州建成"数字政府""网上政府""掌上政府"，实现更多事项"就近跑一次""一次也不跑"。大力完善"最多跑一次"改革的长效制度，以制度的刚性保证改革成果的长效性和可持续性。

第四，不断提高"最多跑一次"改革的可复制性和可推广性。深化"最多跑一次"改革的理论研究，将改革的内涵、外延、目标和路径说清楚、讲准确；发挥浙江作为国家标准化综合改革试点省的优势，积极推进"最多跑一次＋标准化"，将标准化的理念融入政府治理和服务全链条，进一步提高"最多跑一次"改革的可复制性和可推广性。

自 2016 年浙江省委经济工作会议提出"最多跑一次"以来，从群众办事到商事登记，从企业营商环境到公共领域，从率先尝试用政府权力"减法"换取市场和社会活力"加法"的自我削权到晒出政府权力清单,从以权力清单为基础的"四张清单一张网"到首批 40961 项"最多跑一次"清单的公布实施,再到如今打造"移动办事之城"、着力打造国际一流营商环境,无不蕴含着"最多跑一次"改革的理念与成效。

四、鼓励基层创新实验,让改革潜能活起来

杭州各个区(县、市)的创新各有特色,相互影响和启发。近年来,富阳区通过探索"大审批"模式,在新一轮行政审批制度改革中创造性地构建了以审批职能精简化、审批方式立体化、审批配套捆绑化、审批监管制度化为核心内容的大审批体系。桐庐县则通过整合证照信息,破解长期存在的证照不同步难题。2017 年 7 月 28 日,浙江省人大常委会通过《关于保障桐庐县深化"最多跑一次"改革的决定》。借这次东风,桐庐县推出"最多跑一次"改革的最新举措:通过涉企的证照整合和信息整合,实现 90% 以上涉企事项(公共安全类事项除外)"一窗、一次、一天""准入即准营",率先破解"准入准营不同步"难题,帮助解决了困扰企业的"老大难"问题,这在浙江省尚属首次。桐庐还创新工作机制,针对"最多跑一次"设置"跑长",激发改革活力,由四位县领导担任"1 号跑长"。"1 号跑长"经常现场办公,及时处理较为棘手的难题,协调部门合作。

杭州滨江区在投资项目中通过流程再造,有效压缩投资审批时间,加快了产业建设速度。滨江高新区的"产业投资建设项目行政审批流程再造"把先前的串联审批程序建设性地修改为并联模拟审批,通过提前介入,在未取得土地手续的情况下对实施方案进行模拟审查。改革的核心尝试是实行桩基先行备案,由区住建局主导,在一次分流的基础上再次进行并联改革。允许把建设项目分成地上和地下两个部分,上下分步,分开审查,即拿到"二合一"批复之后,就可以集中先行完成桩基部分施工图,在承诺上部结构不变的前提下,对桩基进行先行施工。当地专门出台《关于进一步改革优化产业投资项目行

政审批和服务实现流程的实施意见（试行）》，对流程改革进行规范与确认。流程再造的改革在保证规范性的前提下具有一定挑战性，能为企业省下 6 个月时间。从 2017 年 1 月开始，"放权让平地起高楼更快些"的建设项目审批流程再造开始被应用到更多企业的工程项目上，投资项目的建设进度平均提速 9 个月，成效明显。

打破思维定式、冲破观念束缚、革新工作理念，带给了戴村镇无穷动能和无限势能。近年来，戴村镇在发展模式、机制体制、乡村振兴以及产业发展方面进行了大胆的尝试与探索。以全区首批小城镇环境综合整治试点为契机，戴村镇率先联合萧山城投集团试点"镇街＋平台"模式，通过"规划共绘、配套共建、项目共招、产业共兴、利益共享"等"五共"原则，逐步探索出一条开拓区域产城融合大跨越的新路径。

"这是一种互补共赢的模式，实现了 1＋1＞2 的成效。"戴村镇相关负责人表示，通过推行"五共模式"，充分利用镇里的生态、区位、后发优势以及城投集团的资金、专业优势，两者深度融合，实现产业、配套、公建项目共引共招共建，走出一条城市转型带动经济、社会转型的新路子。

杭州基层政府在改革进程中，针对区域情况，在普遍性的原则指导下，通过探索产生了差异化做法与创新方式，为更大范围的经验推广与复制提供了比较分析的经验。

第四节　挖掘制度供给驱动力，推进治理体系和治理能力现代化

党的十八届三中全会提出："全面深化改革的总目标是完善和发展中国特色社会主义制度，推进国家治理体系和治理能力现代化。"国家治理体系和治理能力是一个国家的制度和制度执行能力的集中体现。国家治理体系是在党领导下管理国家的制度体系，包括经济、政

治、文化、社会、生态文明和党的建设等各领域体制机制、法律法规安排，也就是一整套紧密相连、相互协调的国家制度；国家治理能力则是运用国家制度管理社会各方面事务的能力，包括改革发展稳定、内政外交国防、治党治国治军等各个方面。国家治理体系和治理能力是一个相辅相成的有机整体，有了好的国家治理体系才能真正提高治理能力，提高国家治理能力才能充分发挥国家治理体系的效能。

　　2004 年 8 月 6 日，习近平同志在《浙江日报》发表的题为《莫把制度当"稻草人"摆设》的文章中指出："各项制度制定了，就要立说立行、严格执行，不能说在嘴上，挂在墙上，写在纸上，把制度当'稻草人'摆设，而应落实到实际行动上，体现在具体工作中。"① 2019 年 10 月 31 日，习近平总书记在党的十九届四中全会第二次全体会议上的讲话中指出："制度更加成熟更加定型是一个动态过程，治理能力现代化也是一个动态过程，不可能一蹴而就，也不可能一劳永逸。我们提出的国家制度和国家治理体系建设的目标必须随着实践发展而与时俱进，既不能过于理想化、急于求成，也不能盲目自满、故步自封。"② 推进国家治理体系和治理能力现代化，实现国家治理效能新提升是一项复杂的系统工程，需要在治理环境、治理目标、治理格局、治理方式、治理工具、治理能力、治理评价等方面综合用力。

　　杭州市一直以来是我国改革开放的排头兵，在城市治理领域积累了众多优秀案例，总结了一系列领先经验。未来杭州市要加快建设独特韵味别样精彩世界名城，当好"八八战略再深化、改革开放再出发"的排头兵，在城市治理体系和治理能力现代化方面更要走在前列。

---

　　①　习近平：《之江新语》，浙江人民出版社 2007 年版，第 71 页。
　　②　《中共中央关于全面深化改革若干重大问题的决定（全文）》，中华人民共和国国务院新闻办公室，2013 年 11 月 15 日，http://www.scio.gov.cn/zxbd/nd/2013/Document/1374228/1374228. htm。

一、发挥制度优势，建设"重要窗口"

习近平总书记 2020 年 3 月底 4 月初在浙江考察时对浙江提出的新要求："努力成为新时代全面展示中国特色社会主义制度优越性的重要窗口。"[①]

（一）促进民营经济高质量发展，努力展示社会主义市场经济体制的制度优越性

如何正确处理政府和市场的关系，是市场经济的核心问题。社会主义市场经济既充分发挥市场在资源配置中的决定性作用，又更好发挥政府作用，实现"有效市场"和"有为政府"相统一，极大地解放和发展了社会生产力，在短短几十年间创造了中国经济奇迹。作为改革开放先行地，浙江以推进要素配置市场化和建设服务型政府为突破口，充分尊重人民群众的首创精神，打造公平有效安全的营商环境，全面提升服务民营企业的政府效能，坚定不移发展壮大民营经济。2002年至 2019 年，浙江省地区生产总值从 8004 亿元增加至 62352 亿元，年均增长 10％，成为增长速度较快、最具经济活力的省份之一。杭州致力于打造全国最优营商环境。坚持"两个毫不动摇"，实施杭州区域性国资国企综合改革，坚定不移推动民营经济实现新飞跃，持续擦亮民营企业 500 强首位度的金名片，大力发扬企业家精神，健全企业、企业家权益司法保护机制，充分激发各类市场主体活力。努力建设"重要窗口"，保持民营经济的先发优势，要牢牢坚持"两个毫不动摇"，以"绣花功夫"精准服务企业，创新政策供给和制度供给，加快推动民营经济高质量发展，充分彰显社会主义市场经济体制的巨大优势。

[①] 本书编写组编著：《干在实处　勇立潮头——习近平浙江足迹》，浙江人民出版社、人民出版社 2022 年版，第 34 页。

（二）促进城乡区域协调发展，努力展示社会主义共同富裕的制度优越性

共同富裕是社会主义同资本主义的本质区别。只有社会主义才能消灭剥削、消除两极分化，实现共同富裕和人的全面发展。改革开放的巨大成就充分证明，中国特色社会主义制度在推动社会发展进步的同时，有力保证了人民共享改革发展成果，向着共同富裕的目标不断前进。浙江以促进城乡区域协调发展为着力点，走出了一条惠及浙江人民、逐步实现共同富裕的发展道路。在"八八战略"指引下，浙江农村居民人均可支配收入连续多年居全国各省（区、市）第一位，成为全国贫富差距最小、区域发展最为协调的省份之一。经过长期奋斗，到 2022 年初，杭州的社会保障体系较"十三五"期间更加完善，公共服务供给更加优质均衡，区域差距、城乡差距和收入差距持续缩小，居民人均可支配收入达到 9 万元，家庭年可支配收入 20 万元至 60 万元群体比例超过 50％，城乡居民收入倍差缩小至 1.7 以内。

二、挖掘城市发展潜力，探索市域治理的长效方案

经过 40 多年改革开放的洗礼和检验，杭州在制度建设领域已积累了一系列领先经验。一是加强党的领导，更加充分发挥基层党组织在社会治理中的核心作用。二是牢固树立以人民为中心的价值理念，进一步加强基层民主建设，在推进多元主体共建共治共享方面取得更大进展。三是进一步加强和完善与社会治理相适应的法治建设，提高社会治理规范化、制度化、法治化水平。四是促进专业分工，提高社会治理专业化、精细化、定制化水平。五是推动清廉社会建设，努力把杭州建成全国最清廉的城市。六是进一步营造崇德向善的公共文化氛围，如进一步加强最美宣传教育、弘扬邻里文化、加强家风家训宣传，彰显更多人文关怀。七是建设更完善的社会矛盾调解和社会心理建设机制，切实维护社会稳定，提高人民的幸福感。八是在社会治理中

更加广泛运用先进科学技术,增进治理效能。

(一)让城市更聪明更智慧

杭州在建设城市大脑方面不断探索创新,进一步挖掘城市发展潜力,加快建设智慧城市。如今,城市大脑已实现从"治堵"向"治城"的实质性跨越。杭州城市大脑起步于 2016 年 4 月,以交通领域为突破口,开启了利用大数据改善城市治理的探索。拥堵是现代大城市的通病。随着机动车保有量持续攀升,"治堵"成为城市治理中绕不开的话题。利用城市大脑,交通部门有了缓解拥堵的"神器"。在杭州,城市大脑从摄像头获取即时交通流量,让交通信号灯根据即时流量,优化路口时间分配,提高交通效率。依靠计算机视觉分析能力,利用每一个交通摄像头即时对道路状况进行"体检",就像一个个交警全年无休地在路上巡逻。数据显示,有了城市大脑的智能调控,杭州上塘高架路 22 公里里程出行时间平均节省 4.6 分钟;萧山区 104 个路口信号灯自动调控,车辆通过速度提升 15%。据不完全统计,杭州原有 52 个政府部门和单位共建有 760 个信息化系统项目,形成了一个个数据孤岛,部门间数据不相往来,甚至同一部门内不同业务线也不相通。城市大脑建设启动后,首先打破数据壁垒,建成了统一的大数据平台。数据归集后,决策者不仅实时掌握一手资料,而且通过分析比较,可以作出更科学的决策。截至目前,杭州城市大脑包括公共交通、城市治理、卫生健康等 11 大系统 48 个应用场景,日均协同数据 1.2 亿条。在大数据助力下,城市变得更加"聪明",市民生活更加美好。

(二)让制度更稳定更长效

制度优势需要转化为治理效能。如何在杭州制度建设所取得的成绩上再进一步,直面新时代的主要矛盾,实现跨越式和可持续发展,成为杭城执政者和社会大众共同的追问和探索。加大制度建设力度,驱动更多发展动力,是杭州在深化改革过程中摸索出的答案。制度意味着稳定和规范,它为所有组织和个人划出明晰的空间与界限,制度化建设即是迈向这种明晰状态的过程。从制度供给维度寻找更多可能性，逐渐建立和完善施政过程中的各项制度，让所有主体在城市运营过程中都能对彼此行为产生相对稳定的了解和预期，并在制度引导下做出回应。市场和社会从制度的细节中获知城市的可信度与发展远景。良好、稳定的制度是促进政府、市场与社会相互信任与共同增强的利器。

杭州正是将各个维度的制度建设作为城市治理的承诺，从而成为获得市场与公众肯定的持续性因素。重大行政决策程序规则的规定、涉及群众切身利益的行政规章和公共政策事前公示、开放式决策、电视问政等渐成习惯，已成为制度建设的有机组成部分，形成了公共管理和社会治理的新常态。"法治杭州"则在法律层面夯实制度基础，处理好公权力与市场、社会的关系。同时，又在社会转型变迁之际，适应时代潮流进行形式创新，规范与创新同时成为依法治市的两个支撑点。"杭法十条"是城市决策者和管理者对依法执政做出的庄严承诺，是为实现"法治杭州"远景目标给出的坚定期许。如果说"杭法十条"是为依法执政列出原则与框架，那么有效执法则更加注重操作方式与手段，在制度执行环节落实到位。在政府执法行为中，如何破解因部门碎片化导致的执法碎片化与执法真空，成为杭州多年来在法治建设当中一直探索的重要问题。近年来，杭州从城市管理一般事项向更多领域拓展综合执法，表明执法环节的组织调适依然具有较大的拓展空间和挖掘潜力。

制度不仅会生成结构性关系并作用于环境，它本身还会因环境或偶然性因素而被作用，从而产生新的制度因素，两者的交互关系取决于输入制度的外因特质与强度。新生制度因子既可能强化原有的行为模式，也有可能成为打破惯性的力量。大数据和互联网在技术层面为协同治理的制度化取向提供了手段的可能性，"最多跑一次"的设计则在理念层面形成了新的改革环境与共识。两者共同作用，正在生成破解传统行政过程中碎片化、封闭性、低效率的密码，改变政府运行的惯性。涉及市场、民生、城市管理的数百亿条数据整理、归集与共享，已经在审批、投资、医疗、教育、社会保障、交通等领域突破了原有的部门桎梏，真正意义上释放出制度创新的能量，杭州市数据资源管理局的成立与运行更是在组织层面增强改革驱动力。当政府部门间的信息孤岛被打破，当共享成为一种习惯，就会形成新的行为模式，产生正向效应，为城市的可持续治理提供广阔的空间，更为打造共建共治共享的治理格局提供宝贵的杭州思路。

第三章 打造历史文化名城，推动文化大发展大繁荣

党的二十大报告指出，中华优秀传统文化源远流长、博大精深，是中华文明的智慧结晶。习近平同志历来高度重视文化建设，他在文化领域有大量重要论述，有系统的战略设计，做出了众多开创引领工作。习近平同志在浙江工作期间对于浙江文化发展的探索，形成"八八战略"之中关于"进一步发挥浙江的人文优势，积极推进科教兴省、人才强省，加快建设文化大省"的明确要求。杭州遵照习近平同志加快建设文化大省的重要思想，贯彻浙江省委、省政府"建设文化浙江""建设文化大省""建设文化强省"的战略目标，发挥杭州在浙江省内的先行和示范作用，先后实施了保护历史文化遗迹、熔铸杭州城市人文精神、"我们的价值观"、农村文化礼堂等一系列实践活动，运用新发展理念引领文化发展实践，努力打造"文化浙江"的鲜活样本，取得了文化建设的丰硕成果，历史文化遗迹的保护更加完善、城市人文精神更加丰富、公共文化服务体系更加完备、文化产业更加发达、文化交流进一步开放、文化自信进一步坚定，积累了丰富的文化建设的经验，不断开拓着文化发展新境界。

杭州始终以历史文化名城建设为重要目标，进一步发挥杭州传统文化的人文优势，并推动古老的人文杭州在现代化进程中释放出新的时代生机和活力，在正确把握"文化保护"与"文化发展"、"现代文化"和"传统文化"之关系的基础上，全面呈现古今交汇的文化新盛景，推动文化大发展大繁荣。

第一节　保护文化遗存，赓续城市文脉

一、保护历史文化遗存，涵养城市文化之魂

杭州古称钱塘，三面环山，依江傍湖，风景秀美，如诗如画。这是一座有着悠久历史和文化传统的城市，自秦朝设县制以来已有2200多年的历史，水苑园林的绚烂瑰丽和人文荟萃的厚重历史共同绘成了杭州壮丽的人文历史画卷。作为一座历史文化名城，丰富的文物古迹、秀丽的湖山景色、古老的城市建筑、传统的民俗风情、优美的民间传说是其主要特色，这是杭州的灵魂所在，更是杭州赓续传统、面向未来的根基所在。作为一座历史文化名城，杭州有着丰富多彩的物质文化遗产和非物质文化遗产，底蕴深厚、特色鲜明，尤其是西湖文化景观、中国大运河（杭州段）和良渚古城遗址已列入《世界遗产名录》。同时，杭州还拥有以西溪湿地、钱塘江古海塘、跨湖桥遗址、南宋皇城遗址为代表的历史文化街区、历史文化名镇名村、文物古迹等自然与文化遗产，以及口头传说、传统表演艺术、民俗活动和节庆、民间传统知识和实践、传统手工艺技能等非物质文化遗产，这在中国古都中具有独树一帜的价值和不可比拟的优势。杭州传承和延续了具有千年历史的宋韵文化。两宋文化是中华民族文化的高峰，孕育出具有两宋时代精神和生活气象的文明元素和内在神韵，其影响延绵至今。保护这些历史文化遗产不仅仅是保存杭州历史发展的轨迹，留存杭州城市的记忆，也不只是继承传统文化，延续民族发展的脉络，更是延续杭州城市文脉、提升城市人文形象、促进杭州进一步发展的重要基础和契机。

文化遗产是民族智慧的结晶，是民族文化的见证，保护历史文化遗迹是"功在当代，利在千秋"的事业。杭州作为一座拥有丰富文化遗

产的历史文化名城,作为以文化大省为建设目标的浙江省的省会城市,必须站在贯彻新发展理念和推动文化高质量发展的高度,正确处理文化遗产保护与经济社会发展的关系,加大保护力度,使浙江文化遗产保护工作更上一层楼。

历届杭州市委、市政府都高度重视历史文化遗存的保护、开发和利用。1999年,杭州以保护清河坊历史文化街区为契机,进入了全面保护古城历史文化遗产的轨道。2011年、2014年、2019年西湖文化景观、中国大运河(杭州段)和良渚古城遗址分别被列入《世界遗产名录》。杭州历史文化名城的保护始终坚持四大原则:一是体现"全面、系统、科学保护"和"应保尽保"的原则。实现点、线、面,地上、地下、空间环境分层次、多方位地进行保护,保护好文物古迹、环境风貌以及自然山水与历史文化遗产有机结合的传统格局和风貌特征。二是突出"特色保护"的原则。强调杭州的个性、文化气质和地域特征,保护和继承历史文脉,注重历史的延续性和保护内容的广义性,突出发掘和展示杭州特色文化。三是坚持文物保护和经济发展相适应的原则。既要为保护历史文化遗存创造有利条件,又要满足城市经济发展和改善人民生活的需要。不能把保护和发展对立起来,要用改革的思路、创新的意识,把保护与开发、建设有机结合起来,最终实现生态效益、环境效益、经济效益和社会效益的辩证统一。四是坚持继承和创新相统一的原则。注重推陈出新,在传承历史优秀文化的同时也要赋予其时代发展内涵,融会贯通历史文化与现代文明,使历史文化遗迹成为宣传灿烂文明和现代化建设成就的窗口,成为传播传统文化、发展现代文化的重要阵地。

杭州市委、市政府按照省委的指示,根据杭州历史文化名城保护的四大原则,又提出和实践保护杭州历史文化名城的七大科学理念:一是确立保护历史文化遗产是最大政绩的理念,把保护历史文化名城作为第一责任来抓。杭州市各级党委、政府和各级领导干部都将历史文化遗产的保护作为工作中的重大责任,全面贯彻"保护为主、抢救第

一、合理利用、加强管理"的工作方针，各级文物部门不辱使命，守土尽责，提高素质能力和依法管理水平，广泛动员社会力量参与，努力走出一条符合国情的文物保护利用之路，为实现"两个一百年"奋斗目标、实现中华民族伟大复兴的中国梦做出更大贡献。二是确立保护历史文化遗产就是保护生产力的理念，把保护历史文化作为第一要务来抓，让丰厚的历史文化真正成为城市的"金名片"、广大市民群众的"摇钱树"。在浙江工作期间，习近平同志总结出了城市、旅游业发展与文化遗产、古建筑保护相结合的路子，强调风景名胜、文物古迹等生态资源和人文资源都是发展旅游、发展生产力的基础，一旦它们的观赏价值和人文价值遭到破坏，那么以旅游经济为基础来发展生产力就成了无源之水、无本之木。① 三是确立保护和发展"鱼"和"熊掌"可以兼得的理念，在保护与发展之间寻找一个最佳结合点。做到保护第一、开发第二，坚决禁止破坏性开发。对文物项目的维修也要坚持保护第一，做到修旧如旧；坚持质量第一，做到进度服从质量。四是确立保护历史文化遗产人人有责的理念，形成政府、媒体、专家、市民良性互动。习近平同志在杭州专题调研文化遗产保护工作时指出："要切实加强对文化遗产保护工作的领导，理顺文化遗产保护管理体制，加大投入力度。积极引导和鼓励社会力量参与文化遗产保护，建立完善文化遗产保护专家咨询制度、公众和舆论监督制度，充分发挥有关学术机构、大专院校、企事业单位、社会团体等各方面的作用，共同开展文化遗产保护工作。"② 同时，"要利用'文化遗产日'等各种时机和通过展示、演出和媒体等各种载体，向人民群众尤其是青少年进行文化遗产保护的宣传和教育，倡导珍爱文化遗产的文明之风，努力形成全社会共同参

---

① 习近平：《之江新语》，浙江人民出版社 2007 年版，第 76 页。
② 《加强文化遗产保护　传承优秀文化传统——在杭州专题调研文化遗产保护工作》，《浙江日报》2006 年 6 月 11 日。

与文化遗产保护的良好氛围"①。真正做到保护为人民、保护靠人民、保护成果由人民共享,充分调动人民群众的积极性和主动性。五是确立城市有机更新理念,走可持续城市化道路。六是确立打造"建筑历史博物馆"的理念,当好历史文化遗产的"薪火传人"。七是确立保护第一、积极保护的理念,在保护与利用之间寻找一个最大公约数。

在文物保护的四大原则和七大科学理念的指导下,杭州市的文化遗产保护工作主要集中在五个方面:一是规划引领,完善名城保护规划体系。1982 年以来,杭州先后编制了五轮历史文化名城保护规划以及一系列保护专项规划。二是深度拓展,推动保护对象和数量持续增长。三是依法管理,完善政策法规,完善名城保护保障机制和管理机制,落实名城保护责任制。2004 年颁布《杭州市历史文化街区和历史建筑保护办法》,2013 年又将其修订升级为《杭州市历史文化街区和历史建筑保护条例》。针对特定遗产类型,颁布了西湖文化景观、大运河世界文化遗产、良渚遗址等保护管理法规。四是统筹保护,实施综合保护工程带动战略。杭州先后实施了西湖综合保护、良渚遗址综合保护、运河综合保护、西溪综合保护、南宋皇城遗址综合保护等一系列文化综合保护重大工程。2006 年 12 月,习近平同志在考察运河综合保护工程时给予充分肯定,并指出"运河综合整治与保护开发工程突出了还河于民、造福于民的要求"②。五是共同缔造,创新公众参与机制,拓宽及规范公众、专家参与的渠道。不断强化公众创新参与机制,实现决策共谋、发展共建、保护共管、效果共评、成果共享的良好态势。

为保护好城市文化遗存,修复好城市人文生态,杭州始终遵循习近平同志关于挖掘和恢复杭州历史文化景观,丰富杭州城市文化内涵的指示,高度重视、加强保护、注重协调、以民为本,体现人文关怀、树

---

① 《加强文化遗产保护　传承优秀文化传统——在杭州专题调研文化遗产保护工作》,《浙江日报》2006 年 6 月 11 日。

② 《落实以人为本要求　重视民生办好实事》,《浙江日报》2007 年 1 月 1 日。

立精品意识，不断挖掘、整理和展示历史文化碎片，丰富文化内涵，延续城市文脉。习近平总书记在杭州出席 G20 工商峰会开幕式时曾深刻指出，杭州不仅是一个历史文化重镇，更是一个商贸中心，这一商贸中心不仅体现着创新与活力，更是彰显着生态与和谐。创新活力之城和生态文明之都的建设都要以历史文化名城建设为基石，只有延续城市的历史文脉，修复城市的人文生态，提升城市的文化品位，才能为城市进一步建设和发展提供坚实的基础，才能为创新活力之城和生态文明之都的建设奠定文化基石。

二、实施综合保护工程，修复城市人文生态

2003 年，习近平同志在考察西湖综合保护工程时专门指出："作为省会城市，杭州应在保护文化遗存、延续城市文脉、弘扬历史文化方面，发挥带头作用，做得更好。"[①]多年来，杭州市坚持"保护为主、抢救第一、合理利用、加强管理"的文物工作方针，以申报世界遗产为手段，扎实推进历史遗迹的综合保护工程，着力建设"专家叫好、百姓叫座，国内领先、国际一流"的精品工程。为此，杭州先后实施了西湖综合保护、良渚遗址综合保护、运河综合保护、西溪综合保护、南宋皇城遗址综合保护等一系列文化综合保护重大工程，探索出了一条管理与治理结合、人文与自然融合、历史与现代包容的遗址保护新路子。

西湖是杭州一颗璀璨的明珠，杭州因西湖而发展，因西湖而闻名，因西湖而生辉，因西湖而充满灵秀之气。中华民族的古老文明、现代文明凝聚于此。北宋文豪苏轼曾说过："杭州之有西湖，如人之有眉目，盖不可废也。"西湖承载着悠久的历史，积淀着深厚的文化，凝聚着数千年杭州人民在创造物质文明和精神文明过程中传承下来的文化精髓。习近平同志曾指出，杭州的"生命线"、精华所在是西湖，"在西

---

① 习近平：《之江新语》，浙江人民出版社 2007 年版，第 19 页。

湖四周,留下了吴越文化、南宋文化、明清文化的深刻印记,留下了无数文人墨客的佳话诗篇,留下了不少民族英雄的悲歌壮举,留下了许多体现杭州先民勤劳智慧的园、亭、寺、塔。可以说,西湖的周围,处处有历史,步步有文化”①。

　　2001 年,西湖综合保护工程正式动工,西湖南线各大公园全部整合打通,使南线一带形成了“十里环湖景观带”。西湖综合保护工程对西湖的“东南西北中”进行全方位保护和整治,内容涉及生态保护、环境美化、文脉延续、景观修复、水质治理、建筑整治等诸多方面。西湖综合保护工程正是习近平同志对西湖保护工作相关精神指示的具体落实,是一个综合性的社会系统工程,也是一项长期艰巨的战略任务,更是一项得民心、顺民意、利民、为民、亲民的“民心工程”。它是实现西湖保护“还湖于民、还园于民、还景于民”的有力举措,是杭州“构筑大都市、建设新天堂”,推进经济社会协调发展的必然要求,更是提升杭州城市品位、美化杭州城市形象的重要行动。2003 年实施的杨公堤景区、湖滨新景区、梅家坞茶文化村“三大景区”建设,推出了 36 个历史文化景观,恢复水面 90 公顷。此后的西湖,年年均有新亮点。西湖综合保护工程十年磨一剑,每一年西湖新景的推出,都让人由衷地赞叹西湖的美丽,都让人深深陶醉于西湖的自然山水和历史文化。西湖综合保护工程的实施,使西湖景区生态环境明显得到改善,历史文化遗存得以有效保护,城市品位实现了大幅度提升,也取得了显著的社会效益、环境效益和经济效益。实践证明,这一工程是“天人合一”理念的具体实践,是保护与发展“双赢”思路的具体贯彻,是一项“民心工程、生态工程、文脉工程”和提升城市品位的“竞争力工程”。通过这一工程,杭州和西湖将走得更远,西湖也将成为世界解读东方文化一个重要的国际交流平台。

　　西湖综合保护工程保留了西湖最原始最质朴的魅力,塑造了杭州

---

① 习近平:《之江新语》,浙江人民出版社 2007 年版,第 19 页。

的独特韵味，而西湖博物馆的规划和建设则是延续和深化了西湖综合保护工程的科学理念，以高起点规划、高标准建设、高质量推进为工作方针，打造杭州文化新地标，提升杭州城市文化品位。西湖博物馆的建设不仅是传承西湖文化的需要，也是培育开放包容、多元共融的城市文化的需要，更是加强文明交流，激发民族自豪感和自信心的需要。西湖博物馆是全国第一个湖泊类博物馆，占地面积 22480 平方米，整个建筑大部分延伸于地下，集陈列展示、西湖学研究、西湖文献资料和游客服务四大功能于一体。杭州力求将西湖博物馆打造成为爱国主义教育基地、科普园地、西湖旅游的引导基地等"三个基地"。习近平总书记非常重视博物馆的保护修缮，对博物馆的建设寄予厚望，强调要在展览的同时高度重视修史修志，让文物说话，把历史智慧告诉人们①，其目的是见证历史、以史鉴今、启迪后人。习近平主席曾说："让收藏在博物馆里的文物、陈列在广阔大地上的遗产、书写在古籍里的文字都活起来，让中华文明同世界各国人民创造的丰富多彩的文明一道，为人类提供正确的精神指引和强大的精神动力。"②西湖博物馆的规划和建设始终遵循习近平总书记关于博物馆建设的重要指示，保护好、管理好、研究好和利用好凝结着历史文化传统的西湖文物，坚持"浓抹自然、淡妆建筑"的理念，力求把西湖博物馆建设成为与社会协同发展、与自然和谐相处的精品工程。

　　如果说西湖是杭州的灵魂，那运河就是杭州城市记忆的珍贵载体。杭州地处大运河的南端，运河在杭州城市发展历程中起着重要作用。运河纵贯杭城南北，凝聚着杭州运河居民传统文化的深刻记忆，表达着杭城人民独特的生活形态和思维方式。探寻杭城保护、传承和利用大运河文化的深厚底蕴以此强化杭州城市历史个性，优化杭州城

---

　　① 《负责任、勇担当，切实践行中国的"文明宣言"》，光明网，2019 年 6 月 11 日，https://m.gmw.cn/2019-06-11-11/32907778.html。

　　② 习近平：《出席第三届核安全峰会并访问欧洲四国和联合国教科文组织总部、欧盟总部时的演讲》，人民出版社 2014 年版，第 17 页。

市生态环境，提升杭州城市生活品质，是深入贯彻落实习近平总书记关于加强大运河浙江段文化保护传承利用等批示精神的重要举措。2017 年 6 月，习近平总书记又作出了"大运河是祖先留给我们的宝贵遗产，是流动的文化，要统筹保护好、传承好、利用好"①的重要指示。习近平总书记的这些重要指示，为推进大运河文化带建设指明了方向、提供了遵循。

杭州运河综合保护工程的实施就是深入贯彻习近平总书记关于运河保护重要批示精神的具体实践。杭州"因运河而兴"，它对大运河的历史与传承承担着更多责无旁贷的重任。为此，杭州把运河综合整治与保护开发工程列入杭州市"十五"时期的"十大工程"之一。该工程提出"保护第一、生态优先、拓展旅游、以人为本、综合整治"五大理念，围绕运河"申遗"、打造世界级旅游产品和为民解难、为民造福"三大目标"，按照综合整治与保护开发的 16 字方针，以五大工程为支撑，实现六大任务。运河综合整治工程主要分为两期：一期工程实施范围为石祥路至秋涛路，主要形成文化长廊、景观通道，体现品质保护。二期工程将通过运河区域内禽畜养殖业污染整治、截污纳管、配水、交通限航等措施，努力改善运河杭州段的水质。"保护好、传承好、利用好"大运河文化，是民族的愿景、时代的呼唤和庄严的使命。我们要准确把握习近平总书记重要指示的精神内涵，充分认知大运河作为"宝贵遗产"和"流动的文化"在传承优秀传统文化、坚定文化自信、实现中华民族伟大复兴等方面的重大历史和现实意义，持续实施运河综合保护工程，实现保护和发展的互促共进，推进大运河文化的有效传承、大运河资源的合理利用，实现保护、传承、利用的有机统一，使大运河重现昔日的神韵并焕发出新的光彩。

良渚遗址位于杭州市余杭区瓶窑镇和良渚街道，是良渚文化遗存分布最为密集、最为核心的地区，它为中华 5000 多年文明史提供了最

---

① 《讲好大运河文化带的"浙江故事"》，《浙江日报》2017 年 7 月 14 日。

完整、最重要的考古学物证，是实证中华 5000 年文明史的圣地。良渚文化承载着中华民族悠久的文明和深厚的感情。守护住历史，就是守护住了文脉，守护住了民族的根和魂。习近平同志一直很关心良渚古城遗址的保护情况。浙江省委和杭州市委始终牢记习近平总书记的殷殷嘱托，认真贯彻习近平总书记对良渚古城遗址重要指示精神，把良渚遗址保护和申遗工作写入《中共浙江省委关于认真贯彻党的十七届六中全会精神　大力推进文化强省建设的决定》，同时，把良渚遗址保护和申遗工作写进党代会报告，制定专门的地方性保护法规《杭州市良渚遗址保护管理条例》，注重考古研究，组建良渚遗址考古与保护中心等。一系列高规格的举措意味着浙江省委和杭州市委勇担建设"重要窗口"使命，探索良渚遗址的保护、利用、传承之路，把遗址保护和利用、研究和交流、传承和发扬的重任扛在肩上，努力擦亮良渚遗址这张世界级"文化金名片"。

南宋皇城遗址是南宋历史文化的象征，是杭州历史文化遗产的"制高点"，是杭州这座历史文化名城最重要的标志。南宋皇城大遗址综合保护工程是杭州继实施西湖、运河、良渚遗址等综合保护工程之后的又一项重大工程。南宋皇城遗址坐落在杭州凤凰山东麓。历经南宋诸帝的扩建和改建，皇城规模之宏大，完全可以与北宋汴梁皇城相媲美。杭州围绕这一综合保护工程，突出抓研究、抓规划、抓项目，开展对南宋皇城遗址的考古勘探，深化南宋历史文化研究，并编制一系列规划方案，积累了历史文化遗址保护经验，先后实施了雷峰塔重建、万松书院复建、环湖南线景区整合、八卦田遗址保护、严官巷南宋御街遗址陈列馆建设、南宋孔庙复建、清河坊历史文化特色街区建设、吴山景区综合整治、玉皇山南综合整治、南宋官窑博物馆和德寿宫遗址博物馆建设等一系列与南宋皇城大遗址综合保护相关的项目。实施南宋皇城大遗址综合保护工程不仅是延续中华文明，弘扬中华文化，增强民族自豪感和凝聚力的重要举措，也是延续杭州城市文脉，提高杭州这座历史文化名城"含金量"的重要手段。

杭州始终贯彻落实习近平总书记重要批示精神，不断探索文化遗产保护利用的新途径、新措施和新方法，不断改革创新全面系统地挖掘和整理西湖文化、良渚文化、西溪文化、运河文化、钱塘江文化，使得文化遗产保护利用工作取得了许多新成就，打造了杭州文化遗产精品，当好了杭州历史文化遗产的"薪火传人"，延续了城市文脉，增加了文化厚度，为中国和世界提供了文化遗产保护创新的"杭州经验"。

第二节　弘扬主流价值，构筑"最美之城"

一、弘扬传统人文精神，厚实传统文化底蕴

杭州之名，不仅盛于水苑园林的旖旎风光和文化底蕴，更体现为人文荟萃的价值追求。为此，在探寻了杭州的烟雨西湖、水苑园林、闲庭小筑等人文踪迹和历史遗存之后，我们更需要对杭州的历史文脉和传统人文精神进行系统的梳理和完善，这是唤醒我们对共同文化家园美好记忆的前提，也有利于激励我们增强弘扬人文精神、提高人文素质、建设人文杭州的责任感和使命感。传统人文精神是民族文化的灵魂和支柱，历代以来，杭州的传统人文精神是彰显中华民族忠贞爱国、坚忍不拔、淡泊名利、以民为本等文化基因的重要载体。

杭州传统人文精神由杭州千百年来各个民族英雄和文人墨客的精神气节和崇高精神汇聚而成，具体来讲，有岳飞、文天祥、于谦、秋瑾等民族英雄，也有白居易、刘禹锡、柳永、苏轼、王安石、陆游等历代文人官员，更有徐梅坤、李成虎、俞秀松、施存统等革命志士。杭州的岳飞之墓，坐落于栖霞岭南麓、西湖西北角，西子湖也因这武穆忠魂而增添了一分英雄气。岳飞能文能武，能战守节，始终以国家利益为重，他那首脍炙人口的《满江红》始终萦绕在我们的耳边，"三十功名尘与土，

八千里路云和月。莫等闲、白了少年头,空悲切",这是岳飞精忠报国、丹心昭天日的真实写照,也是伟大民族气节和民族精神的象征。杭州有于谦,"粉身碎骨浑不怕,要留清白在人间",这是英雄从 17 岁开始便铭刻在心的誓言。他一生清廉、忧国忧民、忧国忘身、刚直不阿、疾恶如仇、匡危济世、节义彪炳,履行了自己"要留清白在人间"的誓言,受到了后人的广泛赞扬和推崇。杭州还有"留取丹心照汗青"的文天祥,他一腔忠烈,由胸中长啸而出,在生与死的关头,坦然选择了与国家民族共存亡。巾帼不让须眉的"鉴湖女侠"秋瑾,既是一名杰出的女诗人,又是一名杰出的女革命家。西泠桥边,孤山脚下,一方小小的水泥地上,一尊汉白玉雕像孑然而立,这就是秋瑾。面对一群荷枪实弹的士兵,秋瑾毅然写下了"秋风秋雨愁煞人"几个大字,她身上的凛冽之气和坚毅之光体现了她刚正不阿的革命气节。

正是这些民族英雄崇尚自由的人文情怀和无私无畏的崇高精神赋予了杭州传统人文精神以忠贞爱国、坚忍不拔、视死如归、宁死不屈的丰富内涵。这些传统人文精神在当代最集中地表现在杭州人民见义勇为的精神上。杭州设有见义勇为事迹陈列厅,是杭州市革命烈士纪念馆副馆,亦是全国首个以见义勇为作为主题的陈列厅。馆内介绍的 54 位烈士是 1980 年以后杭州地区涌现出来的、先后被浙江省人民政府和人民解放军总政治部批准为烈士的见义勇为者。这一陈列厅于 2006 年 9 月 9 日正式开馆,根据不同的见义勇为事件,整个展区依次分为四个区块:甘洒热血捍正义,说的是面对歹徒施暴挺身而出的烈士们;危难之中现英雄,说的是在遭受自然灾害侵袭时奋勇献身的勇士们;水火无情人有情,说的是捍卫人民的生命财产免受烈火吞噬、洪水侵袭的勇士们,忠于职守献英魂,说的是坚守岗位,保护人民的生命财产安全而壮烈牺牲的英雄们。这一陈列厅所展现出来的民族大义和侠义精神正是杭州千百年来各个民族英雄的民族气节和民族精神的深刻写照。

杭州有"不拘一格降人才"的龚自珍,他是文学家,也是诗人,开创了中国近代文学的一代新风，更是近代思想的启蒙家，开启了维新志士倡导变法图强的先声。杭州有章太炎，他是中国近代杰出的思想家、教育家、革命家和社会活动家，他学识渊博、文通古今，虽一生历经磨难，但仍矢志不渝。杭州有航天之父钱学森，他历经艰难险阻回到祖国，矢志报效祖国，一生探索真理，勇攀科学高峰。正是这些杰出思想家、科学家敢为人先，追求卓越的工匠精神、崇高的爱国主义精神、积极有为的创新精神、自强不息的奉献精神，赋予了杭州传统人文精神以丰富内涵。杭州有白居易、苏东坡等地方长官，他们两袖清风，一心为民，发动民工大规模治理西湖，留下一湖清水、两道芳堤、六井清泉，把西湖雕琢得如此妩媚和精致。同时作为诗人，他们以婉转细腻的笔触、雄浑大气的情怀亲赋诗篇，写下了不少脍炙人口的吟咏杭州、吟咏西湖的诗篇，赋予了西湖山水潇洒飘逸的灵性，流传下歌颂西湖山水的千古绝唱，使杭州、西湖更负盛名，其中最著名的莫过于《钱塘湖春行》和《饮湖上初晴后雨》。这些文字饱含深情、文采斐然，是代表杭州历史的集体记忆和文化符号，是古代杭州人民对美好生活的历史想象。这些一心为民的地方长官兼诗人，他们关切民生、尊重自然、道义担当的为政追求赋予了杭州传统人文精神以丰富内涵。杭州还有一大批革命志士：第一个在杭州建立中国共产党组织的徐梅坤，开创了杭州革命历史的新纪元；衙前农民运动领袖李成虎，揭开了中国现代农民革命斗争的序幕；俞秀松和施存统等共产党的青年工作领导者，以革命的主动性、配合性、战斗性以身作则，指导社会主义青年团工作。这些革命志士大义凛然的英雄气概和无私无畏的崇高精神赋予了杭州传统人文精神以革命英雄主义的品格。

　　总结来看，杭州传统人文精神，在国家层面体现的是对保境安民、民生为先、和谐发展的价值追求，并在保境和自安的政治前提下，展现了积极有为的自强精神和守土济民的亲民精神，如吴越王善事中原、倾力发展经济的国策，如白居易、苏东坡等主政杭州期间治理西湖、关切民生的举措，这些人文性格是杭州传统人文精神的重要内涵和支持因素之一。在社会层面体现的是对道义担当、尊重自然、天人合一、崇尚自由的人文情怀。"人文之元，肇自天地""天人合一、万物一体"体现的正是人与自然的和谐关系，这种和谐既有主政官员的为政追求，也有志士仁人的儒者气节和革命精神。同时，在社会层面还体现为开放、兼容、多元文化的交汇融合，天人合一、天地一体、居中致和的深刻思想俨然已成为杭州传统人文精神的基调。在个人层面则体现了对忠诚爱国、诚信敬业、诗意生活的价值崇尚。忠贞爱国、坚忍不拔、视死如归、宁死不屈等爱国主义民族精神是文化基因之一，注重功利世界与意义世界的平衡、注重自身与他人的相安包容也是杭州传统人文精神的重要组成部分。追求生活的趣味，寻找生命的色彩，渴望情感的满足正是重视生活的世俗精神的体现，这就形成了杭州人民理性、平和、包容、中和、开阔、高雅、精致、唯美等性格特征。

二、重塑城市人文形象，彰显时代精神风貌

2002年2月，中国共产党杭州市第九次代表大会在杭州召开。大会报告第一次提出要培育、塑造"精致和谐、大气开放"的杭州人文精神。"精致和谐、大气开放"的杭州新人文精神既准确把握了杭州传统人文精神的基本内核，是对杭州深厚积淀的传统文化的积极扬弃，又是对时代精神的深刻把握和对杭州现实实践的理论关照，是杭州历史、地域和多元化时代精神有机融合的产物，体现了杭州未来发展的具体要求。它既反映了杭州人的一种生存状态、发展模式和价值取向，又展现了21世纪杭州人追求的人生境界、时代精神和创业风范。所以，杭州人既要继承传统历史文化中精致和谐的人文基因，又要融入时代特色弘扬大气开放的时代精神，坚持在精致中求大气、在开放中求和谐的新人文精神理念。"精致和谐、大气开放"的杭州城市人文精神的提出不仅保持了杭州原有的风格与品位，而且是努力拓展杭州城市发展空间，展现城市未来发展规划的思路体现，是在充分认知杭

州现代化发展特征的基础上所提出来的，具有长远战略发展意义。

　　杭州市把新城市人文精神提升到"立市之魂、文化之本、文明核心"的高度，是增强文化自觉和文化自信的题中之义。我们要对"精致和谐、大气开放"的历史渊源与核心要义进行准确把握，并在现实中积极培育和践行，以此为杭州的现代化建设提供精神支撑和价值指引。

　　"精致和谐"不仅是对杭州人生活方式的把握，也是对杭州城市文化的描述，更是对杭州城市精神的凝练。受历史文化积淀的影响，杭州人喜欢悠闲自在的生活方式，他们崇尚自然、追求风雅、讲究和谐、寻求精致、注重合一，这不仅体现在杭州人的生活方式和为人处世上，还体现于他们的思维习惯和情感方式上，更彰显于他们的做事风格和处事规划上。

　　凡是重要的城建工程，杭州市一律全球招标，对当地企业与外地企业一视同仁。对国内外、省内外的投资者，杭州人给予无差别、非歧视待遇，一律给予热情服务。例如杭州人做事有纪律、有秩序、安分守己而不逾越规矩。全国不少地区著名景点画地为牢，乱圈乱建，收取高门票；杭州人却不仅主动放弃了西湖景区每年 4000 多万元的门票收入，还大规模投入 100 多亿元对湖区进行综合建设与整治。在杭州经济文化与都市产业协调发展过程中，各产业之间做到彼此平等、互为支撑、互为补充，形成相互之间主动关联的网状组织。这些都是"精致和谐"的杭州新人文精神的具体表征。

　　"大气开放"不仅是对当前杭州的创业氛围和创业精神的描述，更是对杭州要进一步开放包容、博采众长所提出的新要求。大气开放不仅要求视野上的开阔与宽广、气魄上的宏大与伟岸，更要求有平和、务实、兼容的心态，注重不同生活类型和生活方式的融会贯通。杭州市的文化融通、文化交流工作就是很重要的大气开放这一人文形象的体现。具体表现在：第一，创新交流载体，拓展文化"走出去"新路径，以此大力宣传杭州大气开放包容的城市形象。例如，杭州公共图书馆是我国第三个实现全球馆际互借的公共图书馆，在促进国际交流与合作方面发挥了很大的作用。又如 2015 年，杭州组织开展"黑白艺术"纽伦堡印刷造纸展、第三届海内外江南丝竹邀请赛等重点文化交流合作项目，在海内外产生了重要影响。第二，宣传城市形象，重视"美丽杭州"城市品牌塑造。"追寻马可·波罗足迹——天城之旅"意大利画家画杭州活动以及"把美丽杭州寄出去"的主题实践活动，都是以城市为主题展示"美丽杭州"形象的城市品牌宣传活动。第三，整合平台资源，参与国际性文化会展活动。2014 年，成功举办"融·杭州城市文化展"，该展作为庆祝中法建交 50 周年"文化中国"大型艺术展的重头戏，亮相法国卢浮宫，赢得了法国前总理拉法兰和众多国际友人的广泛赞誉。开放兼容、文化融通历来是杭州作为东方文化交流重要城市的历史特点，杭州始终秉持文化"引进来"和"走出去"的战略原则，遵循共商共建共享原则，加强创新能力开放合作，形成海内外、东西方互相联动的开放新格局。

　　杭州"精致和谐、大气开放"的时代精神风貌不仅体现在文化的交流与融合上，还体现在市民文明素质提升工程对于公共文明指数的提升上。最具典型性的就是杭州礼让斑马线主题实践活动。自 2007 年起，杭州连续多年在全市范围内深入持久开展礼让斑马线主题实践活动，着力提高全民交通法律意识、安全意识和文明素质，今天，"礼让斑马线"已成为杭州城市文明的一张"金名片"和一道亮丽的"人文风景"，对于彰显整个城市的文明之风和城市文明形象具有重要的意义。这项主题实践活动让这座城市赢得了无数美誉，来到杭州的人们常常会为这道风景所"惊艳"。在杭州主城区很普通的马路上，不论在何时，也不论是否有红绿灯，只要有人通过斑马线，两侧的所有汽车就会主动停下来等待行人通过，斑马线让行早已融入杭州司机的日常习惯之中，更融入了杭州司机的自觉意识之中。在公交车的带动下，出租车、私家车陆续加入让行队伍中，车让人，人谢车，这种暖意持续在整座城市中传递。这是杭州城市魅力的体现，更是杭州市民精致和谐这一时代精神风貌的彰显。

　　新时代赋予杭州发展新的使命、新的机遇。杭州为了塑造新的城市人文形象，彰显时代精神风貌，紧紧抓住每一个能促进城市发展的契机，加快建设独特韵味别样精彩的世界名城，全面推进城市转型、经济转型、社会转型和文化实力提升。其中，G20峰会正是这样一次重要的契机，它的胜利召开，既是对杭州城市发展战略的一次肯定、一次成果检阅，更为杭州展现城市人文形象、彰显时代精神风貌提供了千载难逢的战略机遇。杭州紧紧抓住了这一重要历史机遇，通过G20峰会充分展示了杭州"精致和谐、大气开放"的城市人文形象和精神风貌，具体体现为志愿服务水平与国际化发展水平两个方面。

　　举办一届高水平、有特色的国际峰会，需要广大志愿者的广泛参与和无私奉献。杭州市深入推进以"喜迎G20峰会·争做志愿者"为主题的志愿服务活动，进一步提高服务礼仪、外语会话、应急处理等方面的能力，组织引导广大志愿者争做"美丽杭州"的"促进者"、城市文明的"生力军"和社会发展的"正能量"，把全市人民"人人都是东道主"的主人翁意识激发出来，把办好G20峰会、人人都要做贡献的众志成城氛围营造起来，真正使服务保障峰会的过程成为一个共治共管、共建共享、共同成长的过程，使志愿者成为展示杭州人文风貌的一道亮丽风景。同时，以G20峰会和第19届亚运会的胜利召开为标志，杭州迎来城市国际化的飞跃发展时期，城市国际化发展在扩大对外开放和交流、推进旅游国际化、提升城市竞争力等诸多方面，取得了较大的突破和进展。这是杭州大气开放城市人文形象的集中展现，是杭州在过去几十年经历了大发展、大变化之后通过一点一滴的力量集合起来的磅礴力量，折射出中国城市的发展进步和改革开放的伟大进程。杭州始终秉持浙江精神，干在实处、走在前列、勇立潮头，始终坚守向全世界展示中国方案、中国道路、中国智慧之鲜活样本的崇高使命，始终坚持继承和发扬"精致和谐、大气开放"的城市人文精神，为杭州未来发展的生存状态、发展模式和价值取向提供了根本遵循和行动指南。

三、凝聚价值共识，打造城市共同体价值

习近平总书记强调："人类社会发展的历史表明，对一个民族、一个国家来说，最持久、最深层的力量是全社会共同认可的核心价值观。"①中华民族之所以能够始终坚守根本又不断与时俱进，能够始终拥有坚定的民族自信和强大的修复能力，正是因为中华民族培育了共同的情感和价值，具有共同的理想和精神。"价值观念在一定社会的文化中是起中轴作用的，文化的影响力首先是价值观念的影响力。世界上各种文化之争，本质上是价值观念之争，也是人心之争、意识形态之争，正所谓'一时之强弱在力，千古之胜负在理'。首先要打好价值观念之争这场硬仗。"②当然，凝聚价值共识，打造城市共同体价值不仅是为在文化之争中占据主导地位，更是为共同价值观融入人们的日常生活中，成为人们日常行动的精神准则，引导人们采取有意义的行动，提供给人们一种社会认同的依据。"必须加强全社会的思想道德建设，激发人们形成善良的道德意愿、道德情感，培育正确的道德判断和道德责任，提高道德实践能力尤其是自觉践行能力，引导人们向往和追求讲道德、尊道德、守道德的生活，形成向上的力量、向善的力量。"③

为此，浙江人以"我们的价值观"为讨论载体，提炼出"务实、守信、崇学、向善"的共同价值观。这一共同价值观为推动社会主义核心价值体系建设和社会主义核心价值观培育提供了现实样本，为建设物质富裕、精神富有的现代化浙江提供了思想动力和文化保障，具有重要的理论意义和现实意义。杭州作为浙江的省会城市，在倡导、践行和建设当代浙江人共同价值观方面发挥龙头领跑示范的作用，使浙江人

---

① 中共中央文献研究室编：《十八大以来重要文献选编》（中），中央文献出版社2016年版，第2页。

② 《在十八届中央政治局第十二次集体学习时的讲话》，《人民日报》2013年12月30日。

③ 《认真贯彻党的十八届三中全会精神　汇聚起全面深化改革的强大正能量》，《人民日报》2013年11月29日。

共同的价值观在杭州人民群众的日常生活中生根、发芽、结果，使其真正成为人们的共同心理、自觉意识和行为准则。浙江人共同价值观的实践是一个长期的过程，是一个宣传弘扬和模范践行的过程，是一个个体榜样和群体典型结合的过程，是一个与各类文化建设结合的过程，是一个历史维度和未来维度结合的过程。正如习近平总书记指出的："一种价值观要真正发挥作用，必须融入社会生活，让人们在实践中感知它、领悟它。要注意把我们所提倡的与人们日常生活紧密联系起来，在落细、落小、落实上下功夫。"①"要把社会主义核心价值观的要求融入各种精神文明创建活动之中，吸引群众广泛参与，推动人们在为家庭谋幸福、为他人送温暖、为社会作贡献的过程中提高精神境界、培育文明风尚。要利用各种时机和场合，形成有利于培育和弘扬社会主义核心价值观的生活情景和社会氛围，使核心价值观的影响像空气一样无所不在、无时不有。"②习近平总书记对核心价值观的践行要求为我们践行浙江共同价值观、打造杭州城市共同体价值提供了根本遵循，指明了前进方向。

在核心价值大众化的实践中，杭州市通过多种途径和平台载体积极培育和引导全体市民践行社会主义核心价值观，"我们的价值观"主题实践活动在全国打响，成为社会主义核心价值观实践活动的品牌。2012 年，中宣部在杭州召开"我们的价值观"主题实践活动工作座谈会，向全国推广杭州经验。2013 年，中宣部在北京举办杭州市"最美现象"思想道德建设先进经验报告会，这是中宣部首次为国内大中型城市举办报告会。"我们的价值观"和"最美现象"主题实践活动是一项凝魂聚气、强基固本的基础工作，这一主题实践活动既契合了社会主义核心价值观的主要内容，又体现了浙江与杭州的特色。可以说，

---

① 《把培育和弘扬社会主义核心价值观作为凝魂聚气强基固本的基础工程》，《人民日报》2014年 2 月 26 日。

② 《把培育和弘扬社会主义核心价值观作为凝魂聚气强基固本的基础工程》，《人民日报》2014年 2 月 26 日。

"我们的价值观"是社会主义核心价值观在杭州具体化、针对化、实践化的抓手，是社会主义核心价值观指导下的杭州实践。"我们的价值观"和"最美现象"的主题实践深化了杭州市民的价值认同，为杭州城市人文精神的现实落地和时代升华提供了可能。

具体来讲，为真正实现核心价值观扎根于人民群众生活，"日用而不觉"，杭州每月举行一个主题讲座，组织一次互动讨论，开展一系列主题实践活动，这些活动各具特色。"我们的价值观"主题实践活动开展以来，全市先后涌现出 4 名全国道德模范、8 名浙江省道德模范、80多名市级道德模范和 1.2 万余名凡人善举基层先进典型，最大限度地调动了杭州市民自觉践行社会主义核心价值观的热情和信心。只有人民群众的主体意识得到了尊重并在活动中得到充分的发掘和调动，群众才能够全心全意地投入，也才能获得最充分最丰厚的力量和最坚实的保障。"我们的价值观"活动有一个响亮的口号——"我们"，这个"我们"，就是全体杭州人，就是作为这座城市、这片热土、这方文化的主人。"我们"这个口号，能够最大限度地调动全体杭州市民自觉接受价值观教育的热情。同时，"最美现象"的主题实践活动也是引领社会主义核心价值观深入人心，凝聚文化共识的一大重要举措。"最美现象"成为杭州新时代发展的城市金字招牌，是杭州市委、市政府按照中央关于社会主义核心价值体系建设的要求，在开展"我们的价值观"这一主题实践活动的同时立足社会主义核心价值体系的基本内容、中华优秀传统文化以及杭州的本土实际而大力推进社会主义核心价值大众化的杭州实践。

"最美现象"是杭州思想道德建设的丰硕成果，展示着杭州人对美的感悟与体认，它不仅蕴含着丰厚的精神文化价值，也反映了人们内心对社会道德风尚的一种期盼。"最美现象"的实质是对"真善美"的弘扬，能够激发全社会对向善风尚的大力弘扬。求真向善与杭州人的"精致和谐、大气开放"的精神气度和厚德崇文、创业创新的优良传统是一致的。这种互相依存、渗透的认同感和责任感，深深渗透在杭州人的精神基因中、在杭州的改革开放和现代化建设中，成为杭州人民共同的精神认同和文化认同。浙江人共同价值观作为浙江人普遍认同的价值理想、价值信念、价值尺度和价值原则的集中反映，已内化为浙江人普遍的价值追求和自觉的价值向往，更为凝聚价值共识、为杭州城市共同体价值提供了价值指引。

第三节　发展现代文化事业产业，提高社会公共服务能力

　　文化是一个民族、国家、地区的根系。2003 年，在浙江省两会报告中，习近平同志强调："先进文化代表着人类前进的方向，是发展的重要源泉和动力。提高综合实力和国际竞争力，必须把大力发展先进文化，建设文化大省，放在更为突出的位置。"①党的十八大作出了"扎实推进社会主义文化强国建设"的决策部署后，浙江省委、省政府按照党中央对浙江"更进一步、更快一步，继续发挥先行和示范作用"的新要求，大力推进文化强省建设，进一步提升浙江省文化软实力，进一步发展社会文化。

　　进入 21 世纪以来，杭州市委、市政府高度重视文化建设，相继作出了建设文化名城、建设"一名城、四强市"、实施软实力提升战略等重大决策部署，着力推进社会主义核心价值体系、公共文化服务体系、文化产业发展体系"三大体系"建设，统筹文化事业和文化产业发展，统筹城乡区域文化发展，统筹深化文化体制改革和扩大对外文化交流，城市软实力、文化竞争力显著增强，城市国际化步伐明显加快，城市人文形象显著提升，凝聚了社会文化认同，释放了社会文化力量，以良好

---

　　① 《浙江省人民政府 2003 年政府工作报告》，浙江省人民政府网，2006 年 1 月 10 日，http://www.zj.gov.cn/col/col1546440/index.html。

精神面貌和崭新城市文化理念推动着杭州新一轮的创新发展，"努力走出一条具有浙江特色的文化改革和发展之路"。

2000 年，浙江省委出台了《建设文化大省纲要》。习近平同志到浙江任职之后，继续扎实推进建设文化大省的各项工作，并深入实际系统地进行多次走访和实地调研。2005 年 7 月，浙江省委第十一届八次全会的主题重点就是研究浙江的文化发展问题。全会围绕文化大省建设，全面深刻地分析形势，总结经验，查找不足。习近平同志在这次全会上作了长篇讲话，系统阐述了什么是文化、文化的意义和价值、文化建设与增强浙江软实力之间的关系，以及今后浙江发展过程中为什么要把文化放在重要位置等重大问题。习近平同志在讲话中充分肯定浙江文化建设取得的重大成就的同时，提出了"三个不相适应"①和"一个不够协调"②，这就要求我们"跳出浙江看浙江"，站在全国和全球的背景下来看浙江发展，对浙江省的文化工作提出了更高的要求。解决这些问题，习近平同志提出"要进一步深化文化体制改革，进一步推进文化事业繁荣，进一步壮大文化产业，进一步加强教育、科技、卫生、体育、社会事业的发展"，同时构建加快推进文化大省建设的整体框架，简称为"3＋8＋4"。③"3"就是着眼于"三个力"，即增强先进文化的凝聚力、解放和发展文化生产力、提高社会公共服务能力。"8"就是实施文化建设"八大工程"，即文明素质工程、文化精品工程、文化研究工程、文化保护工程、文化产业促进工程、文化阵地工程、文化传播工程、文化人才工程。"4"就是实现"四个强省"的目标，即建设教育强省、科技强省、卫生强省、体育强省。这次会议通过了《中共浙江省委关于加快建设文化大省的决定》（以下简称《决

---

①　"三个不相适应"是指：浙江的文化建设和社会事业发展与经济发展不相适应；文化建设与人民群众日益增长的精神文化需求不相适应；文化建设与经济全球化、世界多极化、社会信息化和文化多样化的客观现实和发展趋势不相适应。

②　"一个不够协调"是指：文化建设在城乡之间、区域之间不够协调。

③　中央党校采访实录编辑室：《习近平在浙江》（上），中共中央党校出版社 2021 年版，第 343 页。

定》),这是习近平同志在浙江工作期间最重要的一项文化决策。《决定》进一步把准了浙江文化建设的方向,擘画了浙江文化工作未来的发展蓝图,在浙江文化建设历史上具有战略意义和深远影响。可以说,习近平同志以"三个力"为方向,以"八大工程"为抓手,以建设"四个强省"为目标构建的"3+8+4"框架,是撑起浙江文化建设宏伟大厦的"四梁八柱"。[①] 如今十几年过去了,当年的这一决策,仍对杭州的文化建设发挥着重要的指导作用。

一、深化文化体制改革,推进体制机制创新

2003 年 7 月 15—18 日,习近平同志在调研文化体制改革和文化大省时强调了文化体制改革的重要性和必要性,特别指出:"我们的文化是社会主义文化,文化体制改革的根本目标是满足人民群众不断增长的精神文化需求,实现好人民群众的文化权利。要积极推进文化体制创新和机制创新,抓好公益性文化事业和经营性文化产业的改革和发展,抓好文化管理体制的改革,增强文化发展活力。要从浙江的实际出发,把扶持重点产业、重点企业、重点区域的文化产业的发展作为改革的重要着力点,大力发展文化产业,努力提高文化竞争力。"[②]一直以来,杭州市按照中央和省委的战略部署和要求,走在全国、浙江省前列,加快文化名城和全国文化创意产业中心建设,解放思想,大胆探索,开拓创新,突破制约文化发展的陈旧思想观念的束缚,破除阻碍文化繁荣的体制机制性障碍,找准文化改革和文化创新发展的切入点,重点抓好公益性文化事业的改革和发展,抓好经营性文化产业的改革和发展,抓好文化管理体制的改革,形成了推动杭州社会主义文化大发展大繁荣的根本动力,走出了杭州文化建设和文化产业发展的特色之路。

---

① 中央党校采访实录编辑室:《习近平在浙江》(上),中共中央党校出版社 2021 年版,第 344 页。
② 中央党校采访实录编辑室:《习近平在浙江》(上),中共中央党校出版社 2021 年版,第 108 页。

（一）强化组织引领，完善政策改革

按照政企分开、政事分开、管办分离要求，杭州深化公益性文化单位改革，理顺党政部门与其所属文化企事业单位关系，推动政府由办文化向管文化、服务文化转变，先后出台《中共杭州市委办公厅、杭州市人民政府办公厅关于全面推进文化体制改革的实施意见》《市文化体制改革工作领导小组关于以新一轮"解放思想大行动"为动力　进一步深化文化体制改革的意见》《中共杭州市委、杭州市人民政府关于打造全国文化创意产业中心的若干意见》《市委办公厅、市政府办公厅关于推进全市农村文化礼堂建设的意见》《杭州市人民政府办公厅关于印发杭州市文化创意产业发展"十三五"规划的通知》等举措，全方位、多领域统筹推进宏观管理体制改革、微观运行主体改革和文化事业文化产业发展，以全面深化文化体制改革和供给侧结构性改革为动力，坚持"解放思想、敢为人先、反骄破满、跨越发展"，围绕城市发展总体目标，深入实施"软实力提升"和"服务业优先"战略，进一步提高改革自觉性和坚定性，拉高标杆，突出重点，加大力度，加快进度，实现新突破，取得新进展，加快构建把社会效益放在首位、社会效益和经济效益相统一的体制机制。

（二）推进文化体制改革，健全基本公共服务机制

一直以来，杭州着力推进经营性国有文化单位转企改制，培育合格市场主体是文化体制改革的重中之重；创新公共文化服务运行机制，推进公益性文化单位内部三项制度改革，积极探索群众文化工作机制创新，加强公共文化服务资源整合工作，制定实施《杭州市公共文化服务体系建设规划》，推进文化惠民工程建设。切实加大公共文化服务体系建设的投入力度，改进投入方式，推广政府购买服务等机制，进一步推动从"以钱养人"向"以钱养事"转变。进一步加强文化国有资产监管，推进文化投融资体制改革，建立完善市文化创意产业专项资金等文化类专项资金的管理办法，制定实施《杭州市文化创意产业

发展规划（2008—2015 年）》，以及"十三五"规划、"十四五"规划，实施重大文化创意产业项目带动战略，以文化创意产业发展引领文化产业结构调整和产业拓展。大力发展文化产品市场、市场中介和行业组织，鼓励在杭文化创意企业参与国际文化竞争，对重点文化出口企业给予奖励，培育若干具有国际竞争力的文化集团，推动杭州文化"走出去"。有力推动全国文化创意产业中心和文化名城建设，使杭州文化体制改革和文化创新能力继续走在全国、浙江省前列，进一步推动提升杭州依托文化走向世界的软实力。

（三）科学布局发展重点，构建现代公共文化服务体系

党的十八大以来，以习近平同志为核心的党中央，审时度势，高瞻远瞩，始终将文化建设置于党和国家事业发展的重要战略地位，充分"发挥文化引领风尚、教育人民、服务社会、推动发展的作用"[①]。为深化城市公共文化服务能力建设，杭州市以构建现代公共文化服务体系为目标，紧紧围绕完善服务设施、创新服务方式、丰富服务内容、落实服务保障这一主要任务，统筹城乡公共文化服务标准化、均等化，促进公共文化服务提供主体和提供方式多元化，在全国较早地出台了《杭州市基本公共服务均等化 2012 年度实施计划》《杭州市加快推进现代公共文化服务体系建设的实施意见》《杭州市基本公共文化服务标准（2016—2020 年）》等制度措施，初步建成具有杭州特点、全国领先的"1＋X"现代公共文化服务标准化体系、七大文化惠民工程，促进公共文化服务区域均等、城乡均等、人群均等。

为更好更快地加强文化基础设施建设，杭州市吸引民间资本和社会力量参与公共文化建设，推广和开展政府与社会资本合作、公共文化设施社会化运营试点、向文化类社会组织购买服务、事业单位法人治理结构等模式；着力推进公共文化服务体系建设，不仅力度大，而且

[①]　中共中央文献研究室编：《十八大以来重要文献选编》（上），中央文献出版社 2014 年版，第 24 页。

始终围绕城市文化发展重点，完善城市文化发展布局，加快公共文化设施建设，积极推进基层文化建设，制定公共文化服务体系建设规划，公共文化服务体系建设有步骤、有计划地稳步推进，按照"发展布局抓规划、加大投入抓政策、改进服务抓项目、提高能力抓创新、保障民生办实事"的思路，增加文化发展建设投入，加强文化基础设施建设，完善公共文化服务网络，突出政府主导，突出公益性、基本性、均等性和便利性，真正实现让人民群众广泛享有免费或优惠的基本公共文化服务。杭州已经建成了覆盖市、区（县、市）、乡镇（街道）和村（社区）四级的公共文化设施网络体系，实现"城市 15 分钟，农村 30 分钟"文化活动圈。

二、完善公共文化服务，提升城市文化品位

习近平同志高度重视文化在浙江经济发展中的重要作用。随着改革开放的不断深入和社会主义市场经济的不断发展，浙江一跃成为经济强省。除了政府层面主导的体制机制等一系列优势外，民间层面生生不息的人文优势为其他各个优势的充分发挥打下了坚实的群众基础。从建设生活品质之城、东方品质之城到建设独特韵味别样精彩世界名城，杭州始终牢牢把握文化改革的前进方向，突出文化发展的服务主体，激活城市人文基因，增添城市文化动力，突出城市新发展理念，倡导文化发展领域的创新、协调、绿色、开放、共享理念，增添了城市发展的动力和活力。全市紧紧围绕建设世界名城的目标，大力构筑"文化惠民、产业引领"的平台，着力打造特色化城市文化治理模式。

（一）全面推进基本公共文化服务标准化均等化

杭州合理配置公共文化服务资源，实施重大文化惠民工程，打通"最后一公里"，制定实施《杭州市基本公共文化服务标准》，促进基本公共文化服务标准化均等化。

城市公共文化服务水平直接体现了一座城市的文化品位、文化格

调和文化民生质量。伴随着改革开放的进程，杭州大剧院、杭州图书馆新馆、杭州城市规划馆、西湖文化广场、杭州国际博览中心、杭州奥体中心、中国刀剪剑博物馆、中国扇博物馆、中国伞博物馆、中国杭州工艺美术博物馆、中国运河博物馆等成为杭州新的文化地标。在深入推进文化名城、文化强市建设的过程中，杭州市突出强调公益性、基本性、均等性、便利性，杭州的发展重在探索如何形成网络健全、结构合理、发展均衡、运行有效、惠及全民的公共文化服务体系，进一步推动公共文化服务广覆盖、高效能，为构建基本完善的公共文化服务体系提供实践示范和制度建设经验。

（二）积极推动文化惠民工程，发展公益性文化事业

积极开展公益性文化服务活动，推动城市优质文化资源更多地向农村、基层、边远地区倾斜，切实保障群众公平享受基本公共文化生活的权益。杭州市委、市政府始终把构建现代公共文化服务体系作为城市文化建设的重要任务，"努力建立健全公益性文化事业服务体系，提高公共文化服务能力，把为人民服务、为社会主义服务真正落到实处"。大力统筹推进城乡文化建设，注重繁荣基层文化，实施万场文化活动下基层、社区文化行、全民阅读行、城乡电影行、送戏下乡、广播电视对农节目等工程。截至 2020 年，农村有线数字电视实际入户率在90％以上。扶持当地优秀文化作品创作生产，打造更多文化精品力作。深入实施地方戏曲振兴、美术书法创作、影视精品打造、基层文艺繁荣等计划，推出更多群众喜闻乐见的文艺精品。加强创新型艺术团队建设，深入实施"名家、名团、名企"工程，加强排演场所建设，加大青年文艺人才和创作型人才培养力度，努力建设德艺双馨的文艺队伍。精心办好新年音乐会、"西湖之春"艺术节、杭州国际戏剧节等重大文化品牌活动，开展周末特色文化广场等文化活动。适应时代发展新要求，积极发展健康向上的网络文艺。加强文艺工作基础研究，倡导文艺评论和文艺研究，打造具有地方特色的文艺评论体系，进一步创新

文化运行机制，打造特色文化发展的新路子。

（三）提升文化服务质量，完善公共文化设施布局

推进城市文化公园、农村文化礼堂、高校文化校园、网上文化家园、特色文化小镇等建设，实施重大文化设施项目，打造一批省市级文化标志平台。整合基层宣传文化、党员教育、科学普及、体育健身等设施，建设综合性文化服务中心，实施乡镇（街道）综合文化站提升工程。积极推广"中心馆—总分馆制"公共图书馆服务模式，推动智慧图书馆和智慧文化馆建设，开展数字资源推广计划，实施农村书屋工程和"书香西湖"家庭数字图书馆建设。

杭州图书馆被誉为"史上最温暖的图书馆"，是杭州创新城市公共文化服务的一个缩影，实现了"国内一流、国际领先"的建设和服务目标，从"图书信息服务一证通工程"到"中心馆—总分馆制"，从相对简单的借阅服务扩展到以书为媒介的多样文化服务，基本建成覆盖全市、结构合理、免费均等、内容丰富、实用高效的公共图书馆服务体系。"图书借阅的便利，折射出浙江文化惠民工程的'大变局'。40 年来，从计划经济时代的'文化事业'到'公益性文化事业'，再到'公共文化服务'，每一次表述上的变化，都与市场经济发展、政府职能转变、民间力量兴起相伴而生。"[1]

党的十七届六中全会首提"文化强国"战略，明确提出"坚持中国特色社会主义文化发展道路"，第一次从文化纲领、文化目标、文化政策上阐述文化强国的"中国道路"，首次向我们描绘了建设社会主义文化强国的蓝图。坚持中国特色社会主义文化发展道路，抓好农村的社会风气很重要。2003 年 4 月，习近平同志在淳安县调研时曾强调，要积极引导广大农民群众形成健康向上的生活方式，把农村改革搞好；把事关农村农民的税费改革、村务公开、文化体制改革搞好。农村文

---

[1] 《谱写文化浙江新篇章》，中国共产党新闻网，2019 年 1 月 14 日，http://cpc.people.com.cn/n1/2019/0114/c162854-30528817.html。

化礼堂建设,便是浙江省倾力打造的公共文化服务体系"升级版"和"创新版"。

　　杭州市正是按照"文化礼堂、精神家园"的主题定位,实施文化惠民工程,引导公共文化资源向城乡基层倾斜,挖掘各地农村自然禀赋,融合传统民俗和现代文明,既加强了场所阵地建设,又打响了特色文化品牌,高扬了社会主义核心价值观的主旋律,充分展示"一村一特""一堂一品"是建设"东方品质之城、幸福和谐杭州"的有力举措,是在全市广大农村培育和践行社会主义核心价值观、提升农民群众综合素质的有效载体,对于提高杭州人民文化素质、提升杭州人民文化生活品位具有十分重要的现实意义。截至 2021 年 4 月,根据已有数据,杭州市始终将农村文化礼堂建设列入全市"文化兴盛行动"考核、市政府重点工作、市重点改革任务和乡村振兴重点工作任务常抓不懈,累计建成农村文化礼堂 1431 个,村级覆盖率达到 71.3%;印发《关于进一步加强农村文化礼堂建设的实施意见》,明确"建有规范、管有制度、用有载体、育有主题、融有实效"的总体工作要求,强调农村文化礼堂建设与新时代文明实践中心建设相结合,与实施乡村振兴战略相融合,与乡村文旅融合发展相契合,着力深化"建、管、用、育、融"一体化长效机制建设。

　　在杭州,农村文化礼堂不再是一个单纯的文化活动场所,而是要向综合性的精神家园实现"华丽转身"和"品格塑造"。通过文化礼堂的建设,既要传承好农村的乡土文化,更要弘扬好社会主义先进文化,开展农村政策宣讲,丰富村民文体生活,发挥文化教化功能,引领社会文明风尚。

三、打造文化创意精品,增强产业竞争能力

　　"文化精品是一个国家、一个地区、一个时代文化发展水平的重要标志,是书写文化史最重要、最基本的要素。"在浙江工作期间,习近平

同志曾多次就繁荣发展文化事业，推动文艺精品创作作出重要指示。杭州历届市委、市政府从实际出发，牢固树立新的文化发展观，坚持以全面深化文化体制改革为动力发展文化创意产业，以文化创意产业大发展大繁荣，推动社会主义文化大发展大繁荣，紧紧围绕建设"生活品质之城""一名城、四强市"和"创新型城市"的战略目标，遵循"创意是源泉、文化是内容、人才是基础、科技为动力、产业化为方向、效益为目标"的发展理念，以资源禀赋为依托，以"创造、创新、创业"为主题，以弘扬"和谐创业"理念为先导，着力提升文化创意产业的关联度和辐射力，不断提高对经济社会发展的贡献率，以文化力引领生产力，增强城市综合实力，推动"生活品质之城"建设。通过深化改革，创新体制，充分发挥政府主导力、企业主体力、市场配置力"三力合一"的作用，切实解决发展文化创意产业"有人、有钱、有章"的问题，大力发展文化产业，努力提高文化竞争力。

（一）发展"文化＋"多元模式，提高融合创新水平

2005 年 6 月 1 日，习近平同志在浙江宣传文化系统调研座谈会上强调："推进文化大省建设，一要进一步增强文化精品的创作生产能力，二要进一步增强公共文化服务能力，三要进一步增强文化产业竞争能力。"①近年来，杭州市委、市政府积极贯彻落实中央和省委重大决策部署，结合杭州的资源禀赋条件及城市发展定位，结合文化创意产业发展趋势，大力实施"文创产业化、产业文创化"战略，积极促进文创产业与相关产业融合发展，确定信息服务业、动漫游戏业、设计服务业、现代传媒业、艺术品业、教育培训业、文化休闲旅游业、文化会展业等八大行业为杭州的重点发展行业。

随着体制改革的纵深推进，文化产业更是驶入加速发展的快车道，杭州重点文化工程之一的之江文化产业带，依托"一带一核五极多

---

①　中央党校采访实录编辑室：《习近平在浙江》（上），中共中央党校出版社 2021 年版，第 350 页。

组团"的空间发展格局,着力培育打造产业能级达百亿元的文化产业集群,争创国家级文化产业园区(基地),同时培育具有国际影响力的会展(赛事)品牌,基本建成全国领先、国际知名的数字文化产业基地、影视产业基地、艺创设计产业基地和动漫游戏产业基地,成为推进全市文化产业实现跨越式发展的主引擎、浙江省文化产业大发展大繁荣的重要增长带、全国具有引领示范意义的文化产业发展新高地和样板区。

之江文化产业以重大产业平台和重点产业项目为依托,按照"主题引导、区块融合、组团集聚、分工协作"的发展要求,推进区域文化产业快速发展。诸如中国国际动漫节、杭州文博会、MIP China 杭州·国际影视内容高峰论坛、中国(杭州)电竞数字娱乐大会、中国数字阅读大会、中国影视艺术创新峰会、西溪影人会、南宋文化节、杭州钱塘江文化节、中国网络文学周等均为杭州市之江文化产业带重点文化活动,一系列特色产业的高远定位和长足发展不断推进各项事业的发展,不断满足人民群众日益增长的精神文化需求,不断增强杭州综合竞争力的软实力。

(二)打造文化精品工程,增强创作生产能力

浙江文化的一个突出特点是:洋溢着浓郁的经济脉息。提及浙江的文化基因,习近平同志在 2006 年 10 月 30 日的《浙江日报》发表的《"文化经济"点亮浙江经济》一文中写道:"所谓文化经济是对文化经济化和经济文化化的统称,其实质是文化与经济的交融互动、融合发展。这是浙江改革发展中的一大特色和一大亮点。"①

2005 年 4 月,习近平同志对浙江省、市、区一些文化、科技、教育、卫生、体育等方面的设施和单位进行专题调研,在中国美术学院动画教学研究基地和中南卡通影视公司详细了解动漫产业发展和研发基

---

① 习近平:《之江新语》,浙江人民出版社 2007 年版,第 232 页。

地建设情况时，强调要积极探索动漫产业集约化、规模化、现代化、国际化发展的模式，努力把动画、游戏等方兴未艾的新兴高新技术文化产业办好，力争使浙江成为集动画制作、研发、教学于一体的动漫产业强省。2006 年 4 月，第二届中国国际动漫节在杭州举行，习近平同志会见来宾，并对浙江动漫产业寄予厚望。此后，中国国际动漫节永久落户杭州，"动漫之都"美誉传遍全国，享誉世界，浙江成为国内具有重要影响力的动漫产业中心。站在时代发展的前沿，杭州市瞄准了文化产业发展的方向，抓住了发展机遇，有力地推动了城市综合实力和文化软实力的提升。2007 年提出打造文化、创业、环境高度融合的"全国文化创意中心"，2008 年提出建立"3＋1"的现代产业体系，把"1"定为文化创意产业，逐步搭建起全面的文化产业平台。

如今，漫步杭城街头，一个个配电箱、垃圾箱都绘上生动活泼的动漫造型，成为充满"创意范儿"的"城市家具"。在中国国际动漫节、中国杭州文化创意产业博览会等的推动下，"文化＋科技"已成为杭州文创产业发展的一大特色，尤其在动漫游戏、数字出版、数字娱乐等领域涌现出了一批高速增长的骨干企业，它们成为引领杭州文创产业发展的中坚力量。文创产业已成为杭州经济的新增长点，助推着城市经济转型升级，在提高文创产业规模化、集约化、专业化水平，推动文创产业成为国民经济支柱产业的道路上，杭州市实现了跨越式发展，形成了支柱性的政策框架，搭建了有效的政策平台、人才平台和公共技术平台等，文创产业发展的影响力日益增大，有力打响了"创意杭州"的品牌效应，摸索创新出一套富有地方特色的文创产业"杭州模式"。

重视文化研究工程，传承优秀传统文化。"国家之魂，文以化之，文以铸之。"[1]浙江素有"文献之邦"之称，历史文献丰富翔实。东汉以来的存世浙江文献就有 2000 余种，可谓"泱泱两千年，皇皇两千种"。[2]

---

[1] 习近平：《在纪念马克思诞辰 200 周年大会上的讲话》，人民出版社 2018 年版，第 19 页。
[2] 《凝魂聚气铸自信——习近平总书记在浙江的探索与实践·文化篇》，《浙江日报》2017 年 10 月 11 日。

瞄准文化工程建设,杭州实施了一系列重大文化研究出版工程。2005年是浙江文艺事业发展的重要拐点,当年 7 月,浙江省委通过了《关于加快建设文化大省的决定》,实施文化建设"八项工程",开启了浙江文化建设新征程。"文化研究工程"尤为夺目,因为习近平同志"亲自担任文化研究工程指导委员会主任,这项工程的核心任务就是梳理发掘浙江的人文遗产和文化基因,传承浙江优秀传统文化,总结历史经验,凝聚和弘扬浙江精神,以文化的发展引领浙江的政治、经济、社会、生态建设和党的建设,实现全面发展"。习近平同志"亲自担任主任,是因为这项工程是基础,是源头,把浙江精神梳理好,激发出来,就能调动人的积极性,带动浙江的整体发展。所以习书记是抓住了文化建设的'牛鼻子'"①。

作为迄今为止国内最大的地方文化研究项目之一,浙江文化研究工程围绕"今、古、人、文"四大主题,即"浙江当代发展问题研究""浙江历史文化专题研究""浙江名人研究""浙江历史文献整理",首次系统梳理考订浙江历史文化、文化名人及其学术思想和著述,对濒临失传的传统文化经典进行抢救性整理和发掘,全方位总结改革开放 40 多年来浙江经济社会发展历程及其成就的人文基因和精神渊源。基于此,杭州专门成立杭州研究院,集中开展围绕西湖、西溪和运河等重大课题的研究,同时专门成立南宋文化研究中心,大力挖掘南宋史的相关研究。

党的十八大以来,习近平总书记高度重视传承发展中华传统优秀文化,多次作出重要指示并强调:"中华民族有着强大的文化创造力。"②建立在 5000 多年文明传承基础上的文化自信是更基础、更广泛、更深厚的自信,要让收藏在禁宫里的文物、陈列在广阔大地上的遗产、书写在古籍里的文字都活起来。"赓续传统文化之魅,赋予其现代

---

① 中央党校采访实录编辑室:《习近平在浙江》(上),中共中央党校出版社 2021 年版,第 350 页。
② 习近平:《在文艺工作座谈会上的讲话》,人民出版社 2015 年版,第 5 页。

化之魂。"浙江文化研究工程第一期从 2005 年开始实施，历时 10 年，共立项研究项目 811 项，出版学术著作 1000 余部。2017 年 3 月，第二期启动建设，开展了 52 个系列研究，立项重大课题 65 项、重点课题 284 项，截至 2022 年底已出版学术著作 500 余部。《宋画全集》《元画全集》开创了中国绘画历史大型断代集成的先河，《郁达夫全集》荣膺中国出版政府奖提名奖。2003 年，浙江启动非遗普查工作；2007 年出台《浙江省非物质文化遗产保护条例》；成功将杭州西湖文化景观、大运河（浙江段）和良渚古城遗址列入《世界遗产名录》；启动 6 批 259 个历史文化重点村保护项目。文化研究工程充分发挥了认识世界、传承文明、创新理论、资政育人、服务社会的重要作用。

在"互联网＋"和人工智能新时代到来的背景下，以大数据、云计算、虚拟技术等为代表的新一代信息技术的广泛应用，给文创产业的内容生产、表现形式和商业模式带来了深刻变革。杭州作为高新技术产业基地、首批国家级文化和科技融合示范基地和中国电子商务之都，信息经济智慧应用已经成为城市经济发展的"一号工程"和新基因，为杭州文创产业特别是数字内容产业的创新发展创造了有利条件。

第四节　加强文化资源整合，提高文化强市国际影响力

习近平总书记曾指出，"我们要大力推动文化事业发展，通过文化交流，沟通心灵，开阔眼界，增进共识，让人们在持续的以文化人中提升素养，让文化为人类进步助力"[①]。开放兼容、文化融通历来是杭州作为东方文化交流重要城市的历史特点。杭州历届市委、市政府都高度重视东西方文化的交流沟通，既注重精致和谐，又突出强调了城市

---

① 习近平：《在联合国教科文组织总部的演讲》，《人民日报》2014 年 3 月 28 日。

的大气开放,抓住机遇,扩大杭州的城市影响力。

进入 21 世纪以来,推动城市国际化成为杭州市委、市政府的战略重点,多点谋划,突出重点,从顶层设计到项目落地,都充分考虑到城市国际化问题。出台了《中共杭州市委关于全面提升杭州城市国际化水平的若干意见》等政策举措,把城市国际化作为引领杭州建设发展的重要抓手,明确提出着力打造具有全球影响力的"互联网＋"创新创业中心、国际会议目的地城市、国际重要的旅游休闲中心和东方文化国际交流重要城市,努力把杭州建设成为独特韵味别样精彩世界名城。

一、实施"人才强市"战略,将精英名流"引进来"

人才兴则杭州兴,人才强则杭州强。党的二十大报告指出,"深入实施人才强国战略,培养造就大批德才兼备的高素质人才,是国家和民族长远发展大计"。近年来,杭州市全面贯彻落实中央和省、市党委、政府关于人才工作的部署,大力实施"人才强市"战略,充分发挥杰出人才的"领头雁""排头兵""先行者"作用,打造"两核六极多点"的人才集群发展示范城市,充分发挥市场对人才资源的配置作用,充分发挥人才在城市建设发展中的重要作用。

（一）深化人才发展体制机制改革

2005 年 4 月,中国美术学院象山校区刚刚投入使用,习近平同志就到学校调研学科建设和人才培养。考察中,在听完有关负责人关于中国美术学院欲联合杭州市打造"动漫之都"想法的汇报后,他明确支持这一学校学科发展的特色之路。在学科设计上领先,在人才培育上下功夫,积极探索产学研一体化,为浙江发展做出贡献,是当年习近平同志对美院的殷切希望。

以深化人才发展体制机制改革为重点,杭州遵循社会主义市场经济发展规律和人才成长规律,破除束缚人才发展的思想观念和体制机制障碍，先后出台《杭州市新世纪"131"优秀中青年人才培养计划实施情况总结和下一步工作意见》《新世纪"131"中青年培养人选考核办法》《关于进一步加强非公有制经济组织人才队伍建设的意见》等政策，围绕经济社会发展的重点关键领域，统筹推进各支人才队伍建设，实现人才队伍高端化、人才配置市场化、人才开发一体化、人才工作智慧化、人才环境国际化、人才服务精准化，加快建设素质优良、结构合理的创新型人才队伍，努力形成具有国际竞争力的人才制度和环境优势。

在此基础上，杭州秉持人才优先发展理念，紧密结合经济社会发展需要，围绕"3＋1"产业体系和十大重点产业领域，深入实施"西湖明珠工程"等重点人才计划，以提升自主创新能力为核心，以更加开放的视野，创新体制机制，加大培养力度，按照"滚动培养、跟踪管理、鼓励竞争、动态考核"的要求，加快培养高层次专业技术人才队伍，为打造"学习型、创新型、生态型"城市提供专业技术人才保障和智力支持。

（二）积极开展人才管理改革试点

杭州市委、市政府在培育市场主体、建立市场化的引才机制、开展社会化市场化的多元人才评价方式、强化市场为导向的人才激励机制、运用市场机制共建平台、优化市场化的人才管理服务等方面积极探索实践。按照政府引导、市场主导、企业主体的原则，保障和落实用人单位自主权，鼓励和引导社会力量广泛参与人才工作。紧紧围绕美丽中国先行区的建设要求和杭州"一基地四中心"的城市定位，聚焦"1＋6"产业集群，大力开发经济社会发展重点领域急需紧缺人才。实施信息经济人才集聚等重点工程，引进集聚一批大数据、云计算、物联网、移动互联网等领域的高层次人才和团队。大力吸引长三角地区金融行业企业总部、国际高端旅游会展文化休闲企业等落户杭州。统筹推进党政人才、企业经营管理人才、专业技术人才、高技能人才、农村实用人才、社会工作人才等六支人才队伍建设，处理好引进人才和本土人才的关系，扩大增量、盘活存量，引进和培育"两手抓"，促进人力资源向人才资源转化。

（三）引进培育国内外高层次人才

近年来，杭州坚持高端引领，大力引进培养国内外高层次创新创业人才。坚持精准引才，举办浙江·杭州国际人才交流与项目合作大会、创客天下·杭州海外高层次人才创新创业大赛等活动，发挥美国硅谷招才引智工作站、杭州硅谷孵化器、企业博士后工作站、院士工作站、"钱江特聘专家"计划、"鲲鹏计划"等海内外阵地的引才作用。坚持社会化引才，依托海外专业社团、人才大使、人力资源服务机构等力量，提高引才绩效。坚持政策保障，深入实施"杭州人才新政27条"、《杭州市人民政府办公厅关于加强众创空间建设　进一步推进大众创新创业的实施意见》等文件，完善知识产权保护和运用政策，支持以阿里系、高校系、海归系、浙商系为主体的"新四军"创业创新，构建产学研资一体化服务体系。坚持不求所有、但求所用，大力开展柔性引才，为杭州经济、科技和文化的发展注入更多活力。

（四）实施人才开发重点战略

为加快建设重要人才中心和创新高地，为实现社会主义现代化和共同富裕提供人才支撑，杭州稳步推进城乡区域人才开发一体化，加快推进杭州人才国际化进程，大力实施"115"引进国外智力等计划，加大党政人才、企业家、专业技术人才等赴海外培训力度，鼓励、支持有条件的人才到国际组织任职或参与国际交流活动，开阔人才国际化视野。重点打造战略试验平台、产业园区平台、高校科研院所平台、赛会聚才平台、众创空间平台等五大人才平台和西湖"双子星"杰出人才培育计划、新一轮杭州市全球引才"521"计划、新一轮杭州市"115"引进国外智力计划、杭州市领军型创新创业团队引进计划、"杭州工匠"培育计划、基础人才系统提升六大专项性人才工程，全面提高从业人员的专业素养。启动乡镇文化员定向培养工作，组织开展农村文化队伍素质提升工程，有效提升群众文化业务领头人的素质。

2020 年 11 月 8 日，杭州国际人才交流与项目合作大会盛大开幕。大会围绕国内国际双循环新发展格局，突出长三角一体化发展国家战略，秉承"立足杭州、面向全球，服务浙江、辐射全国"的办会宗旨，以"高起点、国际化、重市场、强实效"为原则，以"开放、合作、创新、创业"为主题，突出用人单位主体，突出人才主角，努力打造汇集国内外智力资源、广聚天下英才的长三角人才开放平台，努力打造全球人才蓄水池，更好地为展现杭州"重要窗口"的头雁风采提供强有力的人才支撑。

二、打造特色文化品牌，推动城市文化"走出去"

习近平同志在浙江工作时期，是浙江文化大踏步走向世界的辉煌时期。为了更好地发挥文化工作在对外开放和交流中的引领带动作用，习近平同志身体力行，亲力亲为大力推动浙江文化"走出去"。

2004 年，习近平同志率浙江省代表团出访法国，同法国阿尔卑斯省签订了文化、经贸合作交流协议。次年 10 月，根据协议，浙江省文化厅组织举办"感受浙江——法国·中国浙江文化周"活动。"天上人间——中国浙江丝绸文化展"和"水乡烂漫"浙江农民、渔民画展，以嘉兴农民画、舟山渔民画以及长兴百叶龙等一些具有地方特色的民俗表演助力活动成功举办，在当地引起轰动。从法国回来后，习近平同志在此次活动总结报告上批示："这是一次成功的对外宣传与友好城市文化活动，应总结推广，今后继续有计划开展。"

在习近平同志的推动下，浙江省文化厅在当时将这个对外交流项目设为"浙江文化节"，多年来持续不断地加以推进。迄今为止，浙江省已在近 20 个国家和地区举办了 23 次系列活动，"浙江文化节"成为浙江文化走出去的一张金名片，为世界各国了解中华优秀传统文化打开了一扇窗，为展示浙江的品牌形象提供了一个国际平台，为浙江经济走向世界搭起了一座桥梁。

随着国际知名度和城市影响力大幅提升，杭州的城市功能不断完善，亚太重要门户枢纽建设快速推进，为向国际化大都市迈进奠定了良好的基础。杭州牢牢把握举办 G20 峰会、筹备亚运会等重大活动及参与"一带一路"建设、长江经济带建设的契机，扩大社会对外开放领域，构建对外开放合作长效机制，当好新时代对外开放排头兵，已经成为中国走向国际舞台、引领世界文化发展的重要城市之一。近年来，杭州不断深化战略部署，全力打造"人间天堂·最忆杭州"旅游品牌。深入实施旅游业高质量发展"九大行动"，全面构建文旅深度融合内外市场繁荣、多业良性联动，城乡全城发展的大旅游格局。

（一）宣传城市形象，塑造"美丽杭州"城市品牌

推动文化创意产品开发，实施中国当代文学艺术创作工程，培育新型文化业态，增加优质文化产品和服务供给。新一轮信息技术革新为文创产业发展提供了新条件，在世界范围内蓬勃兴起、方兴未艾。"追寻马可·波罗足迹——天城之旅"意大利画家画杭州活动成为国内首个由西方艺术家创作、以城市为主题的城市品牌宣传活动。威尼斯及罗马"杭州日"活动被文化部纳入 2012"中欧文化对话年"框架并成为其"中国文化旅游名城海外巡展"首站活动。2014 年，创新推出"把美丽杭州寄出去"主题活动，向世界宣传展示"美丽杭州"形象，成为国内首个用个人专属明信片实现城市对外宣传的落地项目。《杭州》城市形象宣传片荣获第三届中国出版政府奖提名奖。同时，杭州还充分发挥杭州英文门户网站的媒体窗口作用，加强与香港大公报、香港文汇报和凤凰卫视等媒体的交流合作，在《上海日报》推出杭州专版，编制《印象杭州》外宣画册、市长签名"美丽杭州欢迎您"明信片等外宣品，不断提升杭州的知名度与美誉度。

（二）搭建空间平台与载体，扩大文化传播交流

杭州以推进文化名城、文化强市建设和打响"全国文化创意中心"

品牌为目标整合资源,培育一批具有城市特色且符合国际市场需求的文化贸易重点项目;引导文化企业开拓国际市场,培育一批具有国际竞争力的出口基地;抓住重点,搭建一批具有国际影响力的对外文化交流平台;加快步伐,逐步建立符合文化产品和服务出口特点的国际营销网络。

文化创意产业园区是杭州文化创意产业发展的主平台,园区的集聚效应和规模效应不断为杭州文创助力。除白马湖生态创意城以外,杭州还有之江文化创意园、西湖数字娱乐产业园、运河天地文化创意园、西溪创意产业园等多家文创园区,这都为文化创意产业的发展提供了良好的空间载体。杭州文化创意产业博览会(简称杭州文博会)致力于打造成为国际一流、国内领先的重点文化会展平台,全面展示国内外最新文化创意成果;自 2007 年举办以来,已成为全国四大文创产业综合会展(杭州文博会、北京文博会、深圳文博会、义乌文博会)之一。数字化技术的进一步赋能,使杭州文博会成为产业创新驱动的风向标和行业创新发展新高地。经过多年的培育,杭州已经形成了西湖国际博览会、杭州世界休闲博览会、杭州文化创意产业博览会、中国国际动漫节等一批具有一定国际影响的重大会展节庆品牌。

每年,杭州如期推进西博会、文博会、动漫节等重大展会,建立杭州海外交流基地,打造“杭州国际日”金名片,持续加强国际文化艺术交流,向世界讲好“杭州故事”。

（三）深化对外开放,加强国际人文合作

围绕打造“一带一路”枢纽城市、建设高能级开放大平台、发展更高质量开放型经济的目标,杭州进一步营造国际一流的营商环境,集聚高素质国际化人才队伍,坚定不移推进城市国际化。

2014 年,杭州爱乐乐团开展赴意大利巡演、乐手赴柏林深造活动,乐团实力稳居全国前五位。2015 年,组织“黑白艺术”纽伦堡印刷造纸展、“当阿里山恋上西子湖”首届杭台音乐交流节、第三届海内外江南丝竹邀请赛等重点文化交流合作项目；参与"文化在城市可持续发展中的角色"国际会议的组织工作。2016 年，联动专业和民间文化机构，策划推出一系列海外特展和对外文化活动，杭州文化会展系列品牌在海内外打响。同时，积极开展海峡两岸图书交易会、两湖论坛、香港书市等活动，组织开展中国—荷兰文化创意产业杭州交流会、香港巡回展览杭州站、德国汉堡杭州推介、全国摄影名微博快拍杭州等活动，大力宣传杭州城市形象。

随着对外文化交流的日益广泛和深入，人才国际化水平全面提升。杭州海外人才净流入率连续两年居全国首位，累计引进海外高层次人才 2.9 万余名，外籍人才 1.5 万余名，连续 8 年入选"外籍人才眼中最具吸引力的中国城市"。建立国家海外人才离岸创新创业基地和全国首家国际人才创业创新园，外国人在杭注册（担任法人）企业超过4980 家。

三、展示古城"韵味杭州"，促进东方文化国际融通

在浙江省委十一届八次全会上，习近平同志强调：政治是骨骼，经济是血肉，文化是灵魂。这一比喻形象地说明了文化对人类社会发展所起的作用。从根本上说，文化是由经济决定的，经济力量为文化力量提供发挥效能的物质平台。然而，任何经济又离不开文化的支撑：文化赋予经济发展以深厚的人文价值。要化解人与自然、人与人、人与社会的各种矛盾，必须依靠文化的熏陶、教化、激励作用，发挥先进文化的凝聚、润滑、整合作用。[①]

（一）创新完善对外文化传播和交流机制

杭州是中国的一个历史文化重镇和商贸中心，有千年以上的历史。丝绸、茶叶、印学和南宋官窑等东方传统文化艺术的世界知名度，

---

① 习近平：《干在实处　走在前列——推进浙江发展的思考与实践》，中共中央党校出版社2006 年版，第 293 页。

已经为杭州打响了联合国教科文组织全球创意城市网络"工艺和民间艺术之都"品牌。杭州不断地鼓励和吸引世界各国政府和文化机构来杭举办大型文化交流活动,完善大型会展场馆布局,加强国际会议、论坛和会展项目引进,努力打响全球会议目的地品牌,打造东方文化国际交流重要城市。

G20 杭州峰会赋予了杭州成为世界名都的机遇,不仅给杭州带来经济、政治与文化收益,还进一步提升了杭州城市国际化水平。峰会召开期间,累计接待 76 个国家和地区的 580 家媒体机构的 4000 多名记者。深入开展"中国故事""浙江故事""杭州故事"挖掘提炼,设计制作了《杭州简史》《杭州人手册》《杭州画册》等一系列外宣品。同时,杭州大力开展主场外宣活动,与央视合作摄制《杭州》宣传片,先后在央视综合频道和五个外语频道播出。精心制作"杭州故事"系列视频短片,创作 G20 杭州峰会动漫宣传片,出版报告文学《最美是杭州》,《杭州欢迎你》《杭州之恋》主题歌曲在各大媒体和全市各大车站、机场、地铁站滚动播出,有力提升了"韵味杭州"品牌的知名度和美誉度。

(二)培育杭州特色文化,打造贸易品牌及项目

文化是一个民族生存和发展源源不竭的动力和源泉,优秀的文化作品也一样有着鼓舞人心、激荡山谷、推动历史车轮前进的力量。习近平总书记曾在文艺工作座谈会上指出:"每到重大历史关头,文化都能感国运之变化、立时代之潮头、发时代之先声,为亿万人民、为伟大祖国鼓与呼。"①近年来,中国作协网络文学研究院、中国网络作家村相继落户杭州,107 位知名网络作家已签约入驻作家村;文艺重镇辉映网络文学双年奖、网络文艺促进联盟,蓄积浙江网络文艺蓬勃发展之势。2018 年 5 月,《浙江省传承发展浙江优秀传统文化行动计划》正式发布,提出实施六大工程,到 2022 年使浙江成为新时代中华优秀传统

---

① 习近平:《在文艺工作座谈会上的讲话》,人民出版社 2015 年版,第 5 页。

文化传承发展新高地，鼓励文化原创性产品，扶持培育一批具有杭州特色、国际竞争力的文化贸易品牌。

为打造"韵味杭州"独特魅力，杭州还着力开发了一批更具东方文化、中国气派、杭州特色，更适应西方主流群体欣赏口味的文化产品和项目。如进一步提升《印象西湖》《宋城千古情》《走遍杭州》《遇见大运河》等经典演艺产品的文化内涵，向海内外观众传递更加直观生动的东方理念和杭州印象；增强旅游会展文化交流功能，进一步提升中国国际动漫节、西博会、文博会、云栖大会等现有展会的国际化水平，打造成为东方文化与世界文化对话的平台。

杭州还是创新活力之城，电子商务蓬勃发展，在杭州点击鼠标，联通的是整个世界。杭州拥有坚实的电子商务、互联网产业基础。2013年秋天，习近平总书记出访中亚和东南亚时提出"一带一路"倡议。"一带一路"倡议是中国倡导的新一轮全球化，而杭州倡导和正在实践的"网上丝绸之路"对接了"一带一路"。值得一提的是，浙江的文化产业逐渐向"微笑曲线"两端转型，涌现出一批"现象级"融媒体产品，浙江报业集团媒体融合实践走在全国前列，浙江广电集团也以各类新媒体产品吸引了活跃用户。金融机构助推文化产业转型升级，2013年设立全国首家文化金融专营机构——杭州银行文创支行。2016年，浙江省首个文化产业金融服务平台"鑫文化"在杭州基金小镇上线。这不仅促进了杭州市、浙江省文化产业的快速发展，还使得中国与世界的贸易往来更加便捷、经济模式更加多元化，更增加了"互联网＋"的力量，产生了巨大的生产力，不断扩大了商贸文化交流的影响力。

（三）促进文化交流融合，培育文化出口项目

随着杭州城市国际化步伐加快，杭州在中外文化交流方面也呈现出许多新的特点，例如大力积极鼓励结合当地文化产业特色，在符合条件的服务业集聚区内建设一批以动漫游戏、影视出版、创意设计、网络数字、文化演艺等为主的文化出口基地。对在推进文化出口企业集

聚、推动文化产品和服务出口方面做出突出贡献的基地，经认定后给予项目扶持。同时，重大活动日益增多，配合国家外交战略，开展纪念中法、中英、中意、中土、中韩建交系列活动，两次成功承办联合国教科文组织世界文化大会。

第一，与港澳台交流持续深化，成立文化研究中心，连续数年全力支持台湾南投县举办"元宵灯展"，积极参与每年一度的海峡两岸图书交易会、文创博览会、两湖论坛及香港书市等重大文化活动。第二，支持民间机构参与两岸文化交流与合作，增强中华民族的文化认同感。第三，各艺术院团连续受文化和旅游部邀请，参加我国在泰国、新西兰、美国、埃及等国家举办的"欢乐春节"活动。美国第三大公共电视台——佐治亚州公共电视台及肯尼索州立大学孔子学院来杭拍摄的纪录片《茶，东方神药》在美国主流媒体播放，覆盖北美广大地区。首次引进提香、鲁本斯、达利、夏加尔、奈良美智等大师级作品展，交流层次及项目影响力显著提升。第四，民间力量日趋活跃。西泠印社积极发挥"天下第一名社"作用，在日本开办办事处，"百年西泠"系列展在意大利、土耳其、荷兰、海地、美国、斯里兰卡成功展出，中华篆刻声名远播。杭州文化娱乐品牌促进会、艺术品行业协会以及江南铜屋、杭州十竹斋艺术馆等社会机构发挥各自独特优势，广泛开展对外文化交流活动，在泰国、俄罗斯及新加坡等国的中国文化中心留下杭州印记。

（四）搭建对外交流平台，参与国际文化展会

为了搭建一批具有国际影响力的对外文化交流平台，"进一步挖掘浙江深厚的文化底蕴，及时总结广大人民群众的生动实践，不断丰富'浙江精神'的时代内涵"[①]，杭州瞄准境内外高端展会，积极开展参展推介工作，鼓励拓宽文化企业境内外交流渠道，支持企业参加中国国际服务贸易大会、中国国际服务外包交易博览会、中国（杭州）国际

---

① 《始终坚持发展这个第一要务　不断提高综合实力和国际竞争力》，《杭州日报》2003 年 1 月 17 日。

动漫节、中国杭州文化创意产业博览会、中国（深圳）国际文化产业博览会、法国戛纳影视动漫节及米兰国际设计周等展会，推动文化企业开展境内外交流，在交流中提升城市文化层次。

2014 年，"杭州城市文化展"成功举办。该展作为庆祝中法建交50 周年"文化中国"大型艺术展的重头戏亮相法国卢浮宫，赢得了法国前总理拉法兰和众多国际友人的广泛赞誉，并先后参展意大利米兰设计周、丹麦哥本哈根中国文化中心展示周等活动，得到了国际设计界的热捧。2016 年，成功引进全球最大的影视内容会展"戛纳电视节"进驻杭州，组团参展 2016 戛纳电视节、第 20 届香港国际影视展、第 12 届深圳文博会等知名文化会展，荣获深圳文博会最佳展示奖。

21 世纪以来，杭州迅速发展的辉煌历程，不仅充分显示了优秀传统文化的突出优势、强大生命力和时代价值，而且也充分表明文化的力量最终可以转化为物质的力量，文化软实力最终可以转化为经济硬实力。习近平总书记将"浙"里文化的力量比喻为经济发展的"助推器"、政治文明的"导航灯"、社会和谐的"黏合剂"，能够"润物细无声"地融入经济力量、政治力量、社会力量之中。按照党中央、省委的战略部署，杭州市委、市政府坚持中国特色社会主义文化发展道路，坚持创造性转化、创新性发展，落实文化浙江十大工程，制定文化发展"1＋X"行动计划，推动社会主义精神文明和物质文明协调发展，进一步增强文化软实力，进一步展示历史文化名城魅力，以全面深化文化体制改革和供给侧结构性改革为动力，继续在浙江省发挥龙头领跑示范带动作用，继续走在全国重要城市前列，共建共享历史文化名城、创新活力之城、东方品质之城，努力建成美丽中国的样本，朝着建设独特韵味别样精彩世界名城目标大步迈进。

第四章　加强社会治理和建设，展现民生福祉新水平

习近平总书记强调，社会治理是社会建设的重大任务，加强和创新社会治理，是完善和发展中国特色社会主义制度、推进国家治理体系和治理能力现代化的重要内容。他指出："治理和管理一字之差，体现的是系统治理、依法治理、源头治理、综合施策。"①新时代背景下的社会治理就是要以最广大人民利益为根本出发点，创新社会治理体制，改进社会治理方式，构建全民共建共享的社会治理格局。

习近平同志在浙江工作期间强调，"始终完善和落实为民办实事的长效机制就是忙到了点子上"，要"问需于民、问计于民、问情于民，掌握民情、分析民意，民主决策、科学安排，落实好为民办实事项目，做到让人民群众参与、让人民群众做主、让人民群众受益、让人民群众满意，真正使群众成为利益的主体"②。他强调要始终坚持把不断提高城乡居民生活水平作为落实科学发展观、实施"八八战略"的出发点和落脚点。"人民对美好生活的向往，就是我们的奋斗目标。"③我们要始终如一地推进公共服务建设，加强民主协商，促进城乡协同，切实民生保障等项目工程，围绕社会和人的全面发展，不断推进社会治理和建设的现代化水平。新时代背景下，加强社会治理和建设，就是要更好满

---

① 中共中央宣传部编：《习近平总书记系列重要讲话读本》，学习出版社、人民出版社 2016 年版，第 224 页。

② 习近平：《之江新语》，浙江人民出版社 2016 年版，第 245 页。

③ 《"人民对美好生活的向往，就是我们的奋斗目标"——"十个明确"彰显马克思主义中国化新飞跃述评之三》，《人民日报》2022 年 02 月 16 日。

足人民在政务服务、平安健康、生活质量等民生方面日益增长的需要，更好推动人的全面发展、社会全面进步，使民生福祉达到新水平。杭州市始终以"八八战略"为统领，围绕"最多跑一地"改革，打造共建共享的社会治理格局，构建整体智治型社会，打造健康杭州，推进未来社区建设等方面不断深化改革创新，在回应、诠释、实践"八八战略"上交出了一份具有杭州特色的生动答卷。

第一节　坚持和完善"最多跑一地"改革，打造共建共治共享社会治理格局

自党的十八大提出"加快形成党委领导、政府负责、社会协同、公众参与、法治保障的社会管理体制"以来，党的十九大进一步提出"打造共建共治共享的社会治理格局"的规划设计。以"社会治理共同体"发展理念为指导，打造"共建共治共享"的社会治理格局，成为新时代各级党政部门应对多重社会治理问题的复杂性和多样性、推进社会治理能力和治理体系现代化的奋进目标。

杭州市在加强和创新社会治理领域方面积极探索。基于党的十八届三中全会的"创新社会治理，推进国家治理体系和治理能力现代化"要求，2013 年 12 月，中共杭州市第十一届委员会第六次全体会议决定对杭州市十大重点领域和关键环节进行深化改革，并在"杭改十条"①中明确提出"要加快形成科学有效的社会治理体制机制"。近年

---

① "杭改十条"包括：①围绕推进高技术产业基地建设，完善创新驱动转型发展的体制机制；②围绕推进国际电子商务中心建设，完善开放型经济体制机制；③围绕推进全国文化创意中心建设，创新文化发展体制机制；④围绕推进区域性金融服务中心建设，创新金融服务体制机制；⑤围绕推进国际重要的旅游休闲中心建设，形成提升城市国际化水平的体制机制；⑥围绕推进新型城镇化建设，深化城乡一体化发展的体制机制；⑦围绕推进全国民营经济强市建设，完善激发各类市场主体活力的体制机制；⑧围绕推进美丽杭州建设，健全生态文明建设体制机制；⑨围绕推进平安杭州建设，加快形成科学有效的社会治理体制机制；⑩围绕推进法治杭州建设，完善提升政府治理能力的体制机制。

来,杭州市委、市政府积极构建以民主促民生社会治理机制,发展了"最多跑一地""信访超市""六和塔"工作体系、"社会复合主体建设"等在全国引起较大反响的社会治理创新举措。这些创新举措不仅优化了政府的公共服务职能,提高了市场的社会公共价值,培育了社会组织的主体能力,也增强了社会公众的参与意识,同时为构建"政府—社会—市场"社会治理共同体积累了"杭州经验"。杭州市以共建共治共享社会治理格局为出发点,不断完善政府治理模式,创新社会管理与服务,为"十四五"期间深化社会治理创新与改革提供了良好的开端。

一、深化"最多跑一地"改革,有效化解矛盾纠纷

习近平同志强调,要"加强基层基础工作,推动各级领导下访,落实信访责任制,建立预防、发现和有效化解社会矛盾的机制,真正把问题解决在基层"①。为贯彻落实该指示,维护基层社会治理稳定,真正做到为人民服务,浙江省致力于打造县级社会矛盾纠纷调处化解中心(以下简称矛调中心),于 2019 年提出"最多跑一地"改革。"最多跑一地"是"最多跑一次"改革理念在社会治理领域的改革延伸,是为改变矛盾纠纷化解中部门间各自为政、各层级整体协同不足的碎片化现象,通过协同整合、流程优化,为民众提供信访代办服务或受理、调解、仲裁、诉讼、执行全流程的"一窗受理、一揽子调处、一条龙服务"②。"最多跑一地"改革的关键在于不断完善公共服务体系,提高政府公共服务水平,让人民群众有更多获得感,进而实现政府治理和社会调解、居民自治的良性互动。

---

① 习近平:《干在实处 走在前列——推进浙江新发展的思考与实践》,中共中央党校出版社2006 年版,第 274 页。

② 《"最多跑一地"到底怎么跑? 浙江哪些经验值得推广?》,《浙江日报》2019 年 10 月 8 日。

（一）从"最多跑一次"到"最多跑一地"，基层社会治理理念创新

浙江省和杭州市"最多跑一次"改革是在深入学习贯彻习近平总书记全面深化改革重要论述的基础上，对照"八八战略"中"进一步发挥浙江的体制机制优势"的要求，创造性提出的一项关乎全局的改革举措。"最多跑一次"改革是通过"一窗受理、集成服务、一次办结"的服务模式创新，降低制度性交易成本，提高行政效率，增强经济社会活力的重要制度改革。在以人民为中心的发展思想指引下，基于"最多跑一次"改革理念方法，2019 年，浙江省全面推进社会治理领域"最多跑一地"改革，以县（市、区）为重点，全面建设县级矛调中心，打造纠纷终点站，避免矛盾再发酵。其创新之处体现为：首先，"最多跑一地"是"最多跑一次"改革理念在矛盾纠纷化解领域的创新运用。"最多跑一地"作为社会矛盾纠纷多元预防调处化解的综合机制，继续发扬了"最多跑一次"回应民众需求、提升民众满意度的治理理念，是新时代"枫桥经验"的再发展，也是深入推进国家治理现代化的创新举措，具有开创性意义。

其次，"最多跑一地"创新了矛盾纠纷化解流程。"最多跑一地"改革彻底改变了以往社会治理中矛盾纠纷化解需要多窗口、多环节、多地跑的服务顽疾，积极建设县级治理综合服务中心，探索矛盾纠纷化解"一窗式受理，一站式化解"的社会治理体制。

最后，"最多跑一地"创新化解矛盾纠纷的方式手段。"最多跑一地"改革充分运用互联网技术，构建如在线矛盾纠纷化解平台、"移动微法院"等信息平台，依托"线上调""掌上办""线上线下联动办"等网络化治理载体，为民众提供高效便捷的远程调解服务。改革通过构建"用数据说话、用数据管理、用数据决策、用数据创新"的社会治理智慧治理新模式，实现社会治理的预警和动态治理，在降低人工服务成本的同时提高化解矛盾的效率。

（二）"最多跑一地"的实践载体："信访超市"取信于民

习近平同志强调，处理基层矛盾纠纷要做到"以'件件有着落，事

事有回音'的实效,真正取信于民"①。县级矛调中心也叫"信访超市",是浙江省落实习近平总书记重要指示、推动从"最多跑一次"到"最多跑一地"改革的重要载体。2019 年 4 月,杭州按照"最多跑一地"理念,在拱墅、余杭、桐庐首批试点建设"信访超市",对涉及多个部门的复杂事项,"信访超市"可通过综合窗口受理,再根据群众诉求的不同类型、矛盾发展的不同阶段、来访群众的不同需求,再次进行分流归类;对权责关系简单清晰的事项,按照即接即办要求当场答复;对涉及多个部门、平台中心内部能解决的事项,则实行联合调处机制,以集体会商、领导代办、信访代办、跟踪督办形式推进解决。②

以杭州市拱墅区"信访超市"为例,结合社会问题过去办件量多、关联度密切、专业性强的特点,拱墅以"应进尽进"推动 12 个部门办理事项常驻"信访超市",专门设置一个综合窗口、7 个行政单位接待窗口、1 个信访接谈室、5 个法定途径解决矛盾纠纷部门接谈室,落实大厅住建、市场监管等窗口主体责任,形成"受理、反馈、评价、回访、督办"5 个环节闭环管理,初步实现"前台身份问题识别,后台锁定问题流转,窗口按需马上受理",以最快的速度、最实的效果,着力解决群众最怨最烦的问题。化零为整的还有杭州市余杭区的"信访超市",它整合了原本分散设置的社会治理管理服务中心、人民来访(联合)接待中心、社会治理综合指挥中心、矛盾纠纷多元化解中心、公共法律服务中心五大平台,并引入信访接待、法律服务、诉讼服务、劳动争议调处、行政复议、心理服务、人民调解等七种服务类型,开放 18 个接待窗口、16个接待功能室,调动法院、司法、人社、国土、教育、社会心理服务、社会组织等 20 多个部门 200 多名工作人员联合入驻,综合"对症下药",集成式解决矛盾。而全市最早建成启用的西湖区"信访超市"同样成效显著,通过"群众张嘴、干部跑腿"新渠道、"一窗受理、集成办理"新流

① 《不断深化领导下访工作,切实解决好事关群众切身利益的信访问题》,《浙江日报》2004 年9 月 10 日。
② 《杭州开张"信访超市"一站到底化解群众烦心事》,《杭州日报》2019 年 11 月 16 日。

程、"力量联合、矛盾联调"新机制,实现矛盾纠纷不上交、化解调解在一线。"信访超市"开张以来信访总量同比下降 65.2%,辖区内 80% 的矛盾纠纷在"信访超市"得到化解,真正实现了家门口"一站式"化解。截至 2019 年,13 个区(县、市)"信访超市"已建成并投用。① "信访超市"开办以来取得了强化基层溯源治理、减轻群众"访累"、提升属地矛盾纠纷化解能力的良好效果,还衍生出首办问责、灵活派驻、闭环管理等倒逼机制。未来,杭州县级"信访超市"将成为一种长效机制,继续在溯源治理、矛盾纠纷化解方面发挥积极作用。

基层组织、基层群众是构建和谐社会的重要基础,加强基层依法治理工作,就是要完善基层执政方式,建立和规范基层利益协调、矛盾处理、社会建设和社会管理机制,引导基层组织和基层干部依法办事,引导基层群众以理性合法的形式表达自己的利益要求,从而促进社会的和谐与稳定。"最多跑一地"改革的探索,让社会治理模式更加扁平化,也彰显了政府部门向基层放权赋能,构建多元主体参与治理,打造共建共治共享治理格局的决心,通过整合和调动各方力量激发社会治理新效能。

二、坚持"六和塔"工作体系,推进市域治理现代化

党的十八大以来,习近平总书记高度重视市域社会治理工作。为实现市域社会治理现代化,杭州市提出了建立市域社会治理"六和塔"工作体系的目标。六和塔是杭州钱塘江畔地标性建筑,取名"六和塔",既寄托古代传说中的六和愿景,也蕴含构建六大体系、提升六大能力:构建党的领导体系,提升党建"领和"能力;构建群防群治体系,提升社会"协和"能力;构建纠纷化解体系,提升多元"调和"能力;构建科技支撑体系,提升智慧"促和"能力;构建平安宣传体系,提升文化

---

① 《杭州开张"信访超市"一站到底化解群众烦心事》,《杭州日报》2019 年 11 月 16 日。

"育和"能力；构建依法治理体系，提升法治"守和"能力。同时，借助塔之造型，将塔尖、塔身、塔基分别与党建统领、四化支撑、三治融合相对应：塔尖是"党建统领"，强调将党的领导贯穿于市域社会治理全过程，充分发挥各级党委的领导核心作用和基层党组织的模范带头作用；塔身是"四化支撑"，着力提高社会治理社会化、法治化、智能化、专业化水平，强化主体整合、队伍建设、技术支撑、法治保障等方面的整体联动；塔基是"三治融合"，促进基层自治、法治、德治"三治融合"，不断提升社会基层治理自我革新、自我完善、自我修复的能力和水平，夯实基层治理基础，切实构建共建共治共享的治理格局。

（一）从理念到部署，构建社会治理现代化体系

在浙江省委十一届六次全会上，习近平同志强调："建设'平安浙江'，既是'八八战略'深化细化具体化的重要体现，又是深入实施'八八战略'的重要保证。"①杭州以市域社会治理"六和塔"工作体系为抓手统筹推进平安杭州建设，平安考核成绩从 2017 年的浙江省第九名，跃升到 2018 年的第五名、2019 年的第一名。

2019 年 4 月，杭州市委、市政府召开了平安杭州暨推进市域社会治理现代化动员大会，明确提出将用三年左右时间，全面打造全国市域社会治理标杆城市和平安中国示范城市。会上，杭州市还出台了《关于推进市域社会治理现代化的意见》《关于加快推进城市大脑在基层社会治理中应用的意见》《关于推进杭州市城市大脑·市域治理数字化系统建设的实施意见》《市域社会治理"六和塔"工作体系建设标准》等若干文件，内容涉及组织体系、工作机制、智慧治理、标准建设、实践载体等众多方面，全面规定"六和塔"工作体系的基本内涵、组织架构、治理体系等具体内容，设置了市域社会治理现代化评价指标体系，不断增强不同社会治理主体之间的系统性、协同性，从而为杭州全

---

① 习近平：《干在实处　走在前列——推进浙江新发展的思考与实践》，中共中央党校出版社 2014 年版，第 237 页。

面推进市域社会治理现代化提供了较为完备的制度支撑体系。根据上述文件,杭州市委全面依法治市委员会已专门设立了推进市域社会治理现代化工作专班,由市委副书记、政法委书记任召集人,下分"党建领和""社会协和""专业维和""智慧促和""法治守和""文化育和"六个专项组,相关部门负责人为专班成员。同时,还建立了相应的工作机制,为推进市域社会治理提供了有力支撑。

新时代背景下推进"六和工程",建设市域社会治理"六和塔"工作体系,既是杭州市社会治理现代化工作的既定目标、必然选择、长远之策,更是落实习近平总书记重要指示,全面打造"全国市域社会治理标杆城市"和"平安中国示范城市"的重要抓手。

（二）从部署到行动,"社会协和"提升共建共治能力

人民群众是推进市域社会治理现代化的有力依靠。杭州市坚持"六和塔"工作体系"社会协和"能力建设,以构建群防群治体系,努力打造人人有责、人人尽责的社会治理共同体。

杭州通过创新群众参与机制,融合社会各方资源,构建富有活力和效率的新型基层社会治理体系:一是发挥群团组织的桥梁纽带作用。深化基层群团改革,推动组织力量和服务活动双下沉,打通基层人、财、物、场地使用隔阂,形成以镇街群团组织为龙头,以区域群团组织为中枢,以村社、网格为基石的群团组织参与基层社会治理网络。聚焦新阶层、新领域、新业态、新群体,以区域化群建为抓手,充分发挥各级工会、共青团、妇联、科协、残联、工商联等群团组织凝聚引领作用,努力接长手臂,不断向基层治理延伸。二是发挥社会组织与志愿服务的积极助推作用。杭州一直致力于深化基层群团改革,积极推动组织力量和服务"双下沉",充分调动工、青、妇等群团组织的桥梁纽带作用,全方位引导社会力量、广大群众参与社会治理。创新社会组织培育管理体系,建立市、区（县、市）、乡镇（街道）三级社会组织培育孵化基地,加快培育与现代社会治理结构相适应的公益性、互助性、枢纽

型社会组织。同时,还专门出台激发社会组织活力,推进社会共同治理的工作意见,全方位引导鼓励规范各类社会组织参与社会治理,树立了"小青荷""武林大妈""萧山·红领通""和事佬"等一大批有作为、有影响、能战斗的群防群治特色品牌,以及桐庐县"物管协调工作站"、建德市"五治桂花"乡村微治理模式等优秀项目,拓宽了人民群众和企事业单位参与社会治理的渠道,为基层自治模式增添了色彩。三是发挥基层自治组织的群防群治作用。充分发挥居委会、村委会等基层自治组织作用,拓宽人民群众参与渠道,形成以群众自治组织为主体、社会各方广泛参与的新型村(社区)自治体系。例如,在街道、社区层面建立社区"四会"(民情恳谈会、事务协调会、工作听证会、成效评议会)工作制度,搭建起"邻里值班室"、"湖滨晴雨"工作室等社情民意沟通平台,不断拓宽社区居民有序参与渠道。四是发挥乡镇街道基层治理的组织能动性。乡镇街道是社会治理的轴心,杭州聚焦其公共服务管理等主责主业,推动形成"1＋3＋1"体制框架,实现扩权赋能,提升统筹协调能力,同时为村社搭建强大的"组织发动机",建立联乡结村帮扶制度,构建市县乡村"善治链条"。2019 年 5 月 28 日,浙江省首个街道综合执法机构——下城区长庆街道综合执法大队揭牌,将执法权下放到基层,精简了执法流程,解决了基层"有责无权"问题。

三、探索社会复合治理,建设良性互动的治理体系

习近平同志强调:"社会建设和社会管理是构建社会主义和谐社会的内在要求……要通过各方面的努力,建立政府调控机制同社会协调机制互联、政府行政功能同社会自治功能互补、政府管理力量同社会调节力量互动的社会管理网络,形成对全社会进行有效覆盖和全面管理的体系。"[①]杭州认真贯彻习近平同志重要指示,在社会治理领域

---

① 习近平:《干在实处　走在前列——推进浙江新发展的思考与实践》,中共中央党校出版社 2014 年版,第 67—68 页。

积极创新和探索，形成了"钱塘江时代"（2002）、"精致和谐、大气开放"的杭州精神（2004）、"生活品质之城"（2007）、"生活品质网群"和"城市有机更新"（2008）等社会治理方面的"杭州特色"和"杭州经验"。特别是 2008 年初，"杭州经验"步入了"社会复合主体阶段"，尝试对以往探索进行再次汇聚和提升。

（一）和而不同，"四界偕同"共建社会复合治理

社会复合主体治理模式就是构建一个四大复合主体能够发挥各主体优势，使各主体进行交流、合作与监督的平台，使来自各方面的利益诉求得到合理的整合，从而实现城市的良好治理。杭州在社会复合主体的构建中，既注重形成一定的组织结构和形态，形成共同体，又注重保持组织中不同成分的主动性、独立性和专业性。杭州的社会复合主体活跃于经济、科技、文化的结合处，以促进经济、科技、文化互动共进，社会全面发展为己任。

2000 年，第一个社会复合主体的雏形出现——杭州市与浙江大学战略合作组织，双方共同组建战略合作促进委员会，共建了"和谐杭州示范区"、浙江大学国家大学科技园、浙大城市学院等多个复合主体。这种融合社会各界代表的合作模式也使杭州的一些特色行业发展得以恢复。杭州丝绸女装战略联盟、杭州茶行业联盟先后于 2004 年、2005 年诞生，联盟融合党政、企业、研究机构、高校等力量，整合政、产、学、研、商等各类资源，推动丝绸女装和茶产业、文化、旅游的繁荣和发展。此后，杭州在实施西湖综合保护工程、运河综合保护工程等重大社会性项目，发展文娱、美食等特色行业，培育西博会、休博会、动漫节等会展品牌，推进杭州市与浙江大学、中国美院战略合作等方面，组建了一大批社会复合主体，有效地整合了党政、知识、行业、媒体四界的各种资源，统筹了社会效益和经济效益，促进了文化和经济的和谐，取得显著成效。经过多年的发展，杭州社会复合主体不断发展壮大，特别是 2008 年以来的城市品牌网群由小到大、不断拓展。"大

网群"的形成，激发了社会各方参与城市发展、行业引领、公共服务的积极性，更好地推动了城市品牌、行业品牌、企业品牌和产品品牌的互动、共赢，在复合中凝聚城市的力量。

（二）群策群议，共享"三有"社会治理成效

培育和发展社会复合主体，有利于把社会不同群体的外在制约转化为内在关联，把社会不同方面的被动介入转化为主动参与、自觉互动，把外部管理、外部监督转化成内部引导、内部制约，推进民主协商，以民主促民生，以民主促创业，实现民主内容真实性与形式多样性的统一，民主与效率的统一、民主与发展的统一。

"杭网议事厅"是依托新媒体的民主参与型社会复合主体。它是由杭州市委办公厅、市政府办公厅、市委宣传部、杭报集团主办，杭州网承办的网络互动平台，也是国内首个由党委、政府和媒体等社会复合主体联办的民主民生栏目。它经常围绕公众关心的热点话题和解决重大民生问题的新政策，邀请领导、专家学者和网民交流、讨论并汇总上报，发挥反映分析、引导民情、解疑释惑、排忧解难、服务决策的作用，为群众参与公共事务，进行民主协商提供平台。它还是我国首个兼顾"议事"和"办事"功能的民主民生网络互动平台，直接进驻政府为民服务机构，能为网民提供咨询、办事、信访、投诉等服务。"我们圆桌会"是依托传统媒体的民主参与型社会复合主体，是杭州市主要媒体联合党政机关和研究团体开办的交流谈话类节目，每期一个热点话题，请专家学者、党政部门人士、行业企业人士、市民代表和媒体评论员座谈，实现多方互动、各界沟通、建言献策、合作共赢，为党委政府民主决策、科学决策提供参考。圆桌会上发表的意见经常被有关部门采纳，成为推动科学发展、促进社会和谐的重要平台。"市民之家"是依托实体组织的民主参与型社会复合主体的代表，市民通过自荐、推荐等方法，在常住人口中按千分之三的比例产生市民代表。他们可列席市委、市政府有关会议，参与涉及市民重大利益调整的听证活动，对拟

出台或已出台的涉及民生的重大政策与举措提出意见等。"湖滨晴雨"则是基层民主参与型社会复合主体的代表，是杭州市湖滨街道在整合现有的"杭州市社情民意信息直报点"、"杭州市社会舆情信息直报点"、庭院改善工程"草根质监站"、社区调解"和事佬"等单项平台资源基础上，搭建起的社会复合主体。它在街道和社区两个层面建立组织，聘请一批兼职为主的民情预报员和民情观察员，开展各种民情收集、反映和政策传递、解疑释惑工作。广泛听取民声，收集民意，吸纳民智，使政府的视角更广、触角更深，为政府广纳民意开辟了一条新渠道，给热心公益人士和退休人员提供了服务社会的机会。

多年来，杭州通过民主社会复合主体的治理方式，利用信息媒介组织民众参与社会治理，为建设人人有责、人人尽责、人人享有（简称"三有"）的社会治理共同体提供"杭州经验"。

第二节　加强数智化治理，构建城市大脑和"整体智治"型社会

2020 年以来，浙江进一步拓宽数字化改革范畴，以系统集成、协同高效为准则，坚持数字化思维，逐步以数据驱动代替主体驱动，对省域治理体制机制、组织架构、方式流程、手段工具进行全方位系统性重塑，打造"整体智治"的现代政府。"整体智治"，就是要着眼于"整体"，通过跨部门的数据共享、流程再造和业务协同，打通和整合党政机关各项职能，使群众和企业办事从"找部门"转变为"找政府"，使党政机关服务方式从"碎片化"转变为"一体化"，实现各机关部门协同高效运作。同时要力求"智治"，基于数字化的智慧化治理，更好运用云计算、大数据、物联网、人工智能等数字技术，加快形成及时感知、科学决策、主动服务、高效运行、智能监管的新型治理形态、治理模式，推动决策更加科学、治理更加精准、服务更加高效。因此，"整体智治"不是"整

体治理"与"智慧治理"的简单叠加,而是两者的有机结合:"智慧治理"为"整体治理"提供技术支持,助力治理主体的有效协调;反过来,以提升治理有效性、创造公共价值为目标的"整体治理"为"智慧治理"提供方向。

一、探索整体性治理,实现治理体系从分散走向一体化协同

为秉承"八八战略"的方法论、优势论和创新论,杭州不断探索改革创新路径,以"简约"之道深化"放管服"改革,将营造整体性、一体化的政务服务环境做深做实。治理的整体性,强调治理主体间的有效协调,通过对党政机关整体进行数字赋能等变革,实现职责分工有序、整体运转高效,提升工作效率。实现政务服务的整体性就是要突破地方和部门"各自为政"的局面,使省市县一体、部门间协作、政银企社联动从理念落地为一套可运转的高效机制。

(一)"最多跑一次"集成政务一站式服务

为进一步贯彻落实习近平总书记"干在实处、走在前列、勇立潮头"的新要求,杭州市委提出打造"移动办事之城",运用区块链的理念和技术,探索打造"指尖上的行政服务中心"。这一举措意味着将"一窗受理"这一物理性的"单一界面"跃迁为基于网络的虚拟化界面,政府不受时间和地点的限制,为公众、企业和社会组织提供24小时的公共服务。市审管办公布的数据显示,截至2020年3月,杭州"最多跑一次"改革取得诸多新成效、新突破。政务服务"一网通办"率达81.6%,56件个人和企业全生命周期事项实现"一件事"全流程办理。目前,杭州企业开办、不动产登记、车驾管业务、婚姻登记等250多个事项已实现全市通办;全境已经设立了20个长三角一体化发展"一网通办"综合服务窗口,30项企业事项、21项个人事项在长三角城市群线上"全网通办"、线下"异地可办",实现了理想的"一站式"办公和服务。

杭州的数字化应用已全面渗透到社会生活、城市治理、政务服务等领域,数字惠民效果逐步显现,在提升生活品质、提高市民数字化素养、缩小数字鸿沟等方面成效明显,为整体治理提供了有力支撑。为营造整体性的治理生态体系,充分调动社会力量共同推动社会治理的整体协同,杭州市将加强以下探索:一是建立有效的开放合作机制,构建政府、市场和社会各方协同共治的数字治理生态体系。二是加快数字化协商参与平台建设,加强各类社会组织和人民团体数字化协商能力,引导社会力量广泛参与政府数字化治理。三是坚持需求导向,广泛运用数字化技术和理念,创新线上线下相结合的协商议事方式,大力提升公众数字化参与能力。四是完善"民意直通车"体系,充分发挥"我们圆桌会""民情热线""今日关注"以及在线社交、融媒体等互联网平台的载体作用,激发居民参与城市治理的活跃度,提升公众数字化转型的"获得感"。

(二)发挥城市大脑优势,数据集成实现治理整体化

以信息技术促成政企民多方合作,实现社会治理的整体式参与。城市大脑是运用大数据、云计算和人工智能等技术建构的智能平台,汇集政府、企业和社会等方面的数据,进行融合计算,感知城市生命体征,对城市进行全域的精准分析、整体研判、协同指挥和科学治理。每个管理或服务主体分散化的数据接入城市大脑这一中枢系统后进行交互和协同,可以对整个城市进行全局实时分析,自动调配公共资源,支撑城市运行,利用数字技术整合分散化的公共服务,再将公共服务嵌入治理结构,围绕不同用户群以"端到端"的流程再造灵活而有弹性的政府治理结构,建立一站式流程。2016 年 12 月,杭州市委、市政府成立了由省委常委、市委书记任组长,五位市委常委任副组长的"城市大脑建设领导小组",整合了建委、公安、财政等十个部门,汇聚政府、企业,产学研各方力量,形成合力。杭州市政府专门成立了市数据资源管理局,负责数据归集和资源统筹等,以数据"无条件归集,有条件

使用"为原则,着力消除信息孤岛、信息壁垒。同时,针对特定任务,政府与阿里云、富士康等 13 家高新企业、浙江大学等高校组成工作专班,开展日常研发工作。以相对分散和灵活的临时性组织,实现政府和非政府主体之间的合作,消除治理层次的边界隔阂,实现治理主体间的有效协调。城市大脑基于数据技术的集成服务推动力迅速扩展,集成了 11 个城市治理系统(警务、交通、城管、文旅、卫健、房管、应急、市场监管、农业、环保、基层治理)和 48 个应用场景,围绕用户需求进行公共服务的重组,重新设计服务并消除重复的服务流程。[①] 实施"政府云"支持下的以用户为中心的机构重组和一站式流程,社会保障、税收、医疗等服务纷纷纳入云系统并与"公民账户"直接连接,政府与公民的连接不断扩展。建立基于城市大脑的"指尖上的行政服务中心",本质上就是"去中介化",采用公共服务交易和互动的"默认数字化"模式,通过授权数字交互,朝着零接触交易迈进,并推动着实行公民在政务服务中的主动性和能动性,实现治理需求方和供给方的整体联动。

二、技术赋能城市建设,让社会治理更智慧

自 2013 年杭州市上城区入选国家首批智慧城市试点名单以来,杭州市以长远的战略视角和独到的管理方式,构建数字政府,打造智慧城市,城市数字化、智能化、网格化治理取得了显著成效。2016 年,《中国新型智慧城市》白皮书发布,杭州市被评为"中国最智慧的城市"。

(一)杭州先力先为,技术全面落实领跑智慧建设

2016 年 3 月,杭州市政府三导并联合阿里巴巴等 13 家企业,在全国率先启动了"城市大脑"建设,旨在运用大数据、云计算等新兴技术赋能城市的高效运行。以"大脑"统领和联通微观的治理"躯干",将散落在城市各角落、各系统的数据汇聚到一起,使用云计算大数据、人工

---

① 《科技之治:城市治理的数字化转型》,《杭州》2019 年第 12 期。

智能技术，让城市各个"器官"协同工作，变成一个能够自我调节、与人类良性互动的有机体，正深度影响并改变着杭州的治理生态。

2016 年 10 月，杭州"城市大脑"1.0 版正式发布，包括四个组成部分：市级中枢系统、部门系统和区县平台、各级数字驾驶舱、各类便民服务场景。在 1.0 阶段，杭州"城市大脑"选定了城市交通作为主要应用场景，"城市大脑"接管调控若干街区的红绿灯，提升通行效率。具体实现方法是通过人工智能处理视频，识别交通事故、拥堵状况，融合互联网及警务数据，实时高效感知交通运行情况，结合智能调度算法模型，对各类车辆联合指挥调度，保障特种车辆优先通行，城市交通更高效运转。2017 年，杭州推出了全国首个人工智能数据平台"祥云"DRMS。它是杭州"城市大脑"的"数据仓库"，能够自动对全市政务信息资源进行全量数据摸底、核心业务数据筛选识别、数据主题归类，并实现百万级数据表的秒级即时同步归集，让数据真正具有了支撑实时业务的能力。2018 年 5 月，杭州发布全国首个城市数据大脑规划，提出将"城市大脑"应用拓展到交通以外的平安城市、城管、旅游、医疗、环境、信用等领域。2018 年 9 月，杭州发布了"城市大脑"2.0 版，管辖范围拓展到覆盖 420 平方公里。同时"城市大脑"开始向全国其他城市推广。2018 年 12 月，杭州"城市大脑"综合版发布，初步实现多行业数据融合的城市智能化。"城市大脑"正在从单点智能向城市智能与生态智能突破，"以弹性计算与大数据处理平台为基础，结合机器视觉、大规模拓扑网络计算、交通流分析等跨学科领域能力，实现城市海量多源数据收集、实时处理与智能计算。其创新技术能力体现在五个方面：大数据计算能力、海量多源数据规模化处理与实时分析、类神经元网络物理架构、海量视频实时分析及自动巡检、快速防御多元共计的安全能力"。2019 年，杭州入选"2019 亚太领先智慧城市"并排名第三。截至 2019 年 12 月 30 日，作为杭州市"城市大脑"核心服务管理平台的"数字驾驶舱"已经接入覆盖全市 49 个市级单位，13 个区（县、市）和钱塘新区、西湖景区，以及 13 个街道和 2 个区级部门。到 2022

年，小到民众的衣食住行，大到政府决策和城市治理，不同领域的实时数据和动态交换将在"城市大脑"中成为现实，交通、安全、卫生、亚运、旅游、环保、消防等领域系统建设全面完成，实现全市覆盖，问诊和解决城市发展过程中的多种难题。

（二）完善智能化运行机制，提升智慧化建设能力

杭州除了出台行动计划，落实配套措施，还以大胆的想象与前瞻性视野进行布局，推进"城市大脑"建设，打造社会治理与服务监管等领域的智慧全场景系统。当前，以城市大脑为载体的智慧城市建设正在日益走向成熟，这为理论发展提供了土壤。杭州市以城市大脑为中枢，采用政府与企业合作的新机制推动智慧城市建设，从治堵、治城到抗疫，实现了智慧城市建设从自下而上的分散式、集合式模式向自而下的系统式、集成式模式转变，为智慧城市建设带来新范式。杭州城市大脑已经进化到城市大脑中枢系统 3.0 时代，并且已经完成了从 2018 年的《杭州市城市数据大脑》到 2020 年的《杭州城市大脑赋能城市治理促进条例》的进阶。这意味着杭州城市大脑已经从实践上升到法治，完成了城市大脑的实践探索、整体规划和立法保障。

"数字赋能"就是要不断深化"数字浙江"建设，以政府数字化转型带动经济治理、社会治理、文化治理、生态治理的数字化转型。同时，还要加快业务流程再造，加快数字化平台化集成应用，努力在"掌上办事之省""掌上办公之省"实现新突破，谋求场景化的多业务协同应用实现新突破，在公共数据开放和应用创新方面实现新突破。随着《杭州城市大脑赋能城市治理促进条例》的发布，杭州城市大脑正在向整体智治迈进，城市治理更聪明、更智慧，正在争取早日实现杭州市"十四五"规划中"率先建成'整体智治示范区'和数字变革策源地"的规划目标。

三、价值追求：精准、高效回应公民需求

数字技术作为一种技术手段，其本身不是社会治理追求的目标和

最终夙愿，而是通过智慧化手段整合政府服务，使之以更便捷更人性化的方式满足民众的实际需求，使民众能够分享改革红利，以不断增加社会整体的获得感、幸福感和安全感。在杭州，数字治理已从上半场的"最多跑一次"改革转入下半场的整体智治，各地、各系统在推进整体智治中基于需求和场景探索应用，不断寻找相似点，迭代升级数字治理平台的通用性，同时更加注重探索数字治理的边界，明确数据产权、数字治理与个人权利的关系。

（一）政务服务搭建数字平台为民所想

数字转型带来的社会治理变化虽然强调技术的智慧化力量，但主要还是注重治理的价值，以人为本满足多元化的治理需求。杭州的经验表明，政府有效捕捉社会需求并及时回应，建立交流互动平台，推动了技术应用与社会需求的深度融合。因此，数字技术的生发和应用模式在杭州往往兼具商业潜力和公益导向的特质。城市大脑是政府与13家企业及顶尖科学力量合作的结果，它的产生与发展是政企主体协同创新和复合治理的结果。同时，整个城市、各个区（县、市）及社区的各种智慧治理应用日渐常态化，为数字技术不断契合民众需求积累经验和提供借鉴。

从"最多跑一次"的改革效果看，借助包括数字技术、互联网在内的技术力量，简化各类行政手续，一定程度上增加了民众和企业的获得感。而网络化、扁平化的互动渠道，使民众意见能够在尽可能减少过滤和干扰的情况下，传递至政策制定者与实施者手中，使政府得以更准确地了解公共服务的真实需求及其程度，更科学地制定公共服务供给议程，规划公共服务资源配置，提高公共服务供给有效性。治理创新是为了不断满足人民对美好生活的追求，完善的制度建设可以保障数字化治理朝着这个目标正确行进。将创新效果和创新方式的评价权交给人民，改革的评价主体由传统的以政府为中心转向以人民为中心，应是制度建设的初衷和核心。唯其如此，才会触及深层次的公共服务体制改革和权力运行机制改革目标。从制度上保障人民视角的评价和赋权体系，有助于突破深层桎梏，让技术真正服务于人民。

（二）数据集成优化民生难题解民所需

城市大脑建设以问题为导向，迄今为止依次发布的 48 个场景应用，呼应城市治理的痛点、堵点和群众反映强烈的热点、难点。"畅快出行""先离场后付费""多游一小时""先看病后付费""医院周边治理"……均折射了城市个体的视角。"城市大脑"主创思路由人本为起源，再以系统化数字方案集成城市的感知能力，以满足城市助力幸福感的基础条件。

城市大脑赋能城市治理，在杭州已成为共识。杭州 2016 年率先提出建设城市大脑，是为了有效解决城市交通拥堵问题。而城市交通满意度，是一个城市居民衡量幸福感的关键指标之一。杭州城市大脑用了一种更智慧的方式，从"交通拥堵指数"想到车辆"在途量"，想到"延误指数"。从数数开始，先是数清城市在途的车辆数量，用"在途量"来评估城市交通承载能力。由此灵活地辨别不同时段、不同路段的道路承载能力，并据此有序放宽限行政策。杭州机动车保有量是 360 余万辆，但高峰时段的在途量是 30 万辆，平峰时段仅有 20 万辆。因而，交通治堵的目标不是 360 余万的机动车保有量，而是高峰时段多出来的 10 万在途量。由此，杭州发布"非浙 A 急通车"场景，根据"在途量"提升道路资源的利用率，为非浙 A 车辆提供通行便利。除了"数字治堵"，杭州的城市大脑现如今覆盖交通、文旅等 11 个重点领域，日均协同数据 1.2 亿条。截至 2020 年 12 月，杭州城市大脑的"中枢系统"已接入 385 个应用程序接口（API），累计调用量 2.3 亿次。2019 年"8·28"下城区建国北路塌陷事件中，潮鸣街道及时运用街道驾驶舱启动应急处置预案，通过应急指挥功能及时发布疏散指令，在短时间内疏散了树园小区受影响的 792 户居民，以数据的算力和协同争取到"黄金十分钟"，避免了重大事故的发生。市场主体在城市大脑产品的应用中也得到了资源配置优化的成果。如酒店"30 秒入住"场景的核心是打通公安入住登记、酒店 PMS、门禁、收单交易、OTA 预订、酒店直销等六大系统，实现游客快速办理入住，减少前台等待时间。杭州基于城市大脑构建的城市数字化系统与企业系统直连，有助于企业平等安全且低成本地共享社会公共资源。市场主体也由此得以在城市大脑的生态中构建数字化运营模式。

杭州城市大脑数字界面作为触及服务群众的核心载体渠道，以"大集成、广应用"为目标，围绕统一用户认证体系、统一应用场景入口、统一服务评价体系、统一宣传展示窗口、统一开放运维平台"五个统一"的建设要求，依托于城市大脑中枢与技术架构体系，融合杭州办事服务等平台，建构便民、惠企、民生、民意、新闻服务"五个直达"，打造人民群众心目中更为具象、可亲可感、爱不释手的城市大脑数字化服务平台。以人为本，数字赋能，是整体智治型社会的价值追求。通过数字化赋予公民拥有对城市有所贡献的意愿或动力，推动治理主体之间有效协调，以实现精准、高效的公共治理，构建和谐幸福的城市家园。

第三节　制度创新、科技战"疫"，推进社会治理体系和治理能力现代化

2020 年初突发的新冠疫情成了"中国之治"的紧急大考，现代化治理是国家和地方防控疫情的制胜关键，而数字技术和配套的制度举措正成为抗击疫情的有力变量。建设全国数字经济第一城的杭州在此次疫情防控中充分发挥数字优势，有效推动各领域改革，建构快速反应的新效率之城，基层呈现出向数字治理转型的新做法、新特点，实现疫情防控与恢复生产生活秩序"两手硬""两战赢"。习近平同志在浙江工作期间，明确提出要完善重大疫情防控体制机制，健全公共卫

生应急管理体系，推动工作力量向一线下沉。

回顾整个抗疫历程，杭州以技术优势和制度环境展现了疫情救治防控和恢复生活生产常态化的"杭州速度"。2020年1月23日，浙江省政府决定启动一级响应，是全国第一个启动一级响应的省级地区。杭州市立即落实响应工作，运用"大数据＋网格化"手段，全面精准滚动排摸所有相关人员，最大限度减少公众聚集活动，落实边界陆地口岸车辆人员管控，全面实施机场、码头、火车站、客运站等重点场所的体温测量，集中定点医院、优秀专家、有效药品器械，尽最大努力救治患者。1月27日和28日，在1月25日经武汉来杭州的人口又出现波峰后，除疫情防控工作需要外，省、市际班车、客船班线和包车全部停运，24小时查控入杭车辆。1月30日和31日分别关闭了8个和11个高速出入口。市疾控中心与机场、火车站等联动管控，有疑似病人直接送医，其余乘客立即隔离观察，且对病人的转送采用"专班车辆，专班人员"。1月26日起，杭州市发布致市民公开信，建议市民居家并及时报告。

尽管停摆对疫情防控的效果立竿见影，但对企业生存和经济发展造成了巨大压力，尤其对制造业在全球产业链中地位的影响难以预计。因此，必须在疫情持续的情况下保障企业及时复工复产。2月7日，在输入性病例发病基本清零的前提下，杭州市政府宣布实行企业分时分类复工，同时开展疫情防控和复工复产。2月8日，实行企业复工备案制，企业复工平台上线。在与民生息息相关的"菜篮子"方面，杭州市市场监管局信息办会同市场合同处及时开发农贸市场进场人员信息登记系统，通过二维码扫描或者身份证读卡、人工登记相结合的信息登记方式，有效建立疫情防控追溯体系，全面实现进场人员"可寻可溯"。值得一提的是，复产复工的顺利进行得益于杭州健康码的研制，2月11日杭州健康码正式上线，仅用了30分钟，申请人数就超60万人，上线首日访问量超千万次。2月17日，健康码向全国迅速推广，上线短短一周，健康码为全国快速"动起来"提供了"杭州方案"。

一、智控战"疫"，技术助力疫情防控

2021 年，习近平总书记来杭州考察期间观看了"数字治疫"等应用展示。一直以来，杭州都具有较高的科技产业实力。杭州聚集阿里巴巴、海康威视、网易、新华三等一批龙头科技企业，拥有浙江大学、西湖大学、之江实验室等科研院所，更集聚了数字经济、生物制药、智能制造、金融服务、医疗卫生等领域的海量科技人才，在抗击疫情的天然"号召"下，杭州的科研力量纷纷动员、集结起来。杭州市政府下发了一系列相关文件配合技术抗击疫情对医疗和生产生活带来的影响。同时，杭州市率先开发应用"健康码""亲清在线"等数字化疫情防控工具，发挥政府主导作用，实现了政企合作，依托高科技企业技术支持，将社区、公众、企业数据信息进行联通，形成点对点的沟通渠道，确保疫情防控和经济社会发展"两战全胜"，实现了决策科学化、治理高效化、服务精准化。

（一）数字技术援手一线疫情防护救治

面对一线抗疫的紧张态势，各互联网企业用信息技术为疫情防控出谋划策、增砖添瓦。为助力疫苗研制，阿里巴巴向新冠疫苗研发科研机构免费提供一切 AI 算力。在海康威视与央视网合作的"直播战'疫'最前线"项目中，海康威视提供前方信源感知接入服务支持，将视频流接入至央视网的"直播中国"平台，让全国人民通过直播看到最前线的战"疫"速度。在火神山医院，海康威视测温安检门在 1 天内完成急速定制，3 天出货，与火神山供电保障队员们一起奋战在抗疫一线。微医集团紧急上线的"新冠实时救助平台"，发挥互联网和人工智能优势，为全国用户提供免费的在线咨询和就医指导服务。截至 2020 年 3 月 4 日 10 点，救助平台访问量超 1.2 亿人次，有 44956 名医生在线接诊，累计提供医疗咨询服务 150 万人次，600 余家第三方机构接入服务，内容主要包括 AI 导诊分诊、AI 批量监测、AI 应用保障医疗安全、

疑似病例上报等。杭州市疾控中心应用先进的"纳米孔测序技术"完成新型冠状病毒全基因组精确组装,8小时全基因组测定工作流,为快速掌握病毒溯源、变异和疫情扩散调查等防控工作提供了重要的科学检测手段。联想新视界推出的医学观察服务系统解决方案,基于人脸识别＋自动测温＋人流监控＋大数据联动技术作用成果,实时监控疫区客流,高效筛查发热个体,识别发热个体身份并及时预警,广泛应用于机场、火车站、医院、社区等多个场景。

（二）智能化服务协助企民复工返岗,恢复生活常态化

在企业复工方面,运用大数据、区块链、云计算等数字技术,推动政府资源整合、数据协同,形成政商"直通车式"的在线服务系统。2020年2月26日上午,由浙江省委人才办、杭州市委人才办主办的"杭向未来"高层次人才云聘会"云启动",通过现场直播的方式,向求职者提供2.8万个岗位,可同时容纳10万人在线面试。这场大型云聘会,云集了1000余家杭州上市公司、知名企业和单位,应试人员扫一扫二维码,就可以投递简历、在线面试。同盾结合知识图谱技术设计出一套企业疫情防控方案,帮助企业搭建疫情监测平台,为企业提供高危预警服务,指导企业有序复工。该平台基于企业疫情防控数据和网络发布的公共信息,比如疫情小区、疫情交通班次等,通过平台适配套件、知识抽取组件、ETL调度等功能,完成数据对接、数据清洗、知识抽取、知识融合和知识存储等步骤,从而构建出企业员工有关地点聚集性的知识图谱。3月2日,"亲清在线"新型政商关系数字平台正式上线,这是杭州政府利用数字赋能,帮扶支持企业发展的重要平台。作为城市大脑的一部分,"亲清在线"平台前端可以分别向企业、政府部门提供政策兑现和互动交流服务等操作功能;后端是通过城市大脑中枢系统,与部门及区(县、市)业务系统进行数据协同,实现政策服务、在线互动和决策支持等功能。值得一提的是,该平台不需要企业提供任何数据,只是为企业开放一个服务互动的窗口。在企业端

上，一个企业只有一条通道，不需要去寻找各个部门的窗口，就可以实现企业"最多按一次"。"云端"拉开帷幕，政企各方负责人在各自办公地完成 7 个项目的签约，总投资 24.25 亿元，涉及文化产业、生物科技、物联网等领域。西湖区通过视频见面、网络对话、直播链接等"线上零接触"方式举办云上西湖峰会；下城区通过"云签约"与日本东京电视台远程签署了"都之漫项目"投资合作协议书；钱塘新区搭建了一个 24 小时全天候在线、没有时差的投资促进信息数据平台，形成综合集成、业务协同、信息共享的投资促进信息化数字化格局，促进各项业务"一站式"管理。

在市民生活方面，杭州地方治理充分发挥数据富矿的优势，结合感染人员的数据库和感染风险相关算法，对当时推行的社区网格化治理举措及时做了必要的调整，迅速推出了"杭州健康码"以实施数字化分类动态管理。阿里云上线的免费社区智能防疫小程序是与支付宝、钉钉联合开发的，在开通后，社区一线工作人员可以利用支付宝、钉钉等 APP 在线完成居民出入登记、健康打卡、疫情通知等工作，物业及街道办下发通知也可以通过支付宝、钉钉、短信息多维度触达业主。工作人员能够实时了解情况，每天一键汇总分析，在线上及时查看出行人员的占比、高峰期时间、出入人数等数据。这套小程序还能够与体温贴、AI 摄像头、守门贴等智能硬件产品进行联网，帮助社区防控的基层人员足不出户掌握社区人员及出入人员的健康状况。同时阿里云还推出了智能外呼机器人，通过智能外呼应用，社区工作人员可对小区居民，尤其高危群体（疑似病例、医学观察人群）进行逐个电话外呼，在对话中采集体温、腹泻、咳嗽等健康信息，并自动形成报表。

由于杭州在城市大脑建设过程中奠定了较为现代化的运行基础，把技术做得很实在，每个数字都很精准，所以数据结合具体场景可以快速应用于疫情防控等公共服务领域，进而更好地辅助决策、有效调配公共资源，最终达到提高社会治理成效的目标。

二、制度显温情,惠企暖民共克时艰

政府的制度创新构成了撬动科技创新、建立完善创新驱动发展新格局的重要保障。大数据时代下互联网信息技术正在重塑传统社会治理模式,成为当前社会治理转型的创新引擎。然而,技术作为一种治理工具,欲实现其治理效能的最大化,需要有相应的制度与之配合形成一种整体化运行逻辑,才能避免技术的内卷化与形式主义,进而切实满足社会治理之所需。

(一)强令出台,切实维护一线人员权益

为了全力打好科技防控攻坚战,杭州各地发出强制休息单,出台落实轮休补休、减负减压、撑腰鼓劲等一系列措施,把组织关爱送到防疫一线。市里还会同有关部门制定了对援鄂医疗队员和疫情防控一线的医务人员一人一帮扶的工作方案。通过走访慰问、志愿服务、组团服务等方式,着力帮助解决生活照料、医疗服务、子女教育等方面问题。为确保安全防护保障,加强疫情防控一线医务人员的安全防护,杭州市政府要求各院执行各项安全防护的标准,严防院内感染,坚决为在隔离病房、生物实验室等特定场所的工作人员配齐 N95 口罩、防护衣、护目镜等防护用品,防护物资的调配向临床防控一线倾斜。

(二)多部门多角度出台政策携手企民战"疫"

针对企业的复工复产,浙江省率先发布了支持小微企业渡过难关的 17 条政策。杭州市各区政府积极响应,统筹科技力量全力助推企业防疫复工,加快组织防控科研攻关,推进人工智能新技术新产品新模式在杭州率先运用,落实科技型中小企业降本减负措施。2020 年 2 月 24 日,杭州市科学技术局出台《关于全力支持企业加强科技创新防疫情促发展的通知》,采取九大举措全力支持杭州市企业加强科技创新,防疫情、促发展。相关政策就税收、房租、工人工资、用工生产、销售渠道、外贸支持、资金补贴、法治惠企等方面,从企业需求出发,结合

疫情时势出台相关创新政策帮助企业渡过难关。杭州市税务局结合中央、省、市以及税务总局、省局有关抗疫惠企政策，梳理推出 23 项政策服务及相应操作指引，全力支持企业复产扩能。此外，市税务局切实优化服务，倡导推广"非接触"式办税缴费模式，加强应对疫情的线上涉税辅导，制定应急预案，营造安全高效便捷的办税环境，助力企业扛过疫情"寒冬"。以"战疫情、促发展"为目标，杭州疫情防控期间惠企政策陆续通过"亲清在线"平台实现在线兑付，如在线申领"企业员工租房补贴"，申领小微商贸服务企业补助等。同时，杭州市还关照受疫情影响的企业员工利益。杭州市统筹"抓防控促发展"加强人才招引服务的八项举措，提出在春节假期延长假期间因疫情防控不能休假的职工，企业应先安排补休，对不能安排补休的，应依法支付加班工资。

三、多元联动，彰显健康治理新效能

习近平总书记指出："危和机总是同生并存的，克服了危即是机。随着境外疫情加速扩散蔓延，国际经贸活动受到严重影响，我国经济发展面临新的挑战，同时也给我国加快科技发展、推动产业优化升级带来新的机遇。要深入分析，全面权衡，准确识变、科学应变、主动求变，善于从眼前的危机、眼前的困难中捕捉和创造机遇。要在严格做好疫情防控工作的前提下，有力有序推动复工复产提速扩面，积极破解复工复产中的难点、堵点，推动全产业链联动复工。"①杭州高度重视，认真执行重要指示精神，在健康治理方面扎实做好各项工作。

（一）疫情防控社区先行，把好群防群控第一关

社区是疫情防控第一线，也是"外防输入、内防扩散"的最有效防线。针对社区疫情防控人手不足的难题，2020 年初国网浙江杭州供

---

　　①　《统筹推进疫情防控和经济社会发展工作　奋力实现今年经济社会发展目标任务》，《人民日报》2020 年 4 月 2 日。

电公司率先对滨江区 157476 户居民、超过 1000 万条电力数据进行了收集和分析,公司党员攻关小组据此研发了全国首个"电力大数据＋社区网格化"算法,这让社区人员得以根据电量波动判断业主春节是否出行及何时返杭、重点隔离用户是否出门等状况,及时做好登记和统计。借助数字化工具,进行大规模、精准化和滚动式的信息排查,数据和网格互动,社区和政府共守,体现出以基层数字治理护民爱民的杭州经验。

杭州各地针对村、社区这一"神经末梢"和防控重点区域,群防群控筑牢防线。在临安区高虹镇,党建联盟组建了红、蓝、金、橙、绿 714 名"五彩管家",大家分工协作,一丝不苟守护着千家万户的健康安全:"红管家"卡口登记信息,测量体温;"蓝管家"轮流值班,对居家留观人员开展心理安抚、照料其一日三餐;"金管家"负责督促指导企业主、房东和外来务工人员做好隔离观察工作;"橙管家"走村入户搞宣传,与农户签订疫情防控承诺书;"绿管家"每天奔赴各村,统一收集处置生活垃圾。下城区发动 1500 余人次志愿者——"武林大妈"——24 小时分批次值守、巡防,区政府通过城市大脑智慧停车系统等对辖区的车辆、人员的异常情况进行实时防控,一旦发现异常情况,及时通过驾驶舱指挥系统,指示就近的工作人员和"武林大妈"等进行处理。萧山区戴村镇开发的"映山红"乡村治理数字平台,是操作简便的微信小程序,试点的大石盖村 2100 多名村民已全部加入。突发公共卫生事件一级应急响应启动当天,村干部们马上在"映山红"平台上发布招募志愿者的信息,短短 5 分钟就集结了一支 15 人的队伍,之后同样利用平台只用了半小时就为这些志愿者募捐了所需口罩。在基层,线上发布线下呼应,党员带头志愿参与,快速有效的组织动员确保了抗疫工作。

(二)政企民协同,各尽优势合力战胜疫情

利用区块链等技术,数字公益助力基层集聚抗疫物资。支付宝上线了抗疫物资信息服务平台,创新性地采用了蚂蚁金服的区块链技术，将对疫情物资的需求、供给、运输等环节信息进行审核并上链存证。杭州趣链科技有限公司利用区块链技术开发"善踪"平台，让群众看到捐赠全流程、受捐方是否收到捐赠物资等信息，提升社会对慈善事业的信任度，推动疫情中的社会帮扶和物资保障。同时，基层还发挥数字公益的优势，超越空间，实时互动，保证疫情需求的回应性。通过线上线下互动，快速调动全社会抗疫力量，激发无限的群众智慧，体现出以基层数字治理聚民为民的杭州经验。

非常时期，公众方位、活动、生产、消费、娱乐、社会关系等诸多数字化信息在网络空间被挖掘、采集，用于疫情防控风险评估，这主要来自国家层面的鼓励。市场主体快速搭建起"杭州健康码"技术平台和风险评估的基本算法，没有市场主体的协同和贡献，"杭州健康码"也难以落地。而且，从数字化信息持有情况来看，市场主体对公众方位、活动、生产、消费、娱乐、社会关系等诸多数字化信息的持有量巨大。与此同时，在"杭州健康码"落地后，社区在其宣传和执行方面起到了极大的作用。"杭州健康码"的实施，也依赖于公众的支持和参与，非常时期，公众支持"杭州健康码"平台对个人信息的采集和运用，特别是个人在网络空间的那些数字化信息，并如实参与了个人信息申报，这是"杭州健康码"得以推行重要的助力。没有公众的支持，"杭州健康码"难以取得积极的实效。因此，"杭州健康码"这一动态、实时、便民的治理载体，其酝酿、推出，充分发挥了政府、市场主体、社会组织、公众各自的资源优势：如政府具有统筹协调的政策优势，市场主体拥有"数据富矿""数字技术"的资源优势，社会组织具有接地气、星罗棋布网格化的组织优势，公众普遍拥有智能终端的优势。通过"健康码"集成多元主体的优势，展现了杭州地方政府统筹优势治理资源的担当意识和灵活整合治理资源的能力。

第四节 构建未来社区,打造高品质生活格局

近年来,市委、市政府坚持从群众的实际需求出发,在国务院提出的基本公共服务八大领域基础上,杭州出台劳动就业、社会保障、公共文化体育、基本公共教育、基本养老服务、基本住房保障等十大基本公共服务体系建设行动计划,旨在建立起"学有优教、劳有多得、病有良医、老有善养、住有宜居",覆盖城乡居民的基本公共服务体系,推进基本公共服务均等化。

杭州市在打造服务型政府、推进包容性治理方面一向走在全国前列,尤其是在公共服务供给方面取得了许多创新性成果。针对市民对优质教育的强烈需求和对教育公平的日益关注,杭州市在推进教育公共服务均等化方面做了许多卓有成效的努力。面对日益严重的老龄化,杭州市结合城市特色,积极推进智慧养老等公共服务,力求实现养老服务与需求精准对接。同时,结合老旧小区改造,杭州市顺应时代发展趋势,创新社区建设理念,以社区为治理单位提升民众的生活质量,提升城市生活的品质化程度和宜居水平,将杭州的城市公共服务水平提升到新高度。

一、加快教育现代化步伐,激发教育发展活力

2005年,习近平同志在调研杭州知名中学时进一步明确,国家的振兴、民族的进步归根结底依靠的是国民素质的提高。基础教育要做到以人为本,就是要加强素质教育,不仅使学生德智体美劳全面发展,而且使学生的人格、个性也得到和谐发展;不仅要开发学生的智力,而

且要培养学生的创新和实践能力。① 近年来，在各级党委、政府及教育部门和学校的努力下，杭州市教育质量的整体水平有了明显提高，优质教育资源的均衡化和全民教育素质都有显著提升。

（一）大力发展优质教育，全面提升基础教育水平

基础教育的均衡化发展是建设和谐社会的重要内容。2002 年 6 月，杭州出台《关于深化改革　加快发展　率先实现基础教育现代化的决定》，明确指出"可以优质学校为龙头，组建跨地区、跨类别学校的教育集团"。当年 10 月，杭州市求是教育集团正式成立，这是全国第一个以实现基础教育均衡化为目标的公办基础教育集团。2004 年 9 月，市委、市政府召开全市基础教育工作会议，出台《关于进一步推进基础教育改革和发展的若干意见》，确立实施名校集团化战略，杭州名校集团化办学进程开始步入政府推动、社会响应的快速发展阶段。当年全市共有 46 所中小学作为龙头实行名校集团化办学，共成立教育集团 24 个。2006 年 9 月，杭州市正式出台《关于实施中小学名校集团化战略的若干意见》，通过"名校＋新校""名校＋民校""名校＋弱校"等多种办学模式，扩大优质教育资源，整体提升办学效益和水平，推进基础教育均衡发展。截至 2019 年底，杭州市跨区域跨层级市域普通中小学名校集团已有 22 个。到 2020 年，主城区中小学名校集团化覆盖率超过 85％，全市名园集团化覆盖率超过 60％，义务教育城乡学校互助共同体覆盖率保持在 98％以上。

杭州市按照民众想读名校的思路，把各种类型薄弱的学校，打包到名校集团的麾下，从一所名校，变成一群名校。此外，杭州还鼓励上城、下城等六个区所属优质中小学、幼儿园跨区域举办、承办和领办新校，并组建新教育集团，从县域优质均衡向市域优质均衡拓展，实施"美好教育"行动计划，深化新名校集团化战略，推进十区教育融合发

---

① 习近平：《之江新语》，浙江人民出版社 2007 年版，第 162 页。

展和名校集团化办学从县域向市域拓展。杭州各个区有多种模式，新建的小区配套学校、教学薄弱的学校、农村教学资源落后的学校，都是名校集团纳入的候选学校。在支援新学校的过程中，名校自身的教育资源并没有稀释，通过输出管理团队、培训受援学校老师、打通共享集团里的学校信息资源等做法，带动集团内新学校的全面发展。

同时，深化跨层级、跨区域划转编制改革，健全名师乡村工作室和特级教师下乡支教制度，统筹城乡教育和区域内教育均衡优质发展。杭州市加快推进学校基础设施建设，推进六城区 105 所义务教育学校及城中村改造规划的学校建设尽快落地，抓好新一轮基础教育布点规划编制，并严格按"三同步"要求加快落地建设，为有效缓解主城区教育资源供需矛盾提前谋划布局。杭州余杭区良渚村提供土地建设校区，而主城区的优质公办学校安吉路实验学校到良渚承办了安吉路良渚实验学校。安吉路实验学校把优秀管理团队和教学骨干、高品质的教育教学等"软件"资源都输送过去，为良渚新学校的发展提供较高的教育起点。

（二）构建终身教育体系，提升全民文化素养

习近平同志在浙江工作期间，高度重视教育事业发展。近年来，杭州市各级党委、政府积极践行习近平总书记指示，在构建终身教育体系、构建学习服务网络、搭建信用图书馆等方面积极探索。

杭州市社会保障等部门围绕岗位培训、社区教育、农村教育、老年教育等领域，大力发展各类继续教育与培训，促进学历教育和非学历教育融合协调发展。鼓励普通高校开展学历继续教育，探索开展送教上门、远程教育、开放教育等模式。完善"学分银行"制度，促进不同类型学习成果互认与衔接。推进专业技术人员继续教育，加强专业技术人员继续教育基地建设。全面推进"双证制"教育，实施社会培训促进工程。健全社区教育体系，推进优质教育资源面向全民终身学习开放共享。目前，完成了市、区（县、市）、乡镇（街道）、社区（村）四级市民学

习圈的构建,重点建设了"乡镇(街道)30分钟市民学习圈",建成50个市级示范性"乡镇(街道)市民学习圈"。

同时,杭州市积极构建学习服务网络,通过整合教育、文化、科技等资源,完善继续教育课程资源,建立多层次、开放性、广覆盖的学习服务体系。各级政府部门倡导全民阅读,推动全民学习,加强学习型社区、学习型学校、学习型家庭、学习型单位等学习型组织建设,促进学习型组织向社会各个方面延伸。建立"市民数字化学习服务平台"等学习网络平台,推进市民数字化终身学习服务,实现线上、线下一体化学习。作为杭州市高新技术的聚集区,滨江区积极探索数字化学习社区的建设途径和方法,建设数字化的学习社区。除了开设市民学习在线,搭建市民网上学习交流平台之外,还计划借鉴大学的教学模式,建立市民学分银行,每年"盘点"学分并根据学分高低评选出优秀学员给予奖励。此外,还发放教育培训消费券,鼓励更多人参与到学习中。在滨江区的社区教育三年行动计划中,学习被定义为市民自我发展的需求,是一种生活方式。滨江区用三年时间基本形成了具有鲜明特色的"优教乐学"社区教育滨江模式,并能初步建成"人人要学、时时能学、处处可学"的学习型城区框架——大多数市民养成自主学习、持续学习良好习惯,全区参与各类学习型活动市民的班盖率在60%以上。各类学习型组织普遍建立,全区学习型组织建设创建面在70%以上,全区50%以上的单位成为学习型单位。

此外,杭州市还积极开放图书馆等公共学习资源,利用互联网信息技术和企业平台合作,提供便民学习途径和资源。从2006年制定全市公共图书馆"服务公约"到2008年新图书馆开放后的一系列创新举措,再到2017年"4·23世界读书日"和芝麻信用联手打造"免押金、免办卡、线上借、送上门"信用图书馆。杭州图书馆的信用服务创新依托移动互联网,采用扫码借书、赔付控制等技术手段。杭州图书馆用芝麻信用支持取消押金,这一创新不但便利了公众,而且降低了公众享受图书馆服务的门槛,为实现全民学习提供优渥的阅读环境基础。

二、积极应对人口老龄化,促进养老事业高质量发展

党的十八大以来,习近平总书记对养老保障和为老服务工作作出一系列重要指示、提出一系列明确要求,强调养老服务保障工作做实做细,让千千万万老年人老有所养、老有所依、老有所乐、老有所安。杭州是较早迈入老龄化社会的城市之一,其中主城区老年人口密集,老龄化程度较高,《杭州市 2018 年老龄事业统计公报》显示,上城区、西湖区、下城区位列前三,分别已达 31.56%、29.78%、27.11%;失能老年人口数居前三位的是桐庐县、淳安县、萧山区。近年来,为促进养老事业全面可持续发展,杭州市结合自身优势,将养老事业与互联网结合,推陈出新,为实现养老服务与需求的精准对接不断探索。

(一)保障基本养老需求,完善智慧养老服务体系

"十三五"期间,杭州市委、市政府先后出台了一系列养老服务相关文件,对杭州市养老服务体系建设起到政策引领作用。杭州市养老服务形成了一定规模的养老产业集群。重点建设了 200 个面积较大、功能齐全、社会力量参与运营的街道居家养老服务照料中心(长者服务中心)。

2017 年,杭州市启动"智慧养老"综合服务项目,引导支持民间资本和社会力量进入养老服务领域,积极运用大数据、物联网、人工智能等技术,改造提升传统养老服务业态。

2018 年底,杭州已全面建成养老机构 236 家,照料中心 1750 家,兼具日间照料与全托服务功能的示范型居家养老服务中心 60 家,示范型医养结合居家养老服务照料中心 50 家;建成老年食堂(助餐服务点)1200 多家,成功升级打造了 100 家示范型老年食堂,形成了"中央厨房＋中心食堂＋助餐点""互联网＋配送餐"、邻里互助等多元就餐模式;为老年人发放"智慧养老"终端 11.6 万台,智慧养老成功实现转型提升;已有住宅适老化改造和既有住宅加装电梯先行试点已初步展开,

为老年人的住和行提供了便利等，这些运营服务经验被民政部在全国推广。截至 2019 年底，全市累计建成 141 家居家养老中心，乡镇（街道）覆盖率实现 65％以上。2020 年底，市区两级公办养老机构基本实现准入评估、公开轮候，民办养老机构床位数占比在 70％以上，重点建设 10 个以健康养老为核心的养老产业集聚区，培育 10 个大型养老服务集团和连锁服务机构。同时，积极探索互联网、移动通信网和物联网等"互联网＋"平台，用于整合公共服务资源和社会服务资源，满足老年人的多方面需求。

（二）构建居家养老服务模式，实现养老服务精准对接

杭州以打造"最具养老幸福感城市"为目标，不断推进供给侧结构性改革，探索构建"以居家为基础、社区为依托、医养护相结合"的居家养老服务新模式，涌现出一系列的创新项目。一是着力构建"1234＋X"的老旧小区"阳光老人家"社区居家养老服务体系，即建设"一平台、两厅堂、三中心、四队伍"，结合各社区"X"特色服务。"一平台"即"阳光大管家"综合管理服务信息网络平台；"两厅堂"即"阳光客堂""阳光食堂"；"三中心"即"阳光休养中心""阳光健养中心""阳光乐养中心"；"四队伍"即"阳光好管家""阳光好小二""阳光好帮手""阳光好大夫"；"X"特色服务即各社区在"1234"标准化建设基础上，根据自身实际拓展助浴、全托等服务内容，形成各具特色的服务模式。二是优化提升智慧养老服务，制定"互联网＋养老"政策措施，重点探索"助医""助餐"等市场化服务模式。市级监管平台正式启用，统一的"96345100"养老服务热线开通；结合"互联网＋"，积极运用大数据、物联网、人工智能等技术对传统养老服务业态进行改造升级。在"助餐"上，以老年人需求为导向，因地制宜采取自建或改建、签约共建、"中央厨房"配送、多村联建等方式，优化城乡网络布点和助餐配餐服务质量。在"助医"上，在全国率先开展"1＋1＋X"医养结合联合体建设，规范医疗机构与养老机构的合作模式；积极做好医养结合机构的筹建指导，积极支持

养老机构开办或内设医疗机构；完善签约服务模式，重点推进老年签约居民"社区首诊、双向转诊、康复回社区"的分级诊疗服务。三是弘扬孝老敬老风尚，创设敬老爱老平台和渠道。老年教育平台进一步丰富，开设了"西子银龄"微信公众号和华数互动电视的老年教育板块；开展以"敬老爱老，全民行动"为主题的系列文化养老活动，举办"老年节"、老年健康文化博览会等；开展"敬老文明号"及"老年友好城市"创建活动，"最美长者""最美家庭"等评选活动，努力营造关心关爱老年人的浓厚氛围；创新志愿服务模式，建立爱心陪伴志愿机制，拓展教学类、文娱类、专业支持类志愿服务形式，更加贴近老年人生活。同时，开展感恩亲情、实训基地、结对共建、银龄互助等志愿服务，多渠道资源融合，提升对老年人的人文关怀。

此外，为促进养老事业全面可持续发展，杭州结合老年人的生活需求，利用信息技术打造了"一键养老"应用场景。"一键养老"应用场景列入浙江省发改委数字社会建设第二轮"揭榜挂帅"名单，作为重点试点项目积极推进。"一键养老"应用场景即利用数字化手段解决老年人高频需求和生活关键问题。为此，西湖区民政局推出的"一键养老"以养老为主线，用数字化手段解决老年人高频需求场景和生活关键问题，让老年人共享数字红利，让养老服务触手可及，努力做到"小切口、大改变""小切口、大牵引""小切口、大作为"。服务端口上线"浙里办""美丽西湖"平台，覆盖范围和服务人群由之前的 2.7 万名 70 周岁以上特殊需求老年人扩展为全区 13.9 万名老年人及其家属，服务平台由之前的 24 小时人工呼叫中心扩展至呼叫中心和应用程序并行，服务内容由之前的"七助"服务扩展至 12 个"老有"的 30 余项服务。老年人亲属可通过智能手机的"浙里办""美丽西湖"等多入口进入应用场景，完成亲情关注，为家里的老人下单、支付乃至评价服务。共享服务过程，通过物联网感知设备实时监测老人身体健康数据、视频连线老人在家情况等，亲情一线牵，重新构建数字时代下的亲情互动模式。

　　同时，为进一步满足老年人的个性化需求，充分照顾到老年人生活的诸多不便，杭州于 2020 年推出"养老顾问制度"，旨在做好政府养老服务政策与老人需求的精准对接，为老年人提供切实需要的服务。顾问团队由下城区下辖的八个街道各自组建，要求成员具备丰富的社区工作经验，熟悉老年群体，了解养老服务政策，养老顾问们采用专业方法，引导和挖掘社区老人的真实需求，结合老人经济、家庭、身体等状况，链接服务资源，形成个性化服务套餐。养老顾问制度开展以来，累计服务老人 326 人，走访 2000 多户次，扩大了养老服务政策知晓率、养老服务补贴使用率。2021 年养老顾问人数从 2020 年的 12 名增加到 35 名；服务对象从 2020 年的 300 人，扩大到重新评估的政府资助型服务对象及高龄、失能（失智）等重点人群；服务方式从单一入户走访，变为入户走访与站点接待、社区蹲点等方式相结合。新制度明确了签约入户探访日、中心站点接待日、顾问小组学习日、骨干队伍沟通日、社区宣传服务日的具体时间和内容，并通过工作小程序和设施信息采集设备，将服务信息纳入"智守 e 家"养老平台，让服务增效。

三、建设未来社区，打造高品质城市生活

　　2020 年 10 月，在《关于贯彻落实习近平总书记在扎实推进长三角一体化发展座谈会上重要讲话精神的意见》中，未来社区被明确列入"推动长三角一体化发展重点任务"中，要求在长三角地区率先探索旧城改造与房地产市场健康发展相统一的"未来社区"建设模式。

　　未来社区是继开发区、创意产业园区、特色小镇、存量更新等热点之后，针对城市中用地面积最大的空间的一次聚焦。在新技术大爆发、数字化转型如火如荼的时代，未来社区的建设在社区治理、科技赋能、绿色生态、数字化转型等方面进行的探索是颇为超前的，其可以破解"城市病"、推动城市治理现代化，是解决社区"老大难"问题的民心工程，也是培育优势产业、改善营商环境、拉动投资增长、促进治理转

型、转变社区居民生产生活方式的重要推动力。

继特色小镇后，浙江省提出建设"未来社区"，成为我国首个提出这一理念的省份。2019年3月20日，浙江省政府印发《浙江省未来社区建设试点工作方案》，率先推出中国版的未来社区综合建设模式。未来社区是基于10～15分钟社区生活圈，按照"139"理念营建，立足追求美好生活的宗旨，以美丽宜居、智慧互联、绿色低碳、创新创业、和睦共治为特征，具有归属感、舒适感、未来感的新型城市功能单元。所谓"1"是指未来社区是以满足人民美好生活需要为根本目的的人民社区；"3"是指以人本化、生态化、数字化为三维价值坐标，满足社区全生活链服务需求；"9"是指以未来邻里、教育、健康、创业、交通、低碳、建筑、服务和治理九大场景创新系统。此外，未来社区除了满足居民现实需求、提升社会治理水平之外，也是浙江为引进高端人才而创设的一个现代化生活平台，该平台可提供更好的生活和工作环境，从而达到吸引更多人才落户的目的。

（一）建设未来社区以顺应时代发展，满足城镇化建设需求

杭州作为浙江各项发展的先进区和前沿带，城区面积不断扩大，人口规模不断增加。2020年末，杭州市辖10区、3县（市），市区面积达8289平方公里。常住人口超过1193万人，市区人口密度为1296人/平方千米。这意味着越来越多的杭州市民对社区容纳功能和社区治理能力提出了新的要求和挑战。杭州市作为数字技术的先行地和创新创业示范田，其互联网经济和智慧产业为打造未来社区提供了得天独厚的技术优势和环境氛围。因此，杭州在打造未来城市方面有较高的起点定位和更深的理念内涵。

基于既有城市化发展特征，杭州建设未来城市具有诸多优势。首先，立足数字经济优势。杭州正积极打造全国数字经济第一城，系统推进"城市大脑"的全方位应用。充分利用云计算、物联网、区块链、人工智能、5G、大数据等先进技术为数字化服务提供有力支持，在社区

数字化建设、智能化管理方面,树立浙江省乃至全国标杆。其次,立足创新创业优势。杭州是国家自主创新示范区,也是浙江省全面创新改革试验区,创新载体丰富、创业氛围浓厚,可充分发挥双创优势,在人才、资本等要素集中的地区,试点创业园区与生活社区融合共建的未来社区,在创业场景方面建立"领跑者"标准。此外,立足城市国际化优势。杭州正处于"后峰会、亚运会、现代化"的重要时间窗口。特别是亚运会再次为杭州提供了"办好一个会,提升一座城"的重大契机,杭州的城市基础设施、城市功能平台、城市国际形象都将大大提升。这些优势为杭州未来社区九大场景,尤其是交通、服务等场景的高质量呈现提供强劲支撑。

杭州市政府高度重视未来社区发展,进行了翔实的规划设计。首先是顶层规划,把未来社区建设纳入城市中长期发展战略。一是搭建组织架构,成立未来社区建设工作领导小组,制定《杭州"未来社区"推进意见》。二是设立整体目标,从社区功能环境—文化多元—居民自治探索出整体性的杭州模式。确立分阶段实施进度,2019 年底为推进试点时期,2021 年底培育试点社区 100 个左右,建立未来社区建设运营的标准体系,2022 年开始全面复制推广,显现裂变效应,夯实未来城市发展基础,有力支撑大湾区大花园大都市区建设。三是明确实施主体,区(县、市)人民政府为试点主体。各区(县、市)在杭州市未来社区建设指导意见的基础上制订出台建设计划或行动方案。四是建立激励和监督机制,例如,市财政可为试点单位按比例配套专项资金,全市每年表彰一批先进城区、先进社区。

其次,协同化革新未来社区的体制机制。以"共建共治共享"的协同思维深化体制机制改革。一是建立问题导向的共建体制。从未来社区的问题导向出发,建立"条块结合、以块为主,上下联动、扁平高效"的共建体制。厘清各部门在未来社区创建中的权责关系,深化跨部门的信息交流与协同联动体制改革。突出区(县、市)政府的综合协调者角色,强化街镇统筹执行者角色,明确社区自治共同体角色。二是建立服务导向的共治机制。以"社会化、法治化、智能化、专业化"为方向,在服务供给中实现政府机制、市场机制和社会机制的有序衔接和良性互动。推动政府转型,实现公共服务的规范化、标准化。引入市场机制,实现社会服务智能化、产业化。深化社会机制,实现志愿互助服务社会化、专业化。三是建立终端导向的共享平台。以新一代信息技术为支撑,以"智慧社区"终端为导向,自下而上构建"开放、多元、高效、精准和快速回应"的共享平台,抢占未来社区发展制高点。继续推进以基础设施与服务设施智慧化为基础的"智慧社区"建设。加快以破除部门"信息壁垒"为前提的平台整合,深化"最多跑一次"改革,构建部门之间,政府、市场、社会组织与社区之间的互联互通。

最后,从源头激发"未来社区"的内生能力。激发和引导社区主人翁参与"未来社区"建设的主体能动性。一是提升社区居委会的自治能力。深入推进基层组织行政减负改革,提升居委会动员群众、凝心聚力的自治能力。以小区、楼宇、院落、庭院、楼道、自然村等实体为单位优化自治单元设置,激发社区自治主动性。推行50％以上居委会成员本地化、本社区化与业主化。二是提升"三驾马车"的协商能力。居委会、业委会、物业公司是社区自治与协商的"三驾马车"。加快探索并建立以社区党组织为统领,居委会、业委会、物业公司协调运转新模式。打破传统的组织隶属关系,成立社区大党委,实行"大事共议、实事共办、要事共决、急事共商"协商机制。三是提升睦邻公共空间的引领能力。依托社区开放空间,整合散落的社区资源,打造具有杭州特色的睦邻中心。发挥社区公约、邻里公约的激励与约束作用,实现邻里认同最大化。探索"人人贡献""人人义工"的积分机制,塑造邻里精神共同体。

（二）积极建设试点,积累经验发掘未来潜力

自2019年浙江省政府印发《浙江省未来社区建设试点工作方案》以来,先后批准两批60个试点开展探索。杭州首批未来社区项目分

别为上城始版桥社区、江干采荷荷花塘社区、西湖之江社区、拱墅瓜山社区、萧山亚运社区和瓜沥七彩社区，以及钱塘新区云帆社区。

其中，为使始版桥未来社区试点计划得到有效落实，尤其是智慧社区共同体能有效运行，上城区一面推动始版桥社区改造的硬件建设，另一面在城区现有信息化智慧治理实践经验基础上，推动一批探索未来社区共同体智慧治理的创新个案，积累未来社区智慧化治理方案以及实践展开的有效经验。首先，社区智脑赋能管家平台智慧服务。清波街道的未来社区智脑在街道层级建设起智慧平台（中台智脑），向上可以无缝对接市、区两级城市大脑和四个平台的服务运行，向下则在街道所辖社区建设五个响应中台社区智脑，适时统筹协同辖区资源与治理行动。智慧平台的智能化充分体现在"AI 小清回访智能管家"和"AI 小清咨询智能管家"两套智能语音服务系统上。在数据库支持下，"回访智能管家"系统能够提供居民慰问关怀、信息登记等主动式服务；"咨询智能管家"则能够实现 24 小时居民的咨询、答疑等工作。其次，智慧平台接通居民的生活空间。南星街道建设未来社区"智慧南星"一体化数字网络平台，整合智慧党建、基层治理四平台、维稳信息等七大模块，面向所辖八个社区"一口接进、一屏统揽、共享应用"，实现信息整合、系统归集、分析研判等智慧共享。平台系统集视频监控、消防预警、语音调度以及视频会商等功能于一体，建成"街道—社区—网格"三级联动数字驾驶舱模块，整合相应人员、设备与资源，再结合地图可视化，实现第一时间诊断事件信息，有序开展应急响应。通过居民"报事"功能，使居民在矛盾纠纷、生态环境、消费安全等事务的发现、申报与共享的过程中，参与社区公共事务的治理行动。最后，智慧微平台促成多元主体联结。小营街道老浙大社区整合社区微信群和社区社会组织的微信小程序"浙益家""比邻汇"等平台资源，建成社区"比邻汇 e 平台"体系，通过小程序实现社区社会工作者与志愿者注册、社会组织与社区商家入驻，向线上平台接入社区文化家园、公益课堂、助医保健等线下实体服务活动，使社区社会工作、社会组织与社区商家服务借力平台,联动互补;引领居民,尤其是年轻居民群体,提升对社区事务的知晓度与兴趣,从而使活动的线下场景有更多的居民参与。建立志愿时数积分兑换机制,鼓励社区低龄老人参与社区健康保健、为老与养老护理服务。

而拱墅瓜山社区项目则通过瓜山农居改造"139"全面提升、未来社区数字化平台构建、社区与智慧网谷小镇及运河湾历史街区统筹发展、工程总承包(EPC)项目推进等四大举措,力争建设独具魅力的"创客社区"、面向未来的"样板社区"。2020年下半年,拱墅瓜山社区一期已完工,共计12个组团对外试运营,累计入住约4200人,在吸引人才落地入户、创业企业孵化、打造共建共享的产城融合平台等方面起到了引领和示范效应。同时,瓜山未来社区建设也积累了一定的成效和经验。首先,解决了城市城中村改造难题。按传统模式,瓜山项目所需要的拆迁、建设资金和带来的收益严重不平衡,但保留整治而非拆迁的模式则可以有效解决资金平衡的问题。其次,切实解决了区域内办公、创业人才的居住问题。在杭州土地市场过热的情况下,年轻人买房定居的压力不可避免地对工商环境产生一定影响,本项目共建设8500套人才公寓,为年轻人提供了工作初期重要的过渡场所。最后,实现政府统筹,第三方投资运营,百姓受益的创新模式。改造的市场化运作成倍提高了老百姓的收入,并且创新采用租赁形式,保障原有房屋通过整治继续升值。第三方企业通过运营管理获得投资收益,切实解决了城中村综合整治可持续发展的问题,有效避免了整治一段时间后新的城中村的产生。这种多方共同受益的创新模式为未来社区的推广提供了宝贵的样板经验。

第五章　推进美丽杭州建设，
打造生态文明之都

　　生态省建设是习近平生态文明思想的省域先行先试。2002 年底浙江提出生态省建设战略，2003 年创建生态省成为"八八战略"的重要组成部分。杭州市第一时间响应这一重大战略部署，于 2003 年的市委九届五次全体（扩大）会议上提出了建成生态市的奋斗目标，并于同年的市十届人大第四次会议上作出了《关于推进杭州生态市建设的决议》。2004 年 2 月，《中共杭州市委、杭州市人民政府关于加快推进杭州生态市建设的若干意见》正式出台，明确提出要始终坚持"环境立市"战略，把生态市建设作为大都市建设的重要内容。杭州生态文明建设从此迈入新的时代，开启新的征程。

　　2012 年 11 月 8 日，党的十八大提出："把生态文明建设放在突出地位，融入经济建设、政治建设、文化建设、社会建设各方面和全过程，努力建设美丽中国，实现中华民族永续发展。"这是"美丽中国"首次作为执政理念提出，成为中国建设"五位一体"格局形成的重要依据。建设美丽中国的杭州样本，则是习近平总书记对杭州的殷殷嘱托。历史赋予了杭州建设"美丽中国先行区"这一神圣使命，这座城市再次迈出了新的步伐：一座生态美、生产美、生活美的"美丽杭州"，渐行渐近。2013 年，"美丽杭州"建设全面启航。这一年，杭州市发布《关于建设"美丽杭州"的决议》及《"美丽杭州"建设实施纲要（2013—2020 年）》；2015 年，杭州启动打造"美丽杭州"、建设"两美"浙江示范区行动计划。2003 年以来，杭州全市上下牢记嘱托，坚定不移走"绿水青山就是金山银山"的道路，坚持环境立市，从提升自然生态品质、优化城乡居住环境、培育共建生态文明等方面入手，持之以恒地为"美丽杭州"添砖加瓦。

第一节　建设美丽杭州，践行绿色发展

一、扮靓西湖西溪，打造绿色空间

杭州是一座山水之城。青山与平原相依，江、河、湖、湿地错落其间，而数千年中华文明史的诗意培育，更使得这座城市的自然美学和山水特色分外鲜明。"水光潋滟晴方好，山色空蒙雨亦奇""天下佳山水，古今推富春""云山苍苍，江水泱泱"，大家早已对这些描写杭州生态美景的诗句耳熟能详。生态条件是杭州的优势，而在新的历史时期，保持生态优势，开发生态潜能，提升生态品质，则是这座城市发展命题的应有之义、必然之理，建设生态城市是历史赋予杭州的一项神圣使命。

（一）持续实施和推进西湖综合保护工程，擦亮"山水城市"金名片

西湖是杭州的灵魂和眼睛。杭州历届党委和政府一直高度重视西湖保护，做了大量卓有成效的工作。2001 年，杭州市委、市政府启动西湖综合保护工程，就此拉开了连续 10 年综合保护工程的帷幕。杭州按照"世界遗产"标准，从生态保护、环境美化、文脉延续、景观修复等多方面内容，对西湖的"东南西北中"进行全方位保护和整治。

2003 年，杭州市出台《杭州西湖风景名胜区管理条例》，就保护西湖风景区内的风景名胜资源和风景区土地、自然景物、人文景物及其所处环境、地形地貌、园林绿化、林木植物、水体水源、文物遗址以及环境污染防治等内容作出具体规定。到 2006 年，在工程实施的五年中，

累计拆除违法、有碍观瞻和无保留价值的建筑 53 万余平方米，共拆迁住户、单位 2600 多家，减少景区人口 7300 多人；新增公共绿地 110 余公顷，恢复水面 95.5 公顷；完成了西湖疏浚工程以及引配水工程，使西湖平均水深由疏浚前的 1.65 米增加到 2.5 米；西湖的年配水量达1.2 亿立方米，水质得到极大改善，透明度从以前的 50 厘米提高到 73厘米。2007 年，时任上海市委书记的习近平同志在考察杭州时，再次"点赞"西湖。他说，西湖新景区的建设，有效改善了西湖周边环境，充分反映了杭州人民的环保意识，是人与自然和谐相处的生动体现。

十年磨一剑。2011 年巴黎时间 6 月 24 日下午 5 点 55 分，第 35届世界遗产委员会大会执行主席戴维森·赫本敲响了手中的小槌，杭州西湖正式成为中国第 41 处世界遗产。西湖申遗成功，是杭州发展史上具有里程碑意义的大事。

在生态文明建设中始终存在着相信谁、依靠谁、为了谁的问题。2018 年 5 月 18 日，习近平总书记在全国生态环境保护大会上强调："要坚持生态惠民、生态利民、生态为民，重点解决损害群众健康的突出环境问题，加快改善生态环境质量，提供更多优质生态产品，努力实现社会公平正义，不断满足人民日益增长的优美生态环境需要。"[①]习近平总书记的"生态为民"理念在他当年指导西湖综合保护工程中也有着深刻的体现。2002 年，杭州开始探索试行"免费西湖模式"，几个试点景点从卖票模式进入免费名单。这一改变给地方财政带来了不小的压力，门票收入减少了，人员需要重新安置。2004 年，西湖综合保护工程整治后的 15 个历史文化景点中，13 处实行免费开放。此后，韩美林艺术馆、吴山伍公庙景区、八卦田景区、龙井八景、杭州孔庙、九溪烟树景区、太子湾公园，以及杭州所有国有博物馆陆续免费开放。

生态工程与民心工程叠加在一起，美丽的西湖真正成了一座人民共享的美丽公园。没有围墙、不收门票的西湖，出乎很多人的意料。

---

① 《习近平谈治国理政》（第三卷），外文出版社 2020 年版，第 362 页。

但这一招"反弹琵琶"，却显示出了执政者超前的眼光。免费西湖模式，把西湖从"园中湖"变成"城中湖"，没有将目光局限于景区的"小账"，而是着眼于民生幸福、城市发展、经济增长的"大账"。杭州的魅力不仅在于美景和现代化，更在于这座城市以人为本、天人合一的绿色发展观。

（二）改善、修复西溪湿地生态环境，护好"城市之肺"

今天来到杭州，除了游览风光旖旎的西湖，很多人还会一路向西，去游览一个野趣横生的湿地，这里春天百花盛开，夏天浓绿满眼，秋天芦花飞雪，冬天疏影横斜。很多老杭州人，保留着童年在这里摘柿子的美好记忆；很多文化人，对这里的文史遗迹如数家珍。此地有《长生殿》作者洪昇的祖居、清代著名文人高士奇接待康熙的高庄，苏东坡、张岱等均曾在此留下诗画墨宝。这里是西溪湿地，中国首个国家湿地公园。历史上，西溪是和西湖、西泠并称杭州"三西"的名胜之地。

2005 年，杭州西溪国家湿地公园开园。当时的西溪湿地保护区，总面积 10.08 平方公里，是罕见的城市中的次生湿地，是中国第一个也是唯一的集城市湿地、农耕湿地、文化湿地于一体的国家湿地公园。

湿地位于杭州西北，有"天堂绿肺"之称，具有涵养水源、净化水质、调蓄洪水、美化环境、调节气候等生态功能，分布有维管植物 85 科 182 属 221 种、浮游植物 7 门，6 个植被型组。保留下来的老柿树在一期工程内就有 2802 棵。湿地内的鸟类资源也极其丰富，有 12 目 26 科 89 种，占杭州所有鸟类总数的近 50%，形成人与自然和谐共生的奇妙美景。

2002 年，杭州市作出实施西溪湿地综合保护的决策，杭州市第九次党代会把实施西溪湿地综合保护工程列入了"十大工程"。在《西溪湿地综合保护总体规划》的基础上，2004 年，杭州市投资 40 亿元，将西溪湿地建成"中国江南城市湿地公园"。西溪湿地综合保护工程定下"六大原则"——生态优先、最小干预、修旧如旧、注重文化、可持续发展、以人为本。

2003 年 9 月，经过反复论证，西溪湿地综合保护首期工程正式启动，采取了外迁农居、恢复湿地生态、挖掘历史遗留等一系列举措，西溪湿地保护区旅游专项规划也浮出水面。规划按照"保护第一、生态优先"原则，突出植被、地形地貌的原生性，大半湿地面积禁止游客进入，其余部分的游客日流量也控制在五六千人左右，以确保湿地水体能够自然净化游客产生的可降解污染物，并且只设置必要的步行游览道路和非机动船舶类交通工具。规划将西溪湿地旅游资源的保护开发分为"三区一廊三带"，采取搬迁整治、封闭封育等措施，恢复原始沼泽、田园风光和鸟类物种，营造特有的水域、地貌、动植物和历史人文景观。杭州市政府这几十个亿的先期投入不求经济回报，不求任何用地性质的更改，投入的用意在于还西溪 30 年前的生态佳境，维护这片"城市之肺"的原生态。

2005 年 5 月 1 日开园时，对外开放的是湿地公园一期工程，约 3.46 平方公里。二期和三期分别于 2007 年、2008 年建成后有限开园。一期工程中保留的原生态区和生态恢复区占了一期工程的 94%。其中保留和恢复的建筑面积仅占搬迁村民住房建筑面积的 24% 左右，湿地水域景观中最精华部分已得到完整保护。

围绕保护工程，自立项起，就定位为"保护工程"，不以营利为主要目的。市委、市政府多次强调，湿地具有涵养水源、净化水质、调节气候等生态功能，是城市的"绿肺"，而且西溪湿地还有深厚的历史人文积淀，要将"生态优先，最小干预"放在首位。

在这样的指导思想下，这个保护工程在开园之后，不仅没有大肆招徕游客增加旅游收入，反而采取了一系列"拒客"的举措。但是，从整个城市看，杭州拥有了强有力的城市"绿肺"，拥有了全国第一个国家湿地公园，城市的品位大大提升，这种"增值"将惠及子孙后代，远不止眼前的这点利益。

作为第一个国家湿地公园，杭州在保护工程的专业性上做出了不少努力。河道、鱼塘必须是斜坡堆土,让各种生物有生长繁殖的环境;堤塘边打下柳树桩,原来施工时考虑松木在水里不会腐烂,准备用松木桩护堤。但是本地村民提出,松木是死桩,不能生根发芽,而柳树桩是活桩,会生根发芽,在堤岸上盘根错节,裨益丰富生态;草皮也必须是原生态的,西湖边那种所谓的高级草皮和这里的野生状态是两码事;污水直排被淘汰,管网配置到角角落落;对原生态保护区以及生态恢复区只将部分封闭小面积水体连通,利于物种自由交流,吸引水鸟栖息;保留和恢复作为次生湿地标志的鱼塘达 383 个,原有的柿子树一棵都没少。在湿地保护过程中,这样的例子很多,群众性和专业性、科学性和民主性在西溪湿地的规划实施中得到了体现。

从 2011 年起,杭州恢复花朝节,在西溪湿地举办。传承历史文化,呈现独特韵味,这一切都建立在生态之美、保护为重的基础上。今天的西溪湿地,以水为灵魂,实施保护的总面积约为 11.5 平方公里,分为东部湿地生态保护培育区、中部湿地生态旅游休闲区和西部湿地生态景观封育区,河湖港汊、芦花翠鸟,充满自然野趣,统筹生产、生活、生态三大空间布局,已成为建设人与自然和谐相处、共生共荣的宜居城市的重要资源。西溪湿地建设,也成为城市生态环境重建和保护的一项标杆。

二、美化城乡环境,践行绿色发展

跨入 21 世纪后,国内不少地方都以建造高楼大厦,树立地标,打造"金名片"作为城市形象面貌提升的主要方式。然而在城市光鲜的"面子"背后,还有许多"脏、乱、差"的背街小巷。老城区内不少年久失修的坑洞路、撤村建居后形成的泥巴路、企业改制后遗留的破损路,影响百姓日常出行。许多小巷路面破损、坑洼不平,行路难、停车难问题突出,不少小巷历史人文遗迹损毁严重,濒临毁灭等。这些严重影响了居民的正常生活,破坏了城市的整体面貌。杭州市把关注的目光投向那些大街后面住满普通百姓的小巷弄堂，展开一场几乎不可能有形象效应的背街小巷改善工程，以改变陋巷中百姓的生活，改善城市生态环境。

（一）推进背街小巷改善工程和庭院改善工程既是环境工程，更是民生工程

杭州市背街小巷改善，被誉为"老百姓家门口的实事工程""民心工程"。改善内容包括道路平整、积水治理、截污纳管、立面整治、园林绿化、景观照明、城市家具、公厕改造、违建拆除、缓解交通"两难"、架空线"上改下"、平改坡、危房修缮、标志标牌多杆合一等 14 个方面。一大批富有地域特色和人文韵味的背街小巷，如介绍司徒雷登生平的耶稣堂弄，于谦祠所在的祠堂巷，展现民族英雄岳飞率领"岳家军"抗击外敌入侵的打铁关路，古韵流淌的清波街，中西合璧的教场路，体现伟人情怀的小营巷等老街巷重新焕发了青春，其深厚的文化特色也展现在中外游客面前。应该说，背街小巷改善工程是市委、市政府改善人居生活环境，提升城市综合品位的有力举措，也是破解行车难、停车难问题和打造国内最清洁城市的有效抓手。它极大改善了陋巷中百姓的生活，美化了城市环境，延续了历史文脉，畅通了城市道路，彰显了城市品格，锻炼了各级干部，改善了党群干群关系，使"生活品质之城""中国最具幸福感城市"的灿烂阳光洒到了杭州的每一条背街小巷，洒到了每一个陋巷中的杭州人和新杭州人身上。

2006 年 12 月，习近平同志在调研为民办实事工作时，对杭州的背街小巷改善工程给予高度评价，提出要既做综合整治这样的大事，又重背街小巷这样的"小事"，鼓励杭州在今后为民办实事实践中，多搞一些像背街小巷改善这样的老百姓"家门口的满意工程"、直接造福于民的"民心工程"。

2008 年，杭州市又决定在主城区范围大规模开展庭院改善工程，用 3 年时间（2008—2010 年）完成 745 个庭院，3365 幢房屋的整治。

同样是民心工程,庭院改善注重居住环境的提升和市民生活的需求:实施照明增设、绿化调整、截污纳管、保笼凸改平、立面修整、线路整理等改善内容,解决夜间通行、拓展空间、污水出路及景观脏乱差问题。在解决好路面修缮、车棚整治、水箱拆除、平改坡、增设雨篷和晾衣架等问题的前提下,迁树建亭,满足老庭院公共交流空间的需求,受到居民的普遍欢迎。庭院改善还同时抓景观、功能和人文的对接,尊重居民私密性,通过粉墙黛瓦、绿化延伸、立面基调过渡,与周边建筑融为一体;通过上改下,水、电、气等"一户一表"同步接入,解决用水、供电、供气问题;历史景观墙采用石材更新、墙体延伸、构建呼应等多维"修旧如旧"手法,在新老元素中展示浓厚文脉。背街小巷和庭院改善真正让"生活品质之城"和"中国最具幸福感城市"的阳光洒到杭州的每一条背街小巷、每一处庭院、每一户家庭、每一位杭州人和"新杭州人"。

(二)实施"腾笼换鸟"战略,改变城市面貌,提升城市颜值

进入 21 世纪,为了加快城市化进程、推动城市产业升级,杭州开始探索构筑"东动西静南新北秀中兴"的网络化、组团式、生态型城市空间布局。在此过程中,老城区企业外迁成为一项重点工作。为破解资源环境约束与经济粗放发展之间的矛盾,习近平同志在浙江提出了著名的"腾笼换鸟、凤凰涅槃"发展思路,它不仅推动了浙江经济结构的战略性调整和增长方式的根本性转变,实现了产业和企业的浴火重生、脱胎换骨,同时也极大改善了浙江的人居环境和城乡生态面貌,实现了经济效益和生态效益的双赢,为未来浙江长远发展铺平了道路,指明了方向。

20 世纪 90 年代鼎盛时,拱墅工业产值一度占杭州主城区工业产值的 60%。步入 21 世纪,经济效益不高、环境容量难以承载等现实问题日益突出。2004 年底,浙江省经济工作会议提出"腾笼换鸟"发展思路后,拱墅区就开始行动起来,用十多年时间,搬迁了 500 多家工业

企业，打造重点产业平台，培育数字经济，发展高端服务业，其中最华丽的转身要数杭钢集团。2015 年底，建厂 59 年的杭钢半山基地全线关停。紧接着，组建了环保集团，实现了从"黑金刚"到"绿巨人"的转身，将昔日的钢铁生产基地建设成为创新型特色基地。杭钢集团非但自身摆脱了"污染大户"的恶名，还在杭州城市环保中发挥其独特的作用，为保护城市环境做出了独特的贡献，赢得了城市"清道夫"的美名。老杭钢退出历史舞台的同时，半山区块也迎来了"旧貌换新颜"。2011年 1 月 21 日，半山森林公园正式挂牌成为国家级森林公园，这是杭州主城区内首个国家级森林公园。随着半山区块的不断发展，半山的环境越来越好，老百姓的日子也越过越舒坦。如果说，之前很多人把半山与杭钢画上等号，那自 2011 年以来，半山森林公园已逐渐成为半山旅游的又一张"金名片"。青山依依，绿水迢迢，如今来到半山就仿佛走进陶渊明的桃花源一般舒适悠然。生态环境的改善不仅提升了市民的生活品质，也为杭钢区域日后的经济转型升级提供了坚实的基础。

传统工业大区的标签，曾是萧山经济社会各项数据的"心脏泵"，让萧山受益匪浅，也一度光环无限。只是"传统"二字也包含多层意义，包括对环境的过度依赖，对资源的无序使用，以及市民感受颇深的工业污染。"八八战略"提出后，在绿色发展理念的指引下，萧山开始关停、搬迁各类污染企业，十多年时间里持续推动产业升级，朝着绿色宜居城区的目标不断前进。现在的萧山，环境有了根本性的变化，呈现一派新城面貌。过去的围垦滩涂——钱江世纪城经过规划建设，如今已完全是一座摩登与自然完美融合的花园新城，大片的绿地、花海让人赏心悦目，以一流的城市环境迎接国内外的亚运游客和运动员。

（三）以"美丽乡村"建设带动"美丽经济"发展，实现乡村生态价值转化

"绿水青山就是金山银山"理念不仅让杭州的城市面貌焕然一新，

同时也使杭州广大乡村实现了翻天覆地的变化。习近平同志提出,建设生态省,打造"绿色浙江",农村是重点,是难点,也是主战场。[①] 为了打造"美丽中国建设的杭州样本",2003 年,杭州快速、积极响应习近平同志的倡议和省委、省政府的决定,开始实施"百村示范,千村整治"工程;2005 年,杭州启动生态城市建设的"1250"工程,即选择 12 个关键领域,如农村生活污水和生活垃圾处理,并执行每年每个地区 50 个试点项目,促进农村生态环境的建设。2011 年,在"十万个"工程和"1250"工程的基础上,杭州印发了《美丽乡村建设实施意见》,正式启动"美丽乡村"创建活动。杭州以改善农村生活环境、生产环境、生态环境为抓手,以环境美、产业兴、百姓富为落脚点,最终走出了一条以良好生态推动乡村振兴的绿色发展道路。

杭州的美丽乡村建设坚持生态与经济之间的互动,促进绿色发展、循环发展、低碳发展,在转换的过程中注重生产美,大力发展生态经济特点,促进土地承包经营权流转,促进规模化经营,形成特色产业村。例如,萧山河庄街道现属钱塘区,曾经以传统种植业为主的村庄自 2007 年以来,积极推进土地流转,大力开展土地整理,建立农业科技示范园区,推动产业转型。与传统农业相比,土地流转带来的效益成倍增加,村民也从土地中"解放"出来,按照美丽乡村建设和产业项目发展的要求,将"农村带"建设成为生态带和产业带。

东梓关村位于浙江省富阳市场口镇,面临富春江,背靠小山群。在具有建筑界"奥斯卡"之称的 Architizer 2017 A＋Awards 颁奖典礼上,来自中国的 gad(绿城设计)团队凭借设计作品"东梓关杭派民居"夺得最佳评审大奖,这个小村庄也因此成了网红。东梓关村的 46 幢杭派民居还被誉为"最美农村回迁房"。2013 年下半年,杭州市"三江两岸"整治正如火如荼地进行,按照计划,东梓关沿江 25 亩地范围内

---

① 《万千乡村　活力澎湃——我省深入推进"千村示范、万村整治"工程纪实》,《浙江日报》2018 年 4 月 25 日。

危旧住房将统一征迁,村民搬进镇上的公寓。可是,不少村民不愿意离开这个世代居住的地方。机缘巧合,同步启动的还有杭州的"杭派民居"试点。在富阳市规划局的牵线下,东梓关村请来了 gad(绿城设计),在这里打造杭派民居。民居建设完毕,诗画般的外观加上不到每平方米 1400 元的建造成本,让它征服了所有人。近几年,东梓关村还打通拓宽道路,打造出"江鲜一条街",建立游客接待中心和停车场,完善各类基础设施。如今,到了周末,东梓关村每天接待游客 2000 人左右,真正将美丽风景转化为美丽经济。而东梓关村只是杭州首批 14 个杭派民居试点村之一,还有更多美丽村庄通过各种实践将"绿水青山就是金山银山"化为生动的现实。

下姜村地处淳安县西南部,千岛湖南岸。20 世纪八九十年代,下姜村还是个穷山沟,当地流传着这样一句话:"土墙房,烧木炭,一年只有半年粮,有女不嫁下姜郎。"2003 年,习近平同志主动提出将这个距杭州两三百公里、山路十八弯偏远贫困村作为自己的基层联系点。在浙江工作期间,他先后四次来到下姜村。2003 年 4 月,习近平同志在建德市和淳安县调研时提出,千岛湖是浙江的"母亲湖",鼓励建德和淳安从实际出发,充分利用山水资源优势,坚持"生态立市""生态立县",坚定不移地走可持续发展之路。2005 年 3 月,习近平同志第二次来到下姜村调研,看到村子周边的山因为村民砍柴烧炭变得光秃秃的,于是就临时召集村干部和村民代表开座谈会。在会上,他跟大家说,"要给青山留个帽"。① 在习近平同志的多次关心和亲自部署下,原本贫困的下姜村开始了基于绿水青山的从"穷脏差"到"绿富美"蜕变之路。下姜村通过土地流转让村民从土地束缚中解放出来,然后引进资本发展绿色农业、生态农业、美丽农业,再以"原山、原水、原村落"为基础,深入推进农旅融合,并借着千岛湖全域旅游快速发展的东风,发展以农场采摘、登山康养为特色的旅游业和教育培训,先后培育猪栏

---

① 《绿色发展满目春——下姜村蹲点记·生态篇》,《浙江日报》2018 年 3 月 28 日。

餐厅、农事体验、手工展示、精品民宿等十余种业态，成功创建 AAAA 级景区。如今的下姜村还成立了下姜实业发展有限公司，建立村企共建模式，咬定"生态优美、村民富裕、乡风文明、治理有效"这一总目标，跳出下姜发展下姜，实施"和下姜一起富"计划，带动更多周边村民分享"大下姜"发展带来的红利，为实现全面推进乡村振兴和共同富裕探索新的航路。

三、推动生态共建，共享绿色生活

共享理念是新发展理念的重要内容之一，而"人人参与、人人尽力"的共建理念则是实践共享原则，体现了中国特色社会主义本质要求的题中之义。杭州市在落实生态文明建设的过程中，就始终坚持生态共建理念，以共建生态文明，共享文明成果，将生态文明理念内化于市民之心，外化于市民之行。通过地方各级党委政府的积极引导，将生态文明意识扎根于人心，形成崇尚生态文明的新风尚。在具体实践过程中，杭州市不断拓宽生态文明建设参与机制，引导广大市民共同参与，充分调动社会各界参与生态文明建设的积极性。一是建立生态传播机制。强化从家庭到学校再到社会的全方位生态教育体系，创新生态文明教育方式，疏通多元化生态文明教育渠道，动员全社会共同参与学习，促进全民生态文明观、道德观、价值观的形成，指导人们正确对待自然和社会。二是健全公众参与机制。生态环境关系全体公众，需要公众的支持。建立社会公众参与生态文明建设的有效机制，健全民间环保组织的规范和引导机制，鼓励民间环保组织积极、理性、合法、深入地参与生态文明建设，使其成为推动环境保护和生态文明建设的重要力量。生态文明建设要从环保部门走向社会、从政府走向民间，形成共建共享的社会行动体系。三是着力提升全社会生态意识。制定生态环境教育与培训战略规划，加大新闻媒体宣传力度，开展丰富多彩的生态文明教育实践活动，强化干部群众的生态优先意识与可持续发展理念。

（一）实施垃圾分类，引领生活新风尚

垃圾处理与垃圾分类是一个需要全民共同参与、全民共建生态环境、全民共享生态成果的典型个案。随着杭州市经济的快速发展和城市化进程的不断推进，生活垃圾产生量迅速增加，"垃圾围城"的问题愈发凸显。杭州的垃圾分类工作可以追溯到 2000 年。当时，杭州和北京、上海、广州、深圳、南京、厦门和桂林八个城市被建设部确定为"生活垃圾分类收集"试点城市。2000 年 11 月，杭州市政府办公厅下发《杭州市城市生活垃圾分类收集实施方案》，该方案将杭州市的生活垃圾分为四类：①可回收垃圾；②非回收垃圾；③有毒有害垃圾；④大件垃圾。实施方案还确定了在垃圾收集点按可回收垃圾、非回收垃圾和有毒有害垃圾三类来设置若干不同颜色的收集容器。2010 年，杭州市出台《杭州市区生活垃圾分类收集处置工作实施方案》，决定试点垃圾分类工作，共有 37 个小区参与试点，分批开展垃圾分类收集处理工作，随后垃圾分类工作在全市域范围内广泛开展。

（二）建设节约型社会，鼓励践行低碳绿色生活

2005 年，为继续深入实施"八八战略"、加快建设节约型社会，根据《浙江省人民政府贯彻国务院关于建设节约型社会重点工作的实施意见》等文件精神要求，杭州出台《杭州市人民政府办公厅关于贯彻实施国务院和省政府建设节约型社会近期重点工作的通知》（以下简称《通知》）。《通知》除了要求抓好节水、节电、节材、节地等各项具体工作外，进一步要求以"政府带头，作好表率"和"广泛宣传，全民参与"为具体抓手，在社会中形成注重节约、保护环境的新风尚。

2006 年，习近平同志在《浙江日报》发表《机关表率是建设节约型社会的重点》一文，提出机关要带头节约资源，机关要在建设节约型社

会中走在全社会前列，必须认识到"浪费也是腐败，节约也是政绩"。①在习近平同志的倡议和带领下，杭州市积极响应，出台相关文件，要求各机关单位率先垂范，带头厉行节约，杜绝浪费，减少消耗，引领全社会节约能源。通过设施设备改造以及在办公、用车、采购等制度与管理方面探索并采取有效措施，推进机关的节能工作。各机关各部门都结合自身实际，小处着手，大处把关，把节能降耗工作落到实处，在加强监督、创新思路的同时，通过有力的宣传手段，从自身做起，由点及面，践行好、传播好绿色发展理念。为切实发挥党政机关在节能减排减碳方面的表率示范作用，2010 年，杭州市市级公共机构节能减排领导小组还出台市直机关带头推行绿色办公实施方案，积极倡导绿色办公，在市直机关范围内广泛倡议动员，大力宣传低碳城市建设"从我做起，从小事做起，从现在做起"的理念，带头推行以"节约、环保、健康"为主题的绿色办公行为。

党的十八大以来，习近平总书记倡导的绿色低碳、节能环保生活理念已然深入人心，正逐渐改变着人们的生活方式和思想观念。2020年 9 月 28 日，杭州制定下发《关于做好厉行节约　反对餐饮浪费相关工作的通知》，明确目标任务、工作措施、考核要求，对相关责任进行分解，确保工作落地见效。10 月 10 日，杭州市举行"厉行节约　反对浪费"坚决制止餐饮浪费行动启动仪式，明确了将制止餐饮浪费行为工作纳入餐饮服务食品安全年度量化评级考核、加强对铺张浪费行为广告监测、强化餐饮行业明码标价监管严查价格违法行为、强化社会监督开展消费体察和"浪费行为随手拍"活动、开展形式多样的宣传教育活动、加强行业内和系统内明察暗访等六大行动方案。杭州市餐饮协会与杭州之声、918"民情热线"共同发出倡议，开展光盘行动；杭州市消保委联合美团开展拒绝浪费、文明消费倡议活动，进一步引导餐饮企业强化行业自律。在此次行动中，杭州市各级党政机关、国有企业、

① 习近平：《之江新语》，浙江人民出版社 2007 年版，第 174 页。

事业单位及社团组织第一时间响应,制定出台反对餐饮浪费行动指南,明确强化日常管理的具体措施和要求。党政机关严格执行公务接待标准,规范公务接待行为,带头推行"公勺公筷"和"分餐制"接待,落实专人检查就餐人员光盘情况。杭州市直机关党工委、机关事务管理局等单位开展多轮次监督暗访,督促全市党政机关严格落实反对餐饮浪费行动。各级党政机关、各部门主动走在前列,为共同营造浪费可耻、节约为荣的良好社会氛围打基础、立标杆。

除了党政机关带头外,节约型社会更离不开群众的支持和人民的共建。为了更好地帮民众树立节能环保意识,杭州广泛开展形式多样的节约资源和保护环境的宣传活动。文广、教育等部门和社会团体大力宣传资源节约的意义和相关法律法规、方针政策,普及清洁生产、循环经济和绿色环保知识,提高全社会对建设节约型社会的认识,增强资源节约和环保意识,形成全民参与、互促互进的良好社会氛围,弘扬资源节约典型,对浪费资源、严重污染环境的行为和现象,也给予必要的揭露和曝光,充分发挥舆论对资源节约活动的引导和监督作用。

(三)倡导绿色出行,公共自行车的杭州模式走在全球前列

2008年,杭州率先在全国提出建设"低碳城市"的战略。2010年,杭州被国家发改委确定为全国首批低碳试点城市,提出打造低碳经济、低碳交通、低碳建筑、低碳生活、低碳环境、低碳社会"六位一体"的低碳示范城市。2008年5月1日,全国第一个真正意义上的智能公共自行车系统——杭州公共自行车交通服务系统,在主城区投入试运行。"公共自行车"作为新事物,第一次出现在西湖边,从此成为杭州市民朝夕相伴的好伙伴。杭州"小红车"从无到有,多次升级换代,越来越新颖、便利,方便了杭城百姓的日常生活,也给海内外来杭旅游的游客们留下了深刻的印象。一次次的改进与升级,也让杭州公共自行车吸引了全球的目光,杭州公共自行车多次入选英国广播公司(BBC)旅游频道评选的"全球八个提供最棒的公共自行车服务城市"、美国专

业户外机构评选的"全球最好的 16 个地区公共自行车系统"和国际艾希顿奖等，并多次名列榜首。

如今，这份由"小红车"带来的"杭州温度"，也正在为更多人所感受，杭州公共自行车公司正大步走出去，逐步成为全世界的公共自行车系统供应商。目前，杭州公共自行车公司的产品和服务已经覆盖到广东、新疆、甘肃、内蒙古、上海、山西、北京、天津、辽宁等 21 个省区市。从 2008 年 5 月 1 日投入运营以来，杭州公共自行车用两年时间达到 1 亿人次租用量；截至 2019 年，租用量突破 10 亿人次，共有 4253 个服务点 10.7 万辆公共自行车，日最高租用量 47.30 万人次。从 0 到 10 亿，不仅仅是租用量数字上的变化，更是市民游客出行的便利、低碳环保的努力和城市交通的有机发展。

（四）注重环保教育，让绿色发展理念深入人心

2004 年下发的《中共杭州市委、杭州市人民政府关于加快推进杭州生态市建设的若干意见》明确要求建立生态市建设的社会宣传教育体系，将环保意识、生态意识纳入各类学校的国情教育之中，学校也成了培育生态文化的主阵地之一。2019 年，杭州市生态环境局联合市教育局推出了学校环境教育项目培育计划，开发生态环境主题的校本教材，认真挖掘了各年级各学科教材的环境教育素材，在常规的教学中渗透科技能力的培养和绿色环保思维，开发环保科技网站，支持学生参与各级环保类比赛，从娃娃抓起，使绿色理念逐渐渗入师生的心田，努力让青少年从绿色教育中终身受益，自觉做青山绿水的保护者。2020 年 8 月，为深入贯彻落实习近平总书记关于"坚决制止餐饮浪费行为，切实培养节约习惯"等有关重要指示精神，进一步弘扬中华民族勤俭节约的美德，加快形成"浪费可耻、节约为荣"的社会风尚，杭州市文明办、市商务局、市市场监管局联合发布《开展厉行节约　杜绝餐饮浪费》的倡议书，号召广大餐饮企业践行美德，做行业自律的领头兵，厉行节俭，将减少餐桌浪费作为餐饮业常态化发展的基本准则与重要

任务，自觉将厉行节约纳入餐饮生产、加工、服务的全过程，积极打造节约型餐饮，同时号召广大市民文明消费，做光盘行动的领头兵，让开展厉行节约、杜绝餐饮浪费成为每个市民群众的自觉行动，为杭州建设"重要窗口"、提升城市文明程度贡献自己的力量。市文明办积极开展形式多样的宣传活动，印制一批宣传海报在餐饮就餐场所醒目位置张贴，利用户外广告、电子显示屏进行滚动宣传，借助公交、车船、电梯等视频进行播放，加强与其他职能部门之间的联系与合作，有效发挥好学校、工会、社团等组织的优势，开展宣传教育。

第二节　治理环境污染，筑基生态文明

生态文明建设，事关民生福祉，是人类永续发展的千秋大计。改革开放以来，我国进入经济快速持续增长期。然而，快速工业化也伴随着环境污染，累积了诸多环境欠账，成为人民追求幸福生活的一大短板。

习近平同志在浙江工作期间，对环境污染治理工作极为重视。他多次到杭州考察，对环境污染治理工作进行指导。

在"八八战略"指引下，杭州市奋力发挥自身的生态优势，坚持"生态立市"，打造"绿色杭州"，环境污染治理工作也取得卓异的成绩。至2020年底，杭州市已基本完成第一轮中央生态环保督察问题整改，杭州临江环境能源工程项目建成投运，天子岭填埋场关停，全市原生生活垃圾全部实现零填埋；到2023年1月，杭州完成第二轮中央生态环保督察迎检并按要求整改问题。杭州成为省会城市中首个国家生态市并成功举办世界环境日全球主场活动。

2021年3月，《中华人民共和国国民经济和社会发展第十四个五年规划和2035年远景目标纲要》出台，对环境污染治理提出了更高的要求："基本消除重污染天气""基本消除劣Ⅴ类国控断面和城市黑臭

水体""构建集污水、垃圾、固废、危废、医废处理处置设施和监测监管能力于一体的环境基础设施体系"等等。杭州市紧跟国家步伐，并根据自身特点，制定了相应的环境污染治理目标，如"深入实施'万顷湿地、万里碧水'工程，加快形成六大标志性成果""实施二氧化碳排放达峰行动，高水平实现环境治理'八项清零'""严格实行垃圾'三化四分'，实现生活垃圾零增长、零填埋"。

一、水污染治理，呈现碧水杭州

水是生命之源，是人类生产和生活不可缺少的自然资源，是经济发展和社会进步的生命线。正确看待与处理人与水的关系，具有重大的现实意义。水污染治理，关系亿万民众的日常生活，其重要性不言而喻。2018 年 5 月 18 日，习近平总书记在全国生态环境保护大会讲话时强调："要深入实施水污染防治行动计划，打好水源地保护、城市黑臭水体治理、渤海综合治理、长江保护修复攻坚战，保障饮用水安全，基本消灭城市黑臭水体，还给老百姓清水绿岸、鱼翔浅底的景象。"[①]

（一）调整经济结构，引导产业发展

2003 年 1 月，杭州市政府推出产业发展导向目录，优化产业结构，提高综合竞争力，促进经济和社会的发展。在该份目录中，与水污染治理相关的鼓励发展项目包括：新安江、富春江、钱塘江、京杭大运河（杭州段）、分水江、苕溪和市区河道的治理，小流域综合治理，城乡水网整治；城镇污水的收集和处理工程，低洼排水工程，给、排水管网改造、调整工程，城市饮用净水改造工程；环境保护技术与工程，重点为水资源保护、大气环境保护，苕溪、钱塘江水系治理，京杭大运河（杭州段）及市河综合整治工程等诸多方面。与水污染治理相关的限制发展

---

① 习近平：《推动我国生态文明建设迈上新台阶》，《求是》2019 年第 3 期。

与禁止发展项目包括：漂染，棉、毛纱、绢丝染色，呢绒（含羊绒）染色，棉、麻、丝绸、化纤织物印染；年产 3.4 万吨以下的化学制浆（特种纸除外）、1 万吨以下的纸板；年产 40 万张以下牛皮制革（猪皮 80 万张、羊皮 240 万张）等。通过政府的政策引导，水污染产业失去了发展势头，而污水治理项目则因此具备了发展空间。

从 2005 年到 2007 年，杭州在全市范围开展环境污染整治行动，进一步加强环境污染整治工作，其中水污染治理是重中之重。为从源头治理水污染，该次行动重点强调通过经济结构调整，限制甚至禁止水污染企业的发展，以消除水污染危害。具体措施包括：确定萧山东片印染和染化、南阳经济开发区化工园区、余杭苕溪流域、富阳造纸春江区块、建德化工行业、桐庐钟山乡石材加工、临安锦溪流域等为重点监管区域；确定化工、印染、医药、造纸、味精、电镀、水泥、冶炼等为重点污染行业并开展污染整治。制定钱塘江流域和太湖流域水污染防治规划，以流域总量控制为抓手，进一步加快产业结构调整，通过限期治理一批、集中控制一批、关停转产一批等措施，削减流域内的水污染物排放总量，确保水环境质量。按照水环境功能区的要求，严格核定流域内各排污单位的污染物排放量。各排污单位必须持证排污，并按全市总量控制要求实现浓度和总量的达标排放。对现有水环境功能区不达标的区域，贯彻"先整治、后审批，先控制、后发展"的原则，严格控制新建、扩建各类重污染项目。在功能区达标之前，对印染、染料、造纸、化工等重污染项目一律暂缓审批。

2014 年，杭州市坚持"三年卓见成效、五年基本成型"的目标，围绕六大领域 29 项工程，全力推进"三江两岸"生态景观保护与建设，着力打造"美丽杭州"和生态文明建设的先行区、示范区。至当年末，"三江两岸"拆除各类砂石码头 18 处，完成船厂搬迁 1 处，保留码头提升改造 3 处和江堤复绿 15 处；关停饮用水源保护区内污染企业 22 个；通过开展污染行业专项整治，累计关停富阳区化工企业 12 个，完成桐庐县清洁生产企业审核 8 个，淘汰冲天炉 8 座，关停萧山区"小化工"

企业 24 个。2015 年,"三江两岸"生态景观保护与建设工程完成,关停萧山西姑湾矿区和灰窑坞矿区、富阳富萧界矿区和雁峨山石料厂,关停沿线污染企业 2 个,9 个企业完成"阳光排污口"设置,拆除码头 3 个,完成 4 个码头景观化改造。"三江"水质达标率稳步上升,地表水中氨氮、总磷、高锰酸钾等污染指标下降。通过大力整顿与调整,水污染形势得到极大扭转,"山水秀美、生态宜居、城景交融、和谐发展"的黄金生态旅游线初步形成。2018 年,杭州出台《杭州市美丽西湖建设实施方案(2018—2022 年)》,全面建设安全流畅、生态健康、水清景美、人文彰显、管护高效、人水和谐的具有诗画江南韵味的美丽西湖。

(二)健全制度保障,加强责任监管

为加强城市排水管理,保障城市排水畅通,2004 年 7 月,杭州市政府出台《杭州市城市排水管理办法》。该办法明确了城市排水的管理及监管部门。具体来说,杭州市市政行政主管部门负责本市城市排水的管理工作,各区负责市政管理的行政主管部门按照市人民政府规定的职责分工,负责本地区的城市排水管理工作。环境保护行政主管部门对直接或间接排入或经城市排水设施处理净化后排入水体的水质进行监测,依法进行水污染防治的监督和管理。其中,关于防止污水排放,也有详尽的规定。例如,编制城市排水系统规划,应当按照地形、地貌、降雨量、污水量和水环境等要求进行;城市建设规划应当安排相应的泵站、污水处理厂、养护班点、污泥转运站、污泥处理厂等城市排水设施。新建、扩建、改建建设项目,应严格执行雨水、污水分流排放制度。禁止雨水、污水相互混接、合流排放。尚未实行分流排放的地区,产权单位应按照市政行政主管部门规定的时间和要求进行分流改造;排水单位排放的污水水质不符合《污水排入城市下水道水质标准》的,应设置相应的污水处理设施进行预先处理,达标后再排放;合流污水输送干线的截流范围内和污水管网覆盖地区,排水单位应当将污水纳入输送干线和管网,不得任意排放;在污水排放量超过城市排水设施受纳量的区域或者因城市防汛需要，市政行政主管部门可以采取调节排水量、调整排水时间等调度措施；城市排水监测机构应对排水单位排放的污水进行水质监测，被监测的排水单位应当积极配合，如实提供有关排污情况等，并详细规定了违规排放污水的处罚措施。

为落实全面实施"环境立市"战略，构筑绿色大都市，建设生态新天堂，2005 年 6 月 3 日，《中共杭州市委、杭州市人民政府关于加快推进生态建设与环境保护的若干意见》出台。该意见以钱塘江流域污染治理为突破口，为强化生态建设与环境保护目标责任制，决定在每年各地政府生态建设与环境保护目标责任制考核中，将"新增生活污水处理率"这一项列入考核。此外，通过制度设计，加大重点污染行业的经营成本，通过经济手段调整产业结构和淘汰落后生产工艺。依照有关法规提高污染企业的工业水资源使用费、工业废水的排污费和污染企业的用电价格，促使上规模的污染企业降低单位产值的耗水量和排污量，促使众多分散的小污染企业"关、停、并、转"，逐步消除污染企业对生态环境的威胁。

为切实做好"十三五"主要污染物总量减排工作，全面深入贯彻习近平新时代中国特色社会主义思想和党的十九大精神，统筹推进"五位一体"总体布局和协调推进"四个全面"战略布局，落实新时代生态环境保护新理念、新目标、新要求、新部署，2018 年 6 月，杭州市出台了《杭州市"十三五"主要污染物总量减排工作方案》。其中降低水污染是主要目标之一。具体要求为：加强重点河流水污染防治，严格控制生态屏障地区和钱塘江、太湖流域等水环境敏感区域高耗水、高污染行业发展，在新建、改建、扩建重点行业项目时实行主要污染物排放减量置换。在钱塘江、苕溪、运河流域干流沿岸禁止新建高环境风险项目，加大对已有项目监管力度等。为保障治理效果，该工作方案通过制度设计完善减排支持政策，并落实减排目标责任。

（三）整合社会资金，提升治污成效

为提高杭州市区的污水处理能力，2003 年 1 月，杭州市编制新一轮截污纳管工作计划。为满足大量资金需求，杭州市政府决定多渠道筹措资金，确保截污纳管工作顺利进行。截污纳管的经费原则上由各区政府和各产权单位负责筹措和解决。各区政府应安排生活小区截污纳管专项资金。市环保专项整治经费按计划用于部分公建单位的截污纳管。同时，参照 2002 年有关标准与办法，市政府对各区和公建单位实行以奖代拨政策。多方筹措资金治理污水，既有利于形成多方参与的合力，也使得大量的资金筹措成为可能。

市政公用行业长期以来在计划经济体制下运行，为城市经济和社会发展提供了基础保障，也形成了阻碍自身发展的体制和机制。为鼓励各类社会资本参与有序的市场竞争，提高市政公用行业运行效率，杭州市政府决定打破行业垄断，全面开放市政公用行业市场。2004年 3 月，杭州市出台《关于加快杭州市市政公用行业市场化进程的意见》，尝试按照产业化发展、市场化运作、法治化管理的要求，打破行业垄断和地区封锁，引入竞争机制，放宽市场准入，择优引入各类资本，采取独资、合资、合作等多种形式，参与市政公用企业重组改造，提高从事市政公用产品和服务经营企业的管理、技术和服务水平。其中，污水处理类项目是市政主要公用设施之一，允许开放经营市场，采取向社会公开招标等形式选择投资主体，由市政府授权特许经营，也可以通过公开择优选择运行管理公司的方式，委托其实施运行管理，不断提高市政公用设施的运行管理效率，降低市政公用设施的运行管理成本。

为切实加大水污染防治力度，保障全市水生态安全，2016 年 9 月，杭州出台《水污染防治行动计划》。该行动计划的工作目标为：到 2030年，全市水环境质量总体改善，水生态系统功能基本恢复。到 21 世纪中叶，生态环境质量全面改善，生态系统实现良性循环。为保证计划

效果的达成，促进多元融资是该计划的重要手段。一是引导社会资本投入。鼓励银行业金融机构建立有利于绿色信贷创新的工作机制，推动绿色信贷流程、产品和服务创新，针对水环境保护需求特点，运用项目收益权、特许经营权、排污权等作为有效抵（质）押的融资新模式，开发为循环经济服务的信贷产品，加强水污染防治。探索设立节能环保产业引导基金，鼓励社会资本发起设立支持生态环保的投资基金。鼓励社会资本加大对水环境保护投入，积极推广政府和社会资本合作（PPP）模式，推行环境污染第三方治理。二是加大财政支持力度。积极争取国家中央预算内资金、国债等各类水环境保护专项建设补助资金，将水环境保护资金列入各级政府年度财政预算，建立年度动态增长机制，加强资金保障。实施以因素法分配为主的转移支付方式。各区（县、市）政府要重点支持污水处理、污泥处理处置、河道清淤整治、饮用水水源保护、畜禽养殖污染防治、农药废弃包装物回收处置、水生态修复、应急清污等项目和工作。地方各级政府要对环境监管能力建设及运行费用分级给予必要保障。

（四）政府参与主导，明确治理重点

2004 年 4 月，《杭州市实施引水入城工程　加快城区河道整治工作方案》实施，以提升国家环保模范城市、国际花园城市、国际风景旅游城市的良好形象和城市品位，深化河道整治工作，理顺河道管理体制，加强河道长效管理和引配水工作。该工程按照"高起点规划、高标准设计、统筹兼顾、突出重点、分步实施"的要求，将钱塘江引水入城工程、抗咸二期工程、河道整治和截污纳管工作相结合，更好地解决全市人民生活用水、工业用水及环境用水问题，为实现河道"水清、流畅、岸绿、景美"的总体目标和杭州的经济社会发展创造良好条件。

为加大环境污染整治力度，改善环境质量，加快推进生态市建设，2006 年 8 月，杭州市出台了《中共杭州市委、杭州市人民政府关于落实科学发展观　加强环境保护的若干意见》。该意见强调要深刻认识加强环境保护的重要性和紧迫性，努力实现"三个转变"：从重经济增长轻环境保护转变为环境保护与经济增长并重，从环境保护滞后于经济发展转变为环境保护和经济发展同步，从主要用行政办法保护环境转变为综合运用法律、经济、技术和必要的行政办法解决环境问题。水污染治理是该意见的重要内容。

为全面推进水环境综合整治，着力解决影响饮水安全和群众反映强烈的水污染问题，切实改善水环境质量，确保人民群众身体健康、生命安全，2013 年 11 月，杭州市开展"清水治污"专项行动。该专项行动划定了详细的工作内容与职责分工，主要包括：加快污水管网系统建设和截污纳管工作、进一步完善城市污水处理设施建设、加强城区河道综合整治和保护、深化农村生活污水处理工作、强化畜禽水产养殖污染防治、全面开展农村河道清理工作、深入推进钱塘江、苕溪流域综合保护、加快重污染高耗能行业整治转型、强化固体废物和危险废物的处理与监管等诸多方面的内容。

二、大气污染治理，渲染蓝天杭州

"蓝天白云，繁星闪烁"是老百姓美好生活的重要组成部分。大气污染，不仅破坏了普通民众的幸福感，更有害身体健康。2014 年 2 月，习近平总书记在北京市考察工作时进一步指出："要加大大气污染治理力度，应对雾霾污染、改善空气质量的首要任务是控制 PM 2.5，要从压减燃煤、严格控车、调整产业、强化管理、联防联控、依法治理等方面采取重大举措，聚焦重点领域，严格指标考核，加强环境执法监管，认真进行责任追究。"①

（一）布局产业方向，淘汰落后产能

2003 年 1 月，杭州市推出了《杭州市产业发展导向目录》，意在推

---

① 《在建设首善之区上不断取得新成绩》，《人民日报》2014 年 2 月 27 日。

进经济结构的战略性调整,优化产业结构,进而提高综合竞争力,促进经济和社会的发展。该目录分为鼓励发展、限制发展、禁止发展三类,其余未列出的为允许发展类项目。例如,该目录鼓励发展清洁生产技术;15 吨(含 15 吨)以下转炉炼钢,10 吨(含 10 吨)以下电炉炼钢,7 吨以下冲天炉炼有色金属、黑色金属,炼焦、炼油、炼硫、炼铜、炼锡、炼钼、炼铅、炼锌等项目则限制发展;土法炼焦、硫、油(包括废油提纯再生)、明矾,土法(钳锅炉)炼铜、铝、铅、锌,土法生产石棉、放射性制品,土法采选金、钼、铅、锌、萤石,土法手工电镀,实心黏土砖、瓦及相关制品,倒焰窑制面砖、马赛克、耐火材料等严重污染大气的产业则被禁止发展。在此后一年拟定的产业发展导向目录中,明确了对大气环境影响大的项目类型,主要包括火力发电厂、燃煤锅炉、冶炼、铸造、燃料制气、砖瓦、水泥、陶瓷、玻璃、柏油制品、石棉制品、矿山等。

为推动空气质量持续改善,建设美丽杭州,2013 年 5 月出台的《杭州市 2013 年大气复合污染整治实施计划》强调结合主体功能区划、环境功能区划和大气环境质量现状,实施差别化的区域产业准入规定,搬迁、改造或关停主城区内现有大气重污染企业。严格产业环境准入,禁止、限制重污染高耗能产业的发展。在大气污染防治方面,杭州市政府要求巩固脱硫成果,确保全市 36 家电力(热力)企业综合脱硫效率不低于 90%。完成 43 家燃煤电厂(热电)和水泥熟料企业脱硝工程。全面推进石油炼制、化工、医药、农药、印刷、家具(玩具)制造、制鞋、喷漆、涂料、塑料、橡胶以及合成革等重点行业挥发性有机物调查和治理。2013 年底前,完成印染行业定型机废气治理工作。

2014 年 6 月,杭州市实施该年度大气污染防治计划。主要任务在于优化产业布局,也即调整上城区、下城区、江干区、拱墅区、西湖区、杭州高新开发区(滨江)(以下简称主城区)的产业布局。主城区积极开展"腾笼换鸟"。2014 年底前基本完成大气重污染企业搬迁任务,全面启动杭州钢铁集团公司搬迁工作,关停 7 家企业,全面启动 12 家化工企业关停转迁工作。调整优化萧山区、余杭区和桐庐县、淳安县、建德市、富阳市、临安市〔以下简称两区五县（市）〕建成区产业布局。开展两区五县（市）建成区大气重污染企业搬迁工作。开展杭州经济开发区、萧山区沿江区域产业恶臭污染源的整治。严格控制大江东区域新上大气污染项目、禁止新上废气重污染项目，加快该区域现有大气污染企业整治和结构调整进程。

（二）调整能源结构，发展清洁能源

为维持市区环境空气质量稳定，提高人民生活环境质量，2003 年4 月，杭州市开展第二阶段大气污染综合整治工作。其一，重点整治电厂（热电厂）等燃煤企业。抓紧关停半山电厂两台 5 万千瓦小火电机组。半山电厂年耗煤量 127 万吨左右，其两台 5 万千瓦机组无脱硫设施，属国家规定 2003 年限期关停的小火电机组。抓紧实施萧山电厂两台 12.5 万千瓦机组的烟气脱硫治理工程。其二，加强对中低架污染源的治理和整治工作，特别是加强对热电企业的烟气脱硫除尘治理。

2014 年，分别关停杭州华电半山发电有限公司 1 台燃煤机组；2015 年 6 月底前和年底前分别关停萧山发电厂 1 台燃煤机组。此外还要加快实施提标改造工作。全市所有火电厂（含 65 蒸吨/小时以上热电厂）、水泥企业和杭州钢铁集团公司实施大气污染物排放提标改造，按规定时间达到特别排放限值标准。2014 年起，实施燃煤热电厂清洁化改造，逐步实现烟气排放达到天然气排放标准。2015 年底前，全市燃煤锅炉和工业窑炉基本完成除尘设施建设或改造。2014 年 5月，杭州实施《杭州市大气污染防治行动计划（2014—2017 年）》。该行动着力推进"无燃煤区"建设，力求在 2015 年底前，在主城区全面完成"无燃煤区"建设的基础上，萧山区、余杭区、桐庐县、淳安县、建德市、富阳市、临安市〔以下简称 7 个区（县、市）〕建成区基本建成"无燃煤区"；而在 2017 年底前，将禁燃区范围逐步由城市建成区扩展到近郊。

　　为贯彻落实习近平总书记生态文明重要思想和党的十九大提出的"坚持全民共治、源头防治,持续实施大气污染防治行动,打赢蓝天保卫战"的明确要求,按照"五位一体"总体布局和"四个全面"战略布局,坚持创新、协调、绿色、开放、共享的新发展理念,按照建设全市域大气"清洁排放区"的目标要求,践行"八八战略",2018年11月,杭州市开展打赢蓝天保卫战行动计划,重点强调推动能源结构清洁化。

（三）完善管理体制,强化执法监管

　　2003年9月,为认真抓好杭州市区大气污染综合整治工作,杭州市要求加大执法和监察力度。

　　2004年4月,为开展大气污染综合整治,杭州市提出创新管理体制与机制建设。首先,完善的管理体制是控制大气污染的关键因素,良好的管理手段可大幅度降低大气污染防治成本。各有关职能部门要在管理机制方面有所突破,将新技术、新观念、新方法及时有效地应用到管理中,迅速有效地掌握有关信息,抓好各种项目的监督管理,全过程控制大气污染。其次,严格考核,建立公开、公正、公平、合理的考核机制,采取日常积分和年终考核等方式,结合"创模"工作任务完成情况,对有关职能部门的工作效果进行考核,奖励先进,鞭策后进。

　　2019年1月,为贯彻落实党的十九大提出的"坚持全民共治、源头防治,持续实施大气污染防治行动,打赢蓝天保卫战"的明确要求和建设全市域大气"清洁排放区"的目标要求,持续改善大气环境质量,杭州市提出了大气环境质量限期达标规划。为有效达成目标,该规划提出了若干管理体制创新办法。杭州的一系列有力措施取得了明显成效。《2022年度杭州市生态环境状况公报》显示,2022年度杭州的空气优良率为83.3％,市区细颗粒物（PM2.5）平均浓度为30微克/立方米,同比上升7.1％;可吸入颗粒物（PM10）平均浓度为52微克/立方米,同比下降5.5％;臭氧浓度170微克/立方米,同比上升4.9％。

（四）开展专项行动,狠抓治理重点

　　2005年8月9日,杭州市开展整治违法排污企业保障群众健康环保专项行动，突出重点区域和重点行业的环境污染整治。该次行动分为准备阶段、自查摸底阶段、全面整治阶段和总结考核阶段，并设定了严格的考核程序。其中，大气污染治理是该次行动的重点内容。萧山、余杭区要加快水泥机立窑生产线的关停工作。协调环保、公安、城管等部门对各类生产建设、生活、餐饮和娱乐行业的噪声和大气污染等问题进行集中治理，加大执法力度，依法查处违法行为。2013年底前，主城区包括养殖业、种植业企业和个人的其他各类燃煤及高污染燃料锅炉全部关停或改造。2015年底前，七个区（县、市）建成区完成其他燃煤及其他高污染燃料锅炉全部关停或改造任务。

为推进能源结构调整，改善城市空气环境质量，保障群众身体健康，加快推进"美丽杭州"建设，2013年4月，杭州市开始实施"无燃煤区"建设。建设期为2013—2015年：2013年底前，主城区基本建成"无燃煤区"；2015年底前，七个区（县、市）建成区基本建成"无燃煤区"。通过实施关停、搬迁、改造（煤改气、煤改电等清洁能源改造，下同）等措施，将上城区、下城区、江干区、拱墅区、西湖区、杭州高新开发区（滨江）和萧山区、余杭区、桐庐县、淳安县、临安市、富阳市、建德市的建成区基本建成"无燃煤区"，切实推动产业结构、布局优化和能源结构调整，改善重点区域大气质量。

2017年8月，杭州市展开全市域大气"清洁排放区"建设。该建设行动以全面贯彻党的十八大以来中央各次全会精神，深入贯彻习近平总书记系列重要讲话精神和治国理政新理念新思想新战略为指导，按照"五位一体"总体布局和"四个全面"战略布局，坚持新发展理念，以改善环境空气质量为核心，实施最严格的生态保护制度，推进能源结构优化调整，推动产业结构转型升级，落实大气污染综合治理。2020年，根据杭州市产业结构和地方特色建立健全地方标准，基本完成"清洁排放区"地方标准体系框架的构建，推进印染、化工、造纸、水泥、有色金属等大气污染重点行业结构调整，市区PM 2.5年均浓度降到42微克/立方米以下；2022年，进一步完善"清洁排放区"地方标准体系，全面完成重点行业结构调整，产业结构和空间布局进一步优化，市区PM 2.5年均浓度控制在40微克/立方米以下；到2025年，"清洁排放区"地方标准体系更加完善，产业布局和产业结构更加优化，企业和个人自觉守法意识较高，桐庐、淳安、建德、临安等四县（市）PM 2.5年均浓度降到35微克/立方米以下，市区PM 2.5年均浓度力争降到35微克/立方米以下。

三、垃圾分类处理，营造洁净杭州

垃圾没有得到恰当的分类与处理，既容易造成环境污染，又浪费了有限的资源，可谓双重损失。提倡垃圾正确分类与处理，是环境污染治理的题中应有之义与重要内容。2018年11月，习近平总书记在上海考察期间进一步指出："普遍推行垃圾分类制度，关系13亿多人生活环境改善，关系垃圾能不能减量化、资源化、无害化处理。要加快建立分类投放、分类收集、分类运输、分类处理的垃圾处理系统，形成以法治为基础、政府推动、全民参与、城乡统筹、因地制宜的垃圾分类制度，努力提高垃圾分类制度覆盖范围。"①

（一）加强舆论宣传，搞好社会监督

在杭州市开展的整治违法排污企业保障群众健康环保专项行动中，生活垃圾的分类与处理也是重点内容。发动舆论宣传成为达成该次行动目标的重要举措，采用社会监督手段，以达到良好的效果。对于查处的严重危害群众身体健康、屡查屡犯的典型环境违法案件要进行跟踪报道、予以曝光、公开查处，起到处罚一个、震慑一批、教育一片的作用。

2012年，杭州市加强垃圾分类培训教员、督导员、志愿者三支队伍建设，全市培训教员、督导员、志愿者人数增加到1.68万人。依托

---

① 《从解决好人民群众普遍关心的突出问题入手推进全面小康社会建设》，《人民日报》2016年12月22日。

三支队伍开展形式多样的宣传教育、培训指导、志愿服务活动。推进垃圾分类进校园活动,市城管、教育部门联合编印《垃圾分类从我做起》系列教育读本和《把垃圾宝宝送回家》绘本20余万册,分发到市区中小学和幼儿园,作为第二课堂教育的重要内容。2014年,杭州市城管委围绕全面开展生活小区垃圾分类目标,深化宣传发动,组织分层培训,强化设施保障,完善激励机制,大力推进生活小区垃圾分类工作扩面提质,取得了良好效果。至2014年底,主城区135个新推生活垃圾分类小区顺利通过验收,提前完成年度目标任务。至此,全市主城区生活垃圾分类小区累计达1516个,除少数新交付小区以及条件不成熟小区外,基本实现生活小区全覆盖。

为进一步加强塑料污染治理,建立健全塑料制品管理长效机制,2020年11月,杭州市出台《杭州市关于进一步加强塑料污染治理的实施方案》,聚焦"流通、消费、回收、处置"等重点环节,建立健全塑料制品管理制度,突出源头减量、强化回收处置、加强污染治理、营造宣传氛围,有力有序有效治理塑料污染,为建设美丽中国杭州样本提供有力支撑。各级部门营造社会共治氛围是污染治理的重要手段。首先,组织专题宣传。结合生活垃圾分类、世界环境日等主题活动,充分利用报纸、广播电视等传统新闻媒体和网络、手机客户端等新媒体,在学校、商场、超市、农贸市场和社区、地铁、旅游景点等公众聚集的大流量区域,通过户外大屏、移动电视、墙体标语、灯箱展板、短视频、动漫、长图等多种形式开展塑料污染治理专题宣传,增加趣味性和可读性,深入介绍各领域推进的时间表和路线图,总结推广工作成效和典型做法,增强公众塑料污染治理意识和理念,引导公众自觉参与垃圾分类,主动减少使用一次性塑料制品,抵制过度包装。开展塑料污染治理科普宣传,引导行业协会、商业团体、公益组织开展专业研讨、志愿活动等,加强公共机构绿色低碳生活的宣传教育。其次,开展典型经验推广。将塑料污染治理宣传作为垃圾分类"八进"活动重要内容,在"八进"领域开展典型案例征集,评选出一批试点典型,组织经验推广,讲好塑料污染治理故事,凝聚塑料污染治理社会共识。最后,加强教育引导。结合垃圾分类进校园专项行动,采用课题教育、主题讲座、课外实践等多种方式,将塑料污染治理知识纳入中小学生、幼儿园日常教育内容和社会实践内容,引导青少年树牢生态责任意识,践行绿色生活方式。

(二)完善制度体系,健全监管体制

2004 年 7 月,杭州市出台《杭州市城市生活垃圾管理办法》,加强城市生活垃圾管理,改善城市市容和环境卫生。

"十三五"时期是杭州全面深化改革、深化法治建设、推进现代城市治理体系建设的关键时期,而城市基础设施安全运行和城市公共空间整洁有序是城市经济社会发展和城市竞争力提升的前提和基础。为分析"十三五"期间城市管理发展所面临的挑战和机遇,提出城市管理的新理念、新定位和新目标,确定重点任务和保障措施,2017 年 4 月,《杭州市人民政府办公厅关于印发杭州市城市管理"十三五"规划的通知》出台。规划要求在"十三五"期间,市区垃圾分类基本实现全覆盖,四县(市)覆盖率达到 50%,全市生活垃圾无害化处理率达到 100%。提高监管能力和监管水平是实现达到垃圾分类预期水平的重要手段。首先,要完善垃圾"三化四分"监督评价体系,建立垃圾分类个人信用监管机制、垃圾综合利用运营管理机制、垃圾运输车随车称重系统、餐厨废弃物数字化监管系统信息平台,强化垃圾分类投放、收运、利用、处置全过程监管,分步推进全市域垃圾处理的统筹监管和全市域垃圾处理监管。到 2017 年,萧山区、余杭区、富阳区垃圾处理设施运行纳入市级统筹监管;到 2020 年,三县(市)垃圾处理设施运行纳入市级统筹监管,垃圾称重计量纳入市级监管;建立在线监测监控系统,实现对垃圾焚烧厂重点部位和环节的实时掌控和动态监管。其次,要落实工程渣土长效管理机制,形成源头控制有力、运输监管严密、处置规范有序、执法查处严厉的工程渣土长效管理机制,逐步实现

工程渣土资源化和减量化；落实专人对工地出入口洒水清扫，推广工地视频监控技术，对工地扬尘污染、运输车辆不洁现象实时动态监管。最后，要构建智慧城管 PaaS 平台，加强大数据的基础设施建设。完成智慧垃圾分类体系应用项目建设并投入运行。

（三）鼓励全民参与，共担社会责任

为全面贯彻党的十八大提出的"普及科学知识，弘扬科学精神，提高全民科学素养"要求，围绕打造美丽杭州，动员全社会力量积极参与生态文明建设，共同推进绿色发展、循环发展、低碳发展，促进生态型城市建设，2013 年 5 月，杭州市开始实施《全民科学素质行动计划纲要》。该文件以五大人群科学素质建设为重点，即未成年人科学素质行动、农民科学素质行动、城镇劳动者科学素质行动、社区居民科学素质行动以及领导干部和公务员科学素质行动，以带动全民科学素质整体提高。在上述五类行动中，多有提倡五大类人群进行垃圾分类之举。例如，在社区居民科学素质行动中强调，要积极推进绿色社区、绿色家庭创建，实施家庭节能减排行动，扎实推进垃圾分类回收活动。

2013 年 2 月 6 日，杭州召开市区家庭生活垃圾分类工作会议，交流探讨各地工作的经验做法，进一步动员城区家庭积极参与生活垃圾分类行动。据统计，全市 1047 个生活小区参与垃圾分类的家庭有494084 户，参与率达 92％；家庭生活垃圾分类的准确率达到 81％，投放的准确率为 91％；81％的家庭达到垃圾分类合格户的标准，21％的家庭达到垃圾分类示范户标准，垃圾分类工作初步取得了阶段性成效。

2014 年以来，杭州市桐庐县开展创新"四举措"，推进农村生活垃圾分类处理及资源化利用，以"农村生活垃圾分类处理"工作为突破口，深化"清洁乡村"和美丽庭院工作，创新工作思路，以点带面，先行先试，倾力打造社会生态自主治理的新模式。一是创新分类方式，解决如何分类。根据农村特点，循序渐进地开展分类工作，把垃圾分为可堆肥与不可堆肥两类,等农户养成自觉分类习惯后再进行细分。这种方式把垃圾仅分成"会烂"和"不会烂"两种通俗易懂的种类,每户门前设置一黄一蓝两个桶并详细罗列可堆肥垃圾和不可堆肥垃圾种类。二是创新资源化模式,解决如何变废为宝。实施差异化有机垃圾资源化模式,在交通便利、人口较多的村采用微生物快速发酵设备处置模式,该模式为桐庐本土与中科院联合研发,出肥效果好,出肥速度快;在交通不便的山区农村采用工艺简单,运行费用低但出肥速度较慢的太阳能普通堆肥模式。有机垃圾制成有机肥料直接用到农田,极大地提高了农户垃圾分类的积极性。三是创新激励机制,解决如何坚持长效。定期组织村民参观垃圾资源化利用站,分层次举办培训班开展针对性培训;将垃圾分类行为与分享成果结合起来,提高百姓积极性。阳山畈村和双溪村垃圾分类积分换日用品和有机肥的举措、环溪村有机肥垃圾分类与"最清洁户"评比、庭院整治红黑榜等举措都有力地促进了垃圾分类长效机制的形成。

（四）实施统一行动,支持重点项目

2004 年 12 月,为进一步加强环境污染整治工作,杭州市决定以改善环境质量为目标,以削减污染物排放总量为重点,完善管理体制,加强环境监督管理,加大污染整治力度,打好环境污染整治攻坚战,在全市开展环境污染整治行动。垃圾分类与处理是本次行动的重要方面。

2014 年,杭州市全面动员社会力量,深入推进生活垃圾分类,进一步提高生活垃圾的"三化四分"（减量化、资源化、无害化,分类投放、分类收运、分类利用、分类处置）水平。例如,采取有效控制垃圾总量增长、运用经济杠杆促进减量、推进生活垃圾源头减量、规范生活垃圾"四分"管理、广泛开展社会动员等举措,并从组织领导、法规保障、规划引领、目标考核、资金等方面加强措施保障。

为深入贯彻党的十九大和全国、省、市生态环境保护大会精神,加快生态文明示范创建,纵深推进"美丽杭州"建设,2019 年 2 月,《杭州市加快生态文明示范创建　深化"美丽杭州"建设行动方案》出台。具体来说，按照利用处置能力满足"危险废物不出市、固体废物不出县"的原则，切实加大固废处置设施建设力度，加快推进大江东（萧山）污泥处置、第三工业固废处置、临江垃圾焚烧等重点固废处置项目，基本达到区域固废自我消纳、产处平衡，形成满足实际需要的处置能力。深化生活垃圾分类，加快建设分类处置设施，2020 年，县级以上城镇污水处理厂污泥无害化处置率达到 100％，危险废物基本无害化处置率达到 100％，实现城市生活垃圾总量零增长，城镇生活垃圾处置设施全覆盖，市区全面实行生活垃圾分类投放、分类收集、分类运输、分类处理，各区（县、市）建成区均具备生活垃圾末端分类处置能力。在全市 127 个涉农乡镇（街道）全面建成农村生活垃圾分类处理体系的基础上，巩固深化农村生活垃圾分类工作。

第三节　持续优化生态环境，打造"美丽中国"样本

从 2002 年习近平同志到浙江工作开始，"环境""生态""美丽"成为习近平同志关于杭州发展相关指示和要求的高频词语。杭州历届市委、市政府坚定践行"环境立市"的发展道路，一张蓝图绘到底，一任接着一任干，持续推进"五水共治""五气共治""五废共治"，污染防治成效明显，生态保护持续推进，城乡面貌不断改善，生态产业体系基本形成，生态环保制度日益完善。杭州持续优化生态环境，走出一条具有特大城市特点的"绿水青山就是金山银山"发展新路。

一、坚持"绿水青山就是金山银山"理念，坚定不移走绿色发展道路

实现社会主义现代化的征程中，如何保持好、发展好杭州的生态

优势，进一步强化而不能丧失杭州生态底色，是历届市委、市政府推进城市发展的核心问题之一。

（一）确立和践行"环境立市"战略，切实保护环境

2002年，杭州市第九次党代会明确提出了"环境立市"战略。会议指出环境是杭州构筑大都市的独特优势、战略资源。要确立经营城市理念，探索经营城市办法，努力营造设施齐全、功能完备的硬件环境，科学规范、充满活力的体制环境，公正严明、接轨国际的法治环境，富有竞争力、吸引力的政策环境，廉洁勤政、务实高效的政务环境，精致和谐、大气开放的人文环境，舒适便利、优美安全的人居环境，蓝天碧水、绿色清静的生态环境，打响"住在杭州、游在杭州、学在杭州、创业在杭州"的城市品牌。

在全国各大城市当中，杭州比较早地提出"环境立市"。环境立市并不单指生态环境保护，而是涵盖了城市经营、城市管理、政府服务、人文环境、生态保护等内容，是一个具有战略高度的整体概念。

2002年底，浙江提出了建设生态省的目标。2003年7月，中共浙江省委举行第十一届四次全体（扩大）会议，提出面向未来发展的八项举措，即进一步发挥八个方面的优势、推进八个方面的举措，这就是"八八战略"。其中第五项内容是：进一步发挥浙江的生态优势，创建生态省，打造"绿色浙江"。根据循环经济理论和生态经济学原理，全面推进十大重点领域建设，加快构建五大体系，努力把浙江建设成具有比较发达的生态经济、优美的生态环境、和谐的生态家园、繁荣的生态文化、人与自然和谐相处的可持续发展省份。

建设生态省和生态市，将生态建设单列出来，为杭州生态文明建设提供了新的契机。在"八八战略"指引下，杭州认真践行"环境立市"战略，大力推进生态市建设。2004年2月，杭州颁布《生态市建设规划》。

2004年2月13日，杭州市出台《加快推进杭州生态市建设的若干

意见》，确定生态市建设的指导思想、基本原则、建设目标、推进步骤和总体布局，对发展生态经济、提高城乡环境品位、提升城乡人居环境和塑造和谐多样的生态文化等提出明确要求，并提出了生态市建设的推进机制和保障体系，包括建立健全生态市建设的政策法规体系、行政推进机制、多元化的投入机制、科技支撑体系以及社会宣传教育体系等。

2005 年，杭州加快推进生态市建设。5 月 31 日，市委办公厅、市政府办公厅下发《建立健全生态补偿机制的若干意见》，在全国率先建立生态补偿机制，强调建立健全生态补偿机制的重要意义、指导思想和基本原则，重点阐述应采取的公共财政制度、产业扶持政策、市场化机制和行政责任制度等四大推进机制，以及组织保障、政策法规保障、监督保障和科技保障等四大保障措施。国家环保总局对该意见充分肯定并转发。6 月 3 日，市委、市政府出台《加快推进生态市建设与环境保护的若干意见》，提出了加快推进生态市建设与环境保护的总体思路和十个方面举措：加大投入力度，推进运河和市区河道整治、抗咸二期及引水入城、七格污水处理厂三期等环保基础设施项目建设。继续实施"1278"工程，推进"1250"工程，深化生态区（县、市）和生态乡（镇）、村创建，健全生态补偿机制，推进绿化造林和生态功能区建设，切实保护好自然生态。

（二）坚持"绿水青山就是金山银山"理念，推进生态市建设

2005 年 8 月 15 日，习近平同志在安吉考察时明确提出"绿水青山就是金山银山"理念，指出："我们追求人与自然的和谐，经济与社会的和谐，通俗地讲，就是既要绿水青山，又要金山银山。"[①]习近平同志提出的"绿水青山就是金山银山"理念，"是重要的发展理念，也是推进现

---

①　习近平：《之江新语》，浙江人民出版社 2016 年版，第 153 页。

代化建设的重大原则"①，为中国生态文明建设提供理论遵循和思想指引，为全球可持续发展贡献中国智慧和中国方案。

2007 年 2 月，杭州市第十次党代会提出了打造"生活品质之城"的目标，这一目标后来也成为杭州城市品牌。"生活品质之城"把生态建设落脚到建设全国一流"宜居城市"的目标上来，体现了生态建设的落脚点和归宿是人民生活。第十次党代会将"环境立市"的战略落实到四个方面，即做好"五水共导"文章，打造亲水型宜居城市；做好蓝天、绿色文章，打造友好型宜居城市；做好节约文章，打造节约型宜居城市；做好"居者有其屋"文章，打造共享型宜居城市。

2008 年，杭州开始稳步推进新一轮生态市建设，制定并下发《杭州市生态市建设 2008—2010 年行动纲要》，以弘扬生态文明、建设覆盖城乡、全民共享的"生活品质之城"为核心，在生态经济、生态环境、生态人居、生态文明四个领域取得重点突破，全面实现杭州市生态建设第二阶段目标。同时制定实施《杭州市 2008—2010 年生态区（县、市）、乡镇（街道）建设推进计划》《杭州市环境污染整治三年行动方案》《杭州市农村环境保护规划》。开展全市污染源普查，启动新一轮"811"环境保护三年行动计划，完成"1250"生态工程项目 953 个。实行机动车环保标志管理制度和新车国Ⅲ标准。启动排污权交易改革试点工作。完成 116 个污水收集系统和 258 个生活小区、119 个公建单位的截污纳管项目，新增截污量 4.5 万吨/日，河道整治管理工作进一步得到加强。

同时，在生态县（市）及生态乡镇创建方面成果丰硕。淳安县、桐庐县顺利通过省级生态县验收。临安市在成功创建省级生态市的基础上，2008 年又顺利通过国家环保模范城市验收及国家级生态市技术评估。至此，杭州省级生态县（市）数量达到 3 个（浙江省共 20 个），

---

① 中共中央宣传部编：《习近平新时代中国特色社会主义思想学习纲要》，学习出版社、人民出版社 2019 年版，第 170 页。

位居浙江省第一。全市 19 个乡镇被命名为全国环境优美乡镇，累计总数 33 个（浙江省共 138 个），位居浙江省第一，在全国同类城市中位居第一。

在不断努力下，杭州正确处理"绿水青山"与"金山银山"之间的辩证关系，生态环境持续改善。仅 2012 年，杭州建设省级工业循环经济示范园区 3 个、示范企业 40 个。"三江两岸"生态保护与环境整治深入推进，建设两岸绿道 86.8 千米，累计关停污染企业 476 个，取缔砂石码头 87 个。新增森林蓄积量 180 万立方米，森林覆盖率达 64.77％。城区新增绿地 441 万平方米，绿化覆盖率达 40％。主城区 85％小区开展垃圾分类。八城区和富阳市通过新一轮环保模范城市国家级复检，淳安县、西湖区通过国家级生态县（区）验收，千岛湖成功列入全国良好生态环境保护试点。

（三）深化环境立市战略，建设美丽杭州

党的十八大做出"大力推进生态文明建设"的战略决策，从十个方面绘出生态文明建设的宏伟蓝图。

2012 年 12 月 7 日，杭州市委召开十一届三次全体（扩大）会议，提出"建设生态型城市、打造美丽杭州"目标，进一步彰显山水园林城市特色，让杭州城乡镶嵌在绿水青山之中。2013 年 1 月 17 日，市委召开十一届四次全体（扩大）会议，会上提出：必须强化生态文明建设，打造"美丽杭州"，努力成为"美丽中国"建设的先行者。2 月 20 日，市政协十届二次会议召开"美丽杭州"城市与环境建设专题会议，进一步把"先行者"的概念具体化，提出杭州有条件在建设"美丽中国"进程中干在实处、走在前列，成为建设"美丽中国"的先行区之一。

2013 年 7 月 30 日，市委召开十一届五次全体（扩大）会议，研究部署"美丽杭州"建设工作。8 月 5 日，市委、市政府印发《"美丽杭州"建设实施纲要（2013—2020 年）》，明确"美丽杭州"建设的基本原则是：以人为本，富民惠民；生态优先，绿色发展；系统谋划，重点突破；注重品质,彰显特色;党政推动、全民参与。

通过持续不断的努力,"美丽杭州"建设成效卓著。通过"美丽杭州"建设,截至 2020 年,杭州市在区域城乡空间布局方面,聚焦拥江发展战略,充分融入长三角一体化发展、浙江省大通道大花园大湾区大都市区、杭州都市圈发展战略,推动实现城乡高质量发展、高品质生活、高水平治理。

在自然生态系统保护与修复方面,不断夯实绿色生态本底,提升绿色生态品质,打造绿色城市韵味。建成全国森林城市,全市森林覆盖率达到 66.84%,指标居全国省会城市、副省级城市前列。全市 8 公顷以上的湿地面积共 114921 公顷,占全市土地总面积的 6.9%,西溪国家湿地公园被列入《国际重要湿地名录》。全市划定生态保护红线5594.63 平方公里,占全市总面积的 33.20%,生态空间总面积11061.38 平方公里,占全市总面积的 65.63%,为维护区域生态系统完整性、稳定性及安全性打下坚实基础。

在突出环境问题治理方面,杭州市持续推进污染防治攻坚战,以"三五共治"为载体,扎实推进大气清洁排放区和污水零直排区建设,持续实施水、气、土治理修复工程,强化环境执法监管,全市环境质量持续改善向好。杭州市成为全国为数不多的无钢铁生产基地、无燃煤火电机组、无黄标车的"三无城市";PM2.5 浓度从 2013 年的 70 微克/立方米下降到 2019 年的 37.7 微克/立方米,下降了 46%。市控及以上断面中,达到Ⅳ类水质的断面比例由 2011 年的低于 40%上升到目前的 100%,劣Ⅴ类水质断面全面消除。县级以上集中式饮用水水源地水质达标率多年保持 100%,连续四年获浙江省治水最高荣誉"大禹鼎"。

在绿色经济发展方面,杭州市大力实施"腾笼换鸟"和"凤凰涅槃",2015 年以来,已累计淘汰重污染高能耗企业 1500 余家,合计削减各类废气污染物排放达 16.12 万吨。历时九年的杭州半山和北大桥地区环境综合整治,累计腾出土地 4000 多亩。富阳区实施造纸行业腾退转型,已累计削减造纸产能 492 万吨,江南区块整体转型。同时,全面实施"新制造业计划"，建设数字经济第一城。2019年，杭州市以占浙江省10.7%的大气主要污染物排放量和12.6%的水主要污染物排放量，贡献了浙江省26%的GDP和27.9%的一般公共预算收入。①

建设"美丽杭州"是顺应时代发展潮流的战略选择。生态文明是人类社会文明发展的必然趋势，在价值追求上，生态文明应是城市发展的目的，而不仅仅是城市发展的底线和手段。建设生态文明，既是一个长期的历史过程，也是一项紧迫的现实任务。杭州以建设"美丽杭州"为抓手，以生态文明为引领，在更高层次上实现人与自然、人与社会、环境与发展和谐统一，努力走生产发展、生活富裕、生态良好的文明发展道路。

二、厚植"生态文明之都"特色优势，打造"美丽中国"先行区

2013年，习近平总书记在听取杭州市有关工作汇报时作出重要指示："杭州山川秀美，生态建设基础不错，要加强保护，尤其是水环境的保护，使绿水青山常在。希望你们更加扎实地推进生态文明建设，努力使杭州成为美丽中国建设的样本。"②杭州市委、市政府牢记习近平总书记嘱托，加快推进生态文明建设，取得了巨大成就。

（一）"十三五"期间杭州生态文明建设成就

在"八八战略"和"绿水青山就是金山银山"理念的指引下，杭州不断厚植生态文明之都特色，一张蓝图绘到底，持续挥洒铺陈"水清、山绿、天蓝、人和"的美丽新画卷，走出了一条绿色特色发展之路，呈现了人间天堂的别样精彩和独特韵味。"十三五"期间，杭州高质量完成千

---

① 《打造"美丽中国"建设的样本，一任接着一任干　杭州十八年一张"美图"绘到底》，《中国环境报》2021年7月9日。

② 沈满洪、谢慧明、余冬筠等：《生态文明建设：从概念到行动》，中国环境出版社2014年版，第231页。

岛湖临湖地带综合整治,设立淳安特别生态功能区,持续打好"五水共治""五气共治""五废共治"组合拳:2015—2019 年,市控以上功能区断面水质达到或优于Ⅲ类比例由 85.1% 上升至 94.2%;工业固体废物及工业危险废物无害化处置利用率显著提升,已分别达到 98.71% 和 97.72%,医疗废物无害化处置率始终保持 100%;市区 PM2.5 年均浓度由 57 微克/立方米降至 37.7 微克/立方米,空气优良天数由 242 天增加至 287 天,优良率由 66.3% 上升至 78.6%。[①] 杭州成为省会城市中首个国家生态市,世界环境日全球主场活动成功举办。

1. 林业水利夯实生态本底

"十三五"期间,杭州统筹推进山水林田湖草系统治理,一以贯之推进生态文明建设,取得了良好成效。以林业建设为例,大力实施"森林杭州"建设,高水平推进国土绿化美化、珍贵彩色森林建设、"三江两岸"生态景观保护等工作,大力推进自然保护区、森林公园、湿地公园"一区两园"建设,划定市级以上公益林 755 万亩,建成自然保护地 3097 平方公里,完成造林更新 28 万亩,全市森林覆盖率达 66.84%,连续多年位居全国省会和副省级城市首位。杭州、临安、桐庐成功创建"国家森林城市",杭州获评"国家生态园林城市",绿色成为杭州发展最动人的色彩。

水利带来的长效之一,则是借助良好水生态实现的经济发展和民生改善等综合效益。杭州水利"十三五"期间总投入约 350 亿元,是"十二五"时期的 1.5 倍,重大项目谋划、农村饮水达标提升、水资源管理等工作走在浙江省前列;杭州积极推进 18 项"百项千亿"防洪排涝工程,完成干堤加固 150 公里,江河沿线城市防洪能力全面达到 20 年一遇。随着"上蓄中滞下排"防洪排涝工程体系不断完善,杭州成功防御 2016 年太湖历史第二高水位、2017 年钱塘江新中国成立以来第二高

---

① 《全力打好污染防治攻坚战　建设美丽中国样本》,《杭州日报》2020 年 11 月 10 日。

水位洪水，2020年新安江水库历史首次九孔泄洪，成功防御"超长梅"。

2. 碧水蓝天擘画美丽杭州

环境就是民生，青山就是美丽，蓝天也是幸福。保护环境就是保护生产力，改善环境就是发展生产力。

"十三五"期间，美丽杭州建设取得显著成效。截至2019年，杭州打造高颜值"美丽河湖"140条，其中26条获评省级美丽河湖，数量位列浙江省第一；每年的环境质量数据都在持续改善——2020年上半年，全市环境空气质量同比大幅改善，其中优良天数172天，同比增加32天，市区PM2.5平均浓度30.3微克/立方米，同比下降28.5%；市控以上断面水质达到或优于Ⅲ类比例96.2%，同比上升5.8个百分点。[①]

这背后，得益于近年来杭州全面实施"八项清零"，深入推进"五水共治""五气共治""五废共治"，围绕蓝天、碧水、净土、清废四大攻坚战，不断推动环境质量的改善；与此同时，杭州坚持生态优先、绿色发展，不断深化绿色转型升级，生态产业基本形成，既保持了经济高质量发展，又保持了良好的自然本底和环境质量持续改善，在协调推进高质量发展和高水平保护综合引领方面为美丽中国样本的建设提供了城市范本。

3. 绿水青山带来百姓福祉

绿道建设全面推动和带动了周边乡村游、景点游、生态游和健康游。比如千岛湖的环湖绿道规划全长140多公里，沿线串联民俗、古迹、采摘、观赏、运动等，成就农民增收致富和经济发展的绿色之道。

"绿水"释放生态红利。2019年9月29日，千岛湖配供水工程正式通水，杭州城市供水格局从以钱塘江为主的单一水源供应，转变为千岛湖、钱塘江等多水源供水，人民群众共享"生态红利、绿色福利"；农村

---

① 《绿色之路，蔚然铺就：全面推动新时代美丽杭州建设谱新篇》，《杭州日报》2020年11月1日。

饮用水达标提标列入省市民生实事,城乡规模化工程农村供水人口覆盖率达到 90%及以上,145 万农村居民从"有水喝"升级到"喝好水"。

绿色产业蓬勃发展。杭州做大做强花卉苗木、木本油料、竹业等传统产业,培育壮大森林康养、绿色休闲、林下经济等新兴业态,"一亩山万元钱"林技推广成效明显,萧山花木、临安山核桃等富民产业蓬勃发展。2019 年全市实现林业综合产值 1053 亿元,连续七年居浙江省首位。

从实践上升到认识,再以理论指导实践,是马克思主义辩证唯物主义的基本观点。总结杭州推进生态文明建设的经验,形成对科学推进生态文明建设的一些规律性认识,对于推进生态文明建设具有典型意义。

(二)杭州生态文明建设的基本经验

习近平同志在浙江工作期间对于浙江绿色发展的探索,形成"八八战略"之中关于"进一步发挥浙江的生态优势,创建生态省,打造'绿色浙江'"的明确要求,提出"绿水青山就是金山银山"科学判断,成为绿色发展理念在一个省域范围的先行探索。杭州遵照习近平同志"绿水青山就是金山银山"理念,贯彻浙江省委、省政府的"绿色浙江""生态浙江""美丽浙江""美好生活"部署,"继续发挥先行和示范作用",先后制定包括"环境立市"、建设"生态型城市"和打造"美丽杭州"等一系列战略、意见和规划,运用绿色发展理念引领绿色发展实践,努力打造"美丽中国"的鲜活样本,取得了生态文明建设的丰硕成果,积累了丰富的生态文明建设的经验。

1. 以"绿水青山就是金山银山"理念为引领是杭州生态文明建设的工作方略

"绿水青山就是金山银山"理念是习近平同志在浙江工作期间的重要理论创新。习近平同志始终关心杭州生态文明建设,不同时期均对杭州生态文明建设进行工作指示。2003 年,习近平同志调研淳安之时说道:"抓全面发展,还要高度重视生态建设。在这个问题上要尽量少走弯路,不要做吃后悔药的事;不要做破坏环境、得不偿失的事。要坚持既要金山银山,又要青山绿水,不能以牺牲生态环境换得经济的发展,要注重生态环境的承载力,争取以最小的环境代价获得较好的经济发展,通过错位发展,实现生态保护与经济发展的双赢。"①

　　这些年来,杭州在"绿水青山就是金山银山"理念引领下,不仅在认识人与自然、人与社会、人与人的关系上达到新高度,而且在现代化建设中越来越接近生产发展、生活富裕、生态良好的新境界。在人与自然的关系上,认识到人是自然的一个组成部分,而不是自然的主宰,需要敬畏自然;在人与社会的关系上,认识到人是社会的人,而非孤立的个体的人,需要尊重社会秩序;在人与人的关系上,认识到生态系统、经济系统和社会系统均存在"一损俱损,一荣俱荣"的联系,需要妥善处理好这个人与那个人、这群人与那群人、当代人与后代人之间的关系。"绿水青山就是金山银山"理念,在深度改变浙江、深刻影响中国的过程中,也让杭州得到了理论与实践紧密结合的契机。"绿水青山就是金山银山"理念,强力引领浙江生态文明建设走在前列,强力引领杭州加快建设"美丽中国先行区"。

2. 树立环境保护的积极态度是杭州生态文明建设的精神境界

　　世界经济发展先进国家或地区的经验表明,经济发展和环境保护之间呈现"环境库兹涅茨曲线"关系:经济发展的初期阶段,随着人均生产总值的上升,环境污染水平也在上升;到达人均生产总值的一定水平,环境污染水平则会随着收入水平的上升趋于下降。环境库兹涅茨曲线描述了经济发展和生态环境之间的经验关系,那么应该如何认识和对待环境库兹涅茨曲线? 一种是消极态度,认为"先污染、后治理"的路子没有办法改变,也就没有采取积极措施进行环境保护,甚至

---

　　① 李宗开等:《特色发展道路的成功探索:杭州改革开放 40 年研究》,浙江人民出版社 2018 年版,第 245 页。

利用环境库兹涅茨曲线为自己不保护环境的行为进行辩护,纵容环境破坏行为的发生,也即用"绿水青山"去换"金山银山"。另一种是积极态度,在承认环境库兹涅茨曲线客观存在的前提下,激发一流的精神状态,追求环境保护的一流业绩,从而加快达到环境库兹涅茨曲线的顶点,也即努力争取在较低的人均生产总值水平之上实现经济发展和环境保护的同步,也即"绿水青山"就是"金山银山"。

这些年来,杭州在"绿水青山就是金山银山"理念引领下,采取积极态度对待环境库兹涅茨曲线,丰富生态文明的建设载体,创新绿色发展的核心理念表现形式,有效推动杭州绿色发展实践。2002 年制定"环境立市"战略,下大力气着重解决经济社会发展过程之中突出的生态环境问题。2011 年,出台《关于推进生态型城市建设的若干意见》,加快建设以绿色、低碳、和谐、可持续发展为主要特征的生态型城市。2013 年,出台《"美丽杭州"建设实施纲要(2013—2020 年)》,促使杭州努力成为美丽中国建设的鲜活样本。这些战略、意见和规划的演进既是一脉相承的,又是与时俱进的。杭州历届市委、市政府按照"一张蓝图绘到底""一任接着一任干""功成不必在我"的精神,坚持"抓铁有痕"实干作风,娴熟运用转型升级系列组合拳,持之以恒、锲而不舍推进生态文明建设,成功传递生态文明建设"接力棒"。

3. 促进自然生态山清水秀是杭州生态文明建设的战略选择

绿色生产的技术突破和养生养老旅游休闲需求的增加,打通了生态价值转化成为经济价值的通道,实现了"绿水青山就是金山银山",迈入了人与自然和谐相处的生态文明。特别是在纯资源导向型的旧地理模式转向人才导向型的新地理模式背景之下,以人才主导、环境诱导、资本随人才走的"美丽"发展模式将会日益显现,"美丽"将是一座城市最为重要的优势与资源。它可以提供具有竞争力的产业发展平台和良好的城市宜居环境,诱导包括创新活动、新兴产业和优质资本在内的发展要素集聚,激发更强的经济活力,从而成为城市竞争力的重要组成部分。

杭州城市富有个性和特色。从人文角度而言，是国家历史文化名城；从自然角度而言，是"真山真水园中城"；从城市美学角度而言，杭州城建伊始就包蕴着"湖城相畔、山坊相望"的中国式家园理想，并代有传承，形成"三面云山一面城"的大山水格局。杭州具有良好的生态环境底蕴，从而可以更好践行"绿水青山就是金山银山"理念，并把促进自然生态山清水秀作为杭州生态文明建设的战略选择，坚定走绿色发展之路，打造美丽中国建设的鲜活样本，探索美丽发展之路。

这些年来，杭州以美丽为重要优势及核心资源，实现创新发展、和谐发展、可持续发展和精明增长。其核心是凝聚"绿水青山就是金山银山"的共识，形成符合生态文明要求的空间格局、产业结构、生产方式和生活方式，加速迈入生态文明新时代。通过发挥"美丽诱导"作用，以"一流的环境吸引一流的人才，以一流的人才办一流的企业"，诱导发展要素的集聚，激发更多的经济活力，推动创新发展。通过实施新发展理念和"精明增长"，促进生产空间集约高效、生活空间宜居适度、生态空间山清水秀，实现"诗意栖居"。在"绿水青山就是金山银山"理念的指引之下，杭州走出了一条美丽发展之路。一是环境诱导，营造物质美。以向社会提供高品质的公共物品为己任，开展了西湖、西溪、运河等一系列的综合保护工程及道路整治、河道整治、背街小巷整治、庭院整治等一系列环境综合整治工程。山水环境、公共环境、社区环境的品质提升，不仅创造了宜居、宜业、宜游的环境氛围，也使土地资产实现大幅增值，让城市聪明又精明。二是城市共享，彰显人文美。秉持以民为本、公共资源向大众开放共享的理念，杭州开展了还湖、还山、还景于民，共建共享生活品质之城和破七难等工作，实施了免费西湖、免费单车、免费图书馆及博物馆、免费 Wi-Fi 等免费系列举措，让城市有颜值又有温度。三是区域共富，实现和谐美。杭州采取区县协作、联乡结社、结对帮扶、抓点示范等措施，开展三江两岸生态景观整治，推动美丽县城、风情小镇、美丽乡村建设，实现全域美丽、共富共美，让城市有情怀、敢担当。四是创新创业，实现活力美。杭州懂得"发展是美丽的基础和支撑"，紧紧抓住互联网时代新机遇，依托浙大系、阿里系、海归系、浙商系等创新创业"新四军"和高新区、国家自主创新示范区、跨境电商综合试验区及特色小镇等平台和载体，推动创新发展，让城市更有魅力、更具活力。

4. 实现人居环境天蓝地净是杭州生态文明建设的首要目标

习近平总书记关于"人民对美好生活的向往就是我们的奋斗目标"的观点，充分表达了"以人民为中心"的发展思想。人民对于美好生活的向往并非单一目标，而是包括经济效益、生态效益和社会效益在内的多重目标的统一。人民追求物质富裕、精神富有的同时，十分向往山清水秀、天蓝地净的优美环境。一方面，人民群众对于环境问题的敏感度越来越高，容忍度越来越低；社会舆论对于生态环境的关注度也越来越高，环境问题的"燃点"越来越低。另一方面，随着收入水平的提高，按照生态需求递增规律，人民群众对包括绿色审美、生态旅游和有机食品在内的生态产品和生态服务的需求呈现出递增的趋势。这就是问题所在、压力所在，也是方向所在、动力所在。

这些年，杭州积极回应人民关切、顺应民生需求，加大生态环境保护力度，让人们望得见青山、看得见绿水、记得住乡愁。为此，杭州把实现人居环境天蓝地净作为杭州生态文明建设的首要目标，先后制定"环境立市"、建设"生态型城市"和打造"美丽杭州"等一系列战略、意见和规划，实施"三改一拆""四化三边""三江两岸""五水共治""五废共治""五气共治"和"市区工业企业搬迁"等一系列工程，深入打造"国内最清洁城市"，建设"美丽乡村"。杭州涌现出桐庐县这样全县景区化打造的典型，淳安县"美丽杭州"试验区建设取得良好的进展，经济发展和环境保护之间的关系开始步入良性循环的轨道，也即随着经济发展水平的提升，生态环境质量反而更趋好转。

5. 推进体制机制优化完善是杭州生态文明建设的最大保障

资源浪费、环境污染和生态破坏的重要原因在于缺乏生态文明的制度基础。只有生态文明的制度基础夯实了，生态环境才能得到更好保护，自然资源才能得到更好配置，甚至可以改变自然资源的消耗进程，加速向可替代能源的转换。为此，需要坚持体制机制改革，加强生态文明制度建设，让市场在资源配置中发挥决定性作用，推进政府配置资源环境为主转向市场配置资源环境为主，推进包括林权制度、水权制度、地权制度、排污权、碳权制度在内的产权制度发挥更大作用，推进包括生态补偿、循环补助和低碳补贴在内的财税制度广泛运用，构建别无选择的强制性制度、权衡利弊的选择性制度、道德教化的引导性制度相结合的制度结构，坚定不移地走绿色发展、循环发展和低碳发展之路。

这些年，杭州市坚持把健全生态制度作为建设生态文明的重要任务和重要保障，以开展全国生态文明建设试点和国家低碳城市建设试点为契机，坚持先行先试，积极创新体制机制，不断完善生态建设与环境保护的长效机制。一是构建统筹推进机制。将生态市建设和生态文明建设两块牌子合二为一，成立由市委书记任组长，市长任常务副组长的杭州市国家生态文明试点市暨生态市建设工作领导小组，成立杭州市生态文明建设（"美丽杭州"建设）委员会，将"美丽杭州"建设、国家生态市创建、全国生态文明城市试点工作一并纳入其中，实行统一领导，并且建立健全生态建设的目标责任制和督查、考核机制。二是创新生态考核制度。推动生态目标考核从工程建设为主向环境质量为主、从定性考核向定量考核转变，率先开展乡镇交界断面考核，体现地方政府对环境质量负总责的宗旨。三是健全政策法规和执法保障体系。运用法治思维和法治方式切实有效地推进生态文明建设，实施地方性法规《杭州市生态文明建设促进条例》，出台包括《杭州市污染物排放许可管理条例》《杭州市强制性清洁生产实施办法》《关于推进生态型城市建设的若干意见》在内的 10 余项政策法规，强化生态建设和环境保护的制度保障。加强环境执法，持续开展包括"整治违法排污企业保障群众健康"和"飞行监测"在内的专项执法行动。坚持大胆创新,通过交叉执法、告知执法、及时执法、公开执法、上下联动执法、有奖举报执法、在线监测执法和邀请信访投诉人联动执法等八大手段强化环保执法。

三、全面打造新时代美丽中国新标杆,推动"美丽杭州"再出发

近年来,习近平总书记在多个场合多次强调建设美丽中国。步入新时代,我国社会主要矛盾已经转化为人民日益增长的美好生活需要和不平衡不充分的发展之间的矛盾,而对美好生态环境的需要则是人民群众美好生活需要的重要组成部分。党的十九大和二十大报告将"美丽"纳入建设社会主义现代化强国的奋斗目标之中,多次提出要建立"美丽中国",把"坚持人与自然和谐共生"纳入新时代坚持和发展中国特色社会主义的基本方略,同时指出"建设生态文明是中华民族永续发展的千年大计"。生态文明建设和美丽中国的重要地位进一步凸显,必须站在"千年大计"的高度来审视和推进生态文明建设。

（一）标准再升级:全面打造新时代美丽中国新标杆

2020 年 6 月,杭州市委、市政府颁布了《新时代美丽杭州建设实施纲要(2020—2035 年)》,并以美丽杭州建设领导小组的名义发布了《新时代美丽杭州建设三年行动计划(2020—2022 年)》,以更高的要求奋力推进新时代美丽杭州建设,推进美丽杭州建设再续新篇,继续在美丽中国建设实践中发挥示范带头作用。

绿色生态是杭州发展的本底。要始终坚持生态优先、绿色发展,加强组织领导、统筹高效推进,大力实施新时代美丽杭州建设实施纲要及三年行动计划,全面提升生态环境治理体系和治理能力现代化水平,把绿水青山建得更美,把金山银山做得更大,高水平打造人与自然和谐共处、共生共荣的宜居城市。新时代美丽杭州建设,主要从五个方面发力。

1.加强生态保护和修复,筑牢生态安全屏障

优化提升"多中心、组团式、网络化、生态型、一体化"功能结构,构建"三圈三带一湖"全域生态空间;统筹推进山水林田湖草系统治理,实施淳安、建德、富阳等地生态修复工程;加强生态环境保护立法,推进生态环保综合执法,推动城市大脑在生态系统全周期管理中深度应用,切实做到"源头严防、过程严管、后果严惩"。

2.坚决打赢污染防治攻坚战,持续改善环境质量

打赢污染防治攻坚战的关键是高水平打赢四场战役:蓝天保卫战、碧水保卫战、净土保卫战和清废攻坚战。2020年底实现建成区国三柴油货车和燃油公交全面清零;2021年实施全市国三柴油货车全域禁行,加快市域"污水零直排区"建设,实现土壤环境全生命周期管理;2021年9月底建成"无废城市"。

3.构建绿色产业体系,推进美丽经济发展

积极构建低能耗、零污染、高效益的发展模式,加强资源节约集约利用,推进绿色产业高质量发展,做强智慧环保产业集群,大力培育生态旅游、康养休闲、文化创意等新业态新模式,加快传统产业转型升级,制定实施负面清单制度,从源头杜绝环境污染。

4.坚持"点线面"相结合,全面提升人居环境水平

围绕做精城乡"美丽单元"、做优城乡"美丽链条"、做特城乡"美丽面貌",2020年全市改造300个老旧小区,总建筑面积超1200万平方米,惠及15万住户;建设500公里绿道,集中推广100条精品线路,2021年力争在全国率先实现"建成区5分钟步行可达绿道网";对重点区域城市空间形态、景观视廊、公共空间、建设高度和风貌等进行全面控制和引导,精心打造城市轴线、城市天际线和建筑轮廓线。[①]

---

① 《生态文明润泽美丽杭州——写在"绿水青山就是金山银山"理念提出15周年之际》,《杭州日报》2020年8月15日。

5. 挖掘深厚文化底蕴，全面提升城市气质

建设新时代美丽杭州，既要追求"外在美"，也要注重"内在美"，做到"颜值"与"气质"并重。为此，要推动历史文化与生态价值提升相融合、绿色生活方式与文明习惯养成相融合、"最美风景"与"最美风尚"相融合，让每一个人都成为新时代美丽杭州的体验者、践行者，使"最美的人"在"最美的风景"里做"最美的事情"。

(二)品牌再凝练：打造"湿地水城"标识

天下之美，各美其美。有大江大河之美，也有小桥流水之美；有大漠落日之美，也有市井烟火之美；有自然生态之美，也有历史人文之美。杭州之美，美在"最江南"，特在"最灵秀"。江南忆，最忆是杭州。山明水秀、晴好雨奇，浸透着江南韵味、凝结着世代匠心的杭州，构成了东方美学的想象、诗意中国的意境。杭州因水而生、因水而名、因水而兴，江、河、湖、海、溪"五水共导"，拥有长度近一万公里的河流、面积超过十万公顷的湿地。这些河流和湿地，是天堂命脉、城市之肾，是大自然给予杭州的恩赐，也是杭州区别于其他城市的独特标识。

杭州扎实推进湿地保护和修复，精心呵护水生态、弘扬传承水文化、创新发展水产业，着力打造闻名世界、引领时代、最忆江南的"湿地水城"，以此作为建设新时代美丽杭州的主抓手，把杭州最美的基因传承好、把杭州最靓的元素展示好。重点是实施"万顷湿地、万里碧水"工程，形成六大标志性成果。

1. 推动西湖西溪一体化保护提升，让"天堂"明珠更加光彩夺目

关键要做好"加减乘除"的文章："＋"，就是要最大力度加强水生态环境保护和修复，加强文化艺术内涵挖掘和创作；"－"，就是要最大限度减少人工干预、减少外源污染；"×"，就是要发挥数字赋能的乘数效应，运用大数据、云计算、物联网、人工智能等数字技术，实现西湖西溪水质保护、客流引导、景区交通等管理水平实现新跨越；"÷"，就是要坚决破除"碎片化"现象，优化调整管理体制机制，形成一体化推进的强大合力。

2. 深入推进大运河保护、传承和利用，书写千年运河华彩篇章

结合大城北地区规划建设，扎实推进大运河国家文化公园规划建设，充分挖掘"千年运河历史、百年工业遗存"文化底蕴。加快推进运河二通道建设，全面优化河道水环境，加快建成滨水绿道全覆盖、慢行路网与道路公交系统相衔接的路网系统。精心保护和利用拱宸桥、富义仓等遗产点，形成移步换景、亮点纷呈的运河文化精品旅游线，力争把大运河杭州段建设成为与长城"八达岭"段相媲美的中华文明金名片核心地带。

3. 全面推进淳安特别生态功能区建设，彰显"一湖秀水、满目青山"独特魅力

率先探索新时代我国特大城市湖泊保护的实践范例，打造饮用水水源地实现绿色发展的鲜活样板。巩固提升临湖地带综合整治成果，打造环保执法最严功能区，严守生态保护、环境质量和资源利用红线。谋划建设西南片区净水综合体工程项目，推进淳安污水集中收集处理。大力发展美丽经济、健康经济，进一步打响千岛湖品牌，打通"绿水青山就是金山银山"转化通道。

4. 全面提升三江两岸生态人文景观，绘就现代版"富春山居图"

把三江两岸的人文与自然、文脉与山水、遗产与景区等有机组合起来，精心打造钱塘江诗路和富春山居实景地，优化提升沿岸重要节点城镇村落和滨水设施，充分展现三江两岸最核心的山水文化特色。统筹规划设计沿线的码头驿站，突出风土人情，努力打造望得见山、看得见水、记得住乡愁的"最美会客厅"。举办诗歌、书画主题文化活动和民俗活动，让钱塘江文化可触可感可知。

5. 启动建设湘湖和三江汇流未来城市实践区，做到横空出世、闪亮登场

湘湖和三江汇流区块具有江南韵味与现代文化交融的多重魅力，

是杭州发展的"绝版之地"。必须坚持世界眼光、国际标准、中国特色、高点定位，努力唱好"西湘记"，打造最江南、最艺术、最科技、最国际的传世力作。

6.加快打造湿地公园群落，全面激活市域湿地资源

加快编制新一轮湿地保护规划和三年行动计划，科学恢复和合理利用湿地资源。特别是要充分发挥西溪国家湿地公园的示范带动作用，重点抓好"两个一批"建设，即以生态修复和生物多样性保护为重点，提升白马湖、北湖、和睦湿地等一批湿地；以原生态保护和功能恢复为重点，建设钱塘新区杭州大湾区湿地、西湖铜鉴湖、富阳阳陂湖、富春湾新城湿地、淳安千亩田等一批湿地。打造更多人民群众共享美好生活的绿色空间，让湿地公园成为城市生态系统的平衡调节器、珍稀动植物的生命基因库、都市生活的心灵栖息地。

（三）价值再凸显：建全国宜居城市"重要窗口"

生态文明建设要坚持以人民为中心的观点，美丽杭州建设成效如何，归根结底体现在人民生活上，落实到人民的生活品质上，要让民众获得更多绿色福利。

《新时代美丽杭州建设实施纲要（2020—2035年）》明确提出要打造宜居城乡。第一，匠心描绘韵味都市。深入实施大花园建设工程，延续"诗画江南、灵秀精致、山水城相依"历史风貌，彰显"拥江而立、疏朗开放、城景文交融"大山水城市特色。完善重要廊道、核心区域城市设计，加强运河、钱塘江、湘湖等核心景观风貌区重点保护和管控，努力展现"未来城市"的现代版"富春山居图"。第二，提升美丽城镇品质。持续深化美丽城镇建设，充分发挥梅城、塘栖、龙门古镇等示范作用，持续完善城镇环境基础设施，全面提升"百镇样板、千镇美丽"建设水平，形成宜居宜业的镇村生活圈。第三，深化风情乡村建设。充分发挥"大下姜"乡村振兴联合体等示范作用，持续深化"百千工程"，全面实现乡村振兴。持续提升农村环境整治水平，推进村庄布点规划全覆盖，形成融田野、村落、文化于一体的特色乡村景观。完善农村公共服务体系，实现城乡同质供水。第四，精细雕琢未来社区。深入实施老旧小区改造，系统规划城市公共空间，不断提升生活环境。提升改造慢行系统，率先实现"建成区5分钟步行可达绿道网"。创新街道治理方式，建设一批以和睦共治、绿色集约、智慧共享为理念的未来社区。

2021年5月20日，中共中央、国务院下发《关于支持浙江高质量发展建设共同富裕示范区的意见》，指出浙江要建设文明和谐美丽家园展示区，推动生态文明建设先行示范。杭州制定了《杭州争当浙江高质量发展建设共同富裕示范区城市范例的行动计划（2021—2035年）》，要全力打造"湿地水城·大美杭州"。积极推进新时代美丽杭州建设，以钱塘江、富春江、新安江为轴线，联动运河、苕溪，串联山水资源，统筹自然水系、山体、湿地、绿地等生态资源，在多中心、多组团、多节点之间构建绿色开敞空间和生态安全屏障。实施湿地保护三年行动，高水平推进西湖西溪一体化保护提升工程，加强千岛湖良好水体综合保护，提升湘湖、梦溪水乡综合保护和利用水平，打造世界湿地保护与利用的典范。推动钱塘江、苕溪、大运河等流域治理与水生态修复保护，强化流域生态联防共治，实施运河山水景观连廊工程，积极申办"园博会"，持续提升三江两岸人文景观，打造江南园林城市。实行最严格的生态环境保护制度，继续打好蓝天、碧水、净土保卫战，推动大气环境质量明显改善，工业园区全面建成"污水零直排区"，建成全域"无废城市"。深化生态文明体制改革，加快淳安特别生态功能区建设。这些举措大手笔规划了未来15年杭州生态文明建设的实施路径，必将使杭州生态文明建设持续深入推进。

实现全面小康，经济要上台阶，生态文明也要上台阶。对各级干部来说，生态环境问题必须时刻放在心上、抓在手上，从治理污染，到修复生态，再到推广绿色消费，都要求干部走在前列、干在实处，以扎扎实实的绿色政绩造福于民，让良好生态环境成为人民生活的增长点。

　　习近平总书记强调，"生态文明建设是关系中华民族永续发展的根本大计。中华民族向来尊重自然，热爱自然，绵延 5000 多年的中华文明孕育着丰富的生态文化。生态兴则文明兴，生态衰则文明衰"①。绿色发展是大势所趋，生态文明建设是一场深刻变革，是我们共同的责任。人人行动起来，各尽其责、形成合力，必将让中华大地天更蓝、山更绿、水更清、环境更优美。

---

① 《坚决打好污染防治攻坚战　推动生态文明建设迈上新台阶》，《人民日报》2018 年 5 月 20 日。

第六章　全面加强党的建设，铸就坚强领导核心

2003 年 7 月，习近平同志作出"八八战略"重大决策部署，为浙江发展赢得主动、抢占发展机遇指明了方向，提供了根本遵循。在发展进程中，杭州市委、市政府始终高举习近平新时代中国特色社会主义思想伟大旗帜，认真学习贯彻习近平总书记在浙江考察时的重要讲话精神，全面落实党中央和省委、省政府决策部署，坚持以"八八战略"为统领，坚持新发展理念，坚持党建引领。杭州坚定不移"干好一一六、当好排头兵"，统筹推进"战疫情、促发展"，加大"六稳"力度，做好"六保"工作，大力提振服务业，持续做强数字经济和制造业高质量发展"双引擎"，拓展都市经济、幸福经济、未来经济三大新蓝海。杭州推进新基建、新消费、新制造、新电商、新健康、新治理，着力补短板、堵漏洞、强弱项，积极探索具有杭州特点的大城市治理现代化新路，在打造"重要窗口"和高质量发展奋力推进中国特色社会主义共同富裕先行和省域现代化先行征程中走在前、作示范。

第一节　围绕政治路线，推进党建工作

中国共产党是中国特色社会主义事业的领导核心。适应世情、国情、党情的新变化，在新形势下加强和改进党的领导，必须改革和完善党的领导方式和执政方式，发挥党委在同级各种组织中的核心领导作

用，按照党"总揽全局，协调各方"的原则，规范党委与人大、政府、政协以及人民团体的关系。为贯彻落实党中央的决策部署，习近平同志在担任浙江省委书记期间，始终强调党的先进性建设，坚持将"走在前列"与推进党的先进性建设有机地统一起来，强调"增强前列意识是推进党的先进性建设的要求"①，提出要强化党的领导核心作用，建立"一个核心""三个党组"的领导体制，完善分类推进的工作体制，明确"巩固八个方面的基础，增强八个方面的本领"的具体要求，着力培养执政意识和执政素养，注重团队的领导艺术等思想和举措，为浙江科学发展提供了坚强的政治和组织保证，同时也提高了浙江党组织的凝聚力和战斗力，巩固了浙江党的建设伟大工程。

作为浙江的省会城市，历届杭州市委领导班子，一张蓝图绘到底，一任接一任，一届接一届，围绕杭州经济社会发展大局，按服务杭州走在全国前列的目标抓党建，把杭州各级党组织铸造成杭州各项事业的领导核心。在杭州市委、市政府领导下，杭州忠实践行"八八战略"，高举习近平新时代中国特色社会主义伟大旗帜，怀揣着习近平总书记对杭州的指示和期盼，不忘初心、牢记使命，勇立潮头、奔竞不息，奋力推进习近平新时代中国特色社会主义思想在杭州的生动实践，加快建设独特韵味别样精彩世界名城，在党的建设方面，展示出了"重要窗口"的风采。

一、加强党建引领，建设幸福杭州

解放思想始终是推动党和人民事业发展的强大思想武器。解放思想是发展中国特色社会主义的一大法宝，已经被大改革、大开放、大发展、大繁荣的实践所证明。中国共产党引领杭州的发展历程，在实践上的每一个重大发展，在工作上的每一个重大进步，都是解放思想

---

①　习近平：《之江新语》，浙江人民出版社 2007 年版，第 127 页。

的结果。回顾习近平同志对浙江对杭州党建工作的指导和寄语,在全面建设社会主义现代化国家的新时期,仍然要牢牢把握解放思想这把"金钥匙",以理念创新推动体制、科技、文化、服务等各方面的创新。解放思想,必须一切从实际出发,从社会主义初级阶段这个最大的实际出发,从杭州的实际情况出发,善于把中央、省委决策部署与杭州实际紧密结合,创造性地开展工作,以思想的不断解放推动事业的不断发展。

(一)坚持以民为本

杭州市委、市政府始终坚持以人为本、执政为民,高度关注民生,坚持问政于民、问需于民、问计于民,切实解决好群众最关心、最直接、最现实的利益问题,诚心诚意为人民群众办实事、做好事、解难事,注重富民惠民利民,善于从人民群众中汲取智慧和力量,尊重人民群众的首创精神,切实做到发展为了人民、发展依靠人民、发展成果由人民共享。

(二)坚持科学发展

发展是党执政兴国的第一要务,是解决前进中一切问题的关键。在经济社会发展过程中,杭州市委、市政府紧紧围绕经济建设这个中心,聚精会神搞建设,一心一意谋发展,着力把握发展规律、创新发展理念、转变发展方式、破解发展难题,提高发展质量和效益,实现又好又快发展,不断满足人民日益增长的美好生活需要,不断化解矛盾,应对风险;牢牢把握加快转变经济发展方式这条主线,依靠科技进步和创新,在优化结构、提高效益和降低能耗、保护环境的基础上,实现速度质量效益相协调、投资消费出口相协调、人口资源环境相协调。

(三)引领城乡协调发展

引领城乡协调发展,努力实现共同富裕。在市委、市政府领导下,杭州以新型城市化为主导,按中心城市要求规划建设杭州市区,按中等城市要求规划建设县(市)城,按小城市要求规划建设中心镇,形成

"市区—县城—中心镇—特色镇—中心村—特色村"梯次衔接、功能配套的网络化、组团式城镇体系，建设网络化大都市，以城带乡；以工补农，区（县、市）联动、共同繁荣，形成城乡区域发展一体化新格局。

为推动杭州农业农村高质量发展，实现高水平城乡共富，杭州市印发了《杭州高质量促进农民农村共同富裕行动计划（2021—2025年）》（以下简称《行动计划》），对打造高质量发展建设共同富裕示范区的杭州乡村振兴样板，做出系统谋划和顶层设计。

《行动计划》提出了实施党建领富、产业致富、城镇聚富、数智创富、改革促富、民生惠富、美丽共富"七大行动"。在"党建领富"中，强调要加强基层党建，推进跨层级、跨地域、跨系统的乡村党建联盟建设；构建完善"党建引领、农民主体、四治融合、整体智治"的现代乡村治理体系，积极创建省级善治（示范）村，打造清廉村居样板村；实施"乡村记忆"工程，讲好农耕文化故事，发挥文化为乡村富裕塑形铸魂赋能作用。

回顾总结杭州的发展历程，可以得出一个基本结论：办好杭州的事，关键在党。要以改革创新精神全面推进党的建设新的伟大工程，大力加强党的思想建设、组织建设、作风建设、制度建设和反腐倡廉建设，坚持党要管党、全面从严治党，保持党的先进性、纯洁性，增强党的凝聚力、战斗力，提高党的执政能力和领导水平、拒腐防变和抵御风险能力，为打造东方品质之城、建设幸福和谐杭州提供坚强保证。

二、创新党建工作，构建杭州模式

习近平总书记曾问道：是不是各级党委、各部门党委（党组）都做到了聚精会神抓党建？是不是各级党委书记、各部门党委（党组）书记都成了从严治党的书记？是不是各级各部门党委（党组）成员都履行了分管领域从严治党主体责任?① 这是习近平总书记的"治党三问"。杭州市委在党的建设中,着力打造目标管理、过程管控、绩效评估"三大体系",推进党建报表机制和智慧党建工程,探索构建了党建责任综合绩效模式,展示了新时代党建风采。

杭州市委着眼"大党建"工作格局,结合杭州实际,打造集目标管理、过程管控、绩效评估"三大体系"以及党建报表和智慧党建为一体的"党建责任综合绩效模式",明确了党建工作"谁来干""谁来管""干什么""怎么干""怎么算干得好""如何确保干好"等关键问题。经过探索和实践,杭州全市党建工作规范化、信息化、科学化程度大幅提高,推进党建责任落实的合理性明显提升,党建工作的精准度和实效性有力提高,党建工作服务中心工作成效明显。

(一)建立"大党建"工作格局

针对以往党建工作中存在的各职能部门分工清晰但统筹整合不够的问题,杭州市委用系统思维,通过健全党建工作领导体制和机制来强化工作中的统一领导和各职能部门之间的统筹协调。近年来,杭州市委持续完善党建工作的运行机制,成立党建工作领导小组,市委书记担任组长,市纪委、市委组织部、市委宣传部等职能部门作为成员单位,各部门在分工的基础上加强协作并狠抓落实,形成党风廉政、组织、宣传、统战、群团等各项工作一起部署、一并推进,真正抓实抓好各条战线、各个领域、各个环节的工作,并取得了成效。

(二)创新建立"三大体系"

为了抓实从目标到过程再到结果的全过程的责任制,市委组织部按照市委要求,坚持系统创新,流程再造,探索建立起目标管理、过程监控、绩效评估"三大体系"。围绕目标管理、过程管控、监督检查展开工作,在从目标到执行的整个流程中抓住每一个环节步骤,形成管理

---

① 《书记应考,答好党建"三问"》,《人民日报》2015 年 1 月 6 日。

闭合圈。在工作效果的考核和评估方面,杭州树立"党建＋"系统思维,探索开展了经济社会发展和党建工作"双百分制"考核,让党建考核得分与经济社会综合考核得分相互作用,决定考核等次,推动实现党建强、发展强。

（三）创建党建报表工作机制

杭州市委组织部围绕党建工作重点和工作中存在的薄弱环节,探索推行了岗位责任细化量化、工作目标固化、绩效考核数据化的党建考核工作机制。年初市委下达党建工作任务的目标书,年中各单位组织部门要上交过程管控的进度表,年末各单位填报年度工作的各项数据。通过党建工作报表机制,真正推动了党建工作与中心工作一起部署、一起推进、一起考核。

市委组织部还积极探索信息化手段在党建责任工作中的智慧运用。比如在拱墅区试点开发了 PC 端"党建责任清单全程计时模块",在上城区试点开发了手机移动端 App"党建责任管理模块"。这些系统软件的运用,大大加强了党建责任的数据留痕和数据挖掘运用,实现了精准管理,精准施策。

三、发挥党的优势,推进社会治理

治国安邦,重在基层;管党治党,重在基础。党的领导是基层社会治理的根本和关键,在杭州市委领导下,杭州一直把党建引领作为基层社会有效治理的重要法宝,贯彻落实到基层治理各领域各方面各环节。

以往,居委会、业委会、物业企业作为小区治理的"三驾马车",常常踩不到一个点子上,三方联动运行不畅,小区治理往往成为城市基层治理的重点、难点和痛点。面对这一难题,2018 年以来,市委组织部、市住房保障和房产管理局、市民政局坚持以党建引领推进业委会和物业企业建设,通过将物业管理纳入社区治理,全市 80％以上的业委会和物业企业实现了党的组织和工作覆盖,各小区基本建立了社区党组织领导下的三方联动运行机制。

在政策制度设计上,杭州近年来系统性出台了一系列文件依据,如《杭州市加强住宅小区物业综合管理三年行动计划(2019—2021年)》《关于以党建引领推进业主委员会和物业服务企业建设的指导意见》《关于进一步做好业主委员会党建工作的通知》等,并修订完善了《业主大会议事规则》《业主管理规约》等一系列示范文本,制定了业委会 11 项工作制度范本。此外,还建立健全了市区两级物业行业协会党委,大力开展行业党建工作,评选物业企业"最强党支部""最美物业人",推动物业行业积极融入基层党建和基层治理格局。

在联动运行机制上,杭州市创新"管人、管钱、管事"措施,推动三方协同治理。"管人"即严格审核把关业委会候选人,在业委会组建和换届过程中,建立负面清单,鼓励党员业主积极参选,街道社区党组织推荐社区"两委"班子成员依法进入业委会,推荐党小组长和楼道长担任业主代表,同时推荐业委会主任、物业企业负责人担任社区党委或居委会兼职委员;"管钱"就是创新小区经营性收益的监督管理模式,开展经营性收益信息公示平台建设,探索街道统一代理业委会记账,实现业主公共资金使用的公开、透明;在"管事"方面,则是构建了高效、协同的三方运行体系——由街道社区党组织牵头,小区党组织统领,建立社区居委会、业委会、物业企业和辖区治理力量共同参加的多方联席会议制度,汇集居民群众诉求,研究有关矛盾问题解决方案。

通过党建引领物业管理和小区治理,如今,杭州已经涌现出许多有效可复制的实践经验。例如,下城区制定了"党建引领小区治理十法",探索老旧小区"小区管家"服务模式,并首创了街道物业综合管理工作站;拱墅区逐步发展形成了小区党组织全覆盖直接领导、"三方办"实体化运作协调等。

第二节　加强理论武装，巩固思想基础

党的十九大报告指出，教育引导全党牢记党的宗旨，挺起共产党人的精神脊梁，解决好世界观、人生观、价值观这个"总开关"问题，自觉做共产主义远大理想和中国特色社会主义共同理想的坚定信仰者和忠实实践者。

在杭州市委领导下，全市上下不忘初心，加强思想建设；以上率下，锤炼党员队伍；固本培元，夯实基层基础。"抓好党建是最大的政绩"，成为杭州上下的共识。杭州接续开展党的群众路线教育实践活动、"三严三实"专题教育、"两学一做"学习教育、"不忘初心、牢记使命"主题教育、"学习贯彻习近平新时代中国特色社会主义思想"主题教育，查摆问题、补齐短板，一场场荡涤心灵的深入学习，一遍遍触及灵魂的扪心自问，一次次真诚主动的开门纳谏，一个个立说立行的生动实践，巩固了群众观念，强化了为民宗旨。面对新时代新要求，杭州市委带领党员干部经风雨、见世面，在克难攻坚中锤炼作风、提升能力，为全市"干好一一六、当好排头兵"提供坚强保障。

一、加强理论研究，建设学习型党组织

杭州市委立足杭州经济社会发展实绩，突出重点，有的放矢，积极组织开展理论研究阐释，围绕习近平新时代中国特色社会主义思想在杭州的实践，组织全市社科工作者深入持续开展党的创新理论的学习、宣传、研究和阐释工作。会同市委宣传部、杭州师范大学筹建杭州市首家中国特色社会主义理论体系研究中心，仅 2019 年一年就推出相关各类报告讲座、研讨座谈、专题调研 23 场次；围绕习近平总书记关于社会主义核心价值观的重要论述，在余杭区、富阳区、江干区和市

党群服务中心举办了 5 场"我们的价值观"关键词理论研讨活动，350余人次参加，网络点击量近 300 万人次；围绕习近平总书记关于创新社会治理的新理念新思想，牵头举办了"学习贯彻党的十九届四中全会精神，加快推进新时代杭州市域社会治理现代化"理论研讨会；围绕习近平总书记关于统筹推进疫情防控和经济社会发展重要讲话精神，牵头举办提振杭州消费经济、促进复工复产研讨座谈会。

习近平同志要求班子把思想理论建设放在首位，始终强调坚持马克思主义在意识形态领域的指导地位，在真学、真懂、真信、真用上下功夫，深入推进中国特色社会主义理论体系的学习和研究。杭州市委以领导班子为模范，创新学习载体，积极探索和完善全员化、常态化、长效化的学习机制，大力推进学习型党组织建设，不断增强用发展着的马克思主义指导实践的本领，创造性地推动杭州各项事业的新发展。

2021 年是中国共产党成立一百周年，杭州全市上下紧扣"学党史、悟思想、办实事、开新局"的目标要求，推动党史学习环环紧扣、步步深入，成效显著。

二、立足基层组织，探索宣讲新模式

政治学习走深走实。市委理论学习中心组举行会议，专题学习习近平总书记在浙江考察时的重要讲话精神。围绕习近平总书记重要讲话精神、《习近平谈治国理政》等主题内容，在重大决策前开展专题学习，市委理论学习中心组年均集中学习 15 次。

基层宣讲让学习入脑入心。比如，党的十九届五中全会和省、市委全会召开不久，市领导和市委宣讲团成员便第一时间分赴各区（县、市）和基层单位，共作报告 80 多场次，全市建立各类宣讲团 65 个，开展各类宣讲 1700 多场次，受众共 23 万多人次。他们通过践行理论来宣传理论，用理论实践的成果来说话，让群众在共享成果的同时更加增强"四个意识"、坚定"四个自信"、做到"两个维护"。

理论宣讲面向基层，更要面向青年。更多的杭州青年成为"学"的主角、"讲"的主力、"听"的主体。2020年12月，杭州市"三分钟理论快讲"青春版和少年版分别以"珍惜韶华·不负青春"和"美丽的中国梦属于你们"为主题，分享了一批青少年的人生故事，引发网民热议，总点击量9700万多人次。余杭"乔司好声音"、建德"堂前燕"、西湖"博士宣讲团"、临安"天目青年"等宣讲队伍也集聚了一大批优秀青年，让信仰的力量在年轻人中引发共情共鸣。

从举办基层理论宣讲大擂台暨微型党课大赛，开展书香杭州系列活动，学好用好"学习强国"学习平台，到推出《以"四个全面"引领治理现代化的杭州探索》等系列理论文章，连续举办"'我们的价值观'·大型报网互动思辨论坛"和研讨会，再到"从'之江新语'看重要萌发地""'绿水青山就是金山银山'理念的杭州实践""全面小康看杭州"等重大课题研究……溯源新思想研究愈加丰富，用杭州的生动实践诠释习近平新时代中国特色社会主义思想的真理光芒、思想魅力和实践伟力。

三、成效显著，"最美现象"频出

杭州市委力抓思想建设，在杭州这片厚植"最美"的沃土上，"最美现象"频频涌现。

到过杭州的人会有这样的感受：这里不但山水秀丽，干净整洁，这里的人也分外地"美"。斑马线旁，行人想过马路，车辆都会停下来礼让；坐公交，人们都习惯排队上车、低语交谈；遇到困难，很轻松就能找到志愿者……无须惊讶，近年来杭州诞生的各类"最美"人物就达1.9万余名。

进入21世纪以来，杭州GDP增速一直位居全国同类城市前列，但历届市委、市政府相关人员一直坚持这样的观点："城市发展，积累物质财富固然重要,但精神财富积累更不可少——它是一座城市的灵魂。"杭州市委始终坚持在全社会弘扬积极健康、和谐有序的行为准则。其中,"最美"成为重要抓手。

杭州市委通过制度的完善和机制的创新,来推进精神文明建设常态化。2015 年,杭州出台《杭州市文明行为促进条例》,明确救人者无须自证清白,将政府的文明工作纳入考核体系,让"礼让斑马线"成为一条地方性法规……

"礼让斑马线"从一项文明公约上升到制度规定,是杭州注重制度建设的一个缩影。2007 年,杭州制定《公交营运司机五条规范》,明确规定"行经人行横道时减速礼让"。初始,许多司机第一反应是:不习惯!但杭州动了真格,重点整治"不让行"行为。经过近 10 年的坚持,经历了教育培训、制度规范、激励考核甚至严查重管,最终这项行车规范变成了杭州司机们的一种自觉行为、一个根深蒂固的习惯。

2010 年 5 月至今,杭州市见义勇为基金会多次调整奖励标准,重奖道德模范。物质之外,杭州还建立了多项奖励政策和帮扶机制,从医疗、住房、就业、精神、法律维权等层面对道德模范进行关爱。

杭州最美现象频出,有的见义勇为,有的助人为乐,有的诚实守信,有的孝老爱亲,有的敬业奉献……越来越多的草根人物典型成为人人赞颂、学习的榜样,向善、向美、互助、友爱的美德蔚然成风。2020 年,杭州市还创新推出"杭州好人"季度发布制度,全年共选树中国好人、浙江好人、杭州好人 98 例,诚信浙江人、诚信杭州人 16 例,杭州市道德模范 10 人。

第三节　贯彻新时代党的组织路线，推进
基层党建全面进步

　　党的基层组织是中国共产党执政的组织基础，是确保党的路线方针政策和决策部署贯彻落实的基础。只有基层党建抓好了，才能筑牢堡垒，推动基层党组织建设全面过硬、基层政权全面稳固。习近平同志在浙江工作期间，结合浙江实际，就加强党的先进性建设和执政能力建设，做出了"巩固八个方面的基础、增强八个方面的本领"的工作部署，在党的组织建设方面，强调要"巩固党执政的组织基础，加强干部队伍建设和基层组织建设，不断增强自身素质和团结带领广大群众干事业的本领"。①

　　杭州一以贯之地落实习近平同志在浙江工作时提出的"巩固八个方面的基础、增强八个方面的本领"要求，始终励精图治于党的建设、城市建设，使基层党建呈现整体提升的良好态势。新时期，杭州深入学习贯彻习近平总书记关于党的建设的重要思想，认真落实浙江省基层党建工作述职评议会精神，自觉主动地扛起使命担当，纵深推进新时代党的建设新的伟大工程，加快形成与社会主义现代化国际大都市建设相适应的党建工作新格局，实现以高质量党建推进高质量发展，闯出了一条卓有成效、可供复制的党建引领发展之路。

一、加强基层党建工作，夯实基层执政基础

　　基层是加强党的执政能力建设的基础，基础不牢，地动山摇。基层组织建设是党建"八八战略"的重要一环。习近平同志在浙江工作

---

① 习近平：《干在实处　走在前列——推进浙江新发展的思考与实践》，中共中央党校出版社2006年版，第394页。

期间，高度重视基层党组织建设，指出"基层组织是党的全部工作和战斗力的基础。正是依靠广泛的基层组织，使党有了坚实的基础，形成一个团结统一的整体；也正是依靠党的基层组织，使党能够深深地扎根于人民群众之中，顺利地实现党的领导。党的基层组织是党联系群众的桥梁和纽带，是包括村委会在内的各类社会基层组织的政治核心"[①]。

杭州一直把加强基层党建作为推进党的建设伟大工程的重要基础，立足实际，不断拓展基层党建工作思路，创新工作方法，落实工作举措，始终坚持以更高的标准、更严的要求、更实的作风持续谋划和推进基层党建工作，通过大力推进农村党建工作，加强国企、机关、高校、城市基层、"两新"组织等领域党建工作，增强基层党组织的渗透力、影响力和战斗力，推动基层党建全领域建强、全区域提升，进一步夯实党在杭州的执政根基。

（一）巩固提升农村党建，全力引领乡村振兴

加强农村基层党组织建设。农村党支部在农村各项工作中居于领导核心地位，俗话说得好，"村看村、户看户、农民看支部"，"给钱给物，不如建个好支部"。在广大农村，落实低保、计划生育、房屋改造、生产种植等都与村党支部紧密相关。党组织建设得怎么样，直接关系着百姓的切身利益，关系着党组织的形象和威信。习近平同志高度重视农村基层组织建设，在浙江工作期间，他曾多次指出，"农村基层党组织是党在农村全部工作的基础"[②]，必须"围绕主题、解决问题"，只有不断增强农村基层党组织的凝聚力、战斗力，不断提高农民的自身素质和积极性，新农村建设才有坚强的政治保障和坚实的群众基础，才能取得实效。

为加强农村基层干部队伍建设，杭州自 2002 年以来先后推出先

---

①　习近平：《之江新语》，浙江人民出版社 2016 年版，第 111 页。
②　习近平：《干在实处　走在前列——推进浙江新发展的思考与实践》，中共中央党校出版社 2006 年版，第 181 页。

锋工程、"领头雁"工程、"49100"帮扶工程、"雏燕成长"工程和"一村一名大学生"等项目建设,逐步深化"三级联创"、"五力提升"工程,以"好书记"队伍引领乡镇"好干部"队伍建设,推进村"两委"成员交叉任职,实现村党支部书记队伍"三个 80％"目标[1],以村党组织书记为重点的农村基层干部队伍素质日益改善,深化了农村党建工作。此外,杭州市积极推广落实农村工作指导员制度,重点向党组织战斗力不强、服务能力弱、群众意见大的软弱落后村选派机关优秀干部担任第一书记,广大农村工作指导员围绕中心、服务大局、认真履职、积极作为,在巩固党的执政基础、化解农村矛盾纠纷、改善党群干群关系、推动新农村建设等方面,发挥了重要作用,受到了广大基层干部和农民群众的欢迎和好评,推动了农村经济社会发展,促进了农村社会和谐稳定,加强了农村基层组织建设,转变了党员干部工作作风。仅 2019年,完成 58 个后进村党组织整转工作,群众满意度达 94％。2015 年以来,在省委的指导下,杭州继续以"整乡推进、整县提升"为抓手,高标准落实农村基层党建"浙江二十条",持续接力抓基层,进一步强化了农村党的领导,保障了农民民主权益,丰富了基层民主形式,优化了基层公共服务,有力促进了农村社会和谐稳定。

提升乡镇(街道)干部队伍建设。农村党建中,习近平总书记尤其重视抓乡镇党建,强调"乡镇一级是我们最基层的政权,真正有远见、有眼光的领导,应该把精兵强将放在乡镇,守土一方"[2]。杭州市淳安县枫树岭镇下姜村便是习近平同志当年的基层联系点,他曾先后四次前往下姜村进行调研,指导下姜村的新农村建设。杭州市委贯彻乡镇干部队伍建设精神,自 2003 年始,以"领头雁"工程建设为重点,不断深化"五好"。全面推行乡镇(街道)干部包村(社)联户、住夜值班、基

---

①　村党支部书记队伍"三个 80％"目标:通过"领头雁"工程,村党组织书记 80％以上达到高中以上文化、年龄 45 岁左右、具有能带头致富和带领群众致富的能力。

②　《永远的征程——习近平总书记在浙江的探索与实践·党建篇》,《浙江日报》2017 年 10 月13 日。

层走亲、挂牌上岗、每周固定服务日、乡镇（街道）书记工作例会等制度。持续深化"领头雁"工程，抓实村（社区）带头人队伍建设。分层分级对 3000 余名村（社区）党组织书记进行轮训，处置不合格村（社区）干部，公开选拔乡镇长候选人，选聘大学生村干部到村任职，从优秀村（社区）干部和大学生村干部中分别定向录取镇街公务员，不断以优秀人才充实基层乡镇党支部。2015 年，"双基十条"出台后，杭州严格推行基层党组织堡垒指数及五星级管理，打造"五好"服务型乡镇（街道）等基层党组织星级示范点（群），健全落实软弱涣散基层党组织长效整治转化机制，全市共选派"第一书记"269 人；制定《关于规范乡镇（街道）党委领导班子职位设置和职数管理的意见》，确保每个乡镇（街道）都有三名以上同志抓党建。全面落实村党组织服务群众专项经费，村党员活动经费提高到每人每年 120 元，确保人口规模 1500 人以上村的村级运转经费每年不少于 20 万元，其他村不少于 10 万元，推动基层基础保障由"底线型"向"发展型"升级。在总结全市农村基层党建"十抓十促"工作经验的基础上，杭州市委组织部编印了《杭州市农村基层党建规范化建设指南》，制定进一步提升农村基层党建工作要点，推行乡镇（街道）党（工）委书记定期工作交流会议制度，抓好村党组织书记定期工作交流。培育打造示范点，带动农村基层党建工作整体提升。杭州市推进农村基层党建的做法得到中组部、省委组织部充分肯定，中央电视台《焦点访谈》对杭州市农村党建工作经验进行了介绍推广，全国农村基层党建工作座谈会与会人员分组前来考察。

党建引领乡村振兴。乡村振兴战略是党的十九大提出的一项重大战略，是关系全面建设社会主义现代化国家的全局性、历史性任务，是新时代"三农"工作总抓手。办好农村的事情，实现乡村振兴，关键在党。因此，进一步发挥党建引领作用，强化乡村振兴的组织力量、队伍保障和人才支撑就显得尤为重要。

2018 年，杭州市委组织部认真落实市委出台的党建引领乡村振兴"1＋3"文件，实施"十大行动"，助力打造"千万工程"示范区和美丽乡村升级版。选树 100 个左右党建基础强、经济发展快、生态建设美、乡风文明好的示范村，集中帮扶整转 1000 个集体经济相对薄弱村和后进村，开展"百村引领、千村晋位"行动。召开全市消除集体经济薄弱村现场会，推出发展村级集体经济"十法"，总结推广桐庐县金融服务乡村振兴党建联盟做法。举办村党组织书记乡村振兴专题示范培训班，由 52 名示范引领村书记组成讲师团，一对一结对帮扶经济薄弱村和后进村。整理编撰《党建领航百村振兴之路》。深化"争做'四种人'、争当排头兵"主题实践活动，召开深化"双争"活动现场会，强化农村基层骨干队伍建设。组织村（社区）换届"回头看"，开展村（社区）两委干部资格联审工作。深化村（社区）后备队伍"雏雁成长"工程，组织示范培训班。

（二）加强城市基层党建，创新引领城市治理

创新推进社区党建工作。治国安邦，重在基层。社区是社会治理的最后一公里，是居民的共同家园。习近平同志在浙江工作期间对社区党建工作极为关注，2003 年在西湖区翠苑一区调研时，肯定了杭州在社区基层党组织建设中推广"支部建在楼道上"的做法，强调要"不断推进社区党建工作，巩固党在城市的组织基础，通过抓党建，促进整个社区建设"，指出社区建设要"把人民群众的呼声作为我们的出发点和落脚点，民有所呼、我有所应，民有所呼、我有所为，为居民群众办实事，解决反映强烈的一些事情"，"要进一步处理好社区建设与居民自治的关系、处理好社区管理与服务的关系，真正做到一手抓好社区基础设施建设、一手抓好社区的'软实力'，即精神文明建设和文化建设"。

杭州是中华人民共和国成立后第一个居委会的诞生地，也是较早开展城市基层党建工作的城市之一。早在 1996 年，杭州就正式提出了"社区党建"概念，并积极创新工作方法，探索推进新型社区建设，在城市基层党建方面走在全国前列。一是以创建"精品亮点"社区和"支

部建在楼道上"为载体,深化社区党建工作。2002 年,杭州下城区长庆街道王马社区成立了全国第一个楼道党支部,在推进"和谐品质社区"建设中充分发挥社区党组织和社区党员的作用,取得明显成效,形成了"王马经验",即:以"三建"①为抓手,完善组织网络;以"五会"②为载体,健全教育机制;以"66810"③为途径,创新服务方法。二是开展在职党员到社区报到制度,推进"党建工作示范区"建设,构建社区党建工作新格局。2004 年,分别建成市级示范点 35 个,区(县、市)级示范点 300 个,全市有 100 名以上党员的 224 个社区全部完成建党委工作。三是全面实施流动党员"安家工程"。2005 年出台《关于实施流动党员"安家工程"的意见》,在新闻媒体刊播《致流动党员的公开信》,发出《致流动党员的公开信》2.3 万余封;广泛开展"组织找党员、党员找组织"活动;全市建立流动党员管理(服务)中心 73 个,新建流动党员支部 294 个,社区(企业)流动党员服务站 345 个,找到流动党员 6021 人,创新 10 种流动党员党组织组建模式。中组部《组工信息》刊发《杭州市大力实施流动党员"安家工程"推进第二批先进性教育活动》信息,向全国推介杭州工作经验。省、市委领导先后对这项工作的成效作出批示,给予充分肯定,省委组织部发文向浙江省总结推广杭州的工作经验。

以服务型党组织建设带动基层社会管理创新。近年来,面对城市新社区、新产业大量涌现的新情况,杭州市进一步深化网格化管理、组团式服务工作,以服务型党组织建设促进基层社会管理创新,全市逐

---

① "三建":社区建党委,楼道建支部,服务建平台。
② "五会":党员学习会,政策宣讲会,民情沟通会,专题研讨会,帮扶促进会。
③ "66810":楼道支部"六必到":党员思想波动必到、党员志愿服务必到、党员困难病重必到、社区突发事件必到、邻里矛盾纠纷必到、邻里守望互助必到;社区党委"六必访":困难群众每月必访、独居老人每月必访、残疾家庭每月必访、流动党员每月必访、失业人员每月必访、其他重点帮扶人员每月必访;党员协助社区"八必报":公共设施损坏必报、背街小巷不洁必报、发现新增孕妇必报、外来人员流入必报、居民病重住院必报、居民房屋出租必报、有安全隐患必报、有不稳定因素必报;推出"十条为民服务线":党员先锋服务线、环境美化服务线、平安建设服务线、医疗卫生服务线、文体教育服务线、爱心援助服务线、就业指导服务线、社区代办服务线、物业管理服务线、共驻共建服务线。

步探索建立了社区党组织、社区居委会、社区公共服务工作站"三位一体"的社区管理新体制，形成了党组织领导、上下联动、区域协同、党群参与的"片组户民情联系、区域化统筹服务"工作模式。该模式把党支部建在专业合作社、协会、楼道、居民小组、退管小组上，建在园区、楼宇、商圈、特色街区上，以推进服务强、党建强"双品牌"示范点建设为抓手，构建起"纵向到底、横向到边"的全覆盖组织体系。为进一步把这种组织优势转化为社会管理优势，又建立以乡镇（街道）党组织为核心、村（社区）党组织为基础、全体党员为骨干的"片组户"民情联系服务制度，把服务群众、做好群众工作作为基层党组织参与社会管理的核心任务，在服务中实施管理，在管理中体现服务。为实现服务对象"无缝隙、无盲点、无遗漏"，服务内容全天候、多元化、个性化，杭州大力推广"66810"为民服务法、"15 分钟党员服务圈"、"五星级服务"、"服务百姓档案"、"党员奉献积分卡"、24 小时呼叫系统、村民事务全程代办等为民服务做法。"片组户民情联系、区域化统筹服务"的工作模式通过体制机制的创新推进了党建与综治工作互动，深化了社会管理创新，实现了管理与服务的全方位、全天候、全覆盖，取得了暖民心、聚民心、稳民心的良好效果，既提升了为民服务的效能，又维护了社会稳定，得到社会各界的广泛赞誉和认可。2012 年荣获第二届全国基层党建创新"最佳案例"奖，为各地城市基层党建树立了杭州样板。

"双领联动、双网融合"，加快构建城市基层党建协同发展新格局。党的十八大以来，杭州市委深入学习贯彻习近平总书记系列重要讲话精神和治国理政新理念新思想新战略，坚决扛起全面从严治党主体责任，突出强化政治功能，推动城市基层党组织系统性建设，不断强化基层党组织的战斗堡垒和党员的先锋模范作用。加强城市基层党建，必须坚持问题导向。城市基层党建是由多领域党组织汇集而成的有机整体。在相当长一段时间内，街道社区与辖区单位党组织联动不高效、条块结合不紧密，对城市基层党建形成瓶颈制约，街道和社区党组织"小马拉大车",区域化党建难以整体推进;有的行业系统党建薄弱,主动融入意识不强;"两新"组织党建土壤呈现边建边散的"流沙型"特征,对街道社区党组织推进"两个全覆盖"提出了新要求。对此,杭州坚持"区域统领、行业引领、两新融合、街社兜底"的思路,以共驻共享共治共建为要求,构建以街道党工委为核心、社区党组织为基础、辖区单位党组织和党员共同参与的城市基层党建共同体,推动城市基层党建向开放、联动、融合迈进,推进城市基层党建工作"双领联动、双网融合",加快构建城市基层党建协同发展新格局,打造全国城市基层党建"杭州样本"。

加强城市基层党建,必须找准发力点,关键在条块结合上做文章。一方面,强化区域统领,把条块交织的重心落在街道社区。杭州着眼完善工作体系,普遍建立党建工作联席会、共建委员会和兼职委员等制度,到 2017 年,全市 4825 名驻区单位党组织负责人兼任街道党建共建委员会委员、791 名各类组织负责人兼任社区党委委员。着眼健全组织体系,设立街道"两新"工委,依托商务楼宇、特色小镇等建立312 个集聚区党委,推动党的组织和党的工作"两个全覆盖"。着眼构建网格体系,调整做实 1.6 万个网格党支部,推动机关事业单位在职党员进网格、组团式服务分队驻网格、区域性党组织接网格、工青妇组织和社会组织联网格。另一方面,强化行业引领,紧抓重点行业系统强支撑。杭州一手抓纵向延伸,出台教育、卫计、国资等 29 个市直行业系统党建工作意见,明确开好一次党建工作会议、制定一个党建标准体系、打造一项特色党建品牌、创建一批"双强"示范点、解决一批重点难点问题等"七个一"举措,推动市直单位党委(党组)加强对直属单位党建工作的指导;一手抓横向融入,要求每个市直单位结对 1 个街镇,年初与属地党委联合召开 1 次党建工作会议、半年会商 1 次,增强"同一屋檐下,同是一家人"的意识,推进组织联动、党员联管、活动联抓、资源联用、服务联办。加强城市基层党建,必须强化工作支撑。一是抓责任落实。市、区建立党建工作领导小组及实体化运作的办公室,建立区委书记抓党建例会和基层党建工作调度制度,探索党建责任综合绩效工作模式,形成上下联动的党建责任链条闭环。二是抓技术支持。建立全市基层党建主干系统,完备党员基本信息、党组织活动情况数据库,畅通城市基层党建条块接口,着力推进智慧党建。三是抓服务品牌。探索"党建+"工作机制,推动城市基层党建把服务群众作为互联互动的切入点,共同打造品牌活动、品牌载体、品牌项目,携手为群众办实事、解难事、做好事。[①]

　　党建聚力赋能社区治理,建设"居民离不开"的社区组织。新冠疫情期间,社区在基层疫情防控中发挥了重要作用,社区党建的意义愈发凸显。为做好社区治理工作,打造"居民离不开"的社区,杭州长年不懈地坚持探索,在基层治理中创造出不少新思路、新方法。比如,融合党建红色阵地和惠民服务空间,到2021年,高标准建成了150多个"邻里中心",推动党群服务矩阵向居民"家门口"延伸;坚持"众人的事情由众人商量",普遍建立党建引领下的社区议事协商机构,涌现出"湖滨晴雨""红茶议事会"等协商共治平台;打造了"老娘舅""和事佬""武林大妈"等一批基层治理"金名片"。为贯彻落实习近平总书记关于社区工作的重要指示精神,紧扣杭州创建全国市域治理现代化标杆城市目标,进一步织密建强基层组织体系,健全完善城市基层党建聚力赋能社区治理工作机制,杭州市总结疫情防控经验,于2020年在全市开展"党建引领社区治理"改革项目。包括全面建强小区党组织、织密党群服务矩阵、深化"三方协同"治理构架、推进数智社区建设等,在下辖各区推进小区党建、"四治融合"等18项试点任务,并在此基础上

---

① 《推进城市基层党建创新发展》,《人民日报》2017年7月28日。

发布《新时代城市基层党建聚力赋能社区治理二十条举措》①，强化社区治理的组织运行、服务供给、基层民主、多方参与、智治支撑等五大机制，努力把社区打造成为"居民离不开"的组织，切实巩固党在城市基层的执政基础，为展现"重要窗口"头雁风采注入红色力量。

（三）创新深化"两新"党建，加快推动"两新"融合

"两新"党建指新经济组织和新社会组织党建，是新时期党建工作的新领域和新课题。迅猛发展的非公有制经济，是浙江的特色和优势，也给浙江带来了一系列"成长的烦恼"，党的建设同样面临很多新情况、新问题、新挑战。对此，习近平同志高度重视，坚持"只要有利于社会主义建设的新领域都要建立党的组织、推动新领域党建工作"。②习近平同志在2004年指出，"在非公有制企业，要进一步做好在符合条件的企业中建立党组织的工作，重点把那些企业规模较大、影响也较大的非公有制企业的党组织建立起来……目前尚不具备建立党组织条件的非公有制企业，要通过在优秀员工中发展党员、加强对业主党员的教育管理、做好工会工作以及向非公有制企业选派党建工作指导员等办法，推动这部分非公有制企业的党建工作"③。2012年3月，在全国非公有制企业党建工作会议上，习近平同志再次指出："非公有制企业是发展社会主义市场经济的重要力量。非公有制企业的数量和作用决定了非公有制企业党建工作在整个党建工作中越来越重要，

---

① 二十条举措分别为：建强社区党组织领导核心、深化"三位一体"社区管理模式、推行全市域"党建联盟"建设、全面加强小区党组织、推进街道社区"吹哨一件事"改革、推广社区服务"三延伸"、织密党群服务矩阵、用好"五议两公开"民主决策、完善社区协商议事平台、深化"三方协同"治理架构、培育居民睦邻家园文化、加快推进数智社区建设、全面推广"一名党员一幢楼"、做实在职党员"双报到"服务、开展群团组织连心桥行动、推进社区社会组织"双强争先"、广泛培育社区红色义工队伍、建强"全岗通"社区工作者队伍、实行社区工作准入负面清单制度、优化社区工作综合考评机制。
② 《永远的征程——习近平总书记在浙江的探索与实践·党建篇》，《浙江日报》2017年10月13日。
③ 习近平：《干在实处 走在前列——推进浙江新发展的思考与实践》，中共中央党校出版社2006年版，第429页。

必须以更大的工作力度扎扎实实抓好"，特别是要"抓好'两个覆盖'①、发挥好党组织'两个作用'②、加强'两支队伍'建设③"。④

创新深化"两新"党建，推动"两新"组织党建双覆盖机制。作为民营经济占全市生产总值近六成的"民营经济大市"，杭州市委坚持把"两新"组织党建作为城市基层党建工作的重要组成部分，按照"落实责任、分步推进，先易后难、逐个突破"的工作思路，积极采取有效措施，不断创新工作方法，非公有制企业党组织覆盖工作取得显著成效，在加强非公有制企业党建工作方面一直走在浙江省前列。社会组织方面，2013 年，杭州出台了《新社会组织党建工作考核评价办法》，完善社会组织党建标准化测评指标体系，制定社会组织党建工作规程，成立市社会组织综合党委，推进社会组织党建规范提升。非公有制企业党建方面，制定非公有制企业党建工作流程，建立非公有制企业党组织防瘫预警机制，抓好 14 个区域性、枢纽型党群服务中心建设，推动非公有制企业党建创新发展。开展创意组织生活大赛，举办青春奉献志愿服务活动，探索建立"网络 e 支部"，激发党建工作青春活力。推广"红领党务通"，推进党务工作者专业化、职业化发展。试点建设"蓝领驿站"，探索外来务工蓝领服务管理新模式。

2016 年、2017 年，杭州先后制定出台了《加强新经济新业态领域党建工作的意见》《关于加强互联网业党建工作的意见》《关于加强特色小镇党建工作的意见》等文件，聚焦集聚区（特色小镇）和信息科技、文化创意、金融服务三大产业，形成"区域统领、行业引领、块抓条保"

---

① 抓好"两个覆盖"，就是要抓好党组织覆盖和党的工作覆盖，加大党员发展力度，做好流动党员管理服务和引进党员职工工作，不具备建立党组织条件的要采取多种方式积极开展党的工作，增强党的影响力。

② 发挥好党组织"两个作用"，就是党组织要在职工群众中发挥政治核心作用，在企业发展中发挥政治引领作用，把贯彻党的路线方针政策、维护职工群众合法权益、引领建设先进企业文化、创先争优推动企业发展贯穿党组织活动始终。

③ 加强"两支队伍"建设，就是要加强党组织书记和党建工作指导员队伍建设，为开展非公有制企业党建工作提供组织保障。

④ 《全国非公有制企业党建工作会议在京召开》，《人民日报》2012 年 3 月 22 日。

的新经济新业态领域党建工作领导体制。在互联网业领域,紧扣杭州互联网业发展实际,从完善体系、抓好覆盖、促进自转、加强保障和推动激励等方面加大探索创新,推进全市56个互联网企业党建示范点建设。在特色小镇党建领域,持续推进"三扎根一保障",构建"一核多堡"组织网络,创新"三抓三带"联动模式,创新"党建＋和谐"新品牌,探索小镇党建工作新路子,形成余杭区梦想小镇、上城区玉皇山南基金小镇、西湖区云栖小镇等一批"红色集群",实现浙江省特色小镇党建全覆盖。杭州特色小镇党建经验得到了浙江省委和中央有关部门的重视。2016年,中财办、国家发改委、住建部联合在杭州举办了全国特色小镇建设现场会;2017年,浙江省委组织部又在杭州召开了浙江省特色小镇党建工作现场推进会,总结推广杭州经验。针对城市新兴产业集群发展的特点,围绕楼宇集群、商圈街区、产业园区、专业市场和特色小镇等五大主要集聚区,坚持以区域党建带动企业党建,大力推进集聚区党建工作,全市共建立集聚区等新兴领域党组织1088个,吸纳党员4.2万余名,覆盖企业2.9万余家,实现了小微企业党组织应建尽建。截至2018年底,全市共有61483家非公企业建立党组织,占非公有制企业总量的88.85%,5692家社会组织建立党组织,占社会组织总量的80.19%,领时代风气之先。[①]

在杭州市全国民营500强、制造业500强、服务业100强以及十大产业重点企业中,每年筛选确定一批行业领军企业,分层分类开展集中培育,涌现出了阿里巴巴集团党委、传化集团党委、富通集团党委等一批发展强、党建强的"双品牌"示范点。以点带面,总结推广党员民主听证、党员思想政治工作责任区、党员服务驿站等试点经验,推动党建工作融入企业发展。

党建引领,"两新"融合。杭州市结合自身经济转型发展特点,将"两新"组织党建工作融入城市基层党建整体格局。聚焦特色小镇、商

---

① 《强基固本　逐梦前行》,《杭州日报》2019年5月27日。

务楼宇、产业园区等"两新"组织集聚区,紧盯信息科技、文化创意、金融服务等新兴产业领域,抓牢小微企业、个体工商户、专业市场等经济"毛细血管",创新运用"党建＋"的理念方式,以党建强引领、以引领促发展。先后在钱江新城中央商务区、玉皇山南基金小镇、黄龙商圈、未来科技城等领域建立 340 余个党群服务站点,新建互联网、文创、金融等七家行业类人才类协会持续跟进党建工作,普遍建立社区"小个专两站一组织"①,选派各级党员领导干部、优秀年轻干部 2800 余人到企业担任"第一书记"或明确党建联系人,推动党的工作与"两新"组织主体业务相融合,与服务企业发展、服务党员职工相融合,实现同频共振、互促共进。

(四)严格机关党建标准,提升机关党建质量

机关党建是党的建设新的伟大工程的重要组成部分。党政机关是领导干部和党员比较集中的地方,机关党建对其他领域的党建具有示范和带动作用。因此,机关党组织建设得好不好,机关党员干部表现得好不好,直接关系到党的执政能力和执政地位,直接影响到党在广大人民群众中的形象。

健全完善机关党建工作责任体系,夯实机关党建组织基础。为提升机关党支部质量,夯实机关党的基层组织建设基础,杭州市制定市直单位党组和机关党委抓机关党建有关责任及工作规范,明确部门党组、机关党委抓机关党建的相关责任,机关党委委员配备要求,党组织换届选举、设置调整,党费的收缴使用和管理,发展党员的审批,违纪党员处分等具体工作规范。确立党组(党委)书记履行第一责任、班子成员"一岗双责"、机关党委直接责任、党支部具体落实责任的机关党建协同工作机制。在市直机关实施"党建双强双优"(深化"最强党支部"创建、加强"最强领头雁"培育、选树"最优排头兵"典型、推广"最优

---

① 指非公有制经济领域小微企业、个体工商户和专业市场的党群服务驿站、经济指导站和党组织。

工作法"经验)工程,通过创建培育、总结提炼、逐级遴选、打擂比武等举措,评选产生市直机关"最强党支部"、市直机关"最强领头雁"、市直机关"最优排头兵"、市直机关党建"最优工作法"。深化"一单位一品牌"创建活动,39个机关党建品牌通过认定,市纪委"小莲清风"、市委党校"'1+1'师生携手红色行"等机关品牌发挥出引领、示范、带动作用,其中杭州市财政局"党建双强双优"获第二届全国党建创新成功展示银奖。

加强服务型党机关建设,打造"三走进三服务"活动品牌。杭州市直机关工委在认真总结既往广泛开展为民服务活动经验的基础上,印发《关于深入推进市直机关基层服务型党组织建设的实施意见》,整合力量,拓展渠道,丰富内容,深化服务的外延和内涵,前移机关服务群众的形式,组织开展大型广场、"雷锋角"、组团式等为民志愿服务,在职党员到社区报到服务,形成"工委管协调、社区管具体"和"在职党员自我管理、服务对象监督管理"相结合的"2+2"管理模式;完善"万名党员干部结对帮扶万户城乡困难家庭"和"'1+X'结对帮扶城乡困难家庭"的杭州模式;打造了具有杭州特色的"走进社会开展志愿服务、走进社区开展贴心服务、走进家庭开展结对服务"的"三走进三服务"活动品牌。通过开展"三走进三服务"活动,建立健全了项目化、集中性、普惠式的服务群众机制;打通了联系服务群众的"最后一公里"问题,转变了机关作风,增强了机关党员干部的服务意识,形成了规范化、长效化、社会化机关党员服务群众的完备体系,让人民群众得到了实惠。仅2012—2015年,杭州市2万多名机关党员干部、行业协会组织及社会各界人士,与3万余户城乡困难家庭结成帮扶对子,共为他们送去慰问金、慰问品折合人民币2.74亿元,帮助困难家庭解决子女就学困难28654人,联系解决看病就医20090人次,为农村困难户联系引进合适项目 11737 个。^① 该活动得到了中共中央直属机关工委和浙江省直机关工委的充分肯定，人民网、新华网、《新华日报》等媒体先后对有关活动进行了宣传报道，取得了较好的社会反响。杭州市直机关工委还先后在中央组织部和省、市召开的有关会议上进行了经验交流，受到了一致好评。

（五）聚焦条块融合，聚力全面提质，大力推进行业系统党建工作

抓行业系统党建是落实全面从严治党战略部署的迫切需要。行业系统单位是各级党和国家机关执政的重要平台，直接关系党的路线方针政策的贯彻落实，关系最广大人民群众根本利益的实现。但现实中依然存在一些行业主管单位抓基层单位重业务轻党建、全面从严治党往下延伸存在层层递减，导致党员干部队伍战斗力不强等诸多问题。为推动各行各业更好发展，提高城市基层党建整体效应，加快世界名城建设，近年来，杭州市委高度重视行业系统党建工作，着眼重点民生领域，先后部署推进国有企业、教育系统和卫计系统党建工作。

以"新机制新制度新体系"抓协同。2017 年 4 月，杭州制定出台《关于深入推进行业系统党建工作的指导意见》，力求健全行业系统党建工作制度机制，强化行业主管单位与属地党委的工作协同。一是健全领导责任机制。根据党组织和业务管理隶属关系，区分垂直管理、属地管理、双重管理，分类明确抓行业系统党建责任，构建责任清晰的党建共管机制。二是健全党建工作运行制度。围绕行业系统自身建设和融入属地工作健全各项抓党建运行机制，建立健全行业系统党建定期分析研判会商制度、党建工作定期交流制度等。三是健全考核评价体系。通过紧抓落实党建工作责任制，优化完善"双百分制"考核，层层压实行业系统党建责任。

---

① 《紫光阁》杂志社编：《建设服务型机关党组织典型案例 100 个》，党建读物出版社 2015 年版，第 89—92 页。

以"强干部强组织强业务"抓融合。坚持"党是领导一切的"政治原则，运用党建引领、抓人促事、以事育人的方式，统筹推动行业系统党建与队伍建设、机关党建、业务建设融合共进。一是注重与干部队伍相融合。围绕打造铁军排头兵目标，精心组织开展行业系统单位"联百乡结千村访万户"蹲点调研和"四提一争"等活动，充分调动各级党员干部人才积极性，既锻造过硬队伍又促进中心工作。比如，市农业局分领域组建12支乡村振兴科技人才服务队，助力乡村振兴发展。二是注重与机关党建相融合。在行业主管单位配备129名专兼职组织员，举办两期专业化能力提升培训班，推动主管单位充分履行主体职责，坚持机关党建和行业党建"两手抓、两手硬"。三是注重与业务建设相融合。坚持"党建＋"思维，健全党的组织体系，把业务工作指标融入党组织、党员的考核评价标准，充分发挥党员干部在业务工作中的骨干作用，推动行风建设和行业发展。比如，杭州市卫生健康委把抗生素用药、降低费用、诊间结算、医患关系等指标纳入党员先锋指数考核，引导党员在医疗改革和服务中发挥示范带动作用，市级参保病人门诊、住院均次费用连年下降，比改革前分别下降7.2％和10.6％，群众满意度不断提升。

以"联系点特色牌示范群"抓引领。一是着力共建联系点，在市直单位中开展"双千"结对联建活动，1021个机关党支部结对308个行业系统基层党组织和713个城市社区党组织，开展各类共建联建活动1873场次，促进城市基层党建一体化发展。二是着力打造特色品牌，各行业突出行业特色，积极创新党建工作载体，每个行业系统都打造了至少一项记得住、叫得响、推得开、见成效的党建特色载体品牌，拓展行业系统党建成果。比如，杭州市公安局在全系统开展创建"最强党支部"工程，明确"六最"创建标准、"十个一"工作任务、"三步走"创建计划，打响最强品牌。杭州市国资委深入实施国企党建"强根固魂"工程，用"红色引擎"激活"红色细胞"，激发国资国企改革发展新动能，努力推动全市国有企业做强做优做大。三是着力培育示范群。注重以点带面示范引领，按照可看、可听、可信、可学要求，每个行业系统区分不同层面和类型，创建了一批党建强和服务强的"双强"示范点。

杭州市大力推进行业系统党建的工作，充分发挥了各级党组织和广大党员干部的战斗堡垒作用和先锋模范作用，有力促进了中心工作、行业发展和民生改善，为加快建设独特韵味别样精彩世界名城提供坚强组织保障，有效提高了行业系统党建工作的科学化水平，走在了全国前列，得到上级领导和相关部门的高度重视和充分肯定。

二、从严加强干部队伍建设，打造勇立潮头铁军排头兵

办好中国的事情关键在党，首先在党的各级领导干部。党的干部是党和国家事业的中坚力量。党的十八大以来，以习近平同志为核心的党中央旗帜鲜明地推进全面从严治党，对干部队伍建设提出了许多新思想，强调新形势下加强和规范党内政治生活、加强党内监督，重点是明确各级领导机关和领导干部要坚持"信念坚定、为民服务、敢于担当、勤政务实、清正廉洁"的好干部"20字"标准，为杭州的干部队伍建设指明了方向，提供了遵循。浙江省委贯彻落实习近平总书记系列重要讲话精神，提出努力打造绝对忠诚、干事担当、干净自律、充满活力的铁一般干部队伍，对杭州干部队伍建设提出了新的要求。

杭州市历届市委把建设高素质干部队伍作为根本大计，围绕保障重大政治任务和推进重大举措、重大项目、重大政策，切实加强好班长、好班子、好梯队建设，在践行实干至上、行动至上要求中造就了一支过得硬打胜仗的干部队伍，形成了许多好的经验和做法。新时代，杭州继续深入学习贯彻习近平总书记系列重要讲话精神和治国理政新理念新思想新战略，落实全面从严治党要求，以领导干部为重点，按照好干部"20字"标准和"四个铁一般干部队伍"要求，坚持把从严要求融入干部教育培养、选拔任用、管理监督、作风锤炼、激励约束的各个环节，把全市干部队伍打造成为勇立潮头铁军排头兵，为杭州当好

浙江省干在实处、走在前列、勇立潮头的排头兵提供坚强组织保证。

（一）坚持正确用人导向，建设好班长、好班子

杭州在干部选用方面将突出政治标准放在首位，评价领导干部首先看其政治立场、政治意识、政治担当，提拔重用牢固树立"四个意识"和"四个自信"、坚决做到"两个维护"、全面贯彻执行党的理论和路线方针政策、忠诚干净担当的干部。其次，旗帜鲜明地以实干至上、行动至上为导向。坚持德才兼备、以德为先，把"为杭州促发展、为人民谋幸福"作为前提，大力弘扬 G20 服务精神，落实顾大局、守纪律、敢担当、善作为的要求。坚持五湖四海、任人唯贤，不拘一格选贤任能，既要用敢闯敢干、动真碰硬的"狮子型"干部，也要用扎根基层、埋头实干的"老黄牛型"干部；既要选拔善于做群众工作的"领头雁"干部，也要任用术业有专攻的"专尖高"干部。再次，选好班长，建好班子。实践证明，选好班长带头人，就能带好班子。杭州在干部队伍建设上，突出"一把手"的关键作用，注重从具有基层领导经历特别是下一级党政正职经历的领导干部中选拔党政正职。领导班子配备坚持结构服从功能，优化年龄、知识、专业、能力、性别结构，合理配备年轻干部、女干部和党外干部，做到以事择人、依岗选人、人岗相适，增强班子整体功能，提高团队战斗力。最后，认真执行《党政领导干部选拔任用工作条例》，坚持党管干部原则，发挥各级党组织在选人用人中的领导和把关作用，严把资格关、条件关、程序关、纪律关。规范干部选任程序，防止随意变通、程序空转。深入考察考核，推行"考察十问"。把考察识别干部的功夫下在平时，健全完善月报季访、季报五访等制度。强化分析研判，综合运用干部考核、考察、巡视、审计等工作成果，精准识人察人，防止唯票、唯分、唯生产总值、唯年龄取人，提升选任工作科学化水平。强化选人用人监督，结合巡视开展专项检查，严格落实"凡提四必"，完善落实干部选拔任用动议审查、全程纪实、"一报告两评议"、离任检查、有关事项报告等制度，筑牢防止干部"带病提拔"防火墙。破

除论资排辈、平衡照顾的观念，探索打破隐形台阶举措。动真格调整不适宜不胜任现职干部。

（二）选拔培养年轻干部，重点培养好梯队

杭州市委组织部着力实施"年轻干部梯队成长工程"，按照"着眼长远、梯次配备、滚动更新、动态平衡"的要求，分市管后备干部、区（县、市）中层干部等职务层次和"80后""85后""90后"等年龄梯次，建立年轻干部梯队"五个一百"①常量指标，并建立年轻干部"成长档案"，及时跟踪了解，完善经常性谈话制度，每年考核分析，做到有进有出、动态管理。2012年，制订印发《关于进一步加强培养选拔年轻干部工作的实施意见》，落实导师带徒、培训交流等七类日常培养措施，并整合干部基层锻炼平台，选派年轻干部到重点工作、基层一线和艰苦岗位挂职锻炼，开展市直单位和区（县、市）年轻干部双向交流挂职任职，组织年轻干部专题培训。2018年，进一步出台《关于新时代杭州市大力发现培养选拔优秀年轻干部的实施意见》，明确"2135"②年轻干部队伍建设目标，加大年轻干部的基层培养力度，召开全市优秀年轻干部座谈会，加强改进优秀年轻干部培养选拔工作；放眼各条战线、各个领域、各个行业、各个层级，开展优秀年轻干部专题调研，突出政治标准、专业要求和实干导向，分层、分条线抓好年轻干部培养锻炼。

（三）铸造过硬作风，密切联系群众

重视党的作风建设，是中国共产党的优良传统。党的作风，关系党的形象，关系人心向背，关系党的生命。习近平同志在浙江工作期间多次就作风建设作出重要指示，强调抓作风转变要动真格。杭州市

---

① "五个一百"：35岁左右区（县、市）管正职100名；35岁左右市直单位正处级干部100名；35岁左右市管后备干部100名；30岁左右区（县、市）和市直单位中层干部或预备人选100名；25岁左右培养苗子100名。

② "2135"：200名左右45岁以下市管局级优秀年轻干部，1000名左右40岁以下的处级和县（市）管的局级优秀年轻干部，3000名左右35岁以下的科级优秀干部和培养苗子，500名左右高校选调生及"985""211"和双一流全日制高校毕业生，要安排到基层一线历练。

委、市政府坚持把落实中央八项规定精神、纠正"四风"作为重要政治任务，层层压紧压实作风建设政治责任，持之以恒正风肃纪，持续擦亮作风建设"金名片"，为加快建设独特韵味别样精彩世界名城提供了坚强的作风保证。

完善领导干部直接联系服务群众机制。教育引导党员干部牢固树立以人民为中心的发展思想，坚持解放思想、实事求是、与时俱进、求真务实，自觉践行党的群众路线，发扬艰苦奋斗精神，顺应群众期待，与群众一块苦一块干一块过。坚持"四问四权"①工作方法，按照"三个走遍"要求，落实领导干部带头调查研究、下访接访、结对帮扶等制度，深化"走村不漏户、户户见干部"等制度，推行民情访谈夜、基层走亲、民情日记、民情沟通日等做法，做到用脚步丈量民情，在急事难事、政策宣传、化解矛盾、项目推进中，站稳群众立场，增进与群众的感情，增强做群众工作的本领。

深化"党建＋"基层服务型党组织建设。运用"党建＋"系统思维，把党建同经济发展、基层治理等有机统一起来，坚持整乡推进、整县提升，统筹各领域党建，促进基层党建全面过硬全面进步。加强"网格＋网络"基层服务型党组织建设，抓实"开放式网格党建、区域化统筹服务"，着力构建基层党员干部联系服务群众网络体系。发挥基层党支部主体作用，增强支部自转力，推动基层党组织成为政治引领强、服务功能强的战斗堡垒。深化在职党员干部进社区服务，优化志愿网络服务平台建设，逐步实现全市志愿服务资源互联互通。加强"智慧党建"支撑，优化党建资源配置、力量整合，逐步建立集业务流、工作流、数据流于一体的智慧运行模式，完善党员干部先锋指数、服务指数考评管理等，提升党员干部联系服务群众的绩效。

驰而不息抓好干部队伍作风建设。高标准落实中央八项规定精

---

① "四问四权"具体是指问情于民、问需于民、问计于民、问绩于民，"干不干"让百姓定，"干什么"让百姓选，"怎么干"让百姓提，"干得好与坏"让百姓评，切实落实人民群众的知情权、参与权、选择权、监督权，做到"大家的事大家来办，杭州的事杭州老百姓来办"。

神、省委"28条办法""六个严禁""七个一律"和市委"30条意见"，持续深入反"四风"，并组织开展落实情况"回头看"，坚持抓常、抓细、抓长。一方面，紧盯年节假期，着力解决"四风"突出问题，加强对隐形变异"四风"问题的明察暗访和点名道姓通报曝光，以关键节点的治理带动日常风气的持续好转；另一方面，有效破解新形势下以形式主义、官僚主义方式对待中央和上级党委决策部署的问题，强化从严管理的硬约束，加强对"不担当不作为不落实"等"为官不为"行为的专项整治，以钉钉子精神持续提振干部精气神。

（四）提高干部能力素质，激励干部在新时代有新担当、新作为

党的十九大报告提出要建设"高素质专业化干部队伍"，党的二十大报告提出要建设"堪当民族复兴重任的高素质干部队伍"，为新时代干部队伍建设提供了总遵循。杭州要实现推进城市国际化、建设世界名城奋斗目标，势必需要一支高素质专业化干部队伍。为切实有效提升队伍专业化素质、拓宽选人用人的路径渠道，杭州公开向全球招聘聘任制公务员、市级机关特聘雇员，推出的职位有市经信局产业发展总监、市数据资源局数据总监、市科技局科技金融专员、市园林文物局文物保护专员、杭州互联网法院信息化专员等，在选人用人取向上着力于引进机关事业单位急需的"高精尖缺"专业化人才。除引进"高精尖缺"干部人才外，杭州还着力本土干部素质提升，在市管领导班子和领导干部中开展"四提一争"（提高政治站位、提高专业素养、提高推进城市国际化能力、提高克难攻坚能力，争当新时代一流铁军排头兵）活动，明确"对标看齐""提升专业素养""拓展国际视野""赛场赛马""树标争先"五大专项行动、32项工作任务，推动"信念过硬、政治过硬、责任过硬、能力过硬、作风过硬"的要求具体化行动化，推动"干部为事业担当、组织为干部担当"良性互动，激励干部新时代新担当新作为。紧扣"十四五"规划、城市国际化等战略布局，用好"杭商学堂"、"518"培训、赴港实习交流等载体和高等院校资源，加强新常态新理念培训，培

育国际视野、战略思维，切实提高各级领导干部善于把握大局大势的能力，善于驾驭城市国际化的能力，善于发现和抓住发展增长点的能力，善于把握风险点的能力，善于破解难题的能力，善于做群众工作的能力，善于运用法治思维和法治方式的能力，克服本领恐慌，做到想作为、敢作为、善作为。

三、坚持党管人才原则，打造人才生态最优城市

人才是最宝贵、最重要的战略资源。当今世界的竞争，说到底是人才的竞争，人才越来越成为推动经济社会发展的战略性资源。习近平同志在浙江工作期间对人才工作作出重要指示："'人才资源是第一资源'，要做到求贤若渴，爱才如命，惜才如金，唯才是用。人才引进要有新思路、宽眼界、大举措，这就要有国际眼光，从全国范围、世界范围吸引人才；同时要创新机制，以各种形式吸引海内外优秀人才来浙江工作、为浙江服务；还要营造尊重特点、鼓励创新、信任理解、宽容失败的良好环境，使浙江真正成为各类人才创新、创业的天堂和乐园。"[1] 2015年5月，习近平总书记在杭州海康威视数字技术股份有限公司考察调研时再次强调："人才是最为宝贵的资源，只要用好人才，充分发挥创新优势，我们国家的发展事业就大有希望，中华民族伟大复兴就指日可待。"[2]党的二十大报告指出，"我们要坚持教育优先发展、科技自立自强、人才引领驱动，加快建设教育强国、科技强国、人才强国，坚持为党育才、为国育才，全面提高人才自主培养质量，着力造就拔尖创新人才，聚天下英才而用之"。

实施"人才强市"战略，增创战略资源新优势。自2003年始，杭州市以增强实力、激发活力、形成合力为重点，坚持"党管人才"原则，扎实实施推进"人才强市"战略。抓住用好人才、培养人才、吸引人才三

① 习近平：《之江新语》，浙江人民出版社2016年版，第11页。
② 《人才是最为宝贵的资源》，《浙江日报》2015年5月31日。

个环节，建设好党政干部、企业经营管理者、专业技术人才、社会工作人才四支队伍，营造"凭劳动赢得尊重，让知识成为财富，为人才搭建舞台，以创造带来辉煌"的良好氛围，用事业造就人才，用环境凝聚人才，用机制激励人才，用法制保障人才，开创人才辈出、人尽其才新局面。坚持内外并举，育引并重，扩大数量，提高质量，打造总量、密度、结构领先浙江省的人才"高地"。

（一）健全党管人才格局，全力推进人才工作

杭州市委牢固树立人才是第一资源的理念，坚持科学人才观，爱才敬才，把党管人才原则落到实处，充分发挥党的政治优势、组织优势、思想工作优势，加强和改进党对人才工作的领导。坚持"一把手"抓"第一资源"，在浙江省率先完成市、区（县、市）两级人才工作领导小组调整充实工作，明确党政主要负责同志担任组长、第一副组长。2004年，杭州建立市委人才工作领导小组及办公室，明确工作职责，初步形成党委统一领导、组织部门牵头抓总、有关部门密切配合、社会力量广泛参与的人才工作新格局。2013年，出台《市委关于进一步加强党管人才工作的贯彻实施意见》《市委人才工作领导小组及其办公室工作运行机制的意见》，强化组织部门牵头抓总、人才办具体协调、职能部门各司其职的工作格局。把人才工作纳入区（县、市）党政领导班子考核评价体系，调整重点人才工作考核指标，务实有效地推进人才工作责任落实。2014年，出台《杭州市人才工作目标责任制考核实施办法（试行）》，首次把领导小组成员单位列入考核对象，明确区（县、市）"一把手"作为人才工作第一责任人述职，促使各地各部门形成以用为本的人才工作格局。2018年，制定《关于进一步健全完善市委人才工作领导小组职责任务和运行机制的意见》，市委、市政府主要领导分别担任组长和第一副组长，开展全市人才工作述职评议，增强"一把手抓第一资源"责任意识，压实"一把手"抓人才工作责任。

（二）构建人才政策体系，加大各类人才支持力度

2004年，杭州实施人才强市战略以来，始终坚持"一流环境吸引

一流人才,一流人才创造一流业绩"的发展路子,不断完善人才政策、优化人才环境、提供精细化的人才服务,先后出台重大政策 70 多项,在引进培育海内外高层次人才、发挥人才作用、优化人才发展环境等方面发挥了重要作用。2015 年,杭州在整合既往经验的基础上,发布《杭州市高层次人才、创新创业人才及团队引进培养工作的若干意见》,创新推出"杭州人才新政 27 条",推进人才政策一体化,形成开放有效的人才政策体系。该政策主要对人才的引进培养、创业扶持、生活保障等方面进行改革创新、完善提升,进一步凸显政策优势,发挥黄金政策的效应。在人才分类上,打破原有按行业划分人才的模式,将杭州市重点引进培养的高层次人才及产业发展急需、对社会贡献较大、现行人才目录难以界定的"偏才""专才"纳入人才新政重点保障范围,形成"5+1"人才分类机制。此外,还建立了"1+X"操作体系。制定了 45 个操作实施细则,既让人才比较清晰、全面地了解杭州人才政策,能够"对号入座",又让他们知道通过什么样的渠道和方式获得政策。政策内容涵盖人才最关心、最直接、最迫切需要解决的居留落户、教育医疗、人才住房、社会保障等方方面面。此后,杭州又不断完善人才政策体系,相继推出人才"若干意见 22 条""人才生态 37 条",制定出台"人才国际化 28 条",创新提出"全球聚才 10 条""开放育才 6 条",获批外国人签证、停居留等七项出入境便利政策。

(三)激发市场主体作用,释放人才创新创业活力

深化人才发展体制机制改革,积极发挥市场在人力资源配置中的决定性作用,进一步调动中介机构积极性,引导社会资本投资人才创办的企业和项目,让各类市场主体走到前台。杭州市注重发挥市场在人才资源配置中的主体作用,充分激发市场主体活力,调动企业、高校、协会等各类市场主体的积极性,建立以市场为导向的数字经济人才、金融人才等行业人才分类认定标准,拓展市场化引才格局。2017 年,杭州召开发挥企业引才主体作用的现场会,出台企事业单位聚才用才评价激励办法,总结提炼企事业单位引才聚才"十法"和 47 个典型案例;加强对人才协会和人才猎头专业委员会的工作指导和联系服务,组织活动 51 场,服务对接人才项目 780 个。杭州市推进的市场化人才管理改革实践获全国人才工作最佳创新案例奖。截至 2019 年,杭州人才总量 276.7 万名,累计自主申报入选国家级海外高层次人才 163 名,引进海外归国留学人员 5.5 万名、外国人才 3 万名,引进 35 岁以下大学生 28 万名。其中,88% 的人才汇聚在企业、90% 以上的"国千"和"省千"人才服务于企业,高层次人才对重点产业和未来产业发展的支撑作用越来越明显。2022 年,全市新引进 35 岁以下大学生 34.7 万人,博士(留杭)2100 名,新增高技能人才 5.02 万人。连续 12 年入选"魅力中国——外国专家眼中最具吸引力的中国城市"榜单。

(四)擦亮人才活动品牌,吸引八方英才来杭发展

杭州以实现人才价值为牵引、满足人才需求为导向,举办各类人才活动,激发人才创新创业活力,形成百舸争流的人才生态。积极实施全球英才杭聚、专项人才引育、青年人才弄潮等工程,优化青年人才引育路径,进一步发挥好云栖大会、"2050"大会等平台的作用,吹响全国乃至全球青年人才的集结号,让更多有梦想的青年人才愿意生活在杭州、工作在杭州、发展在杭州。强化校企联合,培育一批技艺精湛、能力超群的高技能人才,打响"杭州工匠"品牌,提升"杭州制造"水平。精心打造杭州人才之家,整合政府、企业、协会、创投机构等各类资源,为人才服务、学习培训、交流研讨、推介展示、项目洽谈、联谊联欢等提供活动空间。相关领导积极开展人才大走访、大调研活动,举办各类新闻恳谈会、媒体沟通会,多渠道宣传杭州人才环境,树立杭州人才活动品牌。2020 年新冠疫情期间,杭州市利用信息化、大数据的优势,陆续推出云上"创客天下·2020 杭州市海外高层次人才创新创业大赛""重点人才项目云促会"等多项活动,集中展示在杭专家人才在防疫抗疫、基础研究、成果转化、创业创新等方面的最新成果,进一步打

响人才生态最优品牌，集聚更多优秀人才，统筹抓好疫情防控和经济社会发展。

（五）聚焦高教科研资源，提升人才引育平台能级

平台作为资源有效配置与开放共享的媒介，具有重要的集聚辐射功能，是吸引人才、留住人才的桥梁纽带，也是培养人才、用好人才的重要舞台。近年来杭州市多方搭建引才平台，人才平台建设不断突破。一是扎实推进"名校名院名所"工程，打造科研科技平台。深入对接中科院等高端科研单位，签约引进中科大杭州高等研究院、西湖大学、中法航空大学、浙江大学杭州国际科技创新中心、中国空间技术研究院杭州中心等一批科研院所，服务推进之江实验室、阿里巴巴达摩院、浙大超重力实验装置等重大科技平台落地建设。二是打造高端创新人才平台。2019年，市委组织部（市人才办）实施"高峰人才引育计划"，聚力打造数字经济、生命健康等人才高峰，阿里云创始人王坚增选为中国工程院院士，实现杭州首次自主培养中国"两院"院士。成立杭州院士专家服务中心，推进院士专家工作站和博士后工作站建设，加大院士专家等高层次人才服务保障平台建设力度，萧山区"院士岛"入围浙江省首批八个浙江院士之家试点单位。深入推进国际人才创业创新园建设，累计引进高层次外国人才项目149个，签约金额11.8亿元。全面提升特色小镇、孵化器、众创空间等建设，全市拥有国家级众创空间55个、国家级孵化器32个，均居副省级城市首位；有省级特色小镇18个，入选数居浙江省第一。全面深化与浙江大学的人才战略合作，不断拓展合作的广度和深度，明确具体合作项目两年计划和五年计划。三是打造开放式国际人才平台，推进国际人才创业创新园建设，海外创业基地、特色小镇、人才创新园等人才平台相继落地，引进高端外国人才项目54个、签约金额8.7亿元，建立完善国际人才一站式服务平台。

（六）推进数字化转型，做优做实人才服务

杭州市围绕构建人才最优生态细化人才服务举措，不断提升人才服务水平，让广大人才有用武之地、无后顾之忧。深入推进人才领域"最多跑一次"改革，优化人才认定、人才政策申请、人才中介许可事项等人才项目办事流程，构建"一窗受理、联动办理"的人才政策兑现服务机制，市本级人才奖励、补助资金无须申请，给予一次性拨付，仅2019年，已为7115名外国人才办理来华工作许可、2623名留学回国人员办理工作证。2020年，杭州继续推出"人才e卡（码）通"，统筹整合有关人才的服务项目，开发金融支持、子女教育、医疗健康、文体休闲、交通出行、云上交流（课堂）、咨询服务等功能，为人才提供集成式、智慧化、全流程的优质服务。

推进"两个高水平"建设的新时代，比任何时候都更需要人才，更渴求人才。浙江正在全力打造人才生态最优省，作为省会城市的杭州，更要勇立潮头，全力打造人才生态最优市，成为浙江省乃至全国的排头兵。杭州日益优化的人才生态环境，已然形成了强大的"人才磁吸"现象，使杭州人才净流入率连续保持全国第一，连续多年入选"外籍人才眼中最具吸引力的中国城市"。2020年《全球人才竞争力指数报告》显示，杭州位列全球城市第67位，比上年提升15位，位居中国大陆城市第3位。

第四节　尊重党员主体地位，积极发展党内民主

巩固党执政的体制基础，健全和完善党的领导制度和领导方式，最核心的是要坚持和完善民主集中制，不断发展和扩大党内民主。在对杭州市党建工作的指导中，习近平同志反复强调坚持和完善民主集中制和发展党内民主的重要性。2002年11月28日，习近平同志在杭州市考察调研时强调，要进一步加强民主集中制建设，着眼维护核心，形成合力，健全根本制度，发展党内民主。在浙江省暨杭州市纪念现行宪法颁布实施20周年大会上的讲话中，习近平同志说道："要进一

步加强党内民主,充分发挥其对于人民民主的示范和带动作用。"①
2003 年 1 月 25 日,在杭州市委常委会民主生活会上的讲话中,习近平
同志指出,民主集中制是我们党的根本组织制度和领导制度,是党内
生活的基本准则。能不能坚持民主集中制,搞好班子团结,是检验领
导班子凝聚力战斗力强弱和衡量领导班子干部素质高低的主要标志。
此后,历届杭州市委始终坚持民主基础上的集中和集中指导下的民主
相结合,从领导体制、工作机制和工作制度等方面不断加强民主集中
制建设,有序推动党内民主发展。

一、加强民主集中制建设,着眼核心,形成合力

"总揽全局、协调各方"是中央和地方各级党委在同级各种组织中
发挥核心领导作用的基本原则,也是我们党的领导体制。杭州市委始
终按照发挥核心的要求,集中精力把好方向,对全局工作进行通盘考
虑,整体谋划,抓好大事,出好思路,管好干部,规范党委与人大、政府、
政协、法院和检察院以及人民团体的关系。为贯彻落实中央和省委的
相关精神,2003 年,杭州市委出台《关于进一步推进人民政协履行职
能制度化、规范化、程序化建设的若干意见》,并在之后的日常工作中
对相关落实情况进行督查。2003 年,杭州市委支持人大开展"创业在
杭州,代表作表率"活动和政协开展"创业在杭州,委员献良策"活动。
2004 年,杭州市委不断加强与民主党派的合作共事机制,多次举办情
况通报会、谈心会和读书会,听取对市委工作的意见建议。同时,为加
强对政法工作的领导,杭州市委于 2004 年制定《关于加强全市人民法
院基层建设的若干意见》,支持和维护司法公正。2005 年,市委召开
人大工作会议,下发《关于加强和改善党的领导　进一步推进人大工
作的意见》,加强和改进对人大工作的领导,并首次开展对市人民代表

①　《全面贯彻实施宪法,促进社会主义政治文明建设——在浙江省暨杭州市纪念现行宪法颁
布实施 20 周年大会上的讲话》,《浙江日报》2002 年 12 月 4 日。

大会选举干部的述职评议。同年,杭州市委又出台《关于进一步加强中国共产党领导的多党合作和政治协商制度建设的实施意见》,加强和改进党对政协工作的领导,贯彻党的民族、宗教、侨务和对台工作方针,召开工青妇工作会议等。2006 年,杭州市一如既往地高度重视发挥市委的领导核心作用,坚持和完善人民代表大会制度,加强和改进党对人大的领导,坚持和完善中国共产党领导的多党合作和政治协商制度。贯彻全国统战工作会议精神,加强与民主党派合作共事。贯彻党的民族、宗教、侨务、对台工作政策,成功举办首届世界佛教论坛和第三届浙江省少数民族传统体育运动会等。与此同时,杭州市还不断健全完善向市委全会报告工作制度、向有关方面定期通报情况和征求意见制度,坚持市四套班子领导合力抓经济建设和重点工程的机制。通过各项具体的制度体制机制的建立健全和完善,切实做到党委总揽全局、协调各方,按照民主集中制的要求,着眼核心,形成合力。

党的十八大以来,杭州市委在进一步完善“一个核心、三个党组”的领导机制的基础上,按照中央和省委精神,不断通过党建工作和“全面从严治党”来巩固党执政的基础,增强自身“总揽全局、协调各方”的本领。杭州市委一直把政治建设摆在首位,不断增强“四个意识”、坚定“四个自信”、做到“两个维护”,坚决与党中央保持一致。在此前提下,牢固树立“做好党建工作就是最大政绩”的理念,通过完善党内组织工作运行体系和各方面体制机制,不断提升领导班子的政治能力,增强统揽全局、协调各方的本领。

(一)建立党建工作大格局

杭州市委不断完善“大党建”工作机制,坚持“党是领导一切的”政治要求,采取党建引领、抓人促事、以事育人的方式,统筹党建工作与队伍建设、机关党建、业务建设融合并进。针对过去党建工作中职能部门分线抓、统筹整合不够等问题,杭州市首先从健全领导体制和工作机制入手,加强党建工作的统一领导和统筹协调。在市级层面,完善党建工作领导小组工作运行机制，市委书记担任组长，市纪委、市委组织部、市委宣传部等16个部门（机构）作为成员单位，通过建立健全市委党建工作领导小组会议、全市基层党建联席制度等，加强分工协作，狠抓工作落实，做到党风廉政建设、组织建设、宣传意识形态工作，包括统战、群团等工作一起部署、一起推进。各区（县、市）参照建立相应机构和运行机制，并重点配强镇街一级的党建工作力量。以淳安县为例，其下属乡镇以党委书记、组织委员、组织员为主体，以党委副书记、其他班子成员、包村干部为配合，构建乡镇党委"3＋3"党建工作力量框架，有效整合和加强了党建力量。与此同时，杭州市还着重抓好条线行业党建工作，先后重点抓国资系统、教育系统和卫生系统等三个社会高度关注的行业领域党建工作，使党建工作对中心工作的引领与保障切实得到了增强。

（二）健全完善"一个核心、三个党组"的领导体制

为了加强党对人民政协工作的领导，充分发挥人民政协在政治协商、民主监督和参政议政方面的功能，与党委形成合力，杭州市委先后于2013年、2014年和2015年出台《关于进一步加强和改进人民政协政治协商的意见》《关于进一步加强和改进人民政协民主监督的意见》和《关于进一步加强和改进人民政协参政议政的意见》。2016年，为进一步从制度层面规范和保障党对政协工作的领导，充分发挥其政治协商的功能，杭州市委办公厅又印发《关于加强政治协商的实施意见》，明确和规范政党协商的内容、形式、程序、保障机制，并就加强对政党协商的领导提出要求，政党协商制度化、规范化、程序化水平进一步提升。2016年，先后召开新春座谈会、城市国际化若干意见征求意见座谈会、市委全会意见座谈会、市委常委会民主生活会、征求意见座谈会等会议协商六次，市各民主党派、工商联负责人和无党派人士代表提出的意见建议得到市委主要领导肯定，并被吸收到市委全会意见、报告和各项重点工作中去。进一步建立健全请示报告制度。为深

入贯彻党的路线方针政策和宪法、法律法规，坚持党对人大工作的领导，杭州市人大常委会党组结合人大工作实际，于 2018 年 6 月制定了《中共杭州市人大常委会党组关于进一步健全向市委请示报告制度的实施办法》，创新作出将市委领导落实到人大工作全过程、各方面的制度安排，从制度层面让人大向市委请示报告工作有章可循，有力推动人大常委会机关政治建设，确保人大工作正确的政治方向。例如，2018 年 9 月，上城区人大常委会党组出台《关于进一步健全向区委请示报告制度的实施办法》，从制度层面加强和规范了党的领导，进一步确保区委领导落实到人大工作全过程、各方面，有力推动了人大常委会机关政治建设，确保了人大工作正确的政治方向。

（三）建立完善"党建责任综合绩效工作模式"

为进一步扩大党的建设覆盖面，真正做到"抓好党建就是最大政绩"并从制度层面提供保障。2016 年，杭州市委组织部在市委的领导下，推动完善了党建工作的统筹运行机制。探索完善党建责任综合绩效工作模式，分层分类开发了 196 种党建责任清单，全面推行"党建报表""双百分制"考核，推动"互联网＋"与党建工作的深度融合；完善党建责任制目标管理、过程管控和绩效评估三大体系智慧管理系统，构建统一谋划、运行、考核、问责的工作格局。三大体系中首先是目标管理，市委组织部探索建立了一套"党建工作责任清单体系"，由《党建工作力量图谱》《党组织主要职责描述书》《岗位党建履职说明书》及《党建工作行事历》等四部分组成。在过程管控环节中，市委组织部特别加强了"操作制度"的指引，把党建工作责任分解到各个工作单元，指导党员干部该做什么、怎么做。这些指引的最大特点就是看得懂、记得住、用得上。同时，杭州市委还十分重视加强监督检查，市委组织部经常开展对相关制度落实情况的专项督查，并组织各地加强指导推动。例如，滨江区建立"区街社"三级党建工作专项督查机制；富阳区从区级层面抽调退二线的领导干部，组建六个党建工作巡视督察组，对全区党建工作展开巡察。这一"党建责任综合绩效工作模式"走在了全国前列，得到了各方的肯定和积极的宣传。全国党建研究会在杭州召开"党建责任综合绩效工作模式"专题研讨会，新华社内参报道并以英语、西班牙语等语言向世界公开发布。中组部《组工通讯》向全国推介杭州党建引领服务保障 G20 杭州峰会经验。

（四）建立完善"大党建"责任考核机制

建章立制，重在落实。制度建立了得不到落实，就会像习近平同志所说的，变成"稻草人"。制度机制要有效运行，就要不断加大监督和考核的力度。杭州市在"大党建"工作机制不断建立完善的过程中，不断加强和完善"党建责任"考核机制，每年末都会集中进行大党建责任制的考核工作。例如，2015 年，市委认真落实"抓好党建是最大政绩"，加强党建工作的统一领导和统筹协调，创新"大党建"责任考核机制。1 月 30 日，研究制定《党委（党组）及其主要领导落实党建工作责任制考核办法》，明确党委（党组）及其主要领导责任。以党风廉政建设责任、组织建设责任、宣传意识形态责任三大指标体系为主，建立《党建工作基础指标库》。11 月 2 日，制定《党委（党组）落实党建工作责任考核细则》，实现"市本级统筹、各单位一次迎检"的党建考评格局。强化考核结果运用，把党建责任考核结果作为领导干部选拔任用、岗位调整、培训教育和奖惩的重要依据。2016 年 12 月 6 日，市委办公厅、市政府办公厅印发《关于实施 2016 年度综合考评的通知》，加大党建责任制考核结果的运用。2017 年，市委组织部进一步完善了"大党建""双百分制"考核机制，制定《关于深化党建工作考核及成果运用的实施意见》，加大党建考核在综合考评中的权重。健全党建考核指标体系，调整设定"联百乡结千村访万户"蹲点调研活动和"三提一争"活动专项考核指标 30 条，新增 4 个维度定性指标，修订 280 多条定量指标。优化党建考核满意度评价，制定《履行党建责任评议操作办法》，增强满意度评价的知情度和关联度。2017 年，杭州市进一步加大了党建责任制考核结果的运用,首次对非参评单位实施主体职能履行情况专项绩效测评。2018 年,杭州市根据新时代党的建设"5＋2"总体布局,制定《关于贯彻落实新时代党的建设总要求　完善"大党建"考核体系的总体方案》和《2018 年度党建工作考核指标》,设置六大类考核项目,优化重点考核内容 24 项。2019 年,杭州市委组织部落实中央和省委、市委关于基层减负的部署要求,坚持"减负担、破难题、促发展",进一步优化完善"大党建"考核,探索建立注重平时了解掌握的党建考核新模式,明确三个"不再":年底不再统一开展集中性考核,不再统一组织党建报表填报,不再保留上级没有明确要求的评议。

二、加强党内民主建设,完善科学民主决策机制

坚持和完善民主集中制,既要坚持在民主基础上形成正确的集中,着眼核心,形成合力,也要坚持在集中领导下的民主,充分尊重党员主体地位,畅通民主渠道,发展党内民主,规范议事程序,完善决策机制,切实增强党的活力和团结统一。习近平同志在浙江工作期间,多次就发展党内民主、规范议事程序和完善决策机制对杭州市作出重要指示。历届市委都从加强自身建设着手,通过体制机制的完善,不断扩大党内民主,完善民主决策机制,并将相关工作和要求写入历年党委工作总结和工作报告,向党代会作情况通报。自习近平同志在浙江工作以来,杭州市在坚持民主集中制、试行党代会常任制、创新党内选举制度的基础上,不断创新扩大党内民主的多种实现形式,在制度、程序和方法上进行探索,特别是在党代表大会制度、党务公开制度、党内民主选举、党内民主决策和监督等方面都有较大突破,进一步丰富和发展了党内民主。

(一)完善党代表大会制度

为落实中央和省委的精神,杭州市尝试党代表列席常委会、全委会的民主形式。早在 2003 年,杭州市就出台了《中共杭州市委关于建

立杭州市党代表大会代表活动制度的意见(试行)》,建立完善党代表大会代表活动制度。杭州市委办公厅 2007 年 12 月印发《杭州市党的代表大会代表列席市委全委会和市委常委会实施细则(试行)》(以下简称《细则》)的通知。《细则》指出,市委召开全委会时,要邀请党代表列席。市委召开常委会,可根据议题邀请市党代表列席会议。所有的基层一线党代表在任期内至少安排列席一次市委全委会或市委常委会。2007 年 12 月 12 日,来自农村、社区、企业、学校、科研院所、乡镇街道以及生产一线的 36 名市第十届党代会代表,怀着激动的心情步入新侨饭店,应邀列席了中共杭州市委十届三次全体(扩大)会议,成为杭州市发扬党内民主、建立发挥党代表作用制度后,首批走进市委全委会的党代表。这 36 名基层党代表不仅列席全会,听取全会报告,还单独编组,与市领导一起围绕全会报告和相关决定进行小组讨论,畅所欲言、建言献策。邀请基层党代表列席市委全会,是市委尊重党员主体地位,发展党内民主,推进科学决策、民主决策的重大举措。2013 年,杭州市进一步在全市范围内试行乡镇党代会年会制,全市 109 个乡镇全部召开党代会年会。完善党代表任期制,邀请 352 名基层一线市党代表列席市委重要会议、参加重大调研视察活动。指导开展党代表提议网上办理、党代表"网淘"志愿服务和党代表询问等活动。拱墅区党代表"网上、网下"工作室建设、建德市党代表巡察试点入选省级党代表工作特色案例。探索推进基层协商民主,扩大党员群众有序参与。在多年的实践中,杭州市逐步形成了以党代表任期制、党代会年会制、党委负责制为主要内容的制度体系,健全了发展党内民主的制度框架,进一步完善了党的代表大会制度,为党内民主的发展奠定了坚实的制度基础。2014 年,市委组织部持续推进基层协商民主制度化。在街道,研究出台全面试行街道党员代表会议制度,92 个街道试行召开党员代表会议;推广街道民主协商议事会议制度,召开专题推进会和理论研讨会,全国党建研究会领导和相关专家参加研讨并给予充分肯定。在村(社区),指导各地完善村(社区)"五议两公开"制度,积极探索基层议事、公开、述职、问责等机制实现途径。深化落实党代表"五项制度",全年邀请省、市党代表597人次参加党内重要会议活动。

（二）完善党务公开制度

杭州市各级党组织在杭州市委的统一领导下,认真贯彻落实党员权利保障条例,逐步健全完善党内情况通报制度、情况反映制度,积极拓展党务公开的广度和深度,增强党组织工作的透明度。第一,积极拓展党务公开的内容。一方面,拓展党务信息披露广度。比如余杭区确定了十项党务公开内容,即"工作目标、重大决策、党内制度、履职考核、党内奖惩、干部调整、后备干部、公务活动、发展党员以及党费管理"。另一方面,推进党务公开的深度,做到结果公开和过程公开相结合。特别是对于党员关心关注的重大决策个案、重要事件个案等做到全过程、全阶段公开。第二,努力探索信息披露的方式。例如区分内容,实行差异性披露。适宜在党内披露的,主要通过党内有关会议、下发文件、定期通报、党员活动栏、党员活动室等形式披露;适宜对全社会披露的,采用广播、电视、报刊、网络等大众媒体进行披露。又如区分主体,实行分层式披露。区委的工作主要通过区级新闻媒体、区政府门户网站、党建网站、公共场所的大型显示屏等形式进行披露;各乡镇、街道党（工）委以及区级机关各部门党组织的工作主要通过政府或部门外宣网站、内部的局域网、电子显示屏、党务公开栏、工作通报等形式进行披露。再如区分需求,实行互动式披露。建立党政机关与党员群众沟通的互动机制,采取定期召开新闻发布会、党员群众听证会、党务工作质询会等形式。第三,不断完善党务公开的机制。杭州一方面完善领导机制,各级成立政务党务公开工作领导小组,明确工作责任;另一方面完善操作程序,按照"固定内容长期公开、常规工作定期公开、阶段性工作逐段公开、热点问题及时公开"的要求,统一明确公开的时效性要求。

(三)完善民主选举制度

党内民主最关键的体现就是民主选拔干部,杭州市不断完善候选人提名制度和选举方式,深化基层党组织干部民主选拔工作。例如,2010 年是杭州市社区党组织换届之年,全市 871 个社区中需要换届的社区党组织有 589 个。为贯彻落实中央和省委精神,进一步扩大党内基层民主,加强社区领导班子和党员队伍建设,杭州市在 65 个社区先行试点的基础上,确定 515 个社区党组织采取以"组织推荐,党员推荐,群众推荐和个人自荐产生社区党组织领导班子成员候选人,党员大会或者党员代表大会直接选举产生党组织书记、副书记和委员"为主要方式的"公推直选"进行换届选举,占换届社区党组织总数的 87.4%。[1] 在具体实践中,杭州市委组织部通过改进推荐方式,落实党员群众提名权;层层差额筛选,切实把好候选人素质关;创新介绍方式,全方位反映候选人情况;全面竞职承诺,强化候选人为民责任;精心组织选举,从充分体现选举人意志等方面将民主选举制度落到实处,增强了党员的主体意识,大力推进了杭州市党内基层民主建设。从结果看,通过"公推直选"方式选拔的干部年龄明显下降,素质普遍提高,结构更加优化,服务意识进一步增强,群众满意度也全面提高。

(四)完善民主决策机制

完善民主决策工作规范和办事制度是充分发扬民主,实现"科学执政、民主执政、依法执政"的内在要求。2003 年 4 月,中共杭州市委、杭州市人民政府印发的《杭州市构建反腐保廉体系的实施规划》明确规定,遵循领导班子议事规则和决策程序,按照"集体领导、民主集中、个别酝酿、会议决定"的原则开展工作。完善重大决策集体研究决定制度,重要人事调动和任免、大额度资金安排和使用、重大工程项目的确定等重大事项必须经集体讨论决定,防止个人或少数人说了算。

---

[1]　《杭州全面推行社区党组织"公推直选"》,《今日浙江》2010 年第 18 期。

2008 年，中共杭州市委出台《关于打造"廉洁杭州"的决定》，进一步明确要求建立健全科学决策机制。完善重大决策的规则和程序，形成公众参与、专家论证、调研试点、党委（党组）决定相结合的决策机制，促进决策科学化、民主化。规范集体领导和分工负责制度，进一步完善集体票决的程序和运行机制。对涉及经济社会发展全局的重大事项，广泛征询意见，充分进行协商和协调。建立社情民意反映制度，健全与群众利益密切相关的重大事项社会公示制度和社会听证制度。制定实施行政问责制，建立决策失误责任追究制度。健全纠错改正机制，坚决纠正和查处违背科学发展观的行政行为。2014 年，杭州市委十一届八次全体（扩大）会议审议通过《中共杭州市委关于全面深化法治杭州建设的若干意见》，明确要求杭州市要完善党的领导方式和执政方式；坚持党领导立法、保证执法、支持司法、带头守法；健全依法决策工作机制；完善酝酿、提议、论证、研究、审议的党内依法民主决策机制，推进重大事项决策咨询制度化、规范化。该意见明确要求落实市委关于加强人大工作的意见，同时还明确实施重大决策过程留痕、决策后评估和纠错制度，严格执行重大行政决策终身责任追究和责任倒查机制。2015 年，杭州市委全面深化改革领导小组召开第五次会议，审议通过《关于建立健全科学民主依法决策机制的实施意见》和《杭州市人大及其常委会讨论决定重大事项清单》，促进提高决策的科学化、民主化、法治化水平。这两份文件，一个抓住了决策的系统和源头，一个抓住了权力机关履职的根本，对深化完善决策机制至关重要。《关于建立健全科学民主依法决策机制的实施意见》明确，在决策内容上，对涉及群众切身利益的重大事项，做到三个"不决策"，即没有深入调查研究的不决策，没有广泛征求群众意见的不决策，没有提出比选方案的不决策，让市民群众有更多获得感和更高满意度。在不断完善市委自身民主决策制度的同时，杭州市还不断完善基层民主议事决策制度。例如，2018 年，杭州市委出台《关于建立和完善街道居民议事制度的指导意见》。近年来，全市各地在街道层面探索建立了合议制、会商制、议政会等形式多样的基层民主载体,保证人民群众依法行使知情权、参与权、表达权和监督权,为发展基层民主政治、促进科学民主决策、推进基层治理体系和治理能力的现代化做出了积极贡献。截至2018年底,全市已有74个街道通过居民议事平台,开展了民生实事项目票选工作,占街道总数的80%。根据中央对发展社会主义民主、推进基层民主政治建设的有关要求和省委、市委《关于实施民生实事项目人大代表票决制工作的意见(试行)》《中共杭州市委关于加强和规范街道人大工作的意见》等文件精神,为巩固和发展基层民主政治建设成果,进一步完善基层民主制度,健全基层决策机制,扩大人民有序参与,体现"有事好商量,众人的事情由众人商量"的人民民主真谛,中共杭州市委常委会研究并出台了《关于建立和完善街道居民议事制度的指导意见》,对全市街道居民议事的范围、形式和议事成员及运行方式等方面作出统一规范,并明确要求2019年在全市各街道全面建立并完善街道居民议事制度。2022年,杭州市93个街道票选推荐的699项民生实事项目一一落地实施,群众获得感、幸福感、满意度持续提升。

(五)完善民主监督制度

为了推进民主监督,杭州市一是设置专线投诉电话号码——96666党政机关服务态度和效能投诉公开电话和12345市长公开电话,党员群众对任何违规、违纪的党员、干部均可通过热线电话进行投诉,热线电话接到投诉后会转到相关部门要求处理。二是支持"民告官"。2006年9月1日,杭州市出台《杭州市行政首长出庭应诉工作暂行办法》,首次以规范性文件对行政首长出庭应诉进行规范。有六种行政诉讼被硬性规定为行政首长必须亲自出庭应诉,行政首长确实因故不能出庭的,必须向市政府请假,并由行政副职出庭。三是开展民主评议活动。从2004年下半年开始,杭州在全市16个政府部门所属基层科、所、队、站和窗口单位,开展了为期近一年的"基层站所万人评"活动,通过民主评议行风,极大地推动了党和政府的各项工作,也使党员干部得到了全方位的监督。2009 年,杭州开始创新"公述民评",组织各职能部门负责人与民众面对面接受民主评议。2014 年,杭州市举办首次"公述民评"面对面问政电视直播,对涉及 19 个职能部门和 5 个城区政府分管领导进行公开评议。在杭州市各年度年终考核工作中,杭州市不断创新民主评议形式和手段,不断扩大民主评议的范围,促进党员群众有序参与民主评议。在 2016 年末举行的 2016 年度杭州市综合考评中,首次实现了网上社会评价全覆盖。考评期间,共向三大通信运营商手机用户发送邀请短信 32 万份,进一步拓宽了公众参与渠道。与传统线下社会评价相比,网民参与十分踊跃,从市直单位社会评价看,意见总量比上年增加了 65.81%,其中网民意见增长了近四倍。杭州市每年支持各民主党派、工商联、无党派人士开展专项民主监督,2021 年开展实地调研 98 次,收集各类意见建议 355 条,向对口区(县、市)和相关市直单位提出各类工作意见 151 条。

第五节　完善惩防体系,建设清廉杭州

习近平同志在浙江工作期间,为浙江省党的建设工作擘画了党建版的"八八战略",为浙江省及各地区的党建工作提供了基本遵循。关于反腐败斗争,习近平同志在"巩固八个基础、增强八种本领"的第八条中明确提出,要"致力于巩固党执政的群众基础,密切党同人民群众的血肉联系,不断增强拒腐防变和抵御风险的本领……坚持标本兼治、综合治理,惩防并举、注重预防,建立健全与社会主义市场经济体制相适应的教育、制度、监督并重的惩治和预防腐败体系。推进廉政

文化建设，努力形成全社会反腐倡廉的良好氛围"①，并对如何"走出一条预防和惩治腐败的新路子"②多次进行详细的阐释和部署。杭州一是要抓好党风廉政建设责任制。二是要加强教育监督，从根本上解决好"不想腐"的思想基础问题。三是要规范权力运行机制，解决好"不能腐"的制度保障问题。四是要加大惩治力度，形成不敢腐的高压态势。习近平同志强调，"对任何腐败分子都必须严肃查处、决不姑息"③。五是要加强廉政文化建设，形成"崇尚廉洁"的社会风气。习近平同志强调，"要大力加强理想信念教育和先进的廉政文化建设……积极推动廉政文化进机关、社区、学校、企业、农村和家庭，促进全社会形成以廉为荣、以贪为耻的良好风尚，努力形成党风政风与社会风气的良性互动局面"④。杭州市始终坚持结合本地区经济社会发展的实际，深入贯彻落实习近平同志在浙工作期间为浙江省和杭州市构建惩防体系、推进反腐败斗争所作的指示精神和新时代"三不"一体推进反腐败斗争的基本方针，持续推进惩防体系建设，走出了一条在全国领先的"惩治和预防腐败的新路子"。

一、"反腐保廉"体系化，助力"建设新天堂"

21世纪以来，杭州的城市定位在不断完善，发展战略在不断充实，发展目标也在不断提升。与此同时，杭州的反腐倡廉建设也在不断地探索规律、调整方位和提升目标。2002年召开的杭州市第九次党代会，围绕"构筑大都市、建设新天堂"的构想，提出构建与经济社会

---

① 习近平：《干在实处　走在前列——推进浙江新发展的思考与实践》，中共中央党校出版社2018年版，第394页。

② 习近平：《干在实处　走在前列——推进浙江新发展的思考与实践》，中共中央党校出版社2018年版，第448页。

③ 习近平：《干在实处　走在前列——推进浙江新发展的思考与实践》，中共中央党校出版社2018年版，第449页。

④ 习近平：《干在实处　走在前列——推进浙江新发展的思考与实践》，中共中央党校出版社2018年版，第450页。

发展相适应的反腐保廉体系的目标,在全国率先开展构建惩治和预防腐败体系的探索和实践。为此,2003 年,中共杭州市委、杭州市人民政府印发《杭州市构建反腐保廉体系的实施规划》,计划用五年左右的时间,在全市初步建立起与社会主义市场经济体制相适应的反腐倡廉体系,使腐败现象蔓延的势头得到有效遏制,为杭州市"构筑大都市、建设新天堂",率先基本实现现代化,提供良好的发展环境和坚实的政治保证。这一规划的出台将杭州反腐倡廉工作推进到了更具"科学性、前瞻性和主动性"的阶段。2003 年 10 月 11 日,党的十六届三中全会提出建立健全与社会主义市场经济体制相适应的教育、制度、监督并重的惩治和预防腐败体系。根据中央和省委的统一部署,2005 年杭州市进一步出台《中共杭州市委关于贯彻中央〈建立健全教育、制度、监督并重的惩治和预防腐败体系实施纲要〉的意见》,将反腐保廉体系建设的探索和实践推进为构建具有杭州特色的惩治和预防腐败体系。2002—2007 年,杭州市全面实施整体构建、重点构建、协同构建,建立市、区(县、市)和市直机关重点部门上下联动、横向协调的工作机制,形成了全市齐头并进的"大构建"工作格局;制定和实施《杭州市构建惩防体系法规制度建设计划》,建立和完善 113 项法规制度,逐步形成用制度规范从政行为、按制度办事、靠制度管人的机制;探索构建惩防体系工作绩效评价办法,建立廉政预情机制,组建党风廉政建设专家咨询委员会,增强了反腐倡廉工作的主动性、前瞻性和科学性;严格执行党风廉政建设责任制,市委、市政府领导带队连续四年对 56个单位落实党风廉政建设责任制工作情况开展监督检查,促进了构建惩防体系和反腐倡廉各项工作的落实。

（一）发展民主,拓宽渠道,权力运行的监督制约机制逐步完善

杭州市认真贯彻《中国共产党党内监督条例(试行)》,制定出台党内监督十项制度具体实施办法和加强对党政主要领导干部监督的规

定。严格执行"三谈一述"制度,市和区(县、市)两级纪委负责人与1197名领导干部进行了谈心谈话,对2585名新任领导干部开展了任前谈话和廉政教育,对120名领导干部实施了诫勉谈话,9937名领导干部进行了述职述廉。不断深化经济责任审计工作,对104名市管领导干部开展经济责任审计。建立健全巡视制度,成立市委巡视机构,先后对各区(县、市)和市直单位进行了巡视。在试点的基础上,向29个市直部门派驻(出)纪检监察机构,并实行统一管理。认真落实党员权利保障条例。积极探索党务公开工作,深化政务、厂务(事务)、村务公开工作,扎实推进农村、社区、国有企业和非公有制企业党风廉政建设。

(二)深化改革,创新制度,从源头上防治腐败工作深入推进

2002—2007年这五年,杭州市认真执行《行政许可法》,深入推进行政审批制度改革,市级行政审批事项从1251项核减到360项。建立行政服务中心,推行并联审批、网上审批,市级行政审批(许可)实际办结时限比承诺时限平均减少2.8天。积极推进干部人事制度改革,落实领导干部任前公示、任职试用期、考察预告、差额考察等八项制度,加强对干部选拔任用工作的监督。深化财政管理制度改革,全面推行部门预算和综合预算,严格"收支两条线"管理,扩大国库直接支付范围,对财政性资金投入的181个重点项目实行跟踪审计和竣工决算审计,核减工程价款4.17亿元。扎实推进投资体制改革,实行社会性投资项目备案制、核准制,健全政府投资项目储备库,试行政府投资项目代建制。建立公共资源交易中心,对建设工程项目、经营性土地出让、产权交易、政府采购,实行统一进场交易、统一信息发布、统一招标程序、统一集中监管。积极稳妥地推进领导干部职务消费制度改革,八个地区和单位推行公务用车制度改革,财政支出同比平均降低38%,开展公务接待制度改革试点工作。

(三)严肃查办违纪违法案件,查案的综合效果进一步发挥

杭州市坚持有案必查、有贪必反、有腐必惩,查处了一批有影响的

大案要案，惩处了一批腐败分子。全市各级纪检监察机关共受理信访举报 27860 件，立案查处 5033 件，处分党员干部 4907 人，其中，涉及厅级干部 4 人，县处级干部 177 人，乡科级干部 316 人；给予开除党籍处分 1173 人，开除公职处分 199 人，被追究刑事责任 818 人。[①] 通过执纪办案，为国家和集体挽回直接经济损失 2.7 亿元。严格依纪依法办案。健全完善与司法、执法机关和监督管理部门办案联席会议制度和案件线索移送制度。从严规范"两规""两指"措施的使用程序。全面实行案件公开审理、申诉案件公开听证、权利义务告知和党纪政纪处分后回访教育等制度。坚持惩处与教育保护相结合，为 5280 名党员干部澄清了 7721 个问题。实行"一案两报告"制度，查找体制机制制度和管理上存在的漏洞和薄弱环节，向 60 多家案发单位提出整改意见建议，发挥了查案的治本功能。

（四）深入开展反腐倡廉宣传教育，廉荣腐耻的社会氛围日益浓厚

结合保持共产党员先进性教育、学习贯彻党章、树立社会主义荣辱观，突出党员领导干部这个重点，开展"立党为公、执政为民"和"学习党章强素质、从严治党保先进、同心同德促发展"廉洁从政主题教育活动。杭州市通过组织党内法规知识竞赛、读书思廉活动，举办反腐倡廉成果展览、反腐倡廉文艺演出、先进事迹巡回报告会、职务犯罪人员"现身说法"教育会、典型案例警示教育会，制作并组织观看《从政警示录》等警示教育片等途径，提高党员干部廉洁从政、拒腐防变的意识。2002—2007 年，全市共有 125 万人次党员干部接受了各级各类廉洁从政主题教育。建立杭州市党员干部法纪教育基地，创办"杭州廉政"网站、"民情热线"电台专题节目，办好"廉政经纬"电视栏目和《清风窗》杂志，建立反腐倡廉情况通报会和新闻通报会制度，逐步实现反

---

① 《扎实构建惩防体系，深入推进反腐倡廉为建设"生活品质之城"提供坚强保证》，《杭州日报》2007 年 2 月 12 日。

腐倡廉教育的经常化、制度化。建立健全党风廉政建设宣传教育联席会议制度,"大宣教"工作格局进一步形成。面向全社会加强廉政文化建设,各地各部门认真落实《杭州市廉政文化建设实施意见》,全面推进廉政文化进机关、进学校、进社区、进家庭、进农村、进企业,涌现出了一批具有地区和行业特色的廉政文化品牌,廉政文化建设影响日益广泛。成功举办全国青少年廉洁教育理论研讨会、中国·浙江廉政文化论坛和全国廉政文化建设现场会暨理论研讨会,杭州市推进廉政文化建设的经验获得中纪委、教育部等中央和国家机关的高度肯定,并向全国推广。杭州充分发挥了省会城市的示范、龙头、领跑作用,走出了一条符合杭州实际、具有杭州特色的反腐倡廉工作路子。

二、建设"廉洁杭州",构筑"品质之城"

2008 年,杭州市委十届四次全会提出,要全面建设具有中国特色、时代特点、杭州特征,覆盖城乡、全民共享,与世界名城相媲美的"生活品质之城"。"品质之城"必然要求一个"廉洁之城"与之相匹配。杭州反腐倡廉建设多年走在浙江省乃至全国前列的实践基础和宝贵经验,需要"廉洁杭州"这样一个更高也更能顺应杭州市经济社会全面发展的目标来加以牵引。2008 年 2 月 18 日,在杭州市纪委第十届三次全体(扩大)会议上,市委旗帜鲜明地提出了打造"廉洁杭州"的目标。这是杭州市委学习贯彻党的十七大精神,结合习近平同志在浙期间提出的反腐败斗争理论与部署,坚持以改革创新的精神全面推进反腐倡廉建设而作出的一项重大决策部署,是市委、市政府以更加积极的态度推进反腐倡廉建设的具体体现,标志着杭州反腐倡廉建设从此翻开了新的一页。

2008 年 3 月 6 日,中共杭州市委印发《关于打造"廉洁杭州"的决定》。之后,为具体分阶段有步骤地推进落实打造"廉洁杭州",杭州市委于 2008 年 8 月印发《完善惩防体系、打造"廉洁杭州"2008—2012 年实施办法》，对打造"廉洁杭州"的决定进行了具体的工作部署。2008—2012 年，全市各级党委、政府和纪检监察机关深入贯彻落实科学发展观，沿着习近平同志在浙工作期间提出的反腐败工作思路，紧紧围绕建设"生活品质之城"，坚持标本兼治、综合治理，惩防并举、注重预防的方针，严格执行党风廉政建设责任制，狠抓各项工作落实，反腐倡廉建设取得了新的明显成效，初步构建了一个"党政清廉、干部勤廉、社会崇廉"的"廉洁建设体系"。

杭州市以规范权力运行为核心，以加强基层党风廉政建设为基础，不断推进各级党政机关更加廉洁高效。构建权力阳光运行机制是杭州规范权力运行的"大动作"。经过四年努力，杭州市 50 家市直部门共清理规范权力事项 9333 项；建立"网上政务大厅"，并与 48 个市直部门、13 个区（县、市）实现互联互通；64 家职能部门和单位进驻行政服务中心，设置窗口 311 个，可办理各类事项 844 项；对政府投资 20 亿元以上重大项目成立 10 个综合监督组，实施全程动态监督；出台深化行政审批制度改革、优化政务环境四个方面 20 条举措，清理和规范行政许可事项 464 项、非行政许可事项 466 项。

杭州把加强对党员干部的党性、党风、党纪教育作为一项基础性工作来抓。推行公职人员岗位廉政教育，以岗位为单元，列出每个岗位的廉政风险点，然后设计出模拟案例，让公职人员结合案例回答问题。岗位廉政教育已成为公职人员考核奖惩、选拔任用的一门"必修课"。此外，杭州市还开展打造"廉洁杭州"主题教育活动，完善党员干部反腐倡廉学习培训、教育登记、任前廉政法规考试和党政主要负责人讲廉政党课等制度；深入开展"勤政廉政好公仆"等示范教育以及许迈永等严重违纪违法案件警示教育。教育起到了立竿见影的作用，截至 2012 年 9 月，全市各级党员干部主动上交各类现金、有价证券折合人民币 1828 万元。打造"廉洁杭州"，还必须清除党员干部队伍中的"蛀虫"。2008 年至 2012 年 6 月，杭州市各级纪检监察机关立案查处党员干部 3877 人，其中县处级以上干部 152 人；开除党籍 1274 人，开除公职 237 人，追究刑事责任 946 人。

杭州大力推进廉政文化建设，不断夯实社会崇廉基础。2008—2012 年，10 万名干部群众参观了杭州市纪委、监察局组建的"清风之旅"廉洁教育专线。廉洁教育专线整合了杭州现有的人文景点、廉政文化教育基地和廉政文化建设示范点等资源，使廉洁教育走向了经常化、规范化。此外，杭州不断深化廉政文化"六进"活动，持续开展廉政文化示范点创建工作。推动社会崇廉，离不开群众参与。杭州市纪委、监察局组织开展"纪检监察在线访谈""走进纪委"等活动，进一步拉近纪检监察机关与群众的距离。同时，不断拓宽群众参与反腐倡廉建设的渠道：96666 投诉电话、"民情热线"广播、杭州廉政网举报平台、12388 举报电话……渠道的通畅，进一步激发了群众参与反腐倡廉建设的热情，社会崇廉氛围日渐浓厚。

2012 年，杭州市第十一次党代会提出，要把"生活品质之城"建设提高到新水平，全面建成惠及全市人民的小康社会，开启率先基本实现现代化新征程，为打造东方品质之城、建设幸福和谐杭州而努力奋斗。为深入贯彻党的十八大、十八届三中全会和省、市党代会精神，进一步推进杭州市党风廉政建设和反腐败工作，在前期"廉洁杭州"建设的基础上，依据中央印发的《建立健全惩治和预防腐败体系 2013—2017 年工作规划》和省委印发的《浙江省建立健全惩治和预防腐败体系 2013—2017 年实施办法》，结合杭州市经济社会发展实际，市委于 2014 年 1 月印发《完善惩防体系　建设廉洁杭州 2014—2017 年实施办法》，努力为打造东方品质之城、建设幸福和谐杭州提供坚强保证。四年间，杭州市坚决落实中央、省市委和上级纪委关于党风廉政建设和反腐败斗争的决策部署，坚持全面从严治党，把纪律和规矩挺在前面，旗帜鲜明反对腐败，驰而不息正风肃纪，不断深化纪检体制改革，使廉洁杭州建设取得新的明显成效，人民群众对党风廉政建设和反腐败工作的满意度不断提升。

（一）层层传导压力，不断推动"两个责任"落到实处

杭州牢牢抓住全面从严治党政治责任这个"牛鼻子"，进一步健全机制制度，形成主体责任报告、评议、反馈、整改、督查、追责的闭合回路。制定党风廉政建设主体责任、监督责任报告《实施办法》，严格执行主体责任报告制度，持续深化专题报告，实现听取区（县、市）党委和市直单位党委（党组）落实主体责任情况汇报全覆盖。建立落实廉情抄告、定期会商、专项检查等制度，督促各地各单位认真抓好责任落实。修订出台党风廉政建设责任制考核办法，强化考核"指挥棒"作用。坚持"一案双查"，以问责倒逼责任落实，对 104 名落实"两个责任"不力的领导干部进行问责，对 14 起落实"两个责任"不力的典型案例指名道姓通报曝光。

（二）加强教育监督，党风政风和社风民风持续好转

杭州通过主题教育、集中轮训、知识竞赛、案例警示等多种形式，组织全市党员干部学习贯彻党章、党内政治生活准则、党内监督条例等党内法规，不断增强党员干部的党章党规党纪意识。严明政治纪律和政治规矩，查处违反政治纪律的党员干部 18 人。严格落实"十个严禁"纪律规定，强化重大项目重点工程中党员干部行为的纪律约束。加强对贯彻执行党的路线方针政策和筹办 G20 杭州峰会、"三改一拆"、"五水共治"等中央、省委、市委重大决策部署落实情况的监督检查，严肃查处有令不行、有禁不止等行为。全市各级纪检监察机关开展 G20 杭州峰会筹备工作专项督查 4254 次，督促解决问题 2074 个。严肃换届纪律，营造了风清气正的换届环境。坚持以党风政风带社风民风，加大反腐倡廉宣传力度，改版升级杭州廉政网，开通廉洁杭州微博和微信平台，开展网上在线访谈，及时发布廉情信息，挖掘传统家规家训文化，开展廉政微作品征集等廉洁文化活动，进一步营造了崇廉向善的浓厚氛围。

（三）实践运用"四种形态"，进一步把纪律和规矩挺在前面

杭州出台谈话提醒教育意见，规范谈话函询办法，实践运用"四种形态"处理各类问题线索，特别是用好第一种形态，及时发现纠正苗头性、倾向性问题。2014年以来，全市纪检监察机关共开展教育提醒31403人次，处置问题线索9884件，谈话函询1561件次，了结4274件次。其中经核查未发现问题或经谈话函询不能认定问题1900件次；给予组织处理1984人；给予党纪政纪处分人员中，轻处分2741人。坚持以零容忍态度惩治腐败。全市纪检监察机关共受理信访举报38395件次，立案7098件，结案7054件，给予党纪政纪处分7004人，其中厅局级16人、县处级275人、乡科级525人，严重违纪涉嫌违法移送司法机关529人。通过执纪审查，为国家和集体挽回直接经济损失10.5亿元。扎实推进查办腐败案件体制机制改革，规范问题线索处置，明确查办案件以上级纪委领导为主。调整完善市委反腐败协调小组，进一步健全机制，强化协作，形成合力。加大追逃追赃力度，追回境外外逃人员27名。严格审查纪律，出台规范执纪审查、涉案款物管理等制度，落实集中办案和管办分离要求，强化全过程监督。健全完善信访举报工作机制，加强信访举报绩效考核。加强执纪审理和申诉复查工作，探索实践涉刑案件"先处后移"工作机制，执纪审查质效进一步提升。

（四）基层党风廉政建设不断加强

杭州市坚决整治和查处侵害群众利益的不正之风和腐败问题，持续深化村（居）务监督委员会建设，加大基层党务、村务、财务、服务公开力度，强化基层民主监督。在浙江省率先探索开展基层巡察工作，对1797家单位进行巡察，发现问题6370个，督促完成整改4936个，推动完善制度619项。建立国有企业监督联席会议制度，实现外派监事会全覆盖。开展公务人员持有股份经济合作社股份清退活动，985名公务人员所持股份全部清退到位。发挥"民情热线"全媒体民生互

动平台作用,督促解决民生问题11000多个。严肃整治和查处群众身边的不正之风和腐败问题,全市共查办基层村社干部违纪违法案件231件,处理党员干部301人。

三、建设"清廉杭州",打造"重要窗口"

2018年7月,《中共杭州市委关于贯彻落实省委决定　扎实推进清廉杭州建设的实施意见》(以下简称《意见》)。《意见》指出,杭州要打造展示新时代中国特色社会主义的重要窗口、当好"八八战略"再深化、改革开放再出发排头兵,必须干在实处、走在前列、勇立潮头,保持政治定力和战略定力,一刻不停歇地推动全面从严治党向纵深发展。必须以更宽广的视野、更长远的眼光、更系统的思维谋划部署清廉杭州建设的目标任务、工作举措,增强全面从严治党的系统性、创造性、实效性,进一步优化山清水秀的政治生态和凝心聚力干事创业的良好局面。

《意见》明确了"清廉杭州"建设的总体要求是"六个坚持、两个推动",即坚持以习近平新时代中国特色社会主义思想为指导,坚持以人民为中心,坚持依法治理,坚持问题导向,坚持传承创新,坚持共建共创,推动杭州市全面从严治党向纵深发展、向基层延伸、向每个支部和党员覆盖,推动清廉思想、清廉制度、清廉规则、清廉纪律、清廉文化融入经济建设、政治建设、文化建设、社会建设和生态文明建设的各方面全过程,努力保持一流状态、追求一流水平、创造一流业绩,高标准高质量打造干部清正、政府清廉、政治清明、社会清朗的清廉杭州,为当好浙江省"两个高水平"建设排头兵、谱写新时代中国特色社会主义杭州篇章提供坚强保证。《意见》确定的总体目标主要分为两个阶段:第一阶段是到2022年,各级党组织管党治党的责任意识更加强化,党内政治生活更加规范,党内政治生态更加纯净,反腐败斗争取得压倒性胜利,腐败犯罪案件增量明显下降,领导干部腐败犯罪案件数量明显下降,行贿案件数量明显下降,党内正气持续上升,社会风气持续上扬,人民群众对党的信心、信任和信赖不断增强。第二阶段是到 2032年,在浙江省率先完成清廉建设目标任务,清廉杭州建设的各项制度更加成熟定型,权力运行规范有序,社风民风清朗,清廉文化深入人心,社会整体廉洁程度显著提升,杭州朝着海晏河清、朗朗乾坤的美好前景阔步迈进。《意见》还从政治建设、思想建设、组织建设和制度建设等路径方面做出了具体部署。自《意见》出台以来,杭州市委坚决扛起管党治党的政治责任,坚定不移推进全面从严治党,深化清廉杭州建设,反腐败斗争压倒性胜利不断巩固发展,政治生态持续净化优化。全市各级纪检监察机关不忘初心、牢记使命,切实增强"四个意识"、坚定"四个自信"、做到"两个维护",忠实履职、担当尽责,纪检监察工作坚定稳妥、扎实有效,在高质量发展上取得新的成绩。

(一)加强教育监督,夯实"不想腐"的思想基础

杭州市坚持走在前、作表率,高标准开展"不忘初心、牢记使命"主题教育,深入学习习近平新时代中国特色社会主义思想,开展"走亲连心三服务"活动,从严从实抓好问题查摆和整改落实。扎实推进全员培训,认真学习贯彻监督执纪工作规则和监督执法工作规定,2019年,全市共组织各类培训 40 期,培训 5293 人次。持续开展"金钉子"夜学,建立导师带徒机制,开展"锻钢铸魂大比武"活动,杭州市代表队获浙江省纪检监察系统"大比武"第一名。强化机关党组织的建设,实施"党建双强双优"工程,成功创建"全国巾帼文明岗"。建立特约监察员队伍,主动接受各方面监督。强化内部监督管理,出台打听、干预办案和请托违规办事责任追究办法,带头开展廉政风险排查防控和警示教育系列活动,严防"灯下黑"。2019 年,全市共受理反映纪检监察干部问题线索 73 件,谈话函询 33 人,立案查处 3 人,党纪政务处分 3人,组织处理 15 人。完善纪律监督、监察监督、派驻监督、巡察监督"四个全覆盖"权力监督格局,出台监督工作操作办法,综合运用谈话

函询、检查抽查、提出纪检监察建议等监督方式，着力做实日常监督。2020 年，杭州探索"四责协同、四力贯通、四化融合"监督工作新路子，紧盯管党治党责任主体，先后对 46 起落实"两个责任"不力问题实行责任追究；强化专项监督，构建"战疫情、促发展"战时督导体系，协调组建 381 个专项监督工作组，查处新冠疫情防控工作中违规违纪违法问题 120 起 182 人；聚焦重点领域、重点问题，深入开展违规享受集体土地征迁安置政策专项治理、违规实施单一来源采购（直接发包）专项检查，深入推进统计领域数字造假、人防领域腐败等专项整治；强化村级换届监督保障，保持正风肃纪高压态势，全市共查处违反村（社区）组织换届纪律问题 12 起 25 人。深化运用"四种形态"特别是第一种形态，2019 年全市各级纪检监察机关共处置问题线索 9966 件，同比上升 11.7%；运用"四种形态"处理 10123 人次，同比上升 20.2%，其中第一种至第四种形态分别占 73.6%、16.8%、4.5% 和 5.1%。规范党风廉政意见回复工作，市纪委、市监委共回复党风廉政意见 1899 人次。严格把握"三个区分开来"要求，开展"及时澄清问题、支持干部干事创业"工作。2019 年，全市共为 136 名党员干部公开澄清正名，取得了良好的综合效果。制定村级"三小"监督体系的指导意见，加强对村级小微权力运行、小型工程建设、小额资金使用的监管，深化清廉乡村建设。持续深化政治巡察，2019 年，开展四轮对 21 家单位的巡察，发现问题 562 个，提出意见建议 92 条，移交问题线索 51 个。做好巡察"后半篇文章"，2019 年，对 24 家被巡察单位开展巡察整改情况回访检查。积极探索巡察方式方法创新，构建上下联动巡察工作格局，市本级对桐庐县公安局、建德市高铁新区开展提级交叉巡察。2019 年，区（县、市）共巡察 217 家所辖单位和 726 个行政村（社区），发现问题 23339 个，移交问题线索 543 个。深化警示教育，2019 年，开展以"14 个一"为主要内容的集中警示教育活动，全市共组织 5.3 万余名党员干部参观法纪教育基地，开展 399 场专题法纪宣讲。2019 年，受警示教育触动，32 名党员干部向纪委监委主动投案。深化清廉文化建设，

2019 年,杭州组织廉戏下乡巡演活动,举办"清气满钱塘"交响音乐会和首届"玉琼杯"清廉微电影大赛,用多种艺术形式传播清廉理念。2020 年,杭州持续做深做实同级同类干部警示教育,全市共有 36 人主动投案;大力推进清廉文化建设,成功举办首届"钱潮杯"清廉微作品大赛、第二届"玉琼杯"清廉微电影微视频大赛,建立杭州市清廉文化资源库,确定首批 23 家市级清廉文化示范点,打造全国首个串联城市清廉文化阵地的主题巴士线路"510 小莲清风专线",不断营造全社会崇廉尚廉的浓厚氛围。

(二)规范权力运行,健全"不能腐"的机制制度

杭州坚持党对反腐败工作的集中统一领导,重大事项、重要工作第一时间向省纪委省监委和市委请示报告。强化上级纪委监委对下级纪委监委的领导,严格落实对下级纪委监委"两为主一报告"、对派驻机构"三为主一报告"的工作要求。深化派驻机构改革,全面完成新一轮市县派驻机构调整和人员调配,分类推进市属企业、高校、金融企业纪检监察体制改革,明确领导体制,健全工作机制。改革后,市本级设派驻(出)机构 31 家,其中市属金融企业派驻机构 2 家,市监委派出市属企业监察专员 11 名。扎实推进派出乡镇(街道)监察办公室规范化建设,进一步发挥"家门口的监委"作用。全市乡镇(街道)纪(工)委、派出监察办公室运用第一种形态处理 2689 人次,党纪政务处分 270 人,提出监察建议 244 条。深入推进市纪委市监委内设机构改革,增加监督检查力量,进一步理顺工作关系,优化运行机制。认真贯彻监督执纪工作规则、监督执法工作规定,完善问题线索分办和处置会商、留置审批、检察机关提前介入等机制,探索实施双人、多人集中留置模式,制定监察机关与司法机关办理职务犯罪案件有关工作操作办法等制度,推动纪法贯通、法法衔接更加顺畅高效。全市共对 139 名被调查人采取留置措施。2020 年,杭州持续深化"不能腐"的制度建设,发挥"查处一案、警示一片、治理一域"综合效应,持续做好审查调

查"后半篇文章"，推动以案促改、以案促治，全年共发出纪检监察建议书504份，督促相关单位健全完善了一批制度。

（三）严肃党纪政纪，形成"不敢腐"的高压态势

始终保持惩治腐败高压态势，2019年，全市各级纪检监察机关共受理检举控告4419件次，立案2616件，党纪政务处分2475人，其中厅局级干部9人、县处级160人、乡科级194人，移送司法机关129人。通过监督检查和审查调查，为国家和集体挽回直接经济损失6.04亿元。2020年，全市各级纪检监察机关共受理检举控告3357件次，立案2637件，党纪政务处分2496人，为国家和集体挽回直接经济损失3.70亿元。2022年，全市纪检监察机关共立案3376件，处分党员干部3254人，移送司法机关124人；采取留置措施134人。通过执任审查和监察调查，挽回直接经济损失13.06亿元。开展人防系统腐败问题专项治理，对2013年1月以来的问题线索进行"大起底"，查处违纪违法案件5起，处理5人。加强追逃防逃追赃工作，追回外逃人员4人，追回赃款1960万元，实现"百名红通人员"清零目标。加强对审查调查工作的全过程监管，全面规范留置执行工作和"走读式"谈话，确保办案安全。加强和改进信访举报工作，推进纪检监察系统检举举报平台建设，开展"三多"信访件"清淤"行动。杭州在党建工作中还注重加强案件审理工作，抓好"审理辅助信息系统"试点运行，规范党纪政务案件分级备案审核管理，出台市委直属机关纪检监察工委案件审理工作操作办法，提升审理工作质效。严肃党纪政纪还需要做好申诉复查工作，保障申诉人权利。杭州积极推进纪检监察信息化建设，初步建成纪检监察大数据平台和智能应用平台，做好查办案件"后半篇文章"，督促发案单位开好专题民主生活会，推动以案促改、建章立制，出台开展廉政风险排查防控工作的意见，推动各地各部门深入排查廉政风险、落实防控举措。

展　望

当今世界正经历百年未有之大变局，我国发展仍处于重要战略机遇期，机遇与挑战并存。浙江处于实现新的更大发展的关键突破期，正在高质量发展中奋力推进中国特色社会主义共同富裕先行和省域现代化先行。目前杭州正处在"举办亚运会、建设大都市、推进现代化"的重要窗口期，发展具有良好基础和独特优势，"一带一路"倡议、长三角区域一体化发展等国家战略深入实施赋予新的历史机遇，同时发展不平衡不充分问题仍然突出，高质量发展的科技"硬核"支撑不够有力，城乡区域发展还不协调，城市国际化水平有待提升，公共卫生、生态环保、民生保障、社会治理等领域仍有很多地方需要继续付出更大努力。

党的二十大报告指出，坚持党的全面领导是坚持和发展中国特色社会主义的必由之路，中国特色社会主义是实现中华民族伟大复兴的必由之路，团结奋斗是中国人民创造历史伟业的必由之路，贯彻新发展理念是新时代我国发展壮大的必由之路，全面从严治党是党永葆生机活力、走好新的赶考之路的必由之路。作为"红色根脉"省会城市，杭州在新时代赶考的路上踔厉奋发、勇毅前行。

杭州忠实践行"八八战略"，奋力打造"重要窗口"，在展现探索构建新发展格局有效路径方面体现出新担当，为开启争创社会主义现代化先行省和市域现代化领域积极探索，切实推动共同富裕示范区的建设。杭州将继续在经济建设、政治建设、文化建设、社会建设和生态文明建设等领域加大力度，推动高质量现代化发展，努力为浙江共同富裕示范区建设做出贡献，成为排头兵，展现头雁风采。在2022年2月召开的中国共产党杭州市第十三次全会上，杭州明确提出要"奋进新时代、建设新天堂，向着世界一流的社会主义现代化国际大都市阔步前进"。一是高质量发展取得重大突破，努力建成创新之窗。二是历史文化魅力精彩呈现，努力建成人文之窗。三是人与自然和谐相处共生共荣，努力建成美丽之窗。四是城市国际化水平大幅跃升，努力建成开放之窗。五是城市治理水平全国领先，努力建成善治之窗。六是人民享有高品质生活，努力建成幸福之窗。在"八八战略"的指引下，杭州在以下方面可以乘势而上全面提升城市能级。

第一，要推动杭州经济持续高质量增长，必须遵循新发展理念，以创新、协调、绿色、开放、共享的理念指导经济发展。加强体制机制建设，处理好政府与市场之间的关系，促进政府与市场两者协同合作。一方面，通过制定规划、发布政策明确政府对经济发展的方向引领，完善覆盖社会生产环节的法律法规，构建绿色、便捷、规范的经济发展环境，打造开放、服务、公正的政府。另一方面，强化不同地区之间市场合作，推动要素自由流动和资源共享，发挥市场对资源配置的决定性作用。推动产业融合发展，发挥知识产业、信息产业的增长优势，不同产业之间相互渗透、相互交叉，形成呼应社会需求的新产业，例如：将信息业与制造业相融合，打造高生产效率的先进制造业；将知识业与服务业相融合，形成教育培训、精品旅游等颇具内涵与发展空间的产业。将产业发展与时代脉搏相联系，在生产力、经济业态等方面激发新的生产动能。在信息技术成为重要生产资源的现阶段，杭州市抓住机遇，攻关核心技术，在人工智能、数字安防等先进制造业领域走在世界前列，弯道超车。发挥主体创新活力，发挥企业、高校、科研院所等创新主体的创新活力。一是要打造高能级创新平台，配备更高质量科研设备，推动产学研结合，支持科研团队进行更高水平的研究活动。二是要积极引进创新型人才，降低门槛、完善政策、打造人才流通机制，做好筑巢引凤工作，积极引进各类创新型人才。三是要完善产权保护、成果转换机制，不仅对创新主体进行物质激励，还推动一系列的产权保护举措，在全社会营造尊重知识、尊重创造的社会氛围。提升对外开放水平，通过基础设施一体化建设统筹杭州各区（县、市）的产业、资源，加速城乡融合，凝聚杭州市域范围内的地区发展优势。在此基础上，在产业、旅游、文化等方面对标国际发达城市，综合考虑国内外多套标准体系，打开国际国内两大市场，在参与国际贸易的过程中不断提升自身实力，优化产品品质，在国际环境中展现杭州自信、杭州底气。参与国际贸易规则制定，提升开放的层次和水平，构建国内国际双循环相互促进的新发展格局。

第二，要打造高质量市域现代化、推动共同富裕，政治和法治建设将提供根本的制度保障和良好环境。思想迸发真理伟力，实践将真理转化为现实。"十四五"时期，杭州将高举习近平新时代中国特色社会主义思想伟大旗帜，深入贯彻习近平总书记对浙江、杭州工作的重要指示精神，全面落实党的二十大和历次全会精神，统筹推进"五位一体"总体布局，协调推进"四个全面"战略布局，贯彻落实新发展理念，以改革创新为根本动力，以满足人民日益增长的美好生活需要为根本目的，忠实践行"八八战略"，继续干在实处、走在前列、勇立潮头，推进社会主义政治建设，深化法治杭州建设，全面推进市场化法治化国际化营商环境建设，深化"最多跑一次"改革，深入推进行政服务中心"去中心化"改革，持续推进综合行政执法改革，以城市大脑推进新型智慧城市建设，建成全国市域治理现代化标杆城市，为到21世纪中叶建成具有全球影响力的独特韵味别样精彩世界名城打下坚实基础，奋力展现"重要窗口"的头雁风采。

第三，要继续深入推进文化建设，对标对表"四个一流"建设。文化是杭州的王牌，也是杭州最大的优势。"十四五"时期，杭州实现文化软实力更大的发展，就要把历史文化资源的优势转化为文化发展的胜势，持续推动杭州实现高质量发展，融入新发展格局。提高杭州文化软实力，既要传承中华文明进程中的宋韵文化、西湖文化、运河文化、钱塘江文化，也要在杭州现代化进程中发展先进文化、现代文化、创新文化、数字文化；提高杭州文化软实力，既要推动促进基本公共文化服务均等化，又要提升实现"文化＋"产业的融合发展；提高杭州文化软实力，既要满足人民日益增长的文化需求，又要增强人民的精神力量，就是要深入贯彻习近平总书记对杭州工作的重要指示批示精神，全面落实浙江省"两个高水平"建设战略部署，坚持中国特色社会主义文化发展道路，坚持创造性转化、创新性发展，以文化凝心聚力、以文明交流互鉴，奋力推进民族复兴和现代化目标在杭州的生动实践。

第四，要以"八八战略"为统领，坚持以人民为中心，实现民生福祉达到更高水平。《中共中央关于制定国民经济和社会发展第十四个五年规划和 2035 年远景目标的建议》明确提出，要加强和创新社会治理，建设更高水平的平安中国、健康中国，改善人民生活品质，提高社会建设水平，实现民生福祉达到新水平、国家治理效能得到新提升。杭州要以"八八战略"为统领，紧紧围绕国家"十四五"规划和 2035 年远景目标提出的新目标、新要求，结合杭州的制度创新经验和数字技术优势，以人民为中心，努力构建展示新时代社会治理和建设水平的杭州"窗口"。巩固公众参与、社会协同的行动机制，在共建共治中凝聚发展合力，共享发展成果。强调社会协同和公众参与，就是要充分调动各方面积极性，广泛吸纳社会各主体参与社会治理，拓展社会治理路径，推进社会治理创新，最大限度增强社会发展活力，充分发挥人民首创精神，实现多元治理主体的协同共治。建立科技支撑、法治保障的运行机制，提高社会治理共同体的智慧化、法治化、科学化水平。着眼未来，提前谋划，打造未来社区，激活基层治理"细胞"。杭州的未来社区建设不仅要照社区的"面子"，即未来社区内的商业、医疗、教育、交通等配套设施以及社区养老、物流、安全维护等能够"看得见、摸得着"的基础性建设，更要照社区的"里子"，即在未来社区建设中将以云计算、大数据、人工智能、物联网等为代表的新一代信息技术结合到社区服务和治理之中，有效地提高社区服务水平与治理能力，通过智能化环境的营造和协同化建设的参与切实提高民众的满意度和幸福感。

第五，要坚定不移地践行"绿水青山就是金山银山"理念，打造美丽杭州。杭州要继续实行最严格的生态环境保护制度，坚持走生态优先、绿色发展之路，全面打造新时代美丽中国新标杆。杭州要把西湖、西溪湿地、京杭大运河（杭州段）、钱塘江、千岛湖等浙江生态文明金名片的保护发展做成可供全人类文明借鉴的优秀范例，达到人与自然和谐相处、共生共荣。杭州将围绕国土用途管控、创新绿色发展、优化提升自然生态品质、持续改善环境质量、精心打造宜居城乡、传承发展美丽人文和建立健全生态文明制度体系等七个方面展开美丽杭州建设。预计到 2025 年，杭州生态环境质量将持续好转，更好满足人民群众对优美生态环境的需要；远期到 2035 年，经济发展质量、生态环境质量、人民生活品质达到发达国家水平。

第六，要加强党的建设，为建设"重要窗口"提供坚强保障。杭州市委深入贯彻落实"八八战略"，在党的政治建设、思想建设、组织建设、作风建设、制度建设、纪律建设等方面都取得了累累硕果。展望未来，在开启全面建设社会主义现代化国家新征程之际，杭州市各级党组织要旗帜鲜明讲政治，一如既往地切实加强政治建设，不断增强政治功能，持续提升政治判断力、政治领悟力、政治执行力，确保在政治立场、政治方向、政治原则、政治道路上同党中央保持高度一致。一是要紧扣中心抓党建，加强宗旨意识教育，着力解决好人民群众急难愁盼的操心事烦心事揪心事，不断完善整改督办、问责闭环机制，把践行宗旨意识体现到增强群众实实在在的获得感中。二是要强化规矩抓清廉，对照"七张问题清单"，从制度上查漏补缺，持之以恒正风肃纪，形成一体推进不敢腐、不能腐、不想腐的长效机制。三是要强基固本抓党建，大抓基层，切实做好村社组织换届的这篇文章，大力推进"新三方协同"小区治理模式，探索形成具有杭州特点的特大城市党建引领基层治理的新路。四是要通过党建创新引领城市发展，特别是在城市治理上，要注重创新，以整体智治理念推动党建工作守正创新，依托城市大脑提升智慧党建平台能级，积极创新工作理念方法，持续深化人才发展体制机制改革，把人才的创造活力最大限度激发出来。中国共产党的领导是中国特色社会主义制度的最大优势，面对纷繁复杂的国际形势，面对杭州市良好的发展机遇，杭州各级党组织要加强"党建引领"，深入学习贯彻习近平总书记关于党的建设的重要思想，胸怀"两个大局"，切实增强责任意识、机遇意识、争先意识和风险意识，奋发有为办好自己的事，加快形成与社会主义现代化国际大都市建设相适应的党建工作新格局，实现以高质量党建推进高质量发展，奋力展现党建之窗的头雁风采。

杭州市委、市政府积极响应党中央和省委省政府决定，在多个场合一再强调，杭州作为"三个地"和"重要窗口"的省会城市，要对标"四个一流"的要求，完整、准确、全面地把握新发展阶段、贯彻新发展理念、构建新发展格局的内在逻辑和实践要求，在全面深化数字化改革、扎实推进共同富裕、开创特大城市治理现代化新路、提升城市文化软实力和影响力等方面走前列、当头雁，高水平打造"数智杭州·宜居天堂"，在争创社会主义现代化先行省中扛起担当，在建设社会主义现代化国家中多做贡献，争当高质量发展建设共同富裕示范区的城市范例。

2022年6月举行的中国共产党浙江省第十五次代表大会总结了浙江在过去几年的成绩，提出要与时俱进书写忠实践行"八八战略"新篇章，推进"八八战略"再深化、改革开放再出发，建立健全以年度评估为标志的"八八战略"抓落实机制，指出要以"两个维护"政治自觉全面推进习近平新时代中国特色社会主义思想在浙江的生动实践。

在"八八战略"的指引下，杭州走过了辉煌的二十年历程，干在实处、走在前列、勇立潮头，取得了举世瞩目的成就，"努力成为新时代全面展示中国特色社会主义制度优越性的重要窗口"。忠实践行"八八战略"，铸造了杭州过去的历史辉煌；引领了杭州当下发展的历史担当；推动高质量发展，争取现代化先行，建设"共同富裕示范区"，奋力打造"重要窗口"，成为杭州面向未来的历史使命。

参考文献

[1]《把培育和弘扬社会主义核心价值观作为凝魂聚气强基固本的基础工程》,《人民日报》2014年2月26日。

[2]《把人民满意 代表满意作为衡量工作的重要标准》,《杭州日报》2003年4月24日。

[3]《不断深化领导下访工作,切实解决好事关群众切身利益的信访问题》,《浙江日报》2004年9月10日。

[4]曹增节:《城市生活的风向标》,中国美术学院出版社2014年版。

[5]《长风破浪会有时:"杭州制造"打造转型升级新样本》,《杭州日报》2019年4月19日。

[6]《长三角地区妇联主席联席会在杭举行 习近平致辞》,《浙江日报》2006年12月10日。

[7]常敏、宋毅:《重大突发公共卫生事件中基层数字治理的转型研究——基于杭州抗疫实践分析》,《中共福建省委党校(福建行政学院学报)》2020年第2期。

[8]《从解决好人民群众普遍关心的突出问题入手推进全面小康社会建设》,《人民日报》2016年12月22日。

[9]《从人民中汲取磅礴力量》,《人民日报》2020年5月29日。

[10]《打造"美丽中国"建设的样本,一任接着一任干 杭州十八年一张"美图"绘到底》,《中国环境报》2021年7月9日。

[11][法]卢梭:《社会契约论》,何兆武译,商务印书馆2003年版。

［12］《法治之光照亮杭州建设世界名城新征程》，《杭州日报》2017年5月25日。

［13］高国舫、王柳主编：《杭州特色与经验：纪念改革开放30周年（政治卷）》，杭州出版社2008年版。

［14］《公民思想道德建设的杭州实践》，《浙江日报》2013年4月7日。

［15］《杭州的"里子"越来越美》，《钱江晚报》2010年1月25日。

［16］《杭州第一台老小区加装电梯诞生记》，《杭州日报》2017年12月21日。

［17］《2020杭州国际人才交流与项目合作大会开幕》，《中国青年报》2020年11月8日。

［18］《杭州建设市域社会治理"六和塔"工作体系》，《法制日报》2018年10月8日。

［19］《杭州开张"信访超市"一站到底化解群众烦心事》，《杭州日报》2019年11月16日。

［20］《杭州全面推行社区党组织"公推直选"》，《今日浙江》2010年第18期。

［21］《杭州人未来如何养老？"居家养老"是主流》，《浙江日报》2019年1月10日。

［22］杭州市地方志编纂委员会编：《杭州年鉴2003》，方志出版社2003年版。

［23］杭州市地方志编纂委员会编：《杭州年鉴2004》，方志出版社2004年版。

［24］杭州市人民政府地方志办公室编：《杭州年鉴2015》，方志出版社2015年版。

［25］杭州市人民政府地方志办公室编：《杭州年鉴2017》，方志出版社2017年版。

［26］胡杰成、赵雷：《城镇老旧小区改造推进启示及建议——浙

江省未来社区建设情况调研报告》,《中国经贸导刊》2020年第1期。

［27］《积极推进教育创新,加快发展教育事业——在杭州考察调研教育工作》,《杭州日报》2003年9月13日。

［28］《加快节约型社会建设走循环经济发展之路》,《杭州日报》2005年8月24日。

［29］《加强对西湖文化的保护》,《浙江日报》2003年9月29日。

［30］《加强文化遗产保护　传承优秀文化传统——在杭州专题调研文化遗产保护工作》,《浙江日报》2006年6月11日。

［31］《坚持节约资源和保护环境基本国策,努力走向社会主义生态文明新时代》,《人民日报》2013年5月25日。

［32］《坚定创新自信紧抓创新机遇　加快实现高水平科技自立自强》,《人民政协报》2021年10月27日。

［33］《坚决打好扶贫开发攻坚战,加快民族地区经济社会发展》,《人民日报》2015年1月22日。

［34］《坚决打好污染防治攻坚战　推动生态文明建设迈上新台阶》,《人民日报》2018年5月20日。

［35］《建设"重要窗口"展示制度优势》,《浙江日报》2020年4月20日。

［36］姜方炳:《"六和塔"工作体系:市域社会治理的杭州探索及启示》,《社会治理》2020年第5期。

［37］《讲好大运河文化带的"浙江故事"》,《浙江日报》2017年7月14日。

［38］焦永利、史晨:《从数字化城市管理到智慧化城市治理:城市治理范式变革的中国路径研究》,《福建论坛(人文社会科学版)》2020年第11期。

［39］《聚焦杭州,布局未来千亿级产业集群》,《杭州日报》2020年11月11日。

［40］《科技部晒"十三五"科技创新成绩单》,《中国青年报》2020

年 10 月 22 日。

　　[41] 蓝蔚青、徐珣、赵光勇：《治理现代化的探索——杭州模式的政治学解读》，浙江大学出版社 2016 年版。

　　[42] 李文钊：《数字界面视角下超大城市治理数字化转型原理——以城市大脑为例》，《电子政务》2021 年第 3 期。

　　[43] 李宗开等编著：《特色发展道路的成功探索：杭州改革开放 40 年研究》，浙江人民出版社 2018 年版。

　　[44] 刘金洋：《创新引擎加速驱动　创造活力竞相迸发》，《杭州日报》2020 年 11 月 17 日。

　　[45] 娄仲良、王晚霞、章舜武：《推动 G60 科创走廊杭州段建设》，《浙江经济》2019 年第 5 期。

　　[46]《绿色发展满目春——下姜村蹲点记·生态篇》，《浙江日报》2018 年 3 月 28 日。

　　[47]《绿色之路，蔚然铺就：全面推动新时代美丽杭州建设谱新篇》，《杭州日报》2020 年 11 月 1 日。

　　[48]《落实以人为本要求　重视民生办好实事》，《浙江日报》2007 年 1 月 1 日。

　　[49]《美丽杭州——美丽中国的实践样本》，《杭州日报》2015 年 5 月 18 日。

　　[50]《民营经济内在发展动力强劲》，《经济日报》2019 年 9 月 13 日。

　　[51]《凝魂聚气铸自信——习近平总书记在浙江的探索与实践·文化篇》，《浙江日报》2017 年 10 月。

　　[52] 潘一禾：《〈我们圆桌会〉对杭州市民"社会意识"的建设意义》，《杭州（我们）》2011 年第 4 期。

　　[53]《强基固本　逐梦前行》，《杭州日报》2019 年 5 月 27 日。

　　[54]《全国非公有制企业党建工作会议在京召开》，《人民日报》2012 年 3 月 22 日。

［55］《全力打好污染防治攻坚战建设美丽中国样本》,《杭州日报》2020 年 11 月 10 日。

［56］《全面贯彻实施宪法,促进社会主义政治文明建设——在浙江省暨杭州市纪念现行宪法颁布实施 20 周年大会上的讲话》,《浙江日报》2002 年 12 月 4 日。

［57］《全面推进杭州经济社会新发展》,《杭州日报》2004 年 9 月 29 日。

［58］《全市一盘棋　城乡区域协调发展》,《杭州日报》2019 年 1 月 16 日。

［59］《群众安全感 10 年保持 95％以上　王金财代表解读杭州密码》,《法制日报》2013 年 3 月 17 日。

［60］《人才是最为宝贵的资源》,《浙江日报》2015 年 5 月 31 日。

［61］《"人民对美好生活的向往,就是我们的奋斗目标"——"十个明确"彰显马克思主义中国化新飞跃述评之三》,《人民日报》2022 年 2 月 16 日。

［62］《认真贯彻党的十八届三中全会精神汇聚起全面深化改革的强大正能量》,《人民日报》2013 年 11 月 29 日。

［63］《三十而立　数字经济好风正劲》,《科技日报》2020 年 10 月 14 日。

［64］《上半年全市累计新增减税降费 311.94 亿元　为杭州经济保持高速高质发展增添强劲动力》,《杭州日报》2019 年 8 月 12 日。

［65］《上城推出"十条新政"》,《杭州日报》2019 年 4 月 5 日。

［66］《社会治理创新城市发展的强大推动力》,《杭州日报》2017 年 10 月 14 日。

［67］《深化文化体制改革　推进文化大省建设》,《杭州日报》2003 年 7 月 19 日。

［68］沈满洪、谢慧明、余冬筠等:《生态文明建设:从概念到行动》,中国环境出版社 2014 年版。

［69］《生态文明润泽美丽杭州——写在"绿水青山就是金山银山"理念提出 15 周年之际》，《杭州日报》2020 年 8 月 15 日。

［70］《省政府专题研究实施数字经济"一号工程"和高质量发展指标体系》，《浙江日报》2018 年 7 月 6 日。

［71］《"十三五"杭州城乡建设结硕果 以城带乡统筹发展 构筑共富共美新格局》，《杭州日报》2020 年 12 月 24 日。

［72］《始终坚持发展这个第一要务 不断提高综合实力和国际竞争力》，《杭州日报》2003 年 1 月 17 日。

［73］《团结行动 共创未来——在二十国集团领导人第十六次峰会第一阶段会议上的讲话》，《人民日报》2021 年 10 月 31 日。

［74］《推进城市基层党建创新发展》，《人民日报》2017 年 7 月 28 日。

［75］《万千乡村 活力澎湃——我省深入推进"千村示范、万村整治"工程纪实》，《浙江日报》2018 年 4 月 25 日。

［76］王国平：《城市论》（下册），人民出版社 2009 年版。

［77］王海明：《杭州健康码：风险治理的地方创新及其扩面推广之完善》，《浙江学刊》2020 年第 3 期。

［78］王坚：《"城市大脑"：大数据让城市聪明起来》，《政工学刊》2020 年第 1 期。

［79］王平：《生活与发展的思考》，中国美术学院出版社 2014 年版。

［80］王圆晓、吴燕华、史舒文等：《杭州市居家养老服务现状、存在的问题及对策分析》，《价值工程》2019 年第 6 期。

［81］翁赵力：《朝着"廉洁之城"的目标迈进——杭州打造"廉洁杭州"工作回眸》，《杭州》2012 年第 10 期。

［82］《我省推进制造业高质量发展示范县创建》，《浙江日报》2020 年 7 月 20 日。

［83］《我市召开"名校名院名所"建设工程领导小组会议》，《杭州

日报》2019 年 8 月 24 日。

［84］吴伟强:《科技之治:城市治理的数字化转型》,《杭州》2019第 12 期。

［85］《西溪湿地公园生物多样性保护与生态景观形成》,《现代园林》2006 年第 2 期。

［86］《习近平强调发展块状经济提升整体实力》,《浙江日报》2003 年 4 月 11 日。

［87］《习近平谈治国理政》(第三卷),外文出版社 2020 年版。

［88］习近平:《推动我国生态文明建设迈上新台阶》,《求是》2019年第 3 期。

［89］习近平:《在党的十八届五中全会第二次全体会议上的讲话(节选)》,《求是》2016 年第 1 期。

［90］习近平:《在纪念孔子诞辰 2565 周年国际学术研讨会暨国际儒学联合会第五届会员大会开幕会上的讲话》,人民出版社 2014年版。

［91］习近平:《在纪念马克思诞辰 200 周年大会上的讲话》,人民出版社 2018 年版。

［92］习近平:《在网络安全和信息化工作座谈会上的讲话》,人民出版社 2016 年版。

［93］习近平:《在文艺工作座谈会上的讲话》,人民出版社 2015年版。

［94］习近平:《之江新语》,浙江人民出版社 2016 年版。

［95］习近平:《之江新语》,浙江人民出版社 2007 年版。

［96］《习书记提出浙江党建工作的"八八战略"——习近平在浙江(二十五)》,《学习时报》2021 年 4 月 2 日。

［97］《下城区:集智聚力,打造青年人才双创高地》,《浙江日报》2020 年 5 月 27 日。

［98］《下一站,"大城时代"》,《浙江日报》2021 年 2 月 26 日。

[99]夏凉、宋跃刚：《供给侧改革视角下共享经济对新型商业模式演化影响分析》，《商业经济研究》2021年第4期。

[100]《乡村如何留住人》，《经济日报》2018年10月31日。

[101]徐东涛：《主体的重塑与社会治理体系的变革——杭州社会复合主体研究》，《浙江社会科学》2015年第3期。

[102]《以数字基建为基石　推动上云用数赋智》，《中国经济时报》2020年5月20日。

[103]《永远的征程——习近平总书记在浙江的探索与实践·党建篇》，《浙江日报》2017年10月13日。

[104]《余杭：法治成为可以度量的指标》，《杭州日报》2015年2月1日。

[105]《余杭量化评估深耕基层法治"试验田"》，《法制日报》2016年1月5日。

[106]郁建兴、黄飚：《超越政府中心主义治理逻辑如何可能——基于"最多跑一次"改革的经验》，《政治学研究》2019年第2期。

[107]郁建兴：《"最多跑一地"怎么跑好》，《瞭望》2020年6月20日。

[108]《在杭州慰问基层干部和公安干警的讲话》，《杭州日报》2004年1月19日。

[109]《在建设首善之区上不断取得新成绩》，《人民日报》2014年2月27日。

[110]《在联合国教科文组织总部的演讲》，《人民日报》2014年3月28日。

[111]《在企业家座谈会上的讲话》，《人民日报》2020年7月21日。

[112]《在全社会营造浪费可耻节约为荣的氛围》，《人民日报》2020年8月13日。

[113]《在山东考察时的讲话》，《人民日报》2013年11月29日。

［114］《在十八届中央政治局第十二次集体学习时的讲话》，《人民日报》2013 年 12 月 30 日。

［115］《在十八届中央政治局第十三次集体学习时的讲话》，《人民日报》2014 年 2 月 24 日。

［116］《在 2002 西湖博览会开幕式上的致辞》，《浙江日报》2002 年 10 月 20 日。

［117］《扎实构建惩防体系，深入推进反腐倡廉为建设"生活品质之城"提供坚强保证》，《杭州日报》2007 年 2 月 12 日。

［118］张仲灿：《杭州市构建"六和塔"社会治理体系》，《杭州》2019 年第 1 期。

［119］《浙江网上政务服务能力领跑全国"网办"方便如网购》，《浙江日报》2021 年 4 月 3 日。

［120］《"整体智治"：公共治理创新与信息技术革命互动融合》，《光明日报》2020 年 6 月 22 日。

［121］郑杭生、杨敏、央平清等：《"中国经验"的亮丽篇章——社会学视野下"杭州经验"的理论与实践》，中国人民大学出版社 2010 年版。

［122］郑志耿：《法治浙江——发展社会主义民主政治》，浙江人民出版社 2006 年版。

［123］中共中央文献研究室编：《十八大以来重要文献选编》（上），中央文献出版社 2014 年版。

［124］中共中央文献研究室编：《十八大以来重要文献选编》（中），中央文献出版社 2016 年版。

［125］中共中央文献研究室编：《习近平关于全面依法治国论述摘编》，中央文献出版社 2015 年版。

［126］中共中央宣传部编：《习近平新时代中国特色社会主义思想学习纲要》，学习出版社、人民出版社 2019 年版。

［127］中共中央宣传部编：《习近平总书记系列重要讲话读本》，

学习出版社、人民出版社 2016 年版。

[128] 中共中央宣传部理论局编著：《新时代面对面》，学习出版社、人民出版社 2018 年版。

[129]《2020 中国民营企业 500 强榜单发布　96 家浙企上榜》，《杭州日报》2020 年 9 月 10 日。

[130] 中央党校采访实录编辑室：《习近平在浙江》（上），中共中央党校出版社 2021 年版。

[131] 周济：《智能制造——"中国制造 2025"的主攻方向》，《中国机械工程》2015 年第 26 期。

[132]《紫光阁》杂志社编：《建设服务型机关党组织典型案例 100 个》，党建读物出版社 2015 年版。

[133]《"最多跑一次"跑出杭州持续优质的营商环境》，《杭州日报》2019 年 9 月 3 日。

[134]《"最多跑一地"到底怎么跑？浙江哪些经验值得推广？》，《浙江日报》2019 年 10 月 8 日。

后　记

　　按照浙江省习近平新时代中国特色社会主义思想研究中心、浙江省社会科学界联合会的统一部署,课题组认真组织调研,召开了多次专家论证会和小组讨论会,对"八八战略"实施 20 年以来杭州取得的历史成就和实践历程进行了回顾与总结,其间杭州市委宣传部和杭州市社会科学界联合会给予了大力支持,在此,致以衷心感谢!

　　本书的具体分工如下:陈礼珍负责全书框架设计及总论、结语、后记的撰写和全书的统稿,沈费伟、叶温馨负责第一章,李洪波、姜海波负责第二章,顾青青、于瑾负责第三章,陈永杰、周鲁耀、胡天祺负责第四章,张坤、方勇骏、赵光辉负责第五章,应维华、胡成恩、马幸子负责第六章,赵国青负责展望部分。本书所用照片由中国教育工会杭州市委员会王连刚提供。

　　本书在写作过程中还得到杭州市各级部门的积极协助,得到多位专家、领导的悉心帮助。由于本编写组水平所限,本书难免还存在一些疏漏之处,请各位读者批评指正。

作　者

2023 年 6 月